中国少数民族设计全集

The Design Collection of Chinese Ethnic Minorities

畲族

中国少数民族设计全集编纂委员会 编

图书在版编目（CIP）数据

中国少数民族设计全集.畲族／中国少数民族设计全集编纂委员会编；李豫闽等著.—太原：山西人民出版社，2019.10
ISBN 978-7-203-11112-2

Ⅰ.①中… Ⅱ.①中…②李… Ⅲ.①畲族－民族文化－研究－中国 Ⅳ.①K28

中国版本图书馆CIP数据核字（2019）第244048号

中国少数民族设计全集.畲族

编　　者：	中国少数民族设计全集编纂委员会
著　　者：	李豫闽　等
责任编辑：	员荣亮
复　　审：	吕绘元
终　　审：	阎卫斌
装帧设计：	谢　成

出 版 者：	山西人民出版社　人民美术出版社
地　　址：	太原市建设南路21号
邮　　编：	030012
发行营销：	0351－4922220　4955996　4956039　4922127（传真）
天猫官网：	https://sxrmcbs.tmall.com　电话：0351－4922159
E — mail：	sxskcb@163.com　发行部
	sxskcb@126.com　总编室
网　　址：	www.sxskcb.com
经 销 者：	山西出版传媒集团·山西人民出版社
承 印 者：	山西出版传媒集团·山西新华印业有限公司
开　　本：	889mm×1194mm　1/16
印　　张：	29
字　　数：	350千字
印　　数：	1—1 000册
版　　次：	2019年10月　第1版
印　　次：	2019年10月　第1次印刷
书　　号：	ISBN 978-7-203-11112-2
定　　价：	350.00元

如有印装质量问题请与本社联系调换

中国少数民族设计全集编纂委员会

总 主 编（按年龄排序）
张夫也　王立端　戴晋明　廖　军　王　琥　李豫闽　过伟敏　顾　平
王　强　李　岗
执 行 主 编　王　琥
编 务 统 筹　张明山

中国少数民族设计全集编辑工作委员会

主　　任　刘伟冬
编　　委（排名不分先后）
王　琥　王　峰　王　强　王立端　王浩滢　白　波　过伟敏　许　星
许边疆　李　岗　李　丽　李豫闽　成光虎　肖　飞　余　强　汪传跃
罗　力　杨明朗　陈　述　陈见东　邱　珂　胡万明　顾　平　郑　静
郭立忠　姬　莹　张夫也　张泽国　张明山　张秋平　张耀引　梁盛平
樊　进　谢　玮　熊　伟　熊　微　熊建新　蔡克中　葛　芳　鞠　斐
魏　洁　廖　军　戴晋明

中国少数民族设计全集出版工作委员会

主　　任　胡彦威　周　伟
执 行 主 任　姚　军　欧京海
编 务 统 筹　阎卫斌　周小龙
编　　辑（排名不分先后）
王新斐　史美珍　冯　昭　冯灵芝　吉　昊　吕绘元　刘小玲　任秀芳
孙　琳　孙宇欣　李广洁　李建业　李　靖　员荣亮　张小芳　张志杰
张书剑　何赵云　陈俞江　吴春华　武　静　周小龙　柳承旭　郝文霞
赵　玉　赵晓丽　席　青　秦继华　高　雷　郭向南　阎卫斌　崔人杰
傅晓红　蔡咏卉　翟丽娟　樊　中　薛正存　魏　红　魏美荣
整 体 设 计　谢　成

中国少数民族设计全集·畲族

本册著者　李豫闽　罗礼平　王晓戈　蓝泰华（畲族）
　　　　　　方泽明　郭希彦　翁东翰　王　阵
　　　　　　龚晓田
参与撰写　黄建兴　王毅霖　李甦力　申　思
　　　　　　陈　思　何　慧　詹黎明　王雪姣
　　　　　　韩学红　毛　翔　刘　颖　朱　琳
　　　　　　叶成闻　郑婷婷　王　琳　余思凡
　　　　　　何文巍　游　舒　施群颖　汪亮亮

求同存异　和合共荣

刘伟冬

中华民族，是一个由56个民族组成的大家庭。在漫长的文明发展史中，汉族和各少数民族都为中华文明的繁荣发展贡献了自己的聪明才智。纵观中华文明史，其实就是一部各族群之间"求同存异，和合共荣"的文化演进史。

从根子上讲，4000年前的"中国"，仅指北方中原地区，居住在这里的相传是上古时期黄帝部落和炎帝部落的后裔，故而自称"炎黄子孙"。其时的"中国"，不过是黄河中下游（西起陇山，东至泰山）区域。在千年发展与民族融合之后，尤其是晋末"衣冠南渡"，南迁的中原汉族与南方百越民族彻底融合，来自北方的鲜卑等民族融入汉族，使汉族前所未有地壮大发展，逐渐形成后来疆域辽阔、人口众多、物产繁盛、文化昌明的中华民族的主体族群。特别值得强调的是，自从作为一个民族整体之后，中华民族就从未中断过自己的民族发展史——这在世界历史上是硕果仅存、独一无二的。

中华民族具备兼容并蓄、虚心好学的民族天性。仅以设计学范畴的事例讲：在数千年文明发展历史中，中华民族在不断向外输出优秀的文明成果（如烧造之陶瓷砖瓦、营造之榫卯斗拱、织造之丝绸刺绣、锻造之"失蜡"分模等），影响全人类的日

常生活与生产方式的同时，也不断地吸纳域外各民族的优秀文明成果，如汉魏之印度佛教和西域音乐、隋唐之西亚服饰和家具、宋元之东洋印染和漆艺、明清之西洋机器与建筑……在中华民族内部，这样的文化交流更是从未停止过，而且是风生水起、枝繁叶茂，愈发流畅、深入，中华民族各族群之间"求同存异，和合共荣"的文化大演进，共同创造了中华民族极为灿烂辉煌的造物文明历史。仍以设计学范畴为例：原本是匈奴人发明的单足绳圈，被晋代的汉族人设计成铁质双镫；最早是鲜卑人原创的毡毯卷边，被晋代的汉族人改造成"高桥马鞍"，这宗中国式马具设计案例，被誉为"13世纪中国传入欧洲的最重要文化成果"（李约瑟语）。再如，西域（今新疆地区）是全世界最早的皮靴生产地，哈尼族为主的红河地区出现了全世界最早的梯田。再如，全世界最早的"干栏式建筑"和全世界最早的稻米人工育种、栽培，均起源于长江中下游的百越地区；全世界最早的竹藤编结器物起源于闽越地区……由中华民族共同创造、发明，后来又影响了全人类文明进程的优秀造物设计案例很多，不胜枚举。几千年中华民族的文明史，就是各种文化多元融合、共同发展的最好例证。不了解中华民族内部各族群的文明交流史，就无法真正理解中国文化史，也不能理解为什么中华民族总是能在逆境中成长强大。甚至可以说，能否完整地理解中华民族的文化史，是检验每一个当代中国知识分子（特别是文史哲专业的学者）文化立场的"试金石"。

随着改革开放的逐渐深入，各民族地区的经济与社会状态已发生了天翻地覆的变化。令人遗憾和担心的是，由于各地区政策执行力度不平衡，保护措施不得力，少数民族的文化特性正在逐步衰退，有些地区的少数民族文化特征甚至已经消失殆尽，仅仅存在于徒具形式，充满口号、标语的民族文化村旅游景点中。有学者预言，再不加快整理抢救工作，中国的少数民族可能在物质形态和文化内涵的特征上，若干年后将不复存在。

从少数民族地区反映古代中国社会某些面貌的文化遗存看，这些少数民族之所以一直与汉族地区差距巨大，存在多方面的原因，其中历代汉族统治者对少数民族的歧视政策是主要原因。此外这些地区本身就处于偏僻荒地，不是沙漠就是山区，自然条件远不及汉族聚集地区，社会发展水平滞后。20世纪50年代，有相当比例的少数民族在当时仍处于原始农耕社会或奴隶制社会，不要说通电、通水、通汽车，不少人一辈子连铁器长什么样都没见过。部分少数民族聚集地的各种自然条件也较差，缺肥少水，基本生活来源，一靠老天爷恩赐的"望天收"农作物；二靠家庭手工作坊制作些竹藤编结物和土织、土陶等土特产来换取粮食；三靠养猪、兔、羊和鸡、鸭、鹅等家禽来换取日用品，如灯油、农具、衣物和油盐酱醋等；四靠为土司、头人和大户们出卖劳力（社会底层奴隶身份），年老即被抛弃。中华人民共和国成立后，党和政府在这些地区实行社会主义改造，打倒以土司、巫师和头人为首的剥削阶级，将土地和生产资料一律收归集体所有，解放了全体少数民族民众，使他们历史上第一次有了自由劳作和生活的权利。

中华人民共和国成立之初，党和政府就高度关注民族事务问题，为如何保护、关心各少数民族制定了一系列方针、政策，也为当代中国社会处理民族问题、保护民族文化树立了光辉典范。中央人民政府政务院于20世纪50年代初发布了《关于民族事务的几项决定》，为新中国民族政策奠定了最初的思想基础，其主要内容是：一、各大行政区军政委员会（人民政府）须指导各有关

求同存异 和合共荣

省、市、行署人民政府认真推行民族区域自治及民族民主联合政府的政策和制度，并随时向政务院报告推行经验，请示者须事前向政务院请示。二、各大行政区军政委员会（人民政府）须指导各有关省、市、行署人民政府认真并有计划地实行政务院在1950年颁发的《培养少数民族干部试行方案》，并将该项工作进行情况定期加以检查，每半年向政务院报告一次。中央民族学院及西北、西南、中南各军政委员会和新疆省人民政府的民族学院，必须依计划实行，并向政务院报告。三、政务院于1951年下半年适当时间将同时召开有关少数民族的卫生、教育及贸易三个专业会议，责成政务院文教委员会、中财委指导中央卫生部、教育部、贸易部开始筹备，并责成中央民族事务委员会协助进行。有关部门如农业部、文化部也须派人参加。四、责成中央人民政府各委、部、会、院、署、行注意建立有关民族事务的业务。五、在政务院文教委员会内设民族语言文字研究指导委员会，指导和组织少数民族语言文字的研究工作，帮助尚无文字的民族创立文字，帮助文字不完备的民族逐渐充实其文字。六、扩大中央民族事务委员会委员名额，责成中央民族事务委员会提出补充名单的建议，并于1951年下半年召开中央民族事务委员会扩大会议，检查与总结关于推行民族区域自治及民族民主联合政府的经验。

20世纪50年代，中央人民政府和政务院，曾多次组织"中央慰问团""土改工作队"和"普查工作队"等，花费大量人力和物力，深入各少数民族地区，进行了大量较为翔实的社会历史调查。50年代这轮由政府统筹、由中央民委组织行政领导和人类学、社会学专家学者以及民族同志组成工作队与考察队的少数民族大考察活动，1953年正式启动，1956年结束（个别地区延期至1958年才结束）。直接成果之一，就是为1956年国务院公布的55

个少数民族的正式定名和划分,提供了可靠的依据。

从当时考察的资料看,各少数民族的社会发展水平参差不齐,不少民族呈现类似汉族曾经历过的各种历史发展状况,为我们今天考察、了解并研究过去的历史以及各学术分支问题,提供了绝好的活体范本。比如以"设计发生学"研究为例,以山寨(村落)为主的初级社会组织形态,原始手工业在农耕环境中的地位,原始造物的手工技艺与设备、工具等,都是我们极感兴趣的研究对象。

在西北、西南和东北各少数民族聚集地区,有些古时流传下来的本民族手工造物技术,迄今仍保存良好。其吸收了汉族和其他兄弟民族的技术长处之后演变出来的各时段手工造物技术,则印证了各民族互相融合、取长补短的史实。更有些原始手工艺,特别具有艺术和历史研究价值。以维吾尔族人为例,本世纪初,笔者在新疆喀什城艾格孜艾日克老街看到几样手工艺绝活:其一是整条街的维吾尔族乐器店,除了热瓦普、曼陀林和冬不拉等少数维吾尔族知名乐器外,全是些笔者叫不上名来却似曾相识的弹拨乐器和拉弦乐器,于是从心里认可了"西域古乐成就了中国传统民乐"这句话所言不谬。其二是亲眼所见一个拖着鼻涕的不到10岁的维吾尔族小男孩,拿着电砂轮在铜壶上信手飞快地刻着精美细腻的图案,一不要底稿,二没有图纸,真是佩服得五体投地,也相信了"汉族人长于热铸,西域人长于冷锻"这个说法。其三是在喀什近郊著名的大巴扎"金器一条街"上看见近百家金店生意红火,家家门前毡毯上都围坐着一群金店伙计和顾客,正在热烈讨论、共同设计着花样繁多的未来金饰嫁妆,感受到了"中国传统样式的金银首饰工艺,最富有创意的设计和最先进的工艺制作,原来在维吾尔族人手里"这句大实话。还有,笔者

在云南景洪县城集市上，曾亲眼见过景颇族老乡用古老的"焖烧法"烧出的红彤彤的土陶——跟笔者一知半解的仰韶彩陶的烧制工艺几乎一模一样。还有，笔者在大西北甘陕宁各省亲眼所见的回族、保安族、裕固族和东乡族老乡巧手做出的那些花样繁多、样式复杂的面塑造型，真是个个精妙绝伦。这方面的事例实在太多了。

50年代的少数民族地区社会大普查，以及半个多世纪以来社会各界对其丰富而珍贵的考察、研究，意义深远，价值极为重大。这些地区客观上保存的较为完整的、与数千年前中国原始社会最初形态近似的许多社会特征，为我们研究社会的最初形态形成和当时的经济、文化、政治的基本状况以及"设计发生学"的相关课题，提供了珍贵的类型学"活化石"范本，价值非凡。改革开放以来，这些少数民族地区也获得了前所未有的巨大发展，人民生活日新月异；但与此同时，少数民族地区的民族性在不可避免地愈发衰减、退化，甚至消失。如果我们再不采取保护措施，若干年后，各少数民族的许多宝贵民族文化遗产将无法挽救地彻底消亡，这部分同属于全人类精神财富和中华民族集体智慧的宝藏，我们将再也看不到了。

在"设计发生学"问题上，我们一向秉持文化多元论的观点，认为人类文明是全世界人民共同创造的，各国家、地区、民族均做出过大小不一、形态各异的贡献；同理，中华民族的灿烂文明是中国的各族人民共同创造的，每个民族都对中华传统文化做出过贡献，也都应当得到尊敬和肯定。中国的各少数民族在中华文明漫长的演化过程中，都曾经以自己独特而充满智慧的文明成果，补充、完善甚至改良着中华文明。比如，古代西域的龟兹古国各民族创造或引自西亚的弹拨乐器和拉弦乐器以及音律、曲式，彻底改造了中国古代音乐，新创作出代表中国古乐精髓的江南丝竹；南疆的维吾尔族和北疆的哈萨克、塔塔尔、塔吉克等族首创了制革术，并引进古波斯革皮书籍装帧术和制靴术、制毡术、毛衣编结术；海南岛的黎族率先种植棉花并纺织棉布，传入内地后棉织业逐渐形成中国古代手工行业的"天下第一营生"……保护少数民族的民族文化特性，就是保护我们的历史遗产，就是传承我们的文明。我们应进一步发扬文化兼容的优良传统，把振兴中华的百年民族复兴梦，逐步落实为将大中华建设成为中国各民族共同拥有的美好家园。

由上千名来自全国各高等艺术院校的教授、研究生组成的55支团队参与编撰的《中国少数民族设计全集》（55卷），正是有识之士基于对各少数民族的民族文化特性正在快速衰减、消亡的严重现实问题的深切忧虑而进行的抢救、发掘、整理中国少数民族文化遗产的重要文化工程。经过两年精心筹划，六年努力写作，在国家出版基金管理部门的支持下，在山西人民出版社和人民美术出版社的策划和组织下，目前《中国少数民族设计全集》的书稿编撰工作已基本完成，即将付梓。在长达八年的漫长过程中，全国兄弟院校各团队涌现出的各种可歌可泣的事迹经常感动着笔者，并不时鞭策着全体作者克服千难万险，一路向前。有的分卷作者身患绝症仍不眠不休地忘我工作，有的分卷作者遭遇各种意外仍坚持工作。特别是，很多民族同志公而忘私、不计较个人得失，有人不惜将自己赚钱的企业关张歇业，全身心地投入各自所负责分卷的繁重编撰工作中；有人义无反顾地将自己珍藏多年的本民族实物、资料和研究成果无偿提供给相关分卷作者。大家万众一心，克服各种复杂得难以想象的困难，以确保这部凝聚了众人八年心血的巨著，能按计划如期完成。借此机会，笔者谨

代表本丛书编委会全体成员,向领导、编辑和作者们表示衷心的感谢!

作为一项文化创举,笔者深信《中国少数民族设计全集》必将在未来岁月的长期检验中,愈发显现其非凡的、独特的文化价值。

2017年夏季于南京

前言

当代手工艺设计视野下的畲族传统造物技艺

自20世纪下半叶开始,人类社会快速迈向一个全球化、网络化和信息化的时代。现代科技在带给人类种种便利的同时,也彻底转变了我们生活的空间与时间观念,改变了我们的工作方式与思维方式。在互联网上,不同地域的文化相互并置、相互竞争、相互碰撞、相互激发,貌似繁荣的景象背后,是少数强势文化的兴起与地域文化多样性的消减。保持文化的多样性,努力发掘和弘扬本民族文化,已经成为世界各国、各民族共同面临的紧迫任务。

几乎同步,在中国正在经历的社会转型过程中,中华民族的传统民间文化正在迅速地被"遗产化",因此,我们对地域文化、民族文化的研究,显得如此必要和紧迫。这正是我们主动地承担《中国少数民族设计全集·畲族卷》编撰工作的最大理由。本书旨在从手工艺设计的视角,诠释畲族传统民间文化与造物艺术,通过对具体案例的展现与释读,将抽象的文化研究落实到具体的事象中。这种研究方法与编撰构架,既是一种新的尝试,对我们的研究团队来说也是一种新的挑战。

一、畲族历史及文化发展

畲族是华东地区人口最多的少数民族,也是我国56个民族大家庭中的一员。畲族名称于1956年由国务院正式公布确认。根据2000年第五次全国人口普查统计,畲族总人口有70余万人,主要分布在闽、浙、赣、皖、湘、黔七省的100余个县市。其中以福建省畲族人

口最多，有37万人，分布于福建省各地，在闽东、闽西地区较为集中；浙江省畲族人口密度最高，共有17万人，主要分布在浙南的温州、丽水、金华三个地区，景宁是我国唯一的畲族自治县。

畲族因其独特的"山居农耕""刀耕火种"的生产方式而得名。畲字作为族名，在南宋已经出现。《说文》曰："畲，三岁治田也。"《广韵·麻韵》："畲，烧榛种田。"可知"畲"既指开垦过二三年的田地，又指刀耕火种的耕作方式，也有披榛烧山开荒之意。《广东通志》载"畲，岭海随在皆有之，以刀耕火种为名者。"[1] 广东潮州畲族在历史上也被称为"輋（音shē）"，"輋，巢居也。"[2] 也是因其"山林中结竹木障覆居息"[3]的居住方式而得名。

畲族自称"山哈""山达"，畲语中"哈"和"达"都是客人的意思，表明自己是山里人或居住的客人。畲族有自己的语言，但没有本民族文字。通用汉字。由于没有本民族的文字，关于畲族历史来源一直缺乏可信的文献资料。国内学者对畲族族源问题主要有几种观点，有"外来说""土著说"与"多元一体说"三类。"外来说"主要有三种观点，1.畲瑶同源，畲族为武陵蛮的后裔；2.畲族为东夷的一支；3.畲族为河南高辛氏的一支。"土著说"亦有三种观点：1.畲族为古代越人后裔；2.畲族为古代南蛮族的一支；3.畲族为福建土著"闽"族后裔。"多元一体说"认为，"武陵蛮、长沙蛮、百越民族、南迁汉族还有湘赣闽粤交界区域其他土著种族，共

---

[1]（清）阮元：《广东通志》，卷三三〇
[2]（清）屈大均：《广东新语》，北京：中华书局，1985年，第243页
[3] 顾炎武：《天下郡国利病书》

同缔造了畲族，他们都是畲族构成的要素。"①此说法提出较晚，但已逐渐为学界所认同。

早在隋唐时期，畲族先民已聚居闽、粤、赣三省交界地区，唐代漳、汀地区的土著民则被称为"峒蛮""蛮僚"。陈元光《请建州县表》中提到当时的畲族先民"左衽居椎髻之半，可耕乃火田之余"，"所事者搜狩为业"。畲族的名称在宋代已出现，宋刘克庄《漳州谕畲》载："凡溪峒种类不一：曰蛮、曰猺、曰黎、曰蜑，在漳者曰畲。西畲隶龙溪，犹是龙溪人也；南畲隶漳浦。"同时也提到"畲民不悦（役），畲田不税，其来久矣。"②也就在宋代，畲族开始陆续迁往闽中、闽北。到明清时期，畲族大量迁入闽东、浙南地区。《永泰乡土志》载："穷山邃谷，从前多漳、泉、延、汀之民，种畲栽菁。"浙南与闽东毗连，迁往浙江的畲族必须经过闽东，或是从闽东再迁入。《景宁县志》载："畲民自粤而闽，以暨处之遂（昌）、云（和）、龙（游）诸邑，皆有其人。"③《遂昌县志》载："遂邑之有畲民，盖于国初时徙自广东，安插于衢、处、温三府者。"④江西的铅山县畲族相传祖籍广东潮州凤凰山，后迁到福建宁化县再迁入铅山县陈坊区大沉乡狐狸岩居住，时间约在明末清初；安徽宁国县东南部少量的畲族是清代光绪年间从浙江迁入

---

① 谢重光：《畲族与客家福佬关系史略》，福州：福建人民出版社，2002年，第7页

② （宋）刘克庄：《漳州谕畲》，载《后村先生大全集》卷九三

③ 周杰：《景宁县志》卷一二《风土·畲民》，清同治十一年刊本

④ 郑培椿：《遂昌县志》卷一《风俗》，清道光十五年修

的。①根据畲族世代传唱的《高皇歌》记载，广东潮州凤凰山为他们始祖盘瓠所居之地，各地的畲族都认定凤凰山为本民族的发祥地，在某种程度上，"凤凰山"已经成为畲民族认同的一个重要的文化图腾。

历史上，畲民生产生活条件非常恶劣，"汀中畲客所占之地，多在山水严恶之处"，②畲族迁移与游耕生产方式相伴随，以家庭为单位，三五人为伙，十多人为群，向深山密林迁移，"所居在丛菁邃谷，或三四里，或七八里始见一舍，无比屋而居者"，③畲族"大分散、小聚居"的分布格局也由此形成。

畲族"山居游耕"的生活方式，固然是受到《高皇歌》中"盘瓠子孙，永免差役，不纳钱粮"传说，以及畲族自古以来"刀耕火种"的生产习俗的影响，更深层的原因，是由于经济与文化上的差异，畲族一直处于弱势，不能平等地开发和拥有土地，"每每彼所开辟之地，垦熟即为汉人地主所夺，不敢与较，乃他徙"。④明清时期，由于可资开发的山林越来越少，畲族逐渐结束了"游耕"的状况，开始定居下来，并融入当地的社会生活中。清代中后期，畲民或"力耕作苦，或佃种田亩，或扛抬山舆"⑤，或"遵制编保甲，从

---

①蒋炳钊：《畲族从聚居民族变成散居民族的历史考察》，中国人民政治协商会议宁德市委员会等编《畲族文化研究》，北京：民族出版社，第25页

②《惠州府志》卷四，明嘉靖刊本

③江远清等：《建阳县志》卷二《舆地志·附畲民风俗》，清道光十二年刊本

④胡先骕：《浙江温州、处州间土民畲客述略》，《科学》，1923年第7卷第3期281页

⑤吴楚椿：《畲民考》，转引自周荣椿：《处州府志》卷二九《艺文志中·文编三》，清光绪三年刊本

力役，视平民无异。近又与土民联婚，并改其焚尸浮葬之习"①，有些富裕的畲民甚至"亦购华人田产"②，生产方式也逐渐汉化，"春种角谷，夏种芒谷，秋种穄谷，冬种稜谷，分八节以纪农功，大率与全闽无异"③。畲族由游耕向定耕生计方式的转变是畲族汉化的一个重要特征。虽然这一转变在很早以前就开始了，然而这一过程却在清初时达到较大的规模，并在乾隆朝以后逐渐普遍完成。④

与此同时，畲族在与汉族的交往中，生活方式也逐渐汉化。《建阳县志》言："近惟嘉乐一带佘（畲）民，半染华风，欲与汉人为婚，则先为其幼女缠足，稍长，令学针黹坐闺中，不与习农事，奁资亦略如华人，居室仍在辟地，然规模亦稍轩敞矣。妻或无子亦娶妾，亦购华人田产，亦时作雀角争，亦读书识字，习举子业。"⑤畲族不与汉族通婚的惯例逐渐被打破，畲汉通婚渐多，"旧不与土民为婚，近始有稍稍通婚者"⑥，《侯官县乡土志》称："（畲民）近数十年来渐与土人同化，雷、蓝二氏间或侨居省城，且有捷乡会试登科第者。"⑦《永泰乡土志》称："今则出入相友，

---

① （清）乾隆《永春州志》卷七《风土志》

② 江远清、江远涵：《建阳县志》卷二《舆地志·附畲民风俗》，清道光十二年刊本

③ 恩熠：《长汀县志》卷三〇《风俗》，清康熙五十七年修

④ 杨晋涛：《闽西蓝姓居民的"畲族意识"——一个族群建构的例子》，中国人民政治协商会议宁德市委员会等编：《畲族文化究》，民族出版社，第216页

⑤ 江远清、江远涵：《建阳县志》卷二《舆地志·附畲民风俗》，清道光十二年刊本

⑥ 符璋：《平阳县志》卷一九《风土志·民族》民国十四年刊本

⑦ 吕渭英：《侯官县乡土志》卷五《人类和地形略》

婚嫁相通，与汉种无分彼此焉。"①

新民主主义时期，闽西、赣南、粤东、闽东、浙南的畲族民众积极参加了中国共产党领导的武装斗争，在历次革命斗争中，闽东牺牲的畲族烈士有479名，浙南有畲族烈士145名，上杭也有畲族革命烈士438名。②新中国成立后，畲族民众生活环境较大改善，自改革开放以来，通过各级各部门和民族乡村干部群众的共同努力，民族乡村经济持续发展，民族乡村基础设施如医疗、交通、教育条件较大提升，作别了长期零星分散居住偏僻山区生存环境恶劣的历史。

二、畲族民间文化的独特性与丰富性

畲族文化和民间艺术都显露出鲜明的民族个性。作为一个人口未过百万，主要分布在七个省区的少数民族，历经千年，依然保持着强烈的民族认同感和凝聚力，本身就是一个令人瞩目的文化成就。畲族的"盘瓠传说"以及"盘瓠崇拜"，作为重要的文化图腾，对畲族民族认同起着至关重要的作用。时至今日，"盘瓠崇拜"依然是维系这一民族自我意识的纽带，构成畲族文化最根本的特征，并表现在畲族民俗节庆、生活礼仪、服饰歌舞、手工技艺等各个方面。

畲族传统文化是民族性与地域性的统一。一方面，畲族文化具有较强的原生性与原始崇拜特征。由于山居游耕的生产生活方式，"大分散、小聚居"的分布格局，畲民的生活状态较为封闭，能够相对完整保留传统的生活方式、民俗信仰以及与之相关的宗教仪式活动。畲族民间通过这样一种图腾文化来加强民族的自我认同，在某种程度上是恶劣环境下个体和宗族生存的基本需求。

---

① 周瑮然：《永泰乡土志》第七课《土著种族》
② 郭志超：《畲族文化述论》，北京：中国社会科学出版社，2009年，第33页

　　畲族的民间文化也十分丰富。畲族文化在千年的传承中依然保留了本民族浓厚的原始宗教氛围和独特的生产生活方式，显示出独特的民族个性。在历史的传承过程中，深山散居、自给自足、远离尘嚣的生活环境，不但促进了生活习俗与民俗文化等民族特性的形成，而且打造了畲族相对完备的生产生活技能与艺术门类。以农业生产为例，畲族先民很早就培养出好的粮食品种。山地多贫瘠，而畲人所种之山禾，"藉火之养，雨露之滋，粒大而甘滑"，①堪称上品。畲民除"耕山而食"外，还精于射猎，"以药注弩矢，着禽兽立毙。供宾客，悉山雉、野鹿、狐、兔、鼠、蚓为敬。豺、豹、虎、兕间经其境，群相喜，谓野菜，操弩矢往，不逾时，手拽以归"②。畲族农副业与手工业生产也极有特色："所产姜、薯、蕨、豆、菇、笋品不一。所制竹器有筐、筥，所收酿有蜂蜜，所畜有鱼、豕鸡、鹜，皆鬻于市。"③种蓝、种茶、种麻也是畲村的传统职业，"闽人种山皆茶、蓝"，④畲族以种蓝靛为特长，以穿蓝色衣服为高贵，习尚蓝衣。浙南、闽东山区也是重要的茶叶产地，浙江景宁"惠明茶"是浙江传统名茶；闽东宁德的猴墩畲族村，在晚清时期是闽东地区最重要的茶叶贸易中心，带动了当地畲族经济的整体发展。除农耕、狩猎等生产技艺外，畲族的畲族歌舞、畲医畲药、畲族武术也都是非常著名的少数民族民间技艺。

　　畲族传统手工技艺中，无论是传统服饰、银饰、建筑、纺织、剪纸、刺绣、竹器、木器、石器技艺皆可圈可点。由于居住分散，

---

① （清）屈大均：《广东新语·食语》
② （清）范绍质《猺民纪略》，载同治《汀州府志》卷41《艺文记》
③ （清）范绍质《猺民纪略》，载同治《汀州府志》卷41《艺文记》
④ （明）宋应星《天工开物·彰施》

　　为满足生活需求，畲族聚居区内，各种民间传统技艺与工艺美术门类往往形成相对独立而完整的体系。福安康厝乡凤洋村据统计是福安畲族人口最多的畲族行政村，为满足自身生产、生活及外出谋生的需要，畲族村民发展出多种多样的手工技艺。自清朝末至新中国成立的二十多年间，传统手工艺极为兴盛。当时家家户户的群众一般都有两三门手艺。家家有手艺，代代有传人。凤洋村因此赢得"百艺村"美誉。这种相对独立而完整的手工艺体系，也成为畲族各种手工技艺传承所必需的生态环境。

　　另一方面，畲族民族文化随着畲族民众从潮州凤凰山向北迁徙的过程，分别与闽南文化、闽西、赣南、闽东、浙南等地的地域文化相互碰撞、交流、吸收、融合，在各自生活区域内形成丰富多彩的畲民族地域文化与民间艺术形式，既是同族同源，这些文化与艺术自然有着共性，又呈现出各自特点，"和而不同"，正是畲族文化丰富性与多样性特征的外在表征。以服饰为例，浙南、闽东、赣南等地的畲族服饰形态各异，仅福建省内又可分为罗源式、福安式、霞浦式、福鼎式、顺昌式、光泽式、漳平式等七种类型。闽东畲族妇女的传统发式也有较强的地域区别。飞鸾一带畲族妇女把头发梳成高耸如凤凰状，称"凤凰头"或"凤凰髻"。福安、蕉城八都一带则梳成截筒状，称"凤凰中"或"凤身髻"。福鼎、霞浦（福宁东、西路）的畲族妇女，则把头发梳成古典凤凰髻状，称"凤凰尾"或"凤尾式"。①畲族服饰文化的丰富性，由此可见一斑。

三、畲汉文化交流与畲族造物艺术

　　美国人类学家罗伯特·雷德菲尔德（Robert Redfield）在1956年

---

① 钟雷兴：《闽东畲族文化全书·服饰卷、工艺美术卷》，北京：民族出版社，2009年，第1页

提出了文化的"大传统与小传统",意在说明复杂社会中,会有两个不同文化层次的传统:"大传统"当然指以城市为中心的少数上层人士、知识分子所代表所热衷的文化,"小传统"则专指在乡野农村中人口更多的农民所呈现的文化。在罗伯特·雷德菲尔德看来,在类似文化构架中,小传统因经济基础原因,天然处于被动地位,其在文明的发展中必然处于被支配地位,故而农村及其文化不可避免要被城市同化。[①]李亦园将罗伯特·雷德菲尔德的大、小传统概念用于中国文化的研究,并以之对应中国常说的雅文化和俗文化。观察畲族文化传承与流变,大传统与小传统的痕迹清晰可见,支配与被支配模式中外一致。

自入明以来,明初朝廷以"召集流亡、劝农兴学"作为地方官吏的考核标准,推动垦荒,同时颁布法令减轻赋税,促进了山区林地的开发,"今山中颠崖,皆开垦种艺,地无旷土,人无遗力"。[②]清顺治初年,又颁布了一系列招民垦荒的激励措施,由此,大批畲民迁入闽东、浙南地区垦种,并由此形成新的聚居区。畲族在闽东地区的发展极为顺利,逐渐从相对封闭山区迁入物产、交通条件更好的滨海地带,在浙南地区,畲民已遍及今温州、丽水等地区,《处州府志》载,畲族在"处郡十县尤多"[③]。同时,汉族的生产方式与铁器农具逐渐得到普及,畲族传统的"刀耕火种"传统也逐渐为汉族的"牛耕锄种"方式取代。

自明清以来,畲族经济社会文化各方面都得到较快发展,与汉

---

① 叶舒宪:《文化大传统研究及其意义》,《百色学院学报》,2012年第4期
②(清)顾炎武:《天下郡国利病书》卷94引《霞浦志》
③ 周荣椿:《处州府志》卷三〇《艺文志》吴楚椿:《畲民考》,清光绪三年刊本

族的经济文化交流日益加深,"今则出入相友,婚嫁相通,与汉种无分彼此焉"①。得益于清代经济贸易的发展,特别是茶叶贸易的发展,以及畲族知识分子科举入仕进入主流社会,畲族人经济和社会地位得到较大提高。《侯官县乡土志》:"近数十年来渐与土人同化,雷、蓝二氏间或侨居省城,且有捷乡会试登科第者。"②《南平县志》:"乾隆五年(1750),(畲族)编图隶笈,亦有入庠者,烝烝然染华风矣。"③虽然从经济文化发展上看,畲族整体还落后于汉族,但畲族贫富分化已经显现,畲族上流人士逐渐融入汉族为主体的主流社会,畲族自身"大传统"与"小传统"的文化建构已经逐渐形成。

畲族的汉化进程自明清时期已经逐渐开始显现,一方面是"小传统"的缓步发展,即普通畲族民众在民俗生活中与汉族民众间相互影响;一方面是"大传统"的强力推动,即畲族上层政商人物学习并践行汉族文化,主动融入主流社会。这其中,作为"大传统"的畲族上层社会的示范作用,对畲族地区"移风易俗"的推动更为显著。虽然这种改变对畲族固有的传统文化有所冲击,但从长远看,畲汉文化的互动带动了畲族民族文化、民间工艺跨越性的现实发展。

以建筑为例,畲族先民建筑技术相对较为简陋,多为"巢居"①或"编荻架茅为居",这一方面是受到畲族传统游耕习俗的影响,一方面也是限于人力与财力。明清以来,畲族逐渐从游耕转向定居,物力与人力都得到了积累,畲族现存的大型民居建筑,基本沿

---

① 周邃然:《永泰乡土志》第七课《土著种族》
② 吕渭英:《侯官县乡土志》卷五《人类和地形略》
③ 蔡建贤:《南平县志》卷一一《礼俗志·杂俗》,民国八年

袭了汉族传统建筑的式样，工艺技巧上也大体相同。现存福安凤洋村唯一保留的一座"孩儿撑伞"式样的民居被称为畲族传统民居代表性建筑。这种形制或许是从"棚屋"或"茅屋"样式发展而来，可以视为从游耕转向定居后发展出的一种过渡性的建筑样式。它采用一根顶梁柱来支撑屋架与屋面，但限于结构，房屋低矮窄小，存在诸多不足。畲族工匠对汉族建筑技艺的汲取，直接补充了畲族民居建筑技艺的不足。再如，汉族地区道教及民间信仰传入畲族，不只是单纯的移植，还与畲族的原始宗教相交融。畲族法事中使用的"三清图"，上面绘制"玉清元始天尊、上清灵宝天尊、太清道德天尊（太上老君）"即来自汉族道教，而畲民认为三清与始祖盘瓠同样尊贵，对太上老君极为敬重，视之为本族保护神。被畲民认为人生最隆重、最重要的"学师"仪式，其中一种效果就是能取得太上老君的庇佑。一些汉族地区民间道教俗神，如临水夫人（陈靖姑）、白马尊王（王审知）也广泛流行于闽东浙南的广大畲族地区。②畲族民众对汉族道教俗神的接纳，促进了畲汉间的文化认同，也丰富了畲族原有原始信俗文化的形式与内容。

畲族文化与汉族文化有一定的认同。在畲族神话中，畲族是畲族始祖盘瓠王与汉族高辛帝三公主的后代，畲汉本来血脉相同。畲族对汉族文化并非全盘接受，更多是借用汉族丰富的物质文化形式来补充完善本民族自身的不足。畲族民众在利用和改造汉族现有物质文化的基础上，依然较好地保留了本民族的民俗文化内核。从

---

① （清）屈大均：《广东新语》卷七《人语·举人》载："澄海山中有輋户，……輋，巢居也。"

② 郭志超：《畲族文化述论》，北京：中国社会科学出版社，2009年，第468～470页

整体上看，畲族平民所用生产器具及日用器具在形制上朴实无华，简练实用，而畲民中的富裕阶层所用的器具，则更多受到汉族的影响。自清代以来，由于生产生活方式日益趋同，畲民相当一部分日用器具在大的形制上与汉民所用非常接近，但如果细加考察，两者在装饰纹样与色彩搭配等细节上还是存在一定的差异。如畲民翻地所用的"山犁"与汉族所用的犁，其造型结构基本相同，但尺寸更小，便于山地狭小地方的劳作；又如，畲族民居的厅堂部位，都在显著地方供奉祖先牌位，或在厅堂上贴有"（祖公）香火榜"，与汉族厅堂布置有较大区别。这种差异性，正是畲族民族汲取汉族文化，并根据自身需要加以灵活变通的生活智慧的体现。

畲族各类器具中，以龙凤图案作为装饰的情况极为普遍，畲族民众所用的龙纹与凤纹，与汉族地区习见的龙凤形式上相同，但其文化内核却大相径庭：畲族龙凤图案来自本民族盘瓠崇拜的传说故事。因为在清代畲族人口头的盘瓠的名称演变为"龙麒（或龙期）""盘瓠王""忠勇王""龙猛（或龙孟）"，盘瓠形象从早期"犬头人身"演化为"龙犬""鱼龙""龙""麒麟"等形象，这种转变实际上也是畲族逐步弱化盘瓠"犬"形而逐步采用"龙""麒麟"形这样更容易被汉族所接纳的图腾形象。畲族最重要的宗教器具——作为盘瓠象征的祖杖，杖头的雕刻多采用龙头形式，又称"龙首师杖"。因此畲族的龙纹，即是男性始祖——盘瓠的象征，这种主动的改变，说明畲族在汉族文化语境下，不断获得文化认同的努力。畲族自认发源地是凤凰山，自己是凤凰三公主和盘瓠的后代，畲族器具中的凤凰图式是畲族女性始祖——三公主的象征。龙凤图案外在是相似的，但无论畲族还是汉族民众，其眼中所见图案与心所念的文化寓意，完全不同，这种"和而不同"，是文化差异性与多样性的表现，也是畲族文化现实发展的需要。畲族工匠正是通过这种方式，顽强地保留和传承着本民族的文化符号与审美特征。

四、关于本卷编撰工作的说明

《中国少数民族设计全集·畲族卷》的编撰工作从2013年3月正式启动。得益于半个世纪以来对畲族文化研究的丰硕成果，编撰团队在对现有文献全面整理的同时，对畲族的认识也逐渐清晰。从2013年6月开始，由院师生22人组成的田野调查团队，先后前往浙南景宁、丽水、苍南，闽西上杭、龙岩；闽东福安、福鼎、柘荣、霞浦、罗源、南平，闽北泰顺，闽南漳州、厦门，广东潮州等地考察调研，采集了许多宝贵的一手资料。通过实地的考察，对畲族传统生产生活方式的认识也逐步加深。由于本卷涉及内容较多，包括社会生活、人文生态、民族宗教等各个方面，随着调查与编撰工作的渐次推进，对畲族文化与造物艺术的理解逐步加深，在感叹畲族先民造物智慧的同时，不得不承认，随着生活、生产方式的转变，传统村落文化没落，传统畲族技艺如畲语、畲歌、畲医畲药等项目都后继乏人，令人担忧，因此，我们目前所做的调研与编撰工作显得十分必要与紧迫。

如何把握畲族的民族特点，是首先面临的一个重要问题。由于畲族与汉族自明清以来文化与经济交流日益频繁，畲族汉化的情况比较严重。随着调查的逐渐深入与认识的逐步加深，本卷的编撰视角也从编撰初期就各类器物的形态与功能的研究，逐渐转入从"少数民族文化自我认知"和"华夏文化的整体构建"两个方面对畲族文化开展理论梳理。

从历史上看，我国的社会发展在任何时期都不是由单一族群、单一文化构成的，多民族、多文化、多政体并存是一种常态，历史上各个地区、各个民族的社会形态长期处于错综复杂的相互关系之

前言

中，处于经济、文化实力相辅相成又此消彼长的动态发展过程中。华夏民族文化的构建过程，实际上是一个不断注入新民族和新文化，在继承传统基础上不断汲取、不断创新的历史发展演变过程，华夏民族在生活方式、价值观念、宗教信仰、年节习俗、造型艺术、审美趋向等方面体现出来的一些共性特征，是在众多民族和众多地域文化相互碰撞、影响、交流和融合的漫长历程中形成的。只有站在各民族文化互动与华夏文化整体构建的高度，才能更清晰地理解畲族文化的个性特质，认识畲汉文化交流对华夏民族文化多样性形成的促进作用。

传统手工艺是丰富的造物智慧之源泉，同时也是现代文明和现代设计的基础，手工艺创造无论在历史上还是在现实中都有其不可替代性。进入大工业生产时代之后，在物质生产能力已经远远超过生活实际需求的大环境下，手工艺创造以其独特的单件手工制作方式与艺术品质而凸显新的价值特征。现代人寄希望于在社会分工的前提下，社会能提供各种更便捷、更高科技的手段和产品，省时省事地解决各类问题，而忽略了自身制造工具、解决问题的能力的培养。畲族传统器具中，特别是民间的日用器具中，对自然材料性能的充分利用、对简单物理结构的运用，展现出简便、实用的设计巧思与朴素的人机工学和设计美感，其中体现出的"简洁、有效、环保"的造物特色，也正是我们当代设计所着力追求的；同时传统工艺中的很多技艺技巧，能为现代产品设计与产品开发提供不一样的思考方式与设计范式。畲族工匠所制作的这些"有限物质条件下的低科技产品"以及与这种产品相适应的"慢生活"，是否能引发我们对当代社会由物质崇拜与科技滥用引发的各种社会问题的反思呢？

在当前互联网时代独特的文化环境下，地域文化已经成为重要的文化资源，具有地域特色、民族特色的手工艺产品所具有的文化

价值与商业价值也越来越被民众所认同，深入地发掘少数民族的文化特色与传统手工艺资源，不但是设计创新与推广的需要，也是促进地域文化发展，带动少数民族地区经济发展的重要方式。

本卷收录的100多个案例中，包括畲族传统建筑7例，传统服饰27例，传统食具6例；传统生活用具21例；传统生产工具13例，传统手工艺6例；传统民俗与宗教造像24例，基本囊括了畲族传统生活方式的各个方面。我们希望通过我们的努力，以数码图像与文字叙述的双重手段，为当代畲族凝固下一段时空，成为一个畲族文化的"时空胶囊"。通过对这些器具的形态与功能的呈现与文化内质的剖析，全面展现畲族传统生活方式，在体现文化民族性与地域性的统一中展现畲族人文精神。

书稿编撰过程中，得到了浙江、福建、广东等省民间文化工作者、畲族老艺人与畲族研究专家的大力支持，福建省博物院、景宁中国畲族博物馆、福建宁德中华畲族宫等单位也在图片资料上给予极大的帮助，在此不一一感谢。

非常遗憾的是，限于编撰时限、图书体例，案例数量等因素的影响，尚有部分以图书难于展现的畲族特色文娱活动和民俗表演项目没有收录进来。同时由于本卷涉及内容甚广，限于编者的能力与眼界，难免有种种不足之处，恳请专家、读者不吝赐教。

2014年8月19日

目录

第一章　畲族传统建筑

畲族草寮　002

福安康厝乡畲族古民居"孩儿撑伞"　007

浙江景宁敕木山畲族民居　012

闽东半月里畲族雷世儒古宅　021

闽东半月里畲族龙溪宫　028

畲族炮楼式民居　034

闽东霞浦畲族观音亭寨　042

浙南景宁畲族砖砌三眼灶　048

第二章　畲族传统服饰

民国霞浦畲族男马褂　054

闽东畲族女裤　058

民国罗源畲族女花衣　062

民国罗源畲族女裙　067

民国霞浦畲族围兜　070

清代福安畲族男钱褡　073

浙江景宁畲族凤冠　076

民国光泽畲族脚绑　081

闽东福鼎畲族公主童帽　085

闽东福鼎畲族盘瓠童帽　089

民国浙江畲族女婚服　092

清末福安畲族凤冠　095

闽东畲族男婚衣　099

清末福鼎畲族男婚帽　103

清霞浦畲族凤冠　107

民国罗源畲族女花鞋　112

清代霞浦畲族法师服　116
闽东霞浦畲族女子发式　121
罗源畲族妇女发式　125
闽东福鼎畲族铜簪　129
闽东福鼎畲族银花　133
民国浙南畲族银戒指　137
民国福安畲族银耳环　140
清福安畲族手镯　145

第三章　畲族传统餐饮

闽东畲族风炉　152
闽东畲族乌饭　155
闽东畲族菅叶粽　159
闽东畲族粿模　162
闽东畲族筷子筒　166

第四章　畲族传统生活用具

浙南景宁畲族挑长担　172
浙南景宁畲族竹礼品篓　176
福安畲族木门锁　180
闽东福安畲族竹茶筒　184
闽东罗源畲族竹制饭筒　188
浙南畲族竹制水壶　192
闽东畲族碗架　195
闽东畲族烤火笼　200
闽东霞浦畲族手炉　204
闽东霞浦畲族织篮　208

  闽东福安畲族薯箕　212
  闽东畲族熨烫斗　216
  闽东畲族竹制油灯盏　220
  浙南景宁畲族梳妆台　224
  浙南景宁畲族脸盆架　228
  浙南丽水畲族火篾插　232
  闽北畲族小插屏　236
  闽东福鼎畲族笔筒　240
  浙南畲族问凳　243
  闽东福鼎畲族钱袋包　247

第五章　畲族传统生产工具

  浙南景宁畲族包罗杖　252
  二十世纪五六十年代浙南景宁畲族拔秧船　257
  民国浙南畲族稻梯　261
  民国浙南畲族"满"字谷印　264
  浙南景宁畲族地区曲辕犁　267
  浙南景宁畲族山田木櫑磲　271
  闽东罗源畲族小猪盆　275
  闽东福鼎畲族火药筒　279
  闽东福安畲族渔具　284
  闽东福安畲族割刀　289
  浙南景宁畲族茶篓　293
  浙南景宁畲族畲药加工器具　297
  浙南畲族织彩带工具　307

第六章　畲族传统手工艺

　　浙南畲族织彩带　312

　　闽东罗源畲族剪纸　316

　　闽东畲族竹编斗笠　321

　　浙南景宁畲族锡茶叶罐　325

　　闽东福安畲族衣扣石模　328

　　浙南景宁畲族墨斗　332

第七章　畲族传统民俗和宗教造像

　　闽东畲族祖杖　338

　　闽东霞浦畲族祖图　343

　　闽东霞浦畲族祖牌　349

　　浙南丽水畲族祖担　352

　　浙南平阳畲族《汝南蓝氏宗谱》　355

　　浙南景宁畲族"左营右营"兵马图　358

　　17世纪浙南畲族祖先像　361

　　17世纪浙南泰顺畲族三天师像　364

　　浙南景宁畲族猎神像　367

　　闽东福安畲族门头装饰　371

　　闽东福安畲族石香炉　375

　　闽东畲族求雨罐　378

　　闽东畲族龙凤形木鱼　382

　　民国浙南畲族雕花八卦　386

　　闽东罗源畲族田公元帅像　389

　　浙南丽水畲族法师间门帘　393

　　17世纪浙南景宁畲族十殿图　397

　　17世纪浙江景宁畲族阴阳洞图　400

浙南丽水畲族丧俗器具 404
闽东畲族信俗器具 408
闽东畲族乐器 414
浙南景宁畲族竞技游戏抄杠 420
浙南畲族"龙蛇洞、虎鹿洞"图 424
浙南畲族乌蓝祖师木雕像 427

第一章 畲族传统建筑

畲族草寮

图一 畲族草寮主图

本案例为畲族"草寮",或称为"草寮厝",是畲族旧时主要的传统民居。畲族人主要居住在山区,早期过着刀耕火种游移不定的生活,为了适应游耕农业而经常迁徙,多"结庐山谷,诛茅为瓦,编竹为篱,伐荻为牖"(清乾隆版《长汀县志》卷三〇《风俗》)。

草寮一般占地20平方米左右,寮高约3米,呈"介"字形或"人"字形,墙高2米左右,屋面坡度在45度以上,檐、地相距1.5米左右,出入都要低头弯腰。其发展大体分为两个阶段,第一阶段,畲民只是搭盖极为简陋且结构简单的草棚,通常以数根竹木为支柱和主架,两端用两根有丫杈的树干为柱,中间架横梁为栋梁,在主架两边架上用小竹或竹片缚成的框格屋架,上端用山藤捆扎于栋梁,下端着地,然后在屋架上覆盖茅草、菅芦、稻草等编成的草帘片,以葛藤或小竹扭扎固定。屋墙多以小竹或菅芦秆编成,有的涂上泥巴,但大多没有隔间。前、后开门不开窗户,没有烟囱,地面用泥土夯实,雨天潮湿。畲民全家的生活起居均在棚内,草棚内设火塘,白天用来烧饭,晚上则用于取暖,人畜混居,卫生条件比较差。这种草棚在使用几年后，大多废弃，另行择地重建。

第二阶段的草寮，逐渐改进为土木结构，诛茅为盖，砌石为基，筑土为墙，以较粗的木料为支柱，但大多没有安放柱础石（据传，这是以畲民为客居人的缘故），屋架有的沿用旧式竹缚框架，有的则以梁、桁、椽等构成，柱、梁、桁间皆凿榫相接，所覆盖的草帘片，多用茅草酌加稻草，以绳索固定，且层层重叠，厚度达10厘米以上。寮的左右面与后面用墙隔断，墙高2米左右，正面用竹、木山藤编织成扁并糊上混合泥；寮内有间的划分，中间是厅堂，是吃饭、会客、祭祖的地方，一边是卧室，一边是灶台。

草寮为畲族早期的建筑形式，是畲民传统生活场景的一个缩影。直到清代，才被土木结构、瓦片屋面的"土墙厝"所取代。

图片来源
图一　蓝法勤　摄影
图二至图七　毛翔　制图

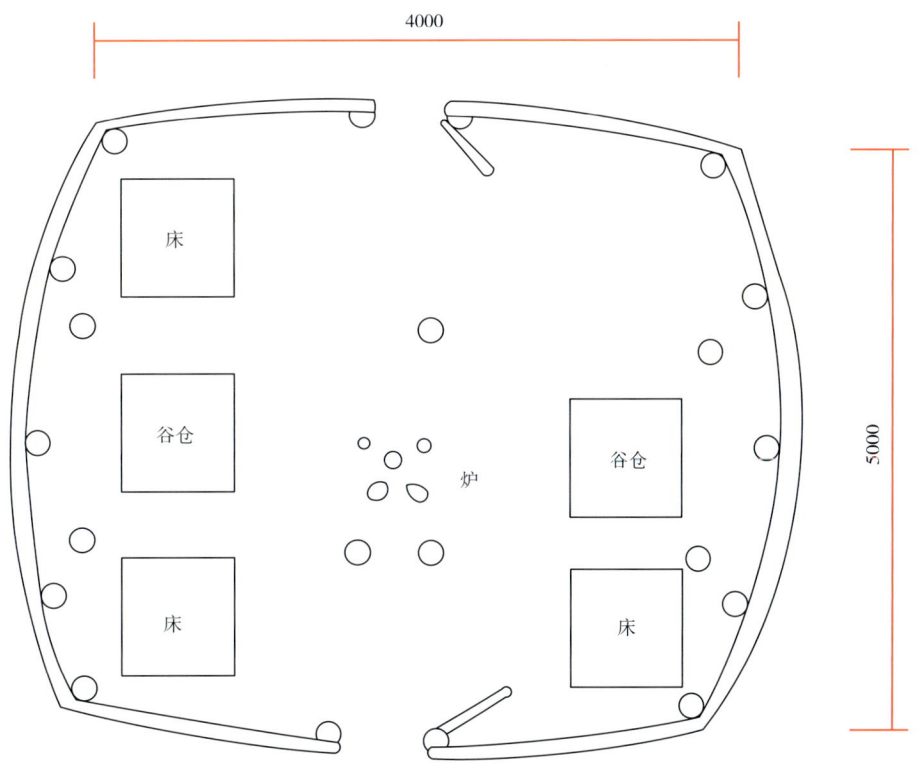

图二　畲族草寮平面尺寸图（单位：mm）

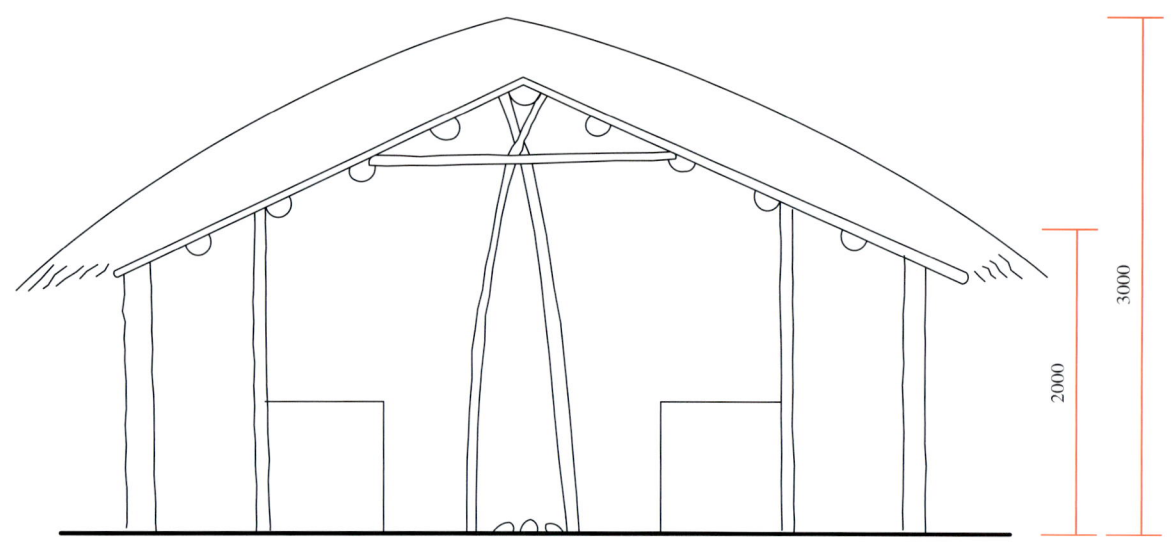

图三　畲族草寮立面尺寸图（单位：mm）

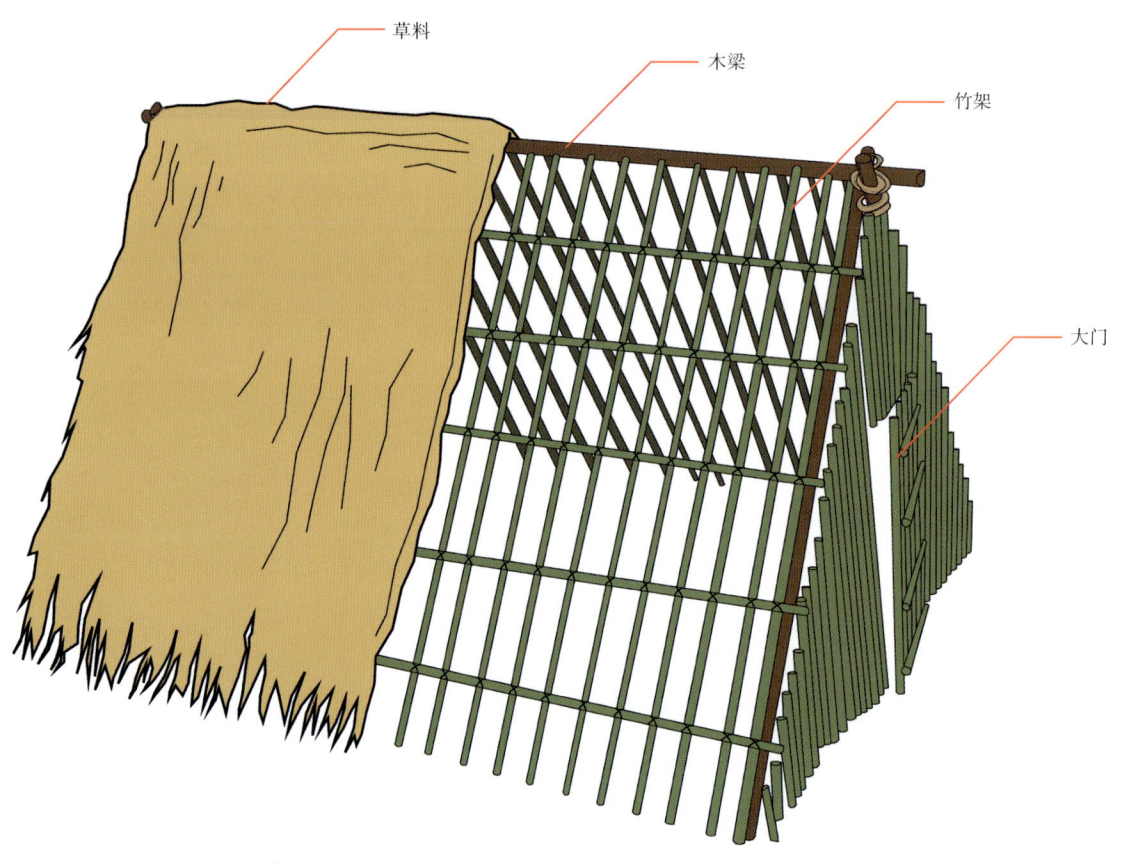

图四　畲族草寮结构名称图

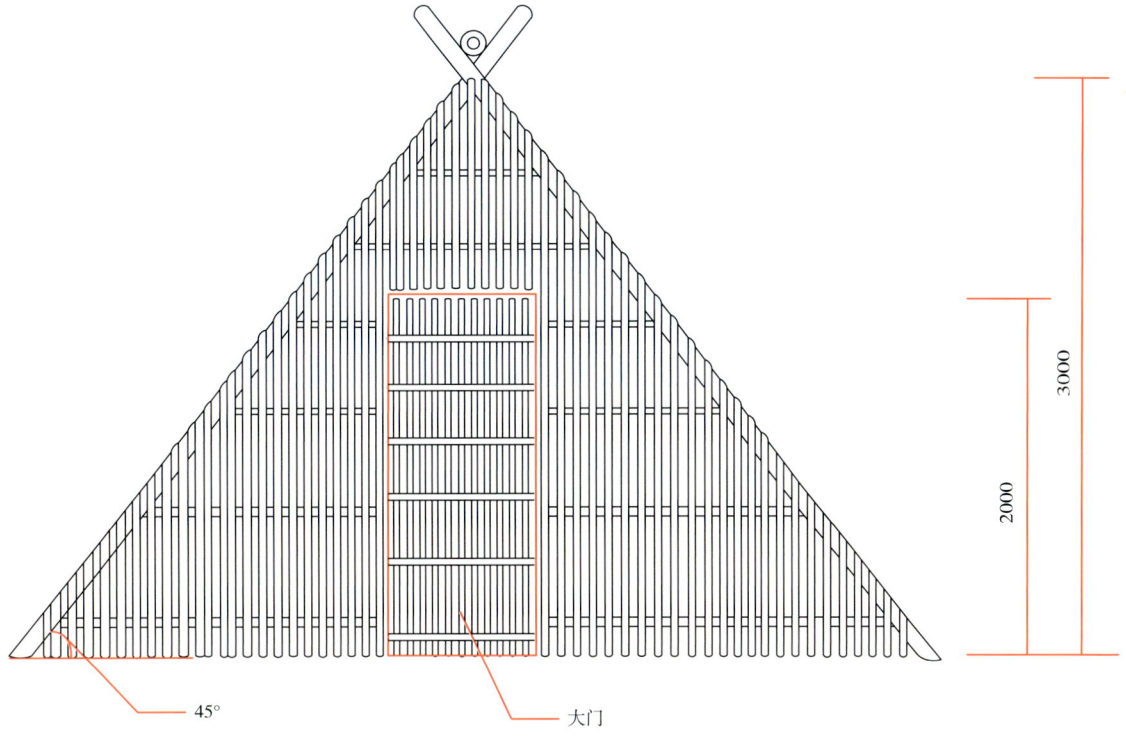

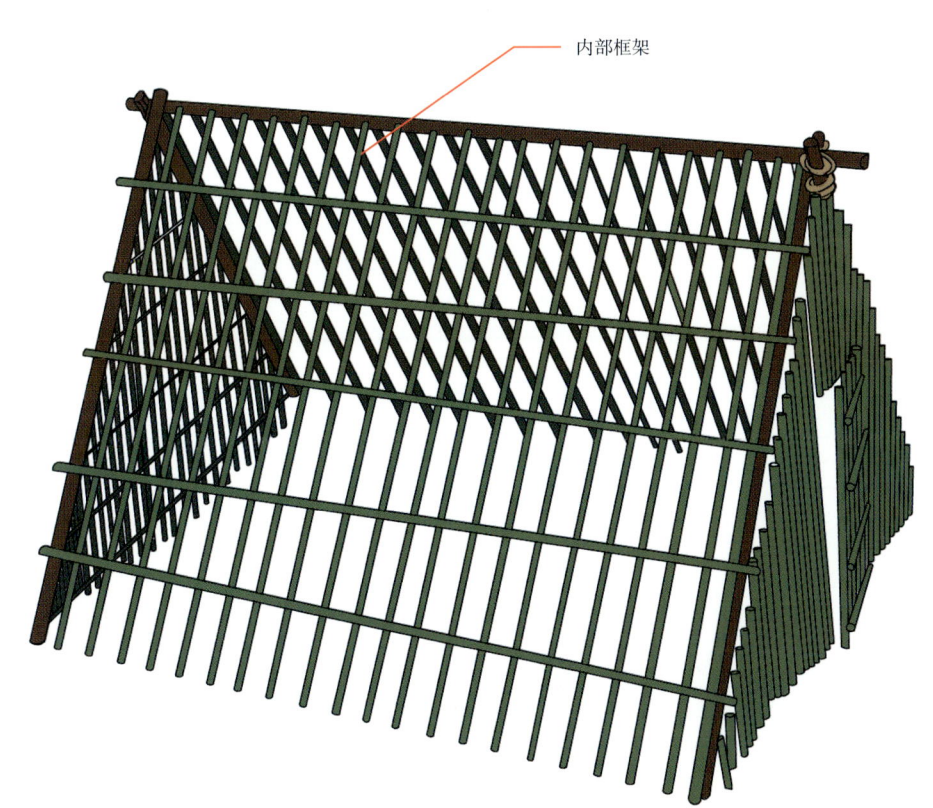

图五　畲族草寮框架分析图

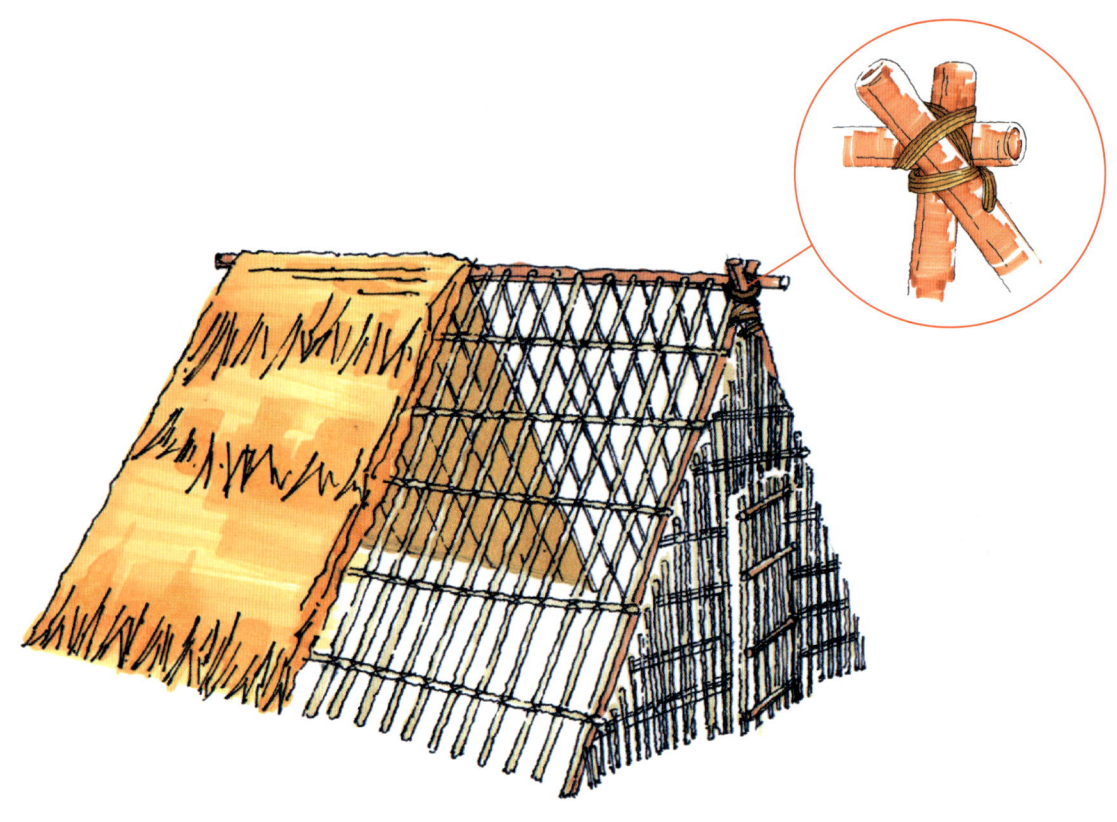

图六　畲族草寮手绘示意图

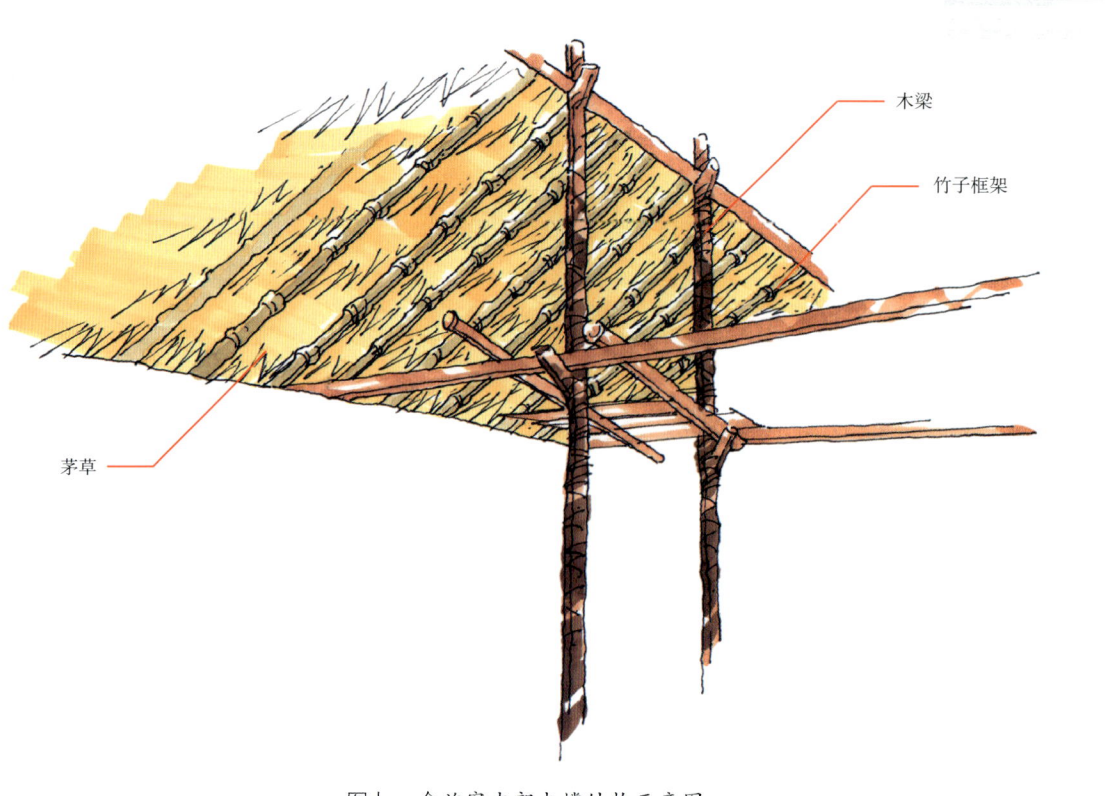

图七　畲族寮内部支撑结构示意图

福安康厝乡畲族古民居"孩儿撑伞"

图一 福安康厝乡畲族古民居"孩儿撑伞"正面主图

"孩儿撑伞"式民居。"孩儿撑伞"是畲族特有的早期民间民居建筑，创建时代不详，却代表着畲族民居历史发展的一个里程碑，具有特殊的历史、艺术科学价值。

坐落在福安市康厝畲族乡凤阳畲族村的"孩儿撑伞"古民居，始建于清后期，坐北朝南，土木结构，悬梁顶，高4.9米，宽6.44米，占地面积41.5平方米。整座房子仅中间立一柱，四面土墙围住，上覆瓦片，就此而成。虽极粗陋，但简洁实用。门开在南面墙与东面山墙交接处。房屋内正中仅立一根柱子（"顶梁柱"）通过"老鼠桁"（实为横扛梁，民间俗称"老鼠桁"）和脊檩与四面墙体共同支撑整个屋盖。顶梁柱为整个屋架中心受力点，它与东西两侧山墙支撑脊檩；与前后墙体支撑两个"老鼠桁"；再由"老鼠桁"与东西两侧山墙支撑整个屋架檩条。脊檩与"老鼠桁"平面成"十"字形，与四面墙体刚好构成"田"字，预示着当时畲族先民对田地的渴望。顶梁柱离地2米处与面墙高度相平处，上下四面均穿插有匾形枋，与四周墙体相连，枋头插入四面墙中，成稳固顶梁柱支架。整座房子，内结构犹如一把撑开的雨伞，中心设一根立柱宛如伞柄；四周深处方形梁、老鼠桁、脊梁等犹如伞骨架一样，加之构架低矮，畲族百姓形象地称之为"孩儿撑伞"。随着社会的发展进步，人民群众生活水平的日益提高，畲族百姓也过上幸福的小康生活，住上了大房子，现在这种小房子几乎难以找到。到目前为止，除此之外，仅发现穆云乡溪塔村也有一座"孩儿撑伞"式民居，但时代较晚。

图片来源

图一、图二、图六　郭希彦　摄影

图三至图五、图七　毛翔　制图

图二　福安康厝乡畲族古民居"孩儿撑伞"背面图

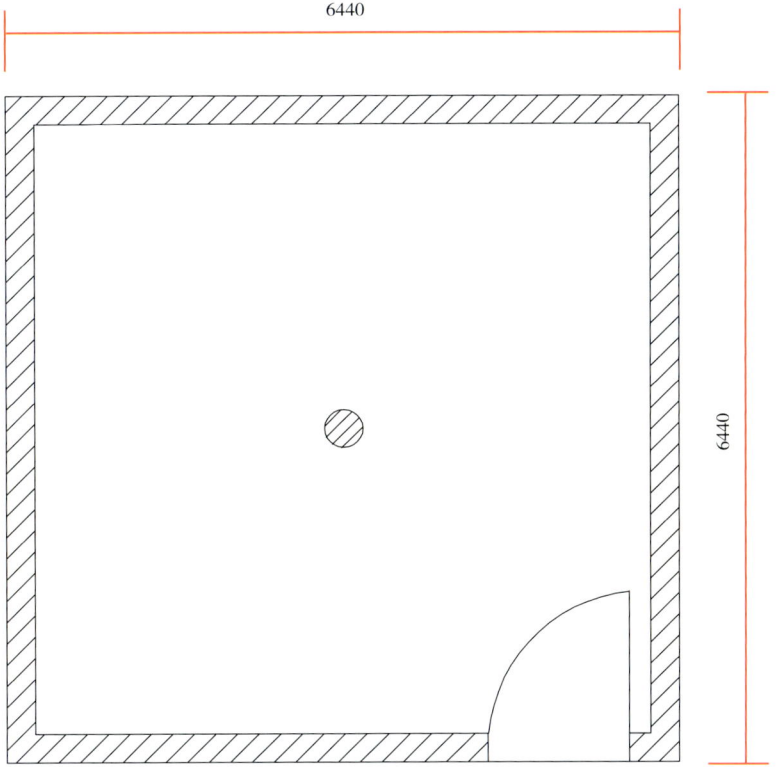

图三　福安康厝乡畲族古民居"孩儿撑伞"平面尺寸图（单位：mm）

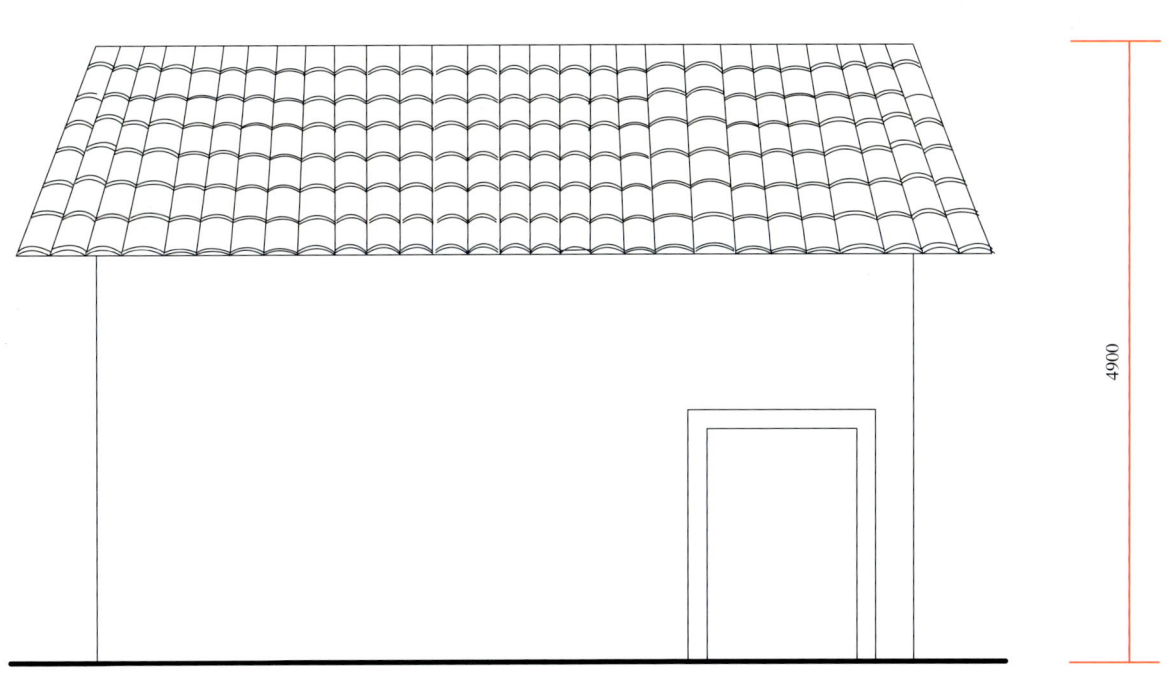

图四　福安康厝乡畲族古民居"孩儿撑伞"正立面尺寸图（单位：mm）

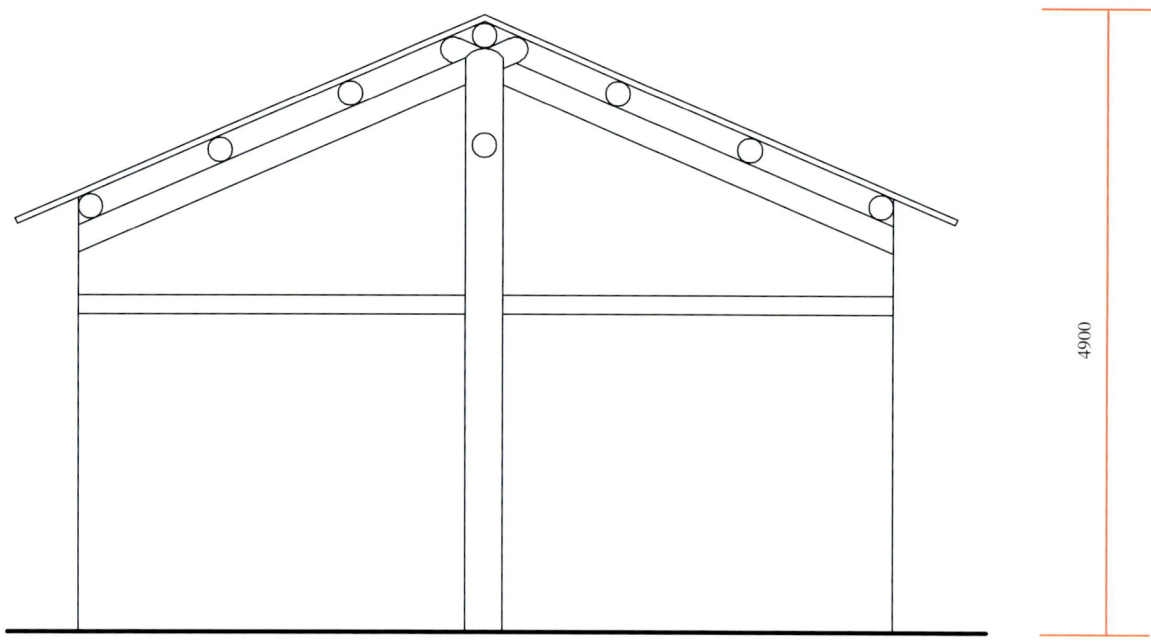

图五　福安康厝乡畲族古民居"孩儿撑伞"侧立面尺寸图（单位：mm）

图六　福安康厝乡畲族古民居"孩儿撑伞"内部结构图

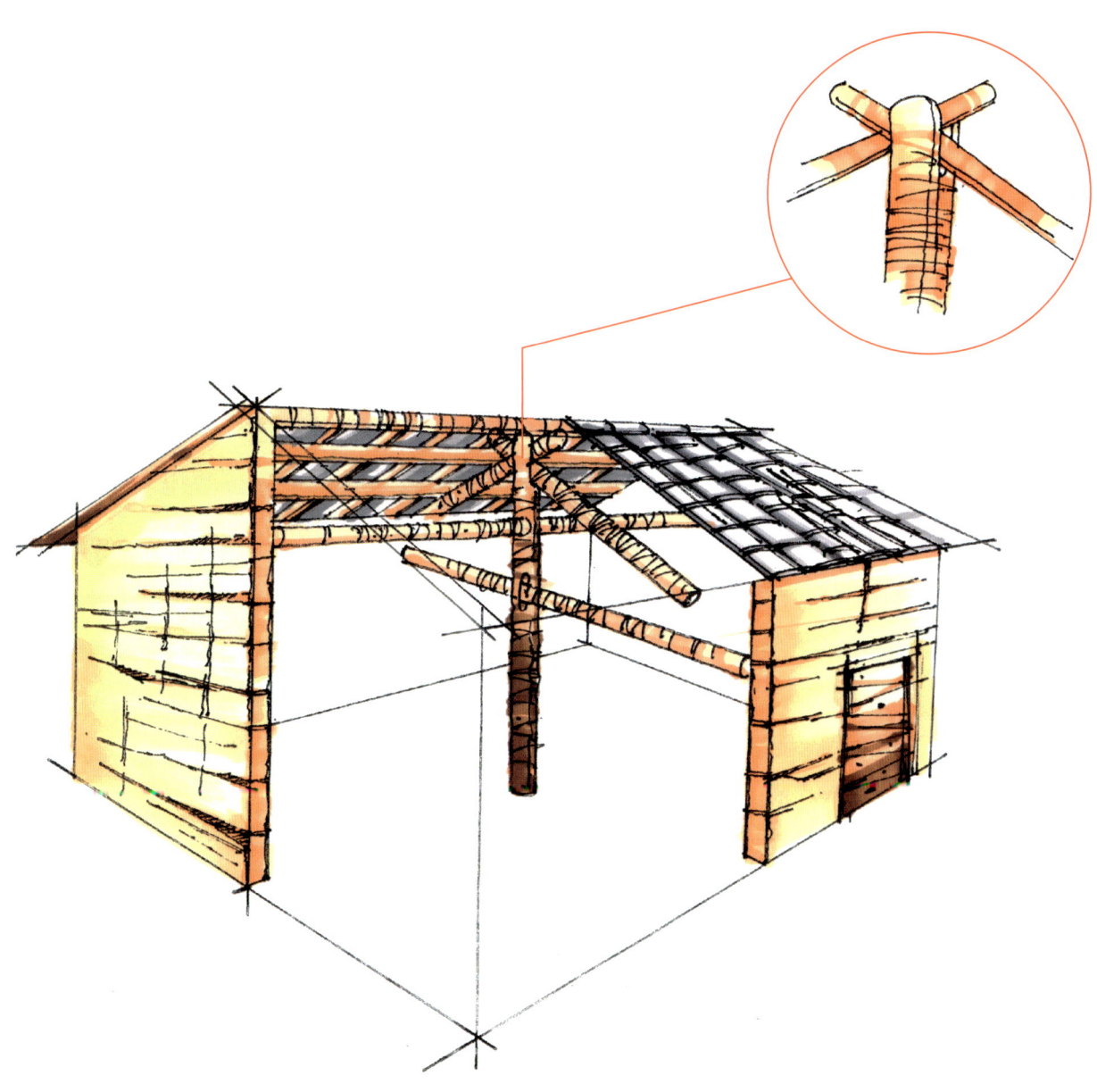

图七　福安康厝乡畲族古民居"孩儿撑伞"轴测线描图

浙江景宁敕木山畲族民居

图一　浙江景宁敕木山畲族民居主图

敕木山村位于浙江景宁畲族自治县，是典型的畲族村落。该村坐落于敕木山山腰，海拔740米，是我国畲族传统文化特色保留较完整的一个畲村。1929年夏天，在上海同济大学任教的德国学者史图博和他的中国学生李化民，曾深入该村开展人类学、民族学考察，并写出了《浙江景宁敕木山畲民调查记》一书，该书第一次向世界介绍了畲民的民俗风情。

本案例为敕木山畲族民居（第1幢），该幢民居建于1911年，占地面积300多平方米，正屋为一进五间二屋木结构瓦房。该幢民居从整体布局来看，布局规整，分上下两层。从大门进入，首先看到的是前院的天井，天井的四周围着盖有屋顶的走道，屋顶由木柱子支撑着，院子的左右两边是狭长的房间。面向前院开敞的是一层的正厅，正厅的两边是次间和梢间，做卧室、起居之用。在正厅末，有一板壁将其与后厅隔开，板壁左右开旁门可入后厅，后厅设有楼梯和炉灶，作交通空间和厨房空间之用。而在正厅板壁的后面，即有一木质楼梯通向二层，二层中厅也为开敞空间，背置祖宗牌位，其余房间则均为储藏农具、谷物之用。在后天井区域，即靠房屋背后挡土墙一侧有开挖水渠、水池，以此来提供生活用水。这里的水渠可起到接蓄泉水、排水、干燥地面和调节小气候的作用。由于水渠常年流淌着水，畲民可在水渠里养上鲤鱼，这样，在清洁水渠的同时也给生活添加了一些乐趣。此外，在这栋民居的一旁还盖了一个相对低矮的房屋，用来作为牛栏和猪圈。

其次，值得一提的是敕木山畲族民居的建筑装饰艺术特色，尤其是梁柱、牛腿、窗花等木构件的雕刻工艺，尤为精美。牛腿，又名撑拱，位于柱和横梁之间，和雀替相似，但又不完全相同，它既可以起到传承力的作用，又可以起到装饰的作用。该栋民居的牛腿雕花主要是吸收了汉文化的一些特征，使用了蝙蝠、龙凤、狮子、玉兔等动物纹样，以及几何、花草纹样、戏曲人物等题材，纹样讲究，雕刻精美。窗花雕刻则采用了万字纹等图案纹样。最具畲族特色的还是要数正厅前檐梁上的卷草凤凰纹。卷草凤凰纹的起始部分是沿着梁头开始，剔底雕刻卷草纹，与双勾曲线组合成一个"V"形回钩状；接着，顺着双勾曲线的走势，像飘扬的绸缎一样，起始部分的凤头延长与牡丹花、卷草纹等融为一体，造型优美，也反映了敕木山畲民的文化情感。

敕木山第1幢畲族民居为带有典型畲族地域风情的浙南古民居，整个自然村聚落很好地体现了畲族分布"大分散小聚居"格局中小聚居的特点。该幢民居不仅具有畲族传统文化特色，而且也代表着一种丰富的文化内涵，为研究畲族古民居提供了重要的参考价值。

图片来源
图一、图六至图八　刘颖　摄影
图二至图五　刘颖　制图

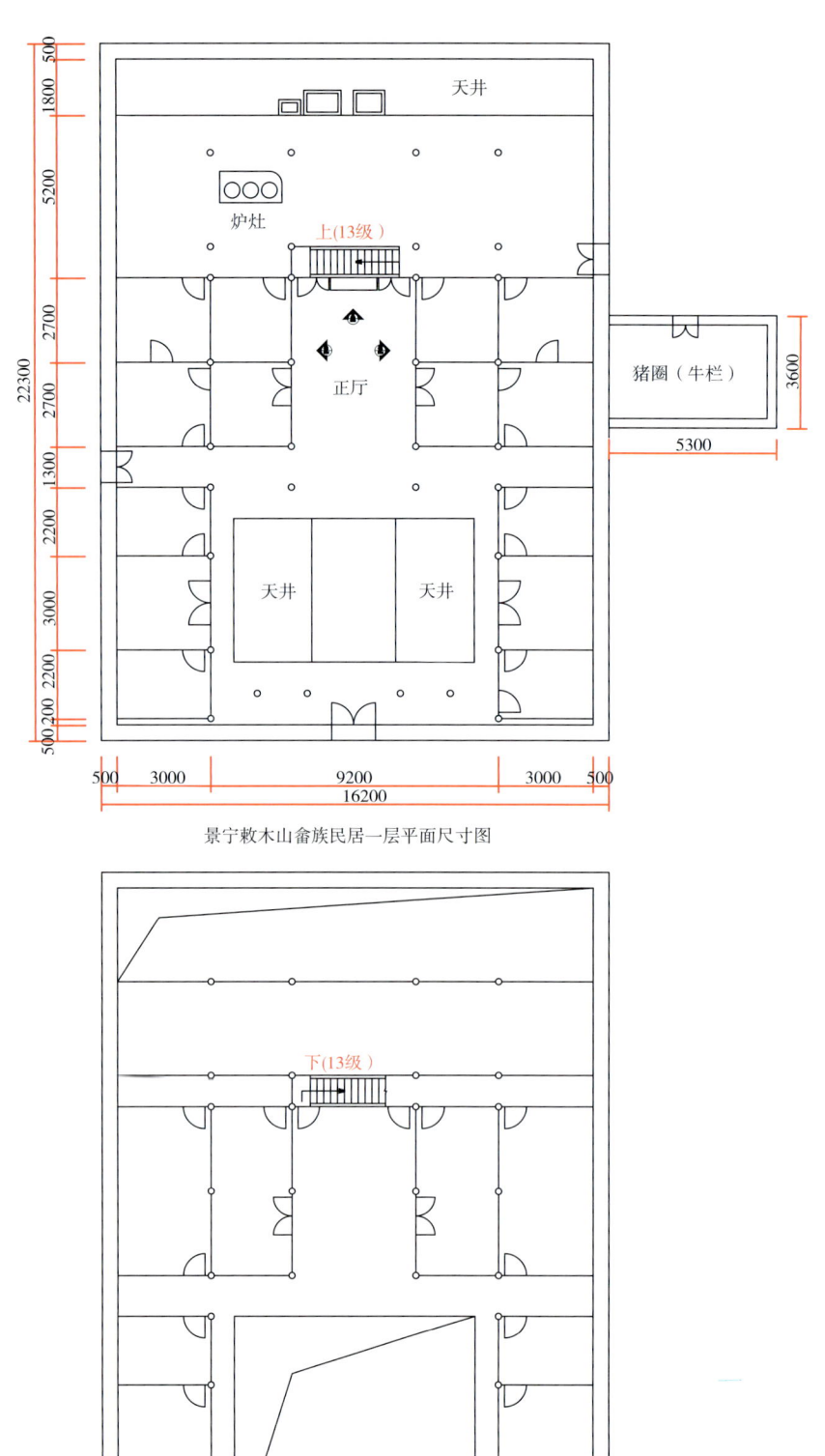

景宁敕木山畲族民居一层平面尺寸图

景宁敕木山畲族民居二层平面图

图二　浙江景宁敕木山畲族民居平面图（单位：mm）

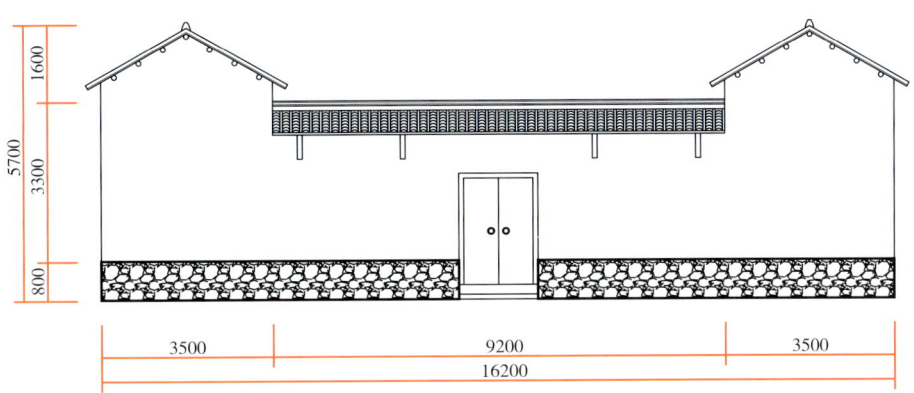

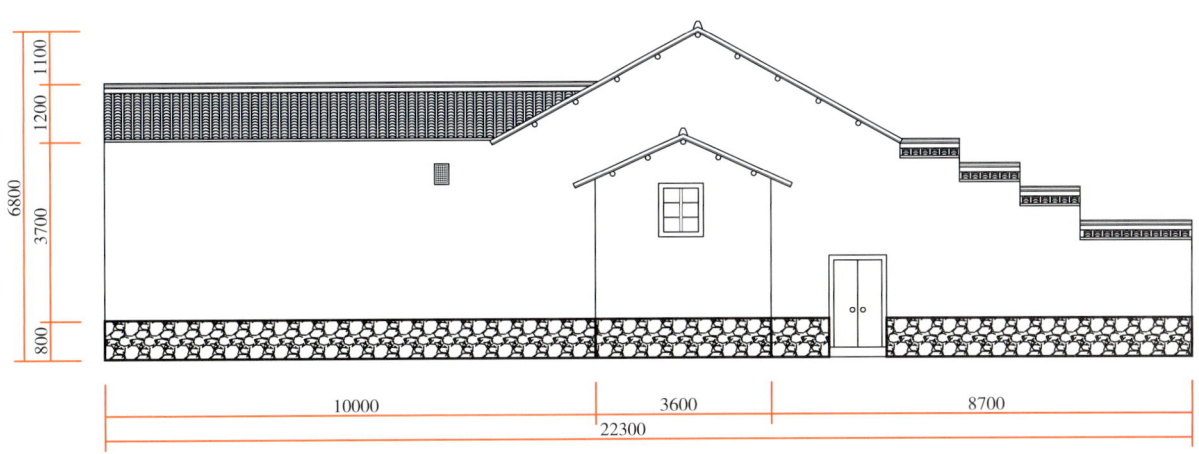

图三　浙江景宁敕木山畲族民居外观立面尺寸图（单位：mm）

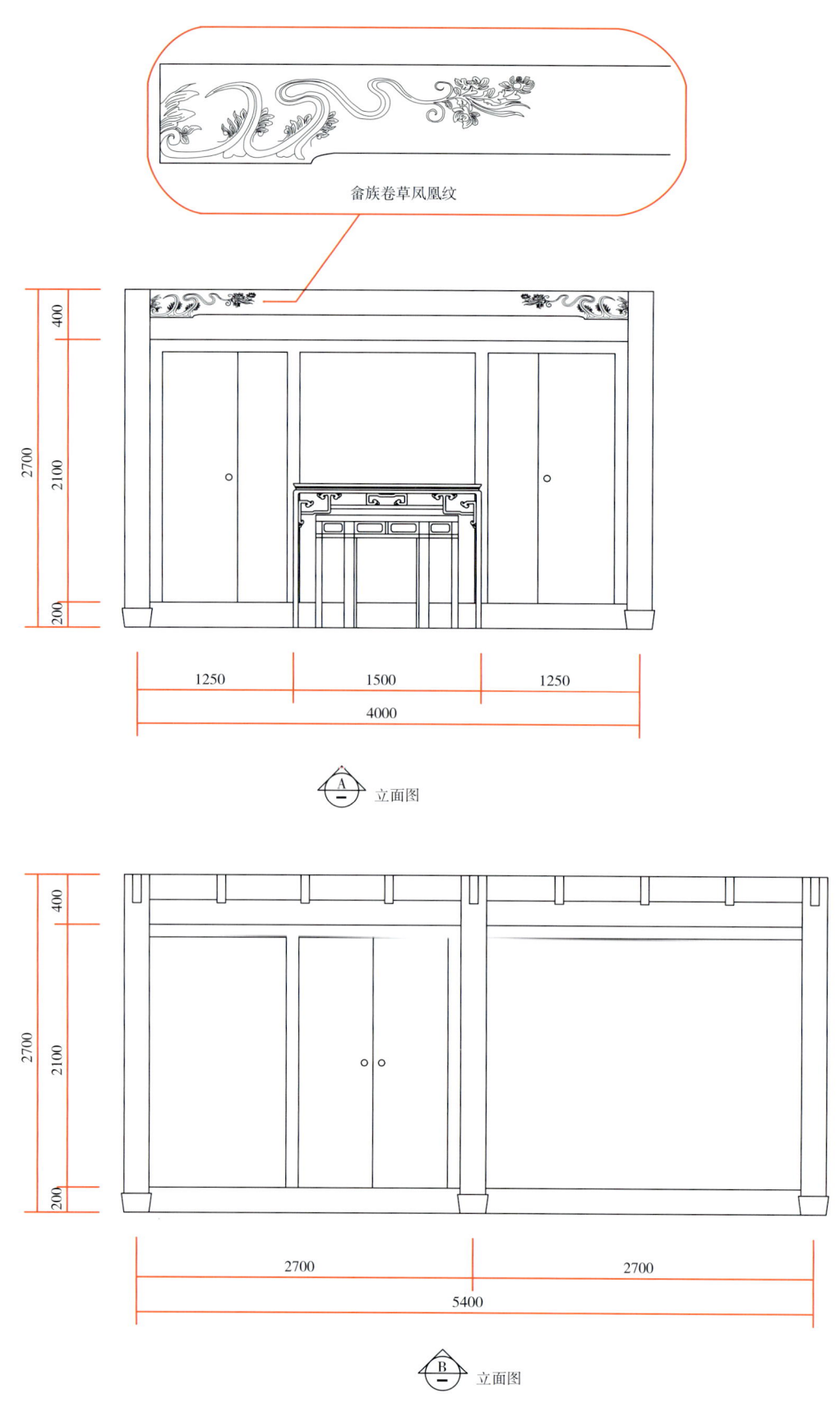

图四　浙江景宁敕木山畲族民居一层正厅立面尺寸图（单位：mm）

图五　浙江景宁敕木山畲族民居门窗样式立面尺寸图（单位：mm）

图六　浙江景宁敕木山畲族民居牛腿雕花样式图

图七　浙江景宁敕木山畲族民居局部内场景图

图八　浙江景宁敕木山畲族民居后天井场景图

闽东半月里畲族雷世儒古宅

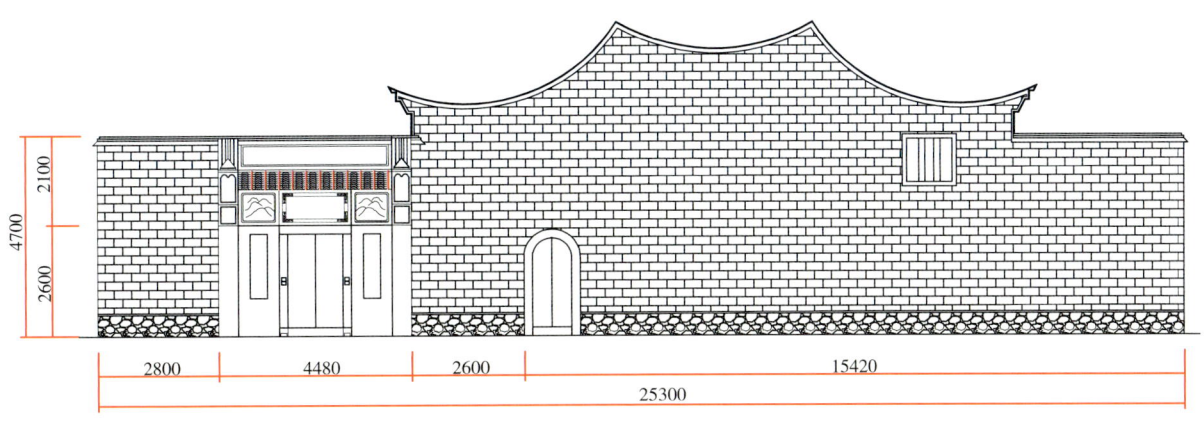

图一　闽东半月里畲族雷世儒古宅主图

　　半月里，曾名"半路里"，位于福建省霞浦县溪南镇白露坑行政村，是畲族聚居的村庄。村庄东望玉兔山，与白露坑村有一山之隔，背靠状如弯月的弥勒山山麓，南临双福桥水库。勤劳朴实的先辈留下了较大规模的清代建筑群，其中有三座古民居、雷氏祠堂和龙溪宫，整个建筑群占地两千多平方米。其中以位于龙溪宫旁的清代武举人——雷世儒建置的古宅最为宏大。

　　此宅保存至今，是霞浦县畲族古代建筑中保存最完好、建筑水平最高的宅第。该宅坐北朝南，有上下两层，为硬山顶砖木结构，俗称"八扇厝"。整座建筑布局合理，既讲究对称，又于对称之中求变化，其二层结构为"7柱15檩"式。在正大门装饰上下檐，上檐匾额书写"海阔天空"四字，下檐匾额书写"华宅生辉"四字，气派壮观。入内为门厅，照墙，回廊，前后天井，客厅等。厅堂对面的照墙正中大书一"福"字，四角装饰蝙蝠图案，因蝙蝠的"蝠"字与"福"字谐音，预示人们希望"福"会像蝙蝠那样自天而降。该宅占地约950平方米，有柱子126根，大小厢房38间。宅内雕廊画栋，气势非凡，屋内梁枋、隔扇、琴桌、橱柜等镌刻着凤凰、蝙蝠、四燕、人物、花卉等图案。雕刻绘画内容丰富，有表现八仙神话故事的，有表现学文习武的，有表现闲适农活的，亦有花草树木及鹿、鹤等吉祥物，栩栩如生，惟妙惟肖。雕刻手法细腻，构图巧妙，特别是镂空雕刻，层次丰富，空间感极强。主宅东向依附墙体建有绣楼、书堂、武房、碾米间、酿酒室以及管家卧室等，但由于多年未用，部分建筑空间已经被拆或被挪作他用。

　　雷氏古宅历经岁月的洗礼，依旧矗立在故乡的土地之上。犹如精神矍铄的老人，看着后人一代又一代成长。它是子孙后代的财富，是整个畲族的财富，对研究畲族历史文化有着重要的价值。2004年5月，宁德市委市政府将白露坑村列为"宁德市畲族文化重点村"进行妥善保护。

图片来源

图一至图五　毛翔　制图
图六至图十四　郭希彦　摄影

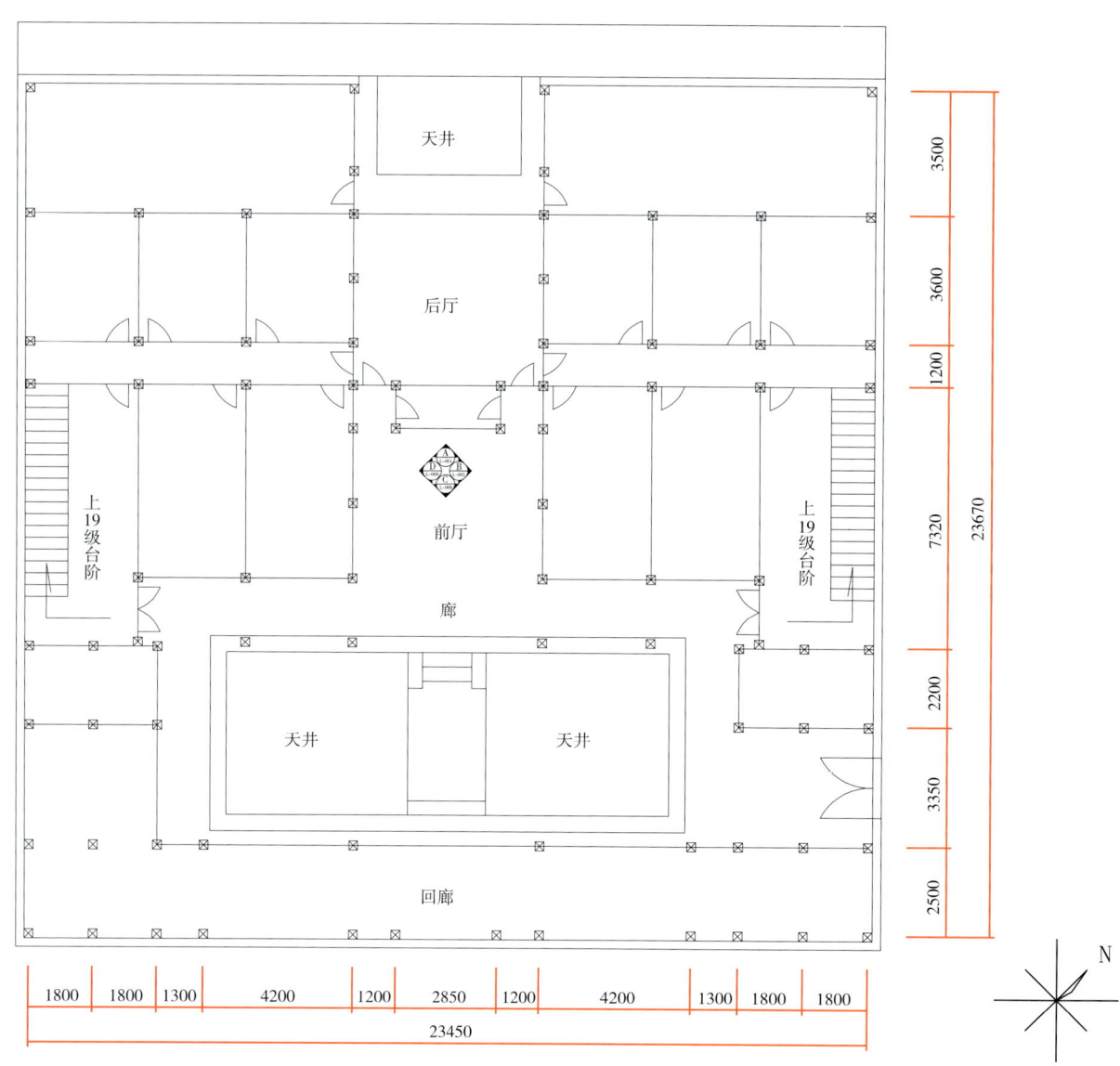

图二　闽东半月里畲族雷世儒古宅一层平面尺寸图（单位：mm）

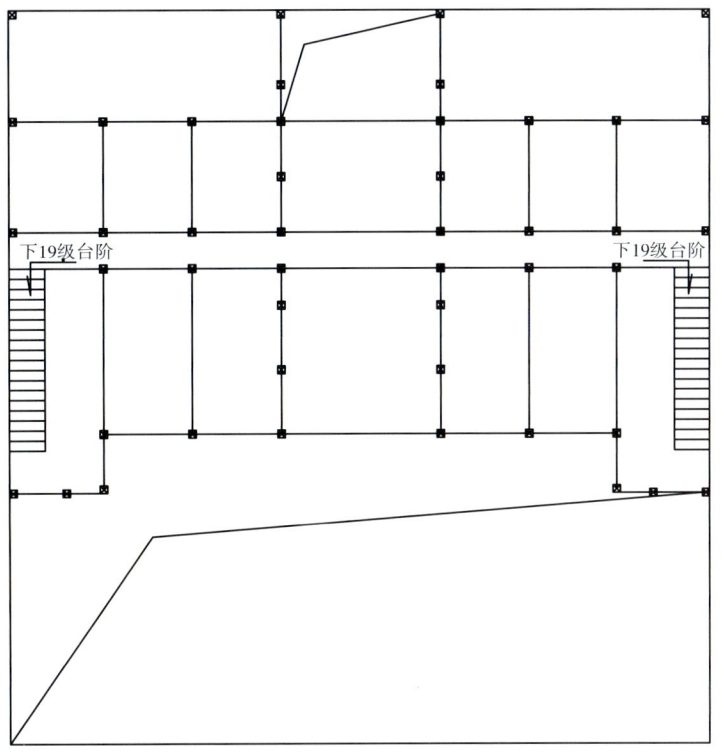

图三　闽东半月里畲族雷世儒古宅二层平面图

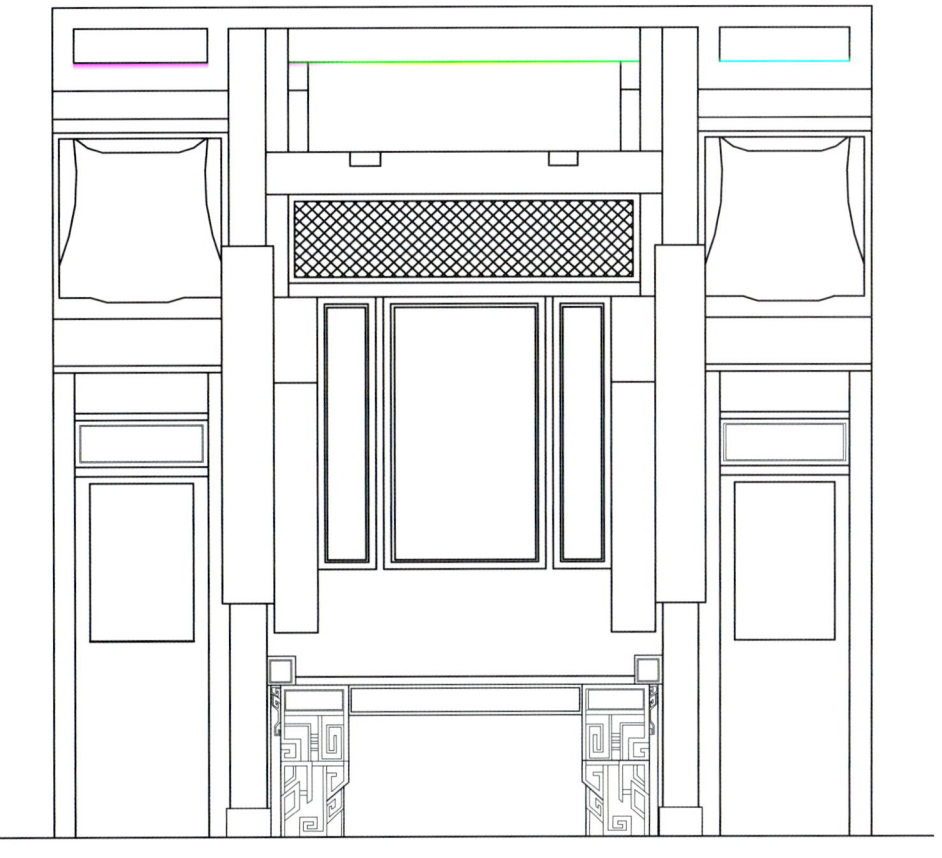

图四　闽东半月里畲族雷世儒古宅正厅A立面图

图五　闽东半月里畲族雷世儒古宅正厅B立面图

图六　闽东半月里畲族雷世儒古宅主入口图

图七 闽东半月里畲族雷世儒古宅大门主立面图

图九 闽东半月里畲族雷世儒古宅局部图
——门厅供桌纹样

图八 闽东半月里畲族雷世儒古宅门厅正立面图

图十　闽东半月里畲族雷世儒古宅局部图——对开木雕花窗

图十一　闽东半月里畲族雷世儒古宅局部图——内柱底纹样

图十二　闽东半月里畲族雷世儒古宅局部图——龙凤纹样

图十三　闽东半月里畲族雷世儒古宅局部图——匾额

图十四　闽东半月里畲族雷世儒古宅局部图——"七柱十五檩"

闽东半月里畲族龙溪宫

图一　闽东半月里畲族龙溪宫主图

龙溪宫位于福建省霞浦县溪南镇半月里村，始建于清雍正八年（1730），背靠弥勒山，面向玉兔山、东边是燕鼎山，建筑面积508平方米，为硬山顶抬梁、穿斗木结构，由斗、升、翘、昂、拱组合。自南而北依次为大门、戏台、环楼、众厅、神厅、神龛等。据雷氏族谱记载，此建筑系雷氏先祖中深谙易学堪舆的雷世茂主持建造，他特别延聘浙江石木工匠绘图并施工，整个工程用了一年多时间方才完工。其戏台藻井以五层方斗逐级装嵌，形成既大四方斗又呈小八角斗，远观为四方藻井，近观为八角藻井，台中立柱既有柱头斗拱，又有角科斗拱，雕工烦琐细致，达到一斗出跳，独具畲族建筑特色。

现有龙溪宫外立面是后人翻新，大门一侧立有多具石碑。整个宫祠背靠三棵古代榕树，树龄均在300年以上，旁有一口古井，现已荒废。从大门进入，沿中轴有通往众厅的过道，过道两侧安置戏台，当有戏剧演出时，人们用木板将左右两边的戏台相连接，供演戏之用。若无戏剧之时，则把木板去掉，戏台分为左右两侧，中间供人们行道。就此简洁的设计，便能体现出古人精湛的构思。

神厅之上，神龛之中，摆放着六尊神牌。当中摆放着薛元帅（唐代将领薛仁贵），陈元帅（唐五代武将陈九郎亦称九仙），左右偏龛之中摆放着雷万春、平水明王、妈祖、陈靖姑。每年正月十五为薛元帅神诞日，七月十五为陈元帅神诞日，两个神节均在前一天晚上，备祭祀仪式，并供奉全猪、全羊。旧时半月里村祭祀活动极为盛大。活动中先请神进入由八位壮汉抬着的銮舆，仪仗队鸣锣开道，彩旗、高灯、龙扇、吹班、祭器一应俱全，队伍浩浩荡荡沿着凤尾、刘厝里、杨厝里、七狮坪村巡游，吸引各村男女老少围观，所经之处，鞭炮声、枪铳声此起彼伏。至午时，銮舆回宫，还要连演3天戏敬神，热闹非凡。故当地人称："要看戏去半月里，要吃去左湾，要睡去芹头。"可见当年过神节场面之热闹、人数之众多、影响之广泛。

宫中尊奉平水明王和雷万春元帅。平水明王是宋朝大将杨从仪，宋靖康丙午年（1126年），他先后率军保泾源、战渭南、夺和尚原、守绕凤关，又袭取陈仓，镇守梁洋，屡建奇功。为官期间曾采取"治农先治水"的措施，派守将"修筑长堤以拒洪涝，整治堰渠以灌稼禾"。经过18年努力，杨从仪不但根除了汉江水患，在开拓的营田又连年粮食丰收增产，百姓安居乐业。杨从仪的业绩，受到了朝廷的褒奖。《宋史·杨从仪传》称其"知义之贵，居高位不以其贵骄人，徇国而不徇私，怀义而不怀利"。杨从仪死后被百姓尊为"平水明王"。雷万春为唐代名将，在"安史之乱"中，曾守卫雍丘，站立城头身中六箭而不动，令叛军将领令狐潮大为惊讶。雷万春后随太守张巡守睢阳，以不足一万兵力抗击尹子琦十万叛军，后城破，与张巡同被杀害。百姓敬他忠良英勇，尊之为神。

宫中还尊奉妈祖天后和陈靖姑夫人。据村民介绍：道光年间，村中出了个武举人雷世儒，他武艺高强又善于经商，他将当地的茶叶等产品通过海运销往福州，在福州购得丝织品、布料等销往台湾，再将台湾的大米、糖等运回霞浦销售，由此发家。而由于长期在海上往来，雷世儒和许多一起经商的村民接触并接受了对妈祖的信仰，因此在龙溪宫中尊奉妈祖神像。2006年6月，龙溪妈祖宫加入霞浦县妈祖文化交流协会，成为会员单位；2006年10月，龙溪妈祖宫加入中华妈祖文化交流协会，成为会员单位。

神厅正中祭祀的神祇薛元帅、陈元帅身后壁上画有非常奇特的神兽图案，其身似龙，其足似马，尾似麒麟，头部似龙非龙。这种图案在寺庙建筑壁画图案中实属罕见。

龙溪宫作为神庙，供奉着畲民信仰的神像，是古朴畲民精神上的寄托，它的存在不仅保佑着一方百姓安居乐业，更为后人研究畲族文化起到非常重要的作用。

图片来源
图一、图四至图九　毛翔　摄影
图二、图三　毛翔　制图

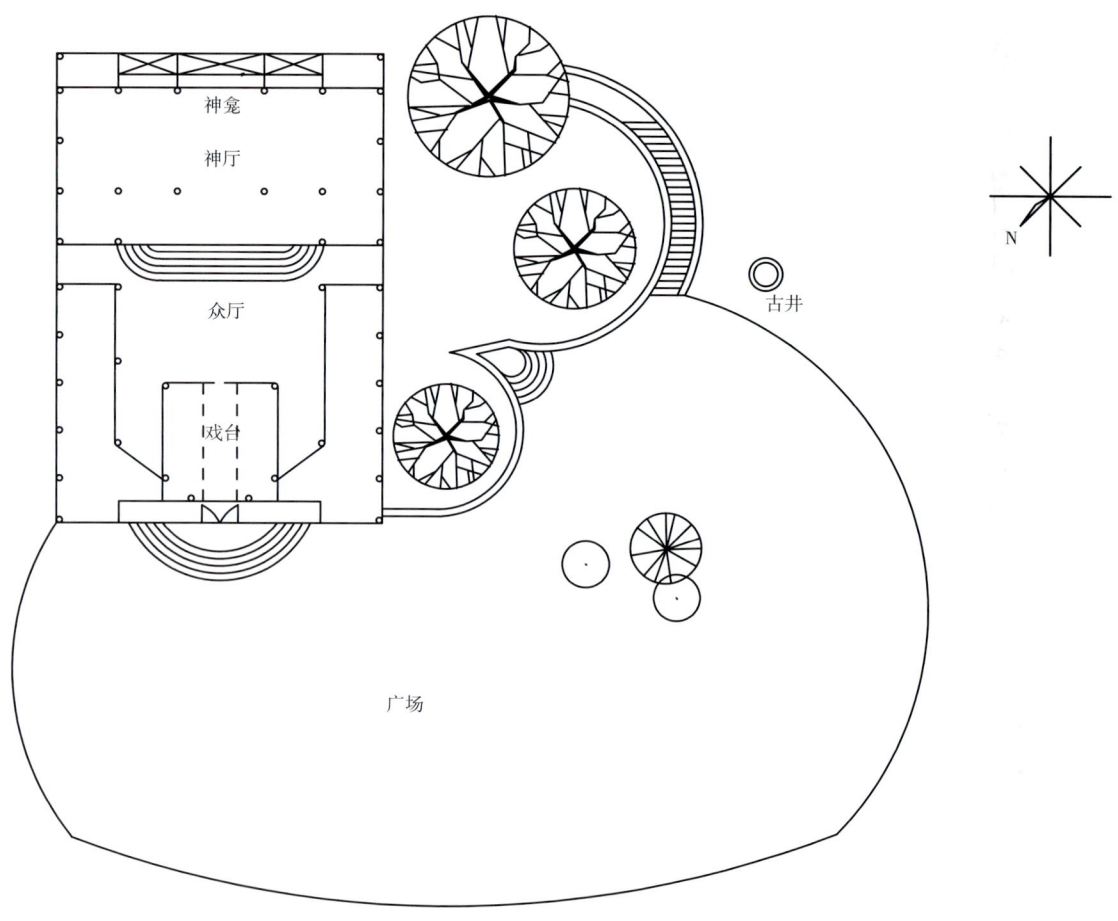

图二　闽东半月里畲族龙溪宫总平面图

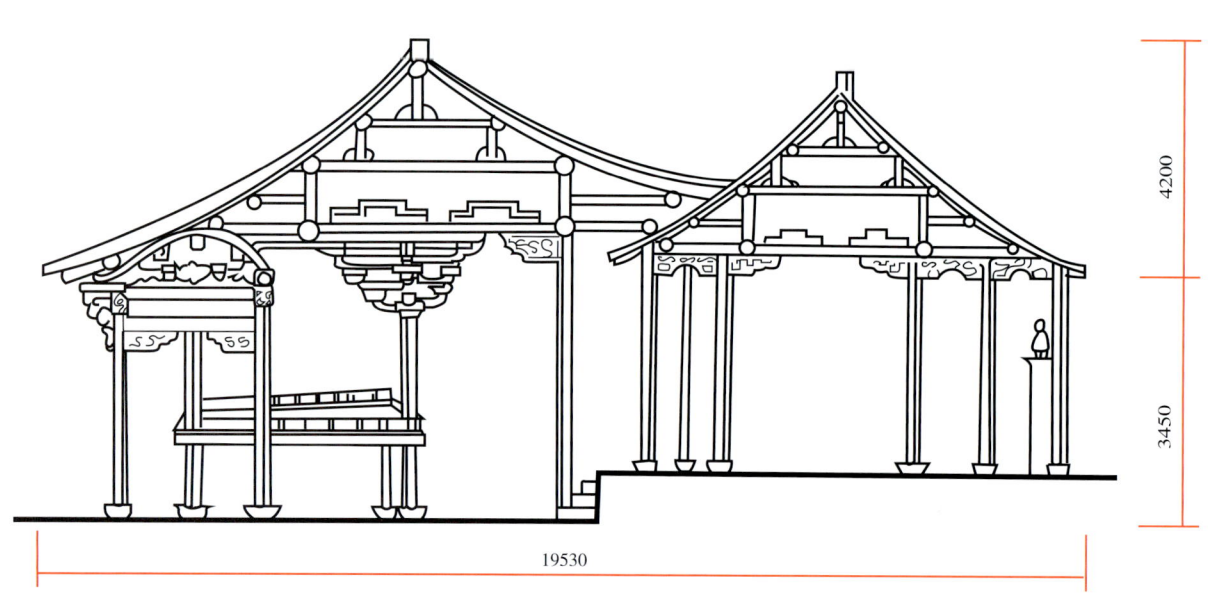

图三　闽东半月里畲族龙溪宫剖面尺寸图（单位：mm）

图四 闽东半月里畲族龙溪宫外立面图

图五 闽东半月里畲族龙溪宫局部图——古戏台

图六 闽东半月里畲族龙溪宫局部图——斗拱

图七　闽东半月里畲族龙溪宫局部图——房上藻井

图八　闽东半月里畲族龙溪宫局部图——横梁纹样

图九　闽东半月里畲族龙溪宫局部图——神龛

畲族炮楼式民居

图一　畲族炮楼式民居主图

炮楼式民居是一种独特的建筑形式，本案例中的炮楼式民居风格拙朴，造型简洁，是宁德市目前唯一与众不同的畲族古民居。其地点位于福安市坂中畲族乡林岭村下林岭12号，始建于民国初期。其所在的林岭村属于典型的畲族山地聚居村落，不仅拥有丰富的物产资料，也有着悠久的历史文化传统。

该炮楼式民居属于炮楼与住宅相混合的组合形式。整座房子平面如"品"字形，为土木结构，占地面积五百平方米左右。其中，主座房子坐西向东，屋顶为悬山顶，穿斗木构架，面阔五间带左右通道，进深七间出前廊，并设有前后天井。面向前檐天井开敞的是主房的正厅，正厅高约4.8米，其两边均为房间，主要作卧室、起居和仓储之用。在正厅末，有一板壁将其与后厅隔开，板壁左右开旁门可入后厅，旁门高约2米，在旁门的上方，放置有神牌供品等，再往上，可见木质墙板的上部还雕刻有重复的半圆式的卷草纹图案。

整座房子中，主房处在中间位置，而在前檐天井的南北两侧，则各立着一座炮楼房子。这两座炮楼房子结构特征几乎一样，并集防御功能与居住功能为一体。炮楼房子外侧墙体与主房两侧山墙相连，门开内侧，分设门于一、二层，与主房相通，但其又属于各自独体建筑。炮楼共有三层，平面为四边形，屋顶为四面坡、五脊顶，墙体四面由土墙围筑。以北面炮楼1为例，炮楼东西长5.35米，南北宽5.7米，高约7.5米，墙厚0.35米，占地面积约30平方米。从东面入口进入，炮楼的门窗窄小，炮楼内一层北面依墙设楼梯通二楼，二楼楼梯设在东面墙边通三楼。楼层以杉木穿插两侧墙体内支撑楼板，且各层均设有枪眼和瞭望孔，面向路口处墙体留有多处弹痕，可想见到这里曾经发生过战争。从建筑材料上看，此炮楼的墙体应该是用黄泥夯筑而成，其坚固程度可与钢筋水泥墙相比，且夯土墙具有取材便利、施工简易、坚固耐用、冬暖夏凉等特点。由此可以看出，整个炮楼式民居是非常坚固耐用的，它对外封闭，对内开敞，不仅结构合理，使用方便，也充分体现了其防御功能。此外，林岭村畲民不惜花大钱修建炮楼，不仅说明了生产力水平的提高，也说明了当时治安和财物累积的问题，而建造炮楼亦是为了保护财产和生命安全。

整座炮楼式民居所具有的综合的功能、合理的建筑结构，以及独有的地方特色，在一定程度上不仅体现了畲族工匠在建筑上的纯熟技艺，也为研究畲族古民居提供了重要的参考。而林岭村整体的建筑形式是依山地而建，放眼望去，村落前有碧水溪流，后有青山绿树，就建筑选址与建筑规划而言，可谓是古代传统山村规划之典范。

图片来源

图一、图六至图九　蓝泰华　摄影
图二至图五　刘颖　制图

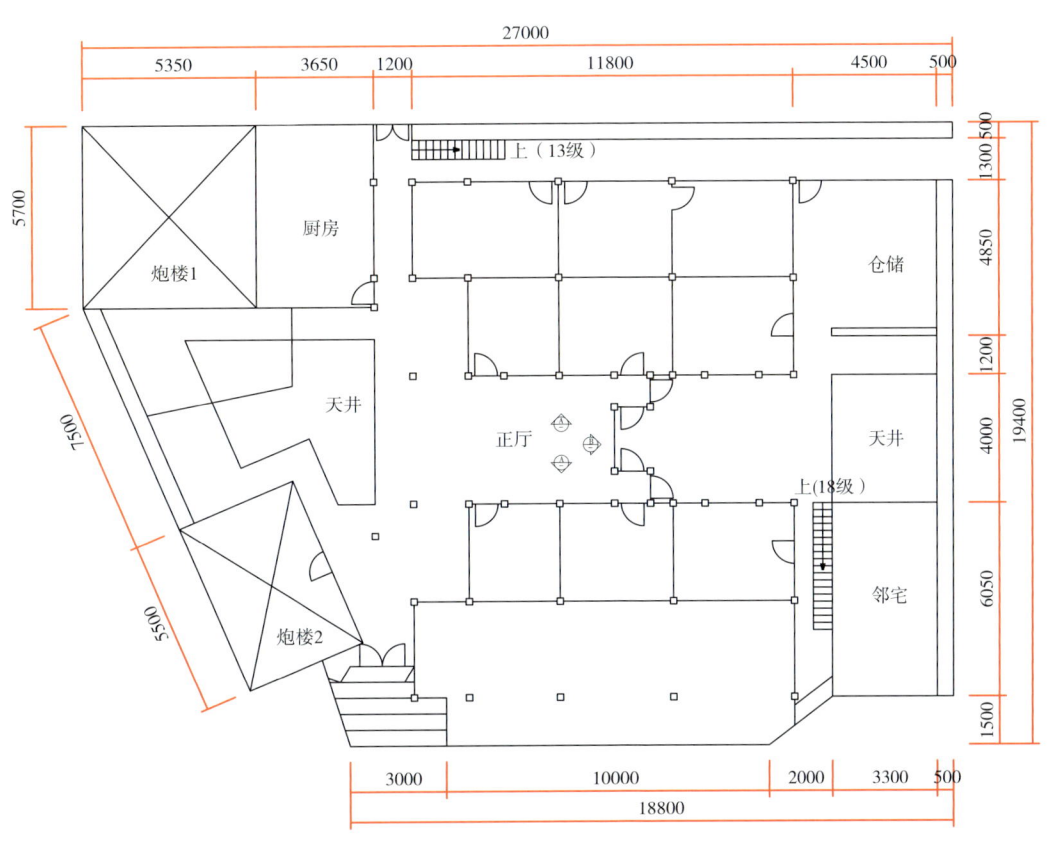

图二　畲族炮楼式民居总平面尺寸图（单位：mm）

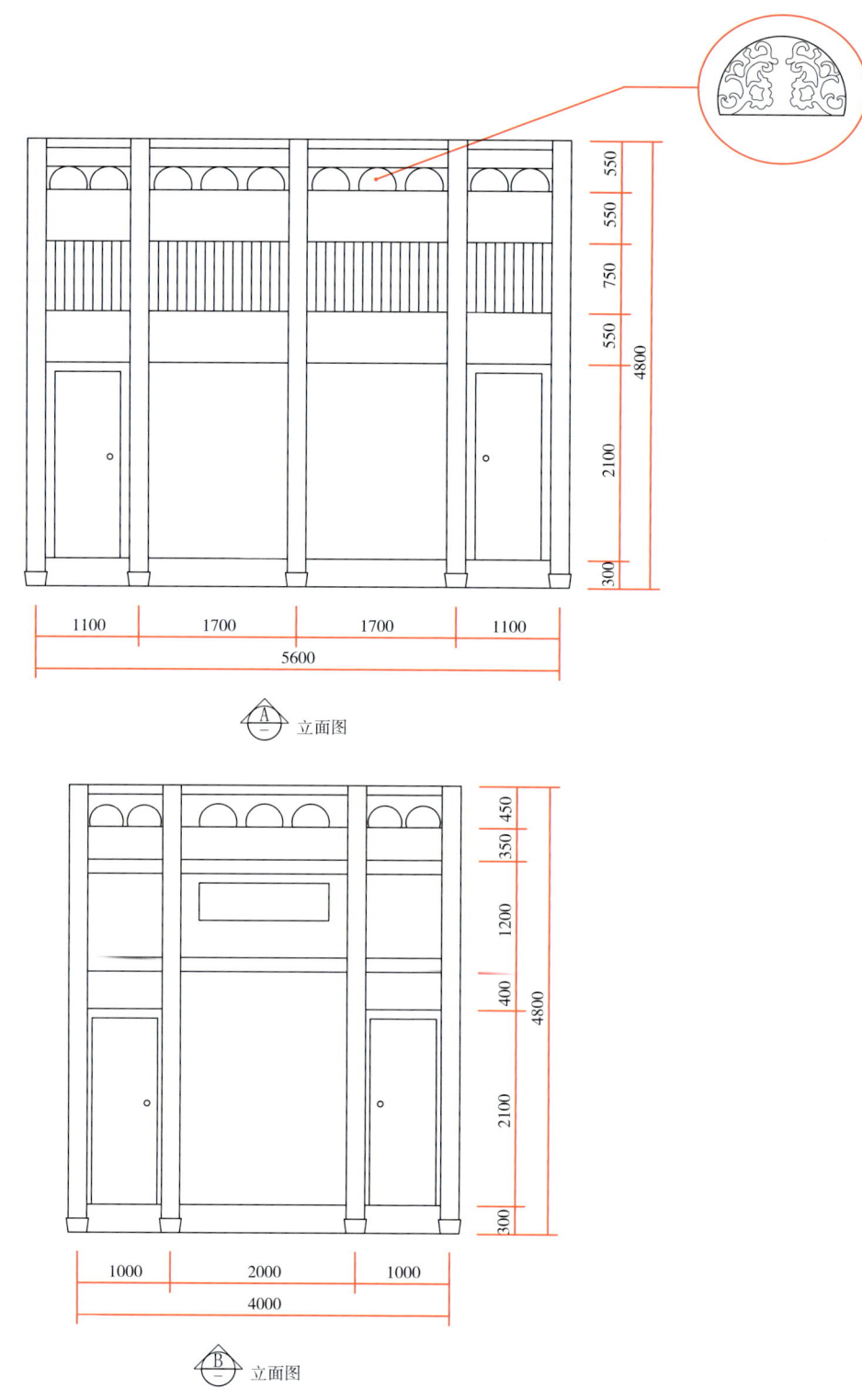

图三 畲族炮楼式民居正厅立面尺寸图（单位：mm）

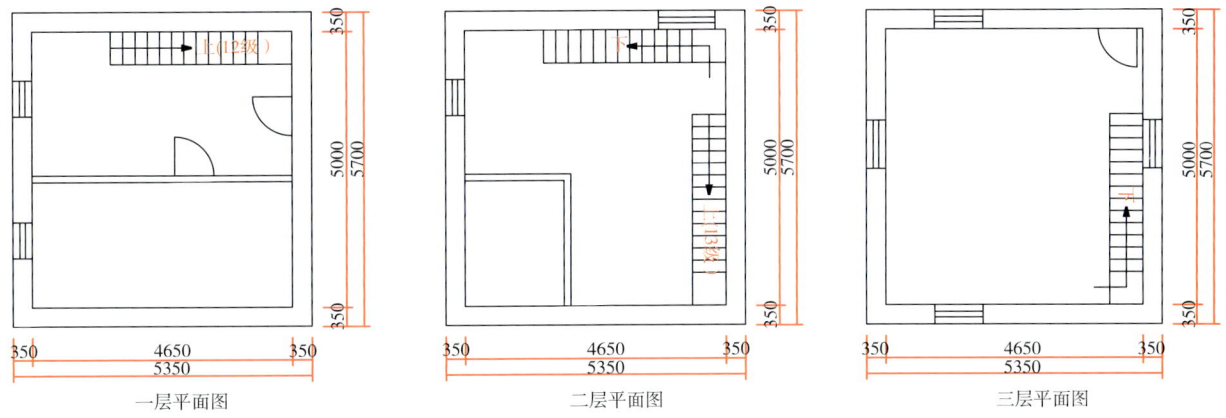

图四 畲族炮楼式民居炮楼平面尺寸图（单位：mm）

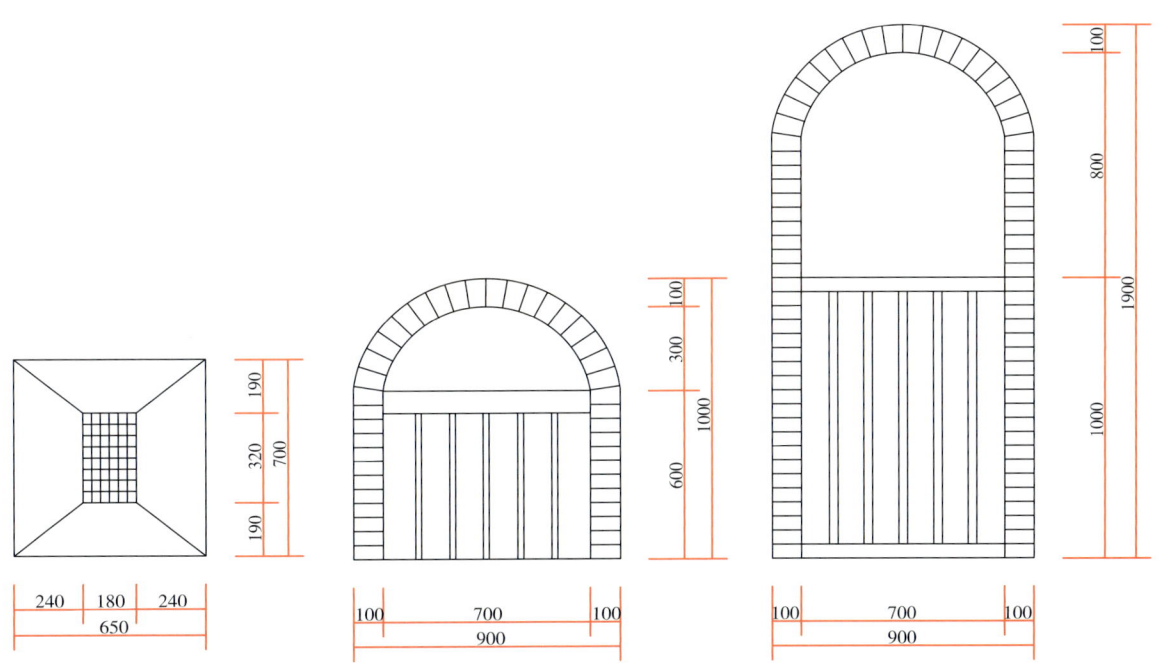

图五 畲族炮楼式民居门窗立面尺寸图（单位：mm）

图六　畲族炮楼式民居炮楼局部图

图七　畲族炮楼式民居局部场景图

图八 畲族炮楼式民居炮楼内场景图

图九　畲族炮楼式民居护楼水沟场景图

闽东霞浦畲族观音亭寨

图一　闽东霞浦畲族观音亭寨主图

本案例为半岭畲族观音亭寨，坐落于霞浦县水门乡半岭村，是福建省保护较好且具有民族文化特色的畲族古建筑之一，亭前的寨堡则是全省唯一的畲族现存古寨堡。半岭畲族观音亭始建于明洪武二年（1369），距今已有600多年历史，整座亭呈明代建筑风格。

半岭畲族观音亭寨由观音亭、观音亭寨及古驿道三部分组成。观音亭具体来说，又有以下几部分。"观音阁"是其一，有前后殿，前殿"文革"时被毁，后重建。前殿大门门额横匾"观音亭"三字是霞浦籍已故著名书法家、考古学家游寿教授所书。后殿保存较完整，依山凿岩而建，悬山顶石木结构，建筑面积约100平方米。大殿由六根高3.2米做工精细的石柱支撑，柱上镌刻"畲火浮青西天月映，炉烟凝紫南海云联"等佛教梵语联，字体苍劲有力。大殿的横梁下书有"福宁地方总都督府法洪阿图鲁主建、清康熙五年荔月"字样，系1667年8月修建。殿内，有一花岗岩雕刻的莲花佛座，座长15米、高4米，亭内保存有乾隆年间的锌铸烛台和同治光绪年间的石雕香炉。此外，在观音亭前还保留有15块历代碑刻，其中12块是明朝以来当地畲民百姓募缘修桥碑记，两块是清代府衙通告牌。这些石碑按年代顺序在观音亭前竖成一碑林，为观音亭平添了几分历史厚重感。其中尤以"奉宪勒碑"字体端庄、布局严谨。第二部分为观音亭寨，沿观音亭前的通津路向下走百来米，就是依山绕亭垒砌的"观音亭寨"，是古代御敌寨堡，全长148米、高5.4米，堡中建有一个2米高的仿宋代悬臂式条石砌圆形寨门，门楣上清同治年间人所书"观音亭寨"四字赫然入目。其城垛上还有方形御敌楼，古代为守兵住所，现仅存墙基。第三部分则为半岭古驿道，古驿道自古就是闽浙（温州）通道所经之地，其于观音亭寨之间沿山势由西南而东北再折向北，下行横穿寨堡而过，寨内长度约88.7米（南、北两门间水平距离）。该古驿道保存极其完整，其宽约3米，用卵石及块石整齐铺砌成台阶，蜿蜒上下于崇山坡地之间。

数百年来，每逢元宵佳节，闽浙畲族群众纷纷相聚于此盘诗对歌，人数多时可达数千人，观音亭寨由此成为周边畲族群众最为重要的跨省聚会场所。同时，半岭畲族观音亭寨作为历史上福宁州往东门户之咽喉要冲，既是关隘所驻、要道所经，更是集佛道于一体的信仰供奉之地。该案例表明：畲族观音寨作为闽浙畲族群众心目中最为重要的信仰之地，对于研究畲族历史文化遗产具有重大的意义。

图片来源
图一、图三至图六 蓝泰华 摄影
图二 刘颖 制图

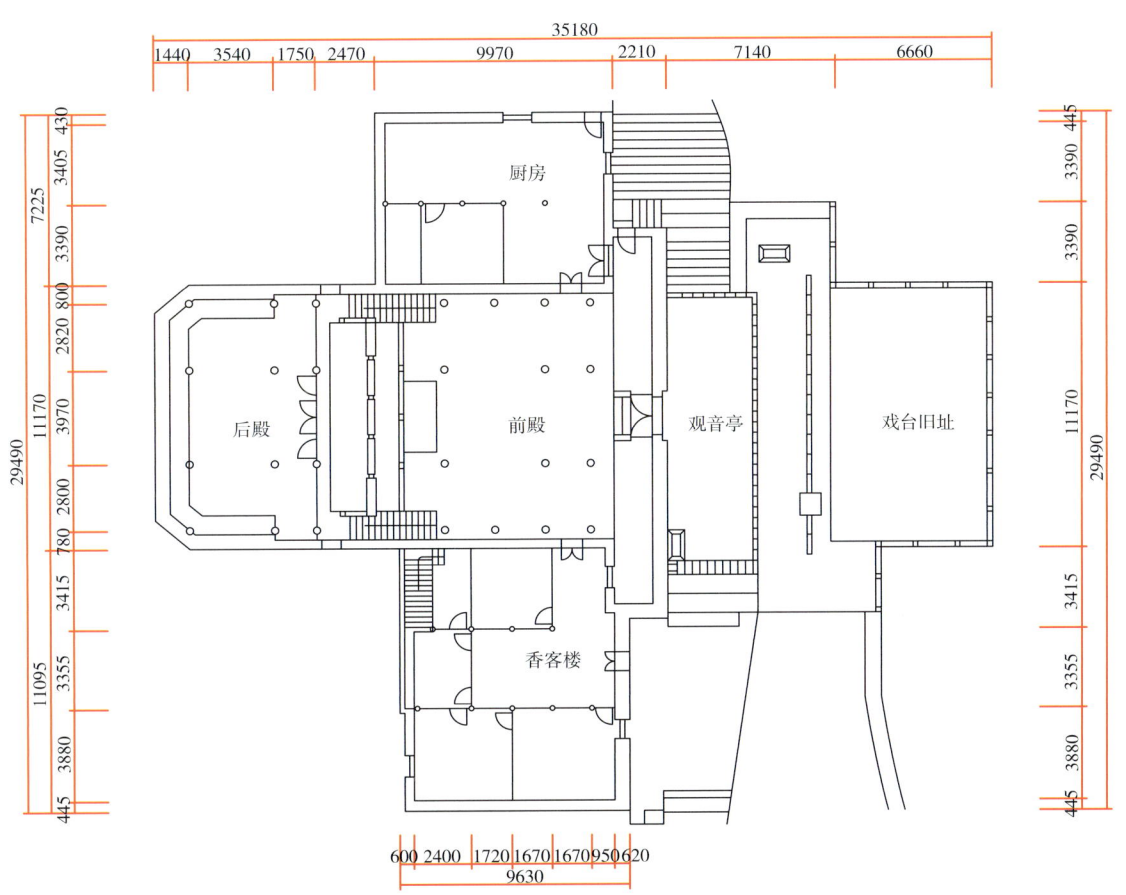

图二 闽东霞浦畲族观音亭寨平面图（单位：mm）

图三 闽东霞浦畲族观音亭寨入口石碑场景图

图四　闽东霞浦畲族观音亭寨寨门场景图

图五　闽东霞浦畲族观音亭寨古驿道场景图

图六 闽东霞浦畲族观音亭寨亭内石柱图

浙南景宁畲族砖砌三眼灶

图一　浙南景宁畲族砖砌三眼灶主图

畲族人由"游耕"过渡到"定耕"生产方式之后，与定居相适应的固定式灶便成了烧火做饭的主要灶具。畲乡村寨沿用的灶型最典型的当属连眼灶。本案例即为固定式砖砌连眼灶（三眼），采集自中国畲族博物馆，是按照景宁地区畲族民用灶的结构和比例还原垒砌的。它由灶基、灶身、灶台（或称灶面）、灶壁、烟囱、灶膛、灶眼（又称灶口）、火门（又称灶门）、出灰口等主要部分，以及铁锅、锅盖、供水装置等一些配套的锅具、厨房杂具和设施组成。其中，灶膛（内腔）用来盛装薪火，提供炊事所需热能；灶膛的一面为灶壁的一部分，设有火门（添加燃料）和出灰口；顶部为灶台，三个灶眼列置于此。灶壁呈楼梯状，至墙壁处与烟囱相接。

该灶造型朴实简洁，各个构件设计合理，充分突出了灶具的实用功能，既汲取了中国传统灶具设计的精粹，又带有畲人因地制宜的设计创造。灶膛的功能分区合理，灶膛内部一分为二，上部的功能是盛装燃料和直接燃烧（置有火门），下部的功能是通风与去灰（置有灰门），这样的设计利于冷热空气形成对流，使柴木充分燃烧，最大限度利用了热能。此外，厚实的膛壁设计既保证了一定的承重支撑，又有效地防止了热能的散失。灶壁是在火门上加砌直墙而成，高出灶台并拾级而上。既有遮挡烟火之用，燃烧物产生的烟从烟道进入烟囱，排出房屋，又可在台阶状的壁顶面上放置厨房用具。烟囱设计成高度大于住所屋脊的高度，便于烟囱产生抽力，将燃料燃烧产生的烟尘等送出，从而减轻污染，保持厨房及灶台的干净、卫生。灶台的设计，注重其高度适合站立炊事操作，避免了灶台过低带来的弯腰弓背之劳损，符合人体工程学原则。而三个灶眼的设计，可同时烹煮不同食物，大大提升了炊事效率。尤为可贵的是，灶具（特别是厨房）的位置设计体现出了功能与环境有机统一的理念。畲族山地院落住宅中的厨房，常规划在依山临水的建筑物后，巧妙利用水资源和地势之便，形成给排水系统，用竹竿将后山之净水引入厨房的水槽，槽下设渠，废水由此排出。近代以来，畲人结束"游耕"的生产方式，"寮""泥间"等简易居所也基本被"定耕"生产的院落住宅取代，厨房成了民居建筑的重要组成部分，锅灶成了厨房中的核心炊具，并衍生出祭灶风俗[1]、"赤郎"习俗（畲家婚嫁时男方请会唱歌的厨师到女家下厨点灶火的习俗）。[2]

改革开放以来，随着城镇化进程的推进和新农村建设步伐的加大，以电力、天然气和煤炭为能源的新型灶器进入了畲岭村寨，畲人的生活方式发生了巨大改变。以庄稼秸秆和木材为主要燃料的灶具，因显见的弊端渐渐退出了历史舞台，但它并未完全退出畲民的生活，功能完善、符合人体工学原理、取材便利、砌制容易、使用便捷、蒸煮量大，仍是其延续生命力的显见优点。特别是适应自然生态循环的厨房给排水系统，体现了人与自然和谐共存的理念，是畲族因地制宜的设计智慧的又一则力证。

图片来源
图一、图四　王晓戈　摄影
图二至图三　王雪姣　摄影
图五　詹黎明　制图

参考文献
[1]乌丙安.中国民间信仰[M].上海:上海人民出版社，1996:157
[2]一苇.中国民俗传说[M].北京:中国广播电视出版社，1996:507

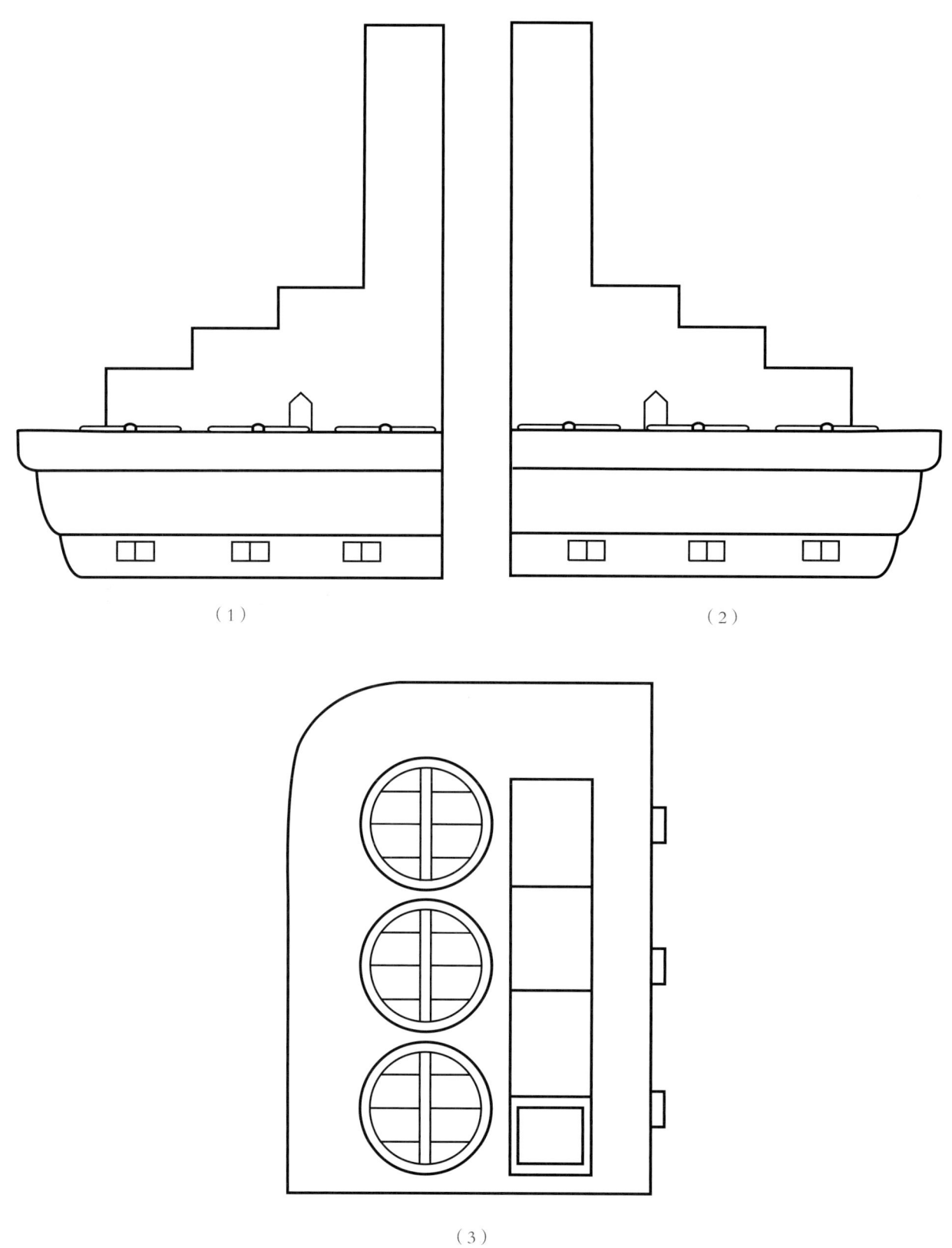

图二　浙南景宁畲族砖砌三眼灶三视图

图三　浙南景宁畲族砖砌三眼灶结构名称图

图四　浙南景宁畲族砖砌三眼灶给水排水系统

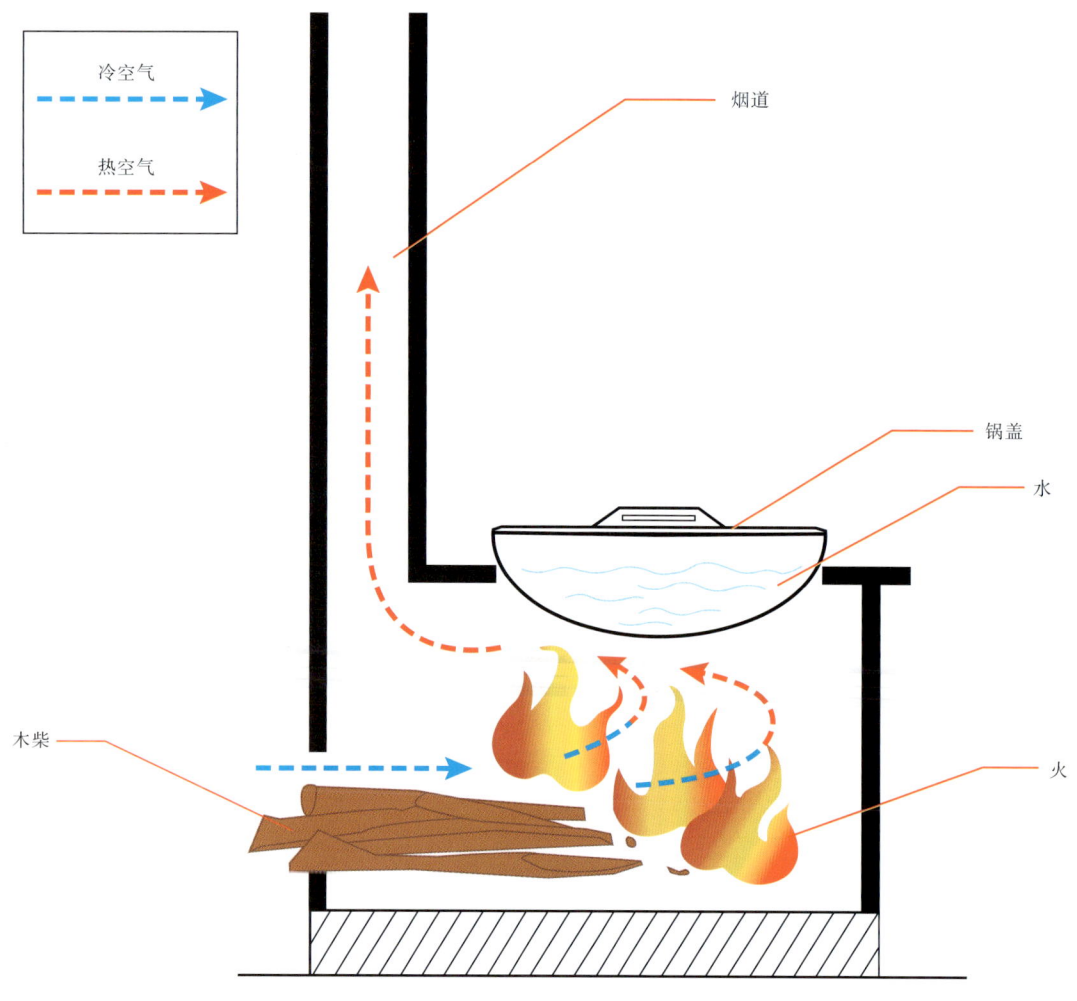

图五　浙南景宁畲族砖砌三眼灶工作原理图

第二章
畲族传统服饰

民国霞浦畲族男马褂

图一　民国霞浦畲族男马褂主图

马褂，原为游牧民族的服饰，多在骑马之时穿，故而得名。随着清朝满人入关，马褂被带入中原，清后期流行于全国，民国时期成为男子常服。

其传统制式为：立领、对襟、平袖端、身长至腰，前襟缀扣襻五枚。作为该时期畲族男子常服，其结构简单，缝制简便，风格质朴，便于活动，非常适合日常生活穿着。该款马褂作为畲族男子服饰汉化程度的典型代表，反映了当时霞浦地区畲、汉两族人民交往之密切与文化交融之紧密，具有较高的研究价值。

本案例出自福建博物院馆藏，为民国时期霞浦地区畲族男子常服典型式样。服装立领对襟，前襟以五粒盘扣固定，长袖窄口，衣长至小腹，前后裾等长，左右两侧及后中开衩，下摆为弧形。对比可知，民国时期霞浦畲族男子同汉族男子所着马褂十分类似，这是两族人民长期交错杂居、交流频繁才会出现的文化交融现象。虽然民国时期畲族男子服饰受汉族文化影响极为深远，但其面料与色彩的选择，仍遵循着畲族人民的喜好。面料质感较为粗糙，好用青黑与靛蓝。该马褂的面布就选用了青黑色料子辅以靛蓝里子，并无过多的装饰，简洁质朴。该马褂为两片式，各片从袖口缝合至腋下开衩处（约至下摆10厘米处），再将两片衣料于后中缝合至开衩处（约至下摆10厘米处），左右两侧及后中的开衩也极大提高了服装的活动性，方便劳作。

图片来源
图一　申思　摄影
图二至图四　许东仪　制图
图五　朱琳　制图

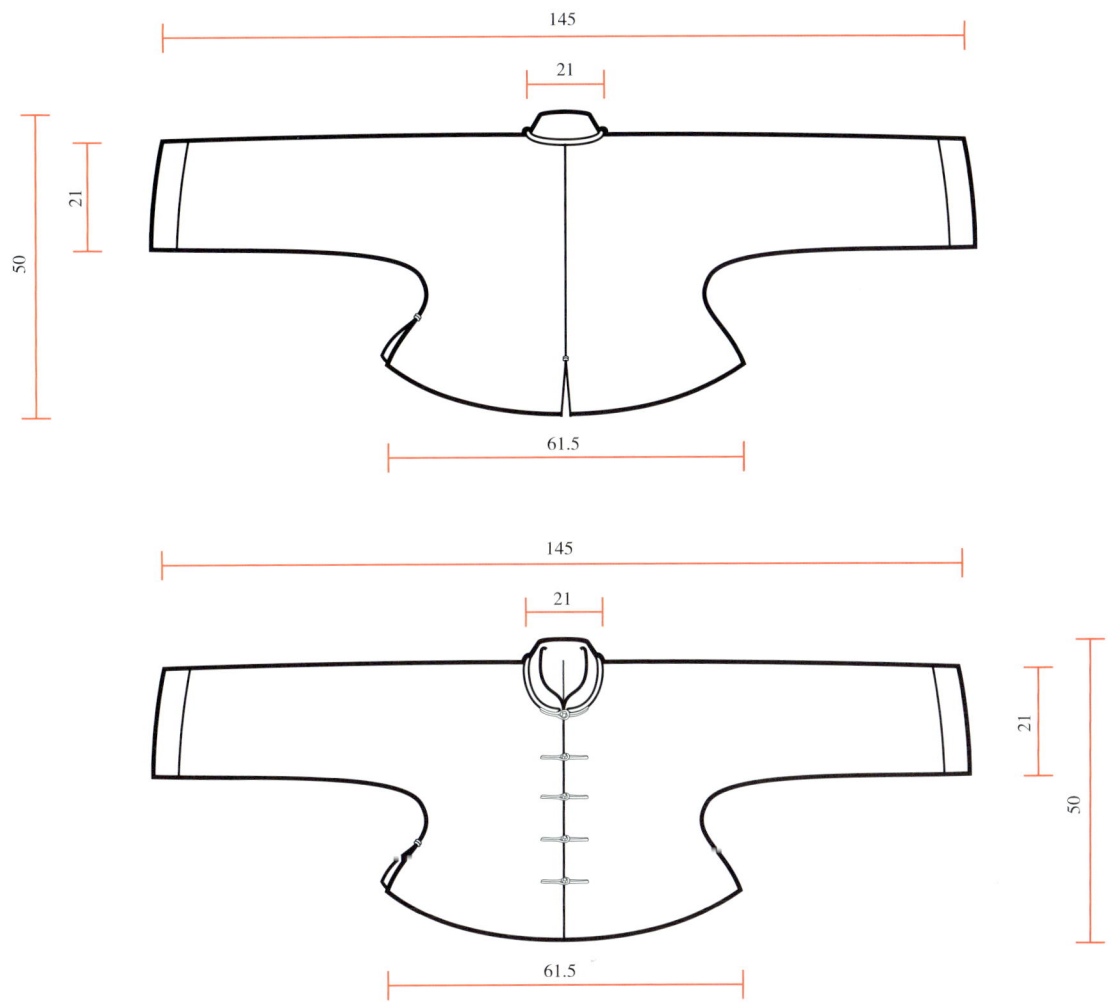

图二 民国霞浦畲族男马褂尺寸图（单位：cm）

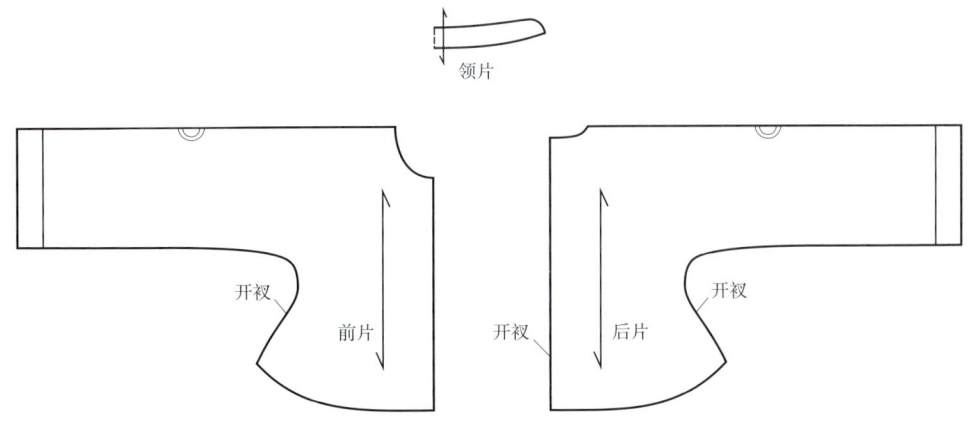

图三 民国霞浦畲族男马褂开片图

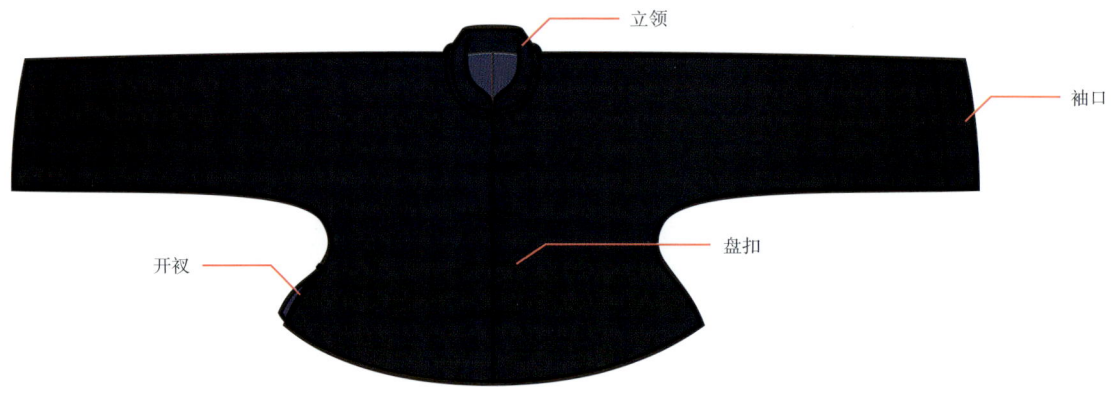

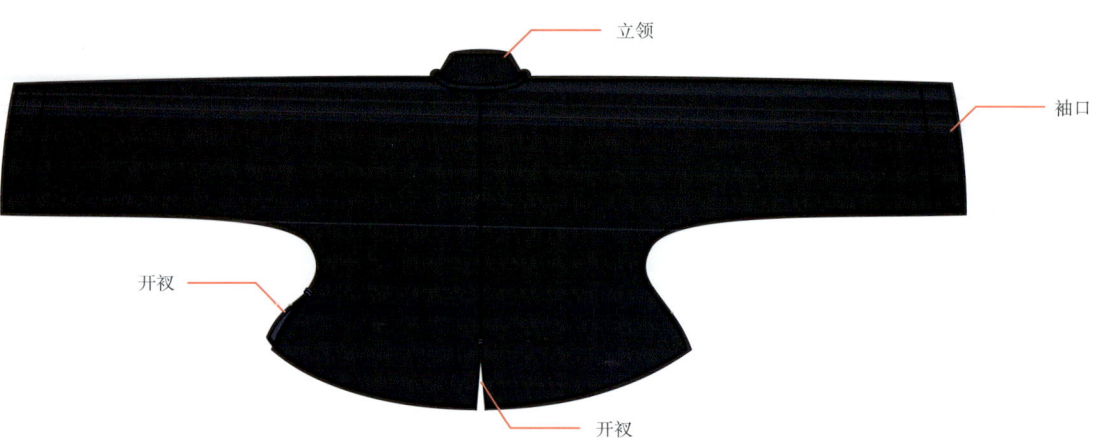

图四　民国霞浦畲族男马褂结构名称图

正面

背面

图五　民国霞浦畲族男马褂穿着细节图

闽东畲族女裤

图一　闽东畲族女裤主图

清代以前对畲族妇女着装的描述多是"女子无裤""勿裤勿袜",无穿裤子之习俗。到了民国初年,史料称畲族妇女"均著裙,近始有著裤者""素不著绔,惟系青裙,今则他邑者皆从汉俗矣"。从史料可知,民国时期畲族妇女受汉族的影响,改裙为裤,开始有穿着裤装。夏天苎麻质料,冬天棉质。霞浦县畲族服装制作艺人王建珍师傅有几十年的制作汉族和畲族传统服装的经验,据她口述,畲族女裤样式及制作方法和"汉裤"基本一致,都是深裆阔腿,无门襟口袋样式,不分前后裆。[1]

本案例出自中国畲族博物馆藏,为民国福安畲族女裤和民国罗源畲族女短裤,裤长57厘米,裤腰长51.5厘米,宽12厘米,裤裆深41厘米,裤腿宽26厘米。黑色平脚宽腿短裤,裤腰与裤身同宽,左右不开缝,仅在中间有裁剪缝制线痕。民国福安畲族女裤,裤长79.5厘米,裤腰长50.3厘米,宽12.8厘米,裤裆深45.5厘米,裤腿宽29厘米。黑色平脚宽腿裤,三角裤裆,橘黄色裤腰与裤身同宽,左右不开缝,中间有裁剪缝制线痕。

图片来源
图一至图四　许东仪　制图
图五(1)　申思　摄影
图五(2)　范珮玲主编《山哈风韵——浙江畲族文物特展》,中国书店,2012

参考文献
[1]俞敏.近现代福建地区汉、畲族传统妇女服饰比较研究[D].南京:江南大学,硕士学位论文.2011:11

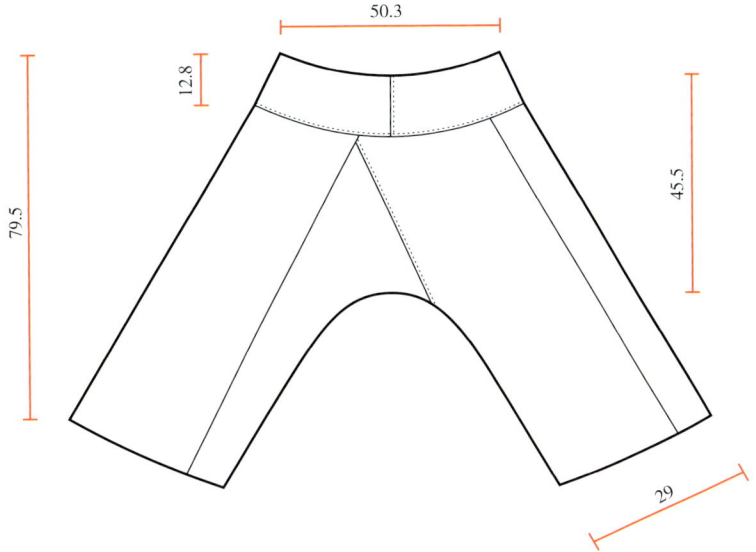

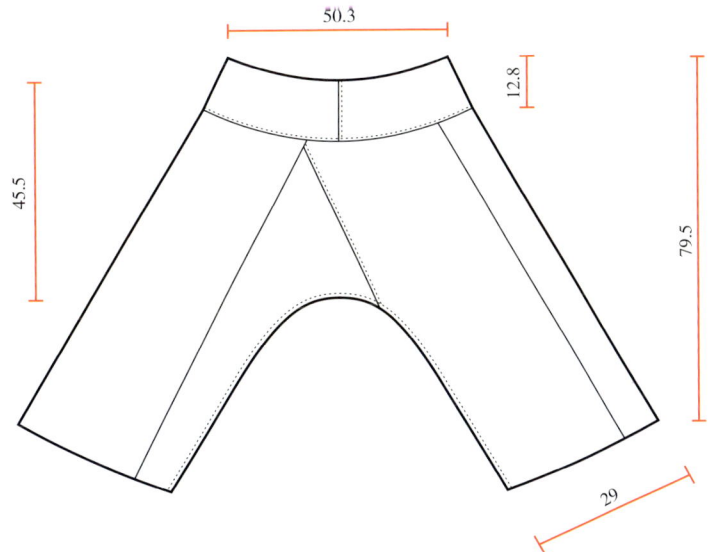

图二　闽东畲族女裤尺寸图（单位：cm）

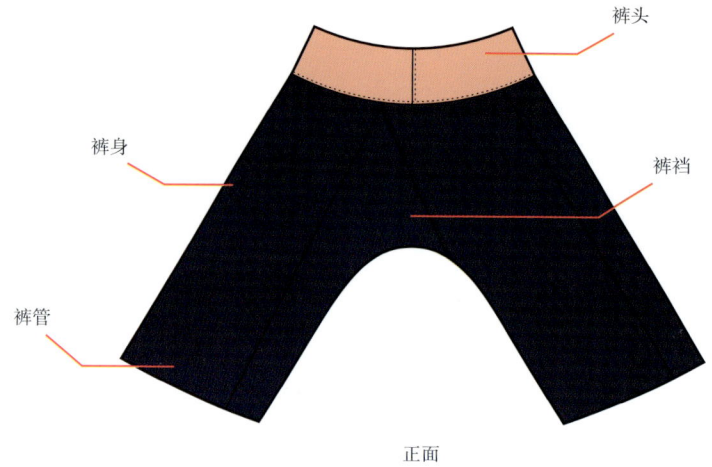

正面

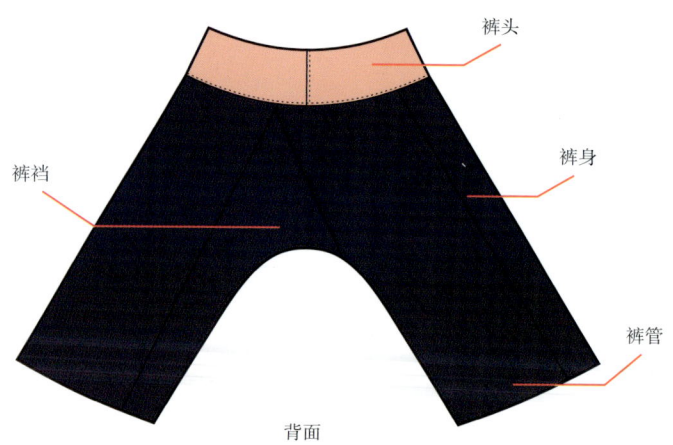

背面

图三 闽东畲族女裤结构名称图

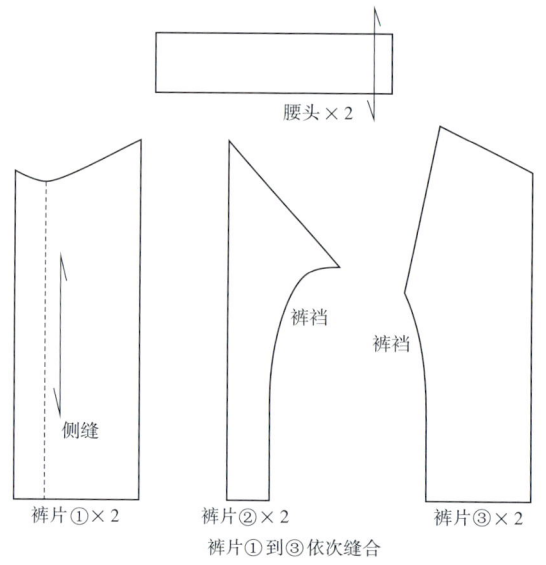

图四 闽东畲族女裤开片图

（1）

（2）

图五　闽东畲族女裤延展图

民国罗源畲族女花衣

图一　民国罗源畲族女花衣主图

在长期的历史发展进程中，畲族形成了丰富而独特的民族文化，最能反映其特色的是畲族传统妇女服饰。畲族妇女服饰色彩以青黑色为主，因其衣服边缘绣有五彩斑斓的花纹作点缀，形成多种变化而被冠以"花边衫"之美称。

由于居住地区不同，畲族服饰样式也不一。福建福安、宁德地区的畲族妇女上着黑色大襟衣，衣服上的花纹较少，只有2厘米高的衣领上绣有水红色、大绿色、黄色等马牙花纹，襟边镶饰一窄红布边；福建福鼎一带的妇女服饰比福安地区还要讲究，黑色大襟上衣绣以桃红色的多层边饰，所绣花纹面积大，花朵也大，衣领高4厘米，上面密密地绣着花纹，领口处绣有两朵杨梅花或缀有红绒球，袖口处镶有红色和绿色的布条；福建霞浦地区的妇女服饰与上述两地相仿，袖口用蓝色布条镶饰，花纹刺绣则更丰富多彩。福建罗源、连江和宁德南部的飞鸾镇妇女服饰特点较为鲜明，为黑色古典交领样式，其宽领沿至肩下交叉于胸前，均由镶饰的花边覆盖，花边色彩按红、黄、绿、红、蓝、红、黑、红、水绿的顺序排列，这种纹样称为柳条纹。袖口至肘部也由花边装饰，黑色的上衣仅在背部和上臂留有黑底色，全身纹饰极为富丽，既有民族风格，看起来也颇为醒目。

畲族民间工艺美术有着鲜明的民族特点，其中尤以服装的刺绣制作最为明显。畲族妇女喜欢在衣裳上刺绣各种图案，因此妇女服饰主要采用花边装饰，过去都是自己绣制的，畲族称花边为"兰观"，其题材广泛，形式多样，有自然纹样，也有几何纹样，在衣襟、袖口上将花边有秩序地排列，畲族称为"水涧流"。服饰上的刺绣是畲族人民突出的一种艺术，色彩鲜艳华丽，富有民族风格。

本案例出自福建博物院藏，为民国罗源畲族女花衣。全件胸围98厘米，衣长83厘米，下摆67厘米，两袖通长131厘米，袖口宽15厘米。

款式为黑色大襟交领，两旁深开叉，后裾长于前裾，衣叉内缘绲白边，通身无扣，在左右襟边腋下处各有白色布条，穿着时，先用布条固定里层的右襟，再系扎左襟布条。胸部左右两襟各有一块半圆形装饰用的银扁扣，上捶蝶凤纹。前后领口、两襟、袖端饰以宽大的花边，由内到外各色机织锦带、黑地各色丝线绣缠枝花卉，宽大的白色蕾丝花边，装饰的花边为黑衣增添绚丽的色彩，有史料描述为"束之以带，状如袈裟"。民国时，在闽东，罗源"妇女着大衣领"。[1]过去的罗源式服装的绣工精美，而现在的服装上衣绣花部分均以鲜艳的花边为主，绣花面也更大，色彩更为绚烂。

图片来源
图一、图七　申思　摄影
图二、图三、图八　王琳　制图
图四　朱琳　摄影
图五、图六　许东仪　制图

参考文献
[1]各县区苗夷民族概况1937.福建畲族档案资料选编.福州：海峡文艺出版社，2003：7-10

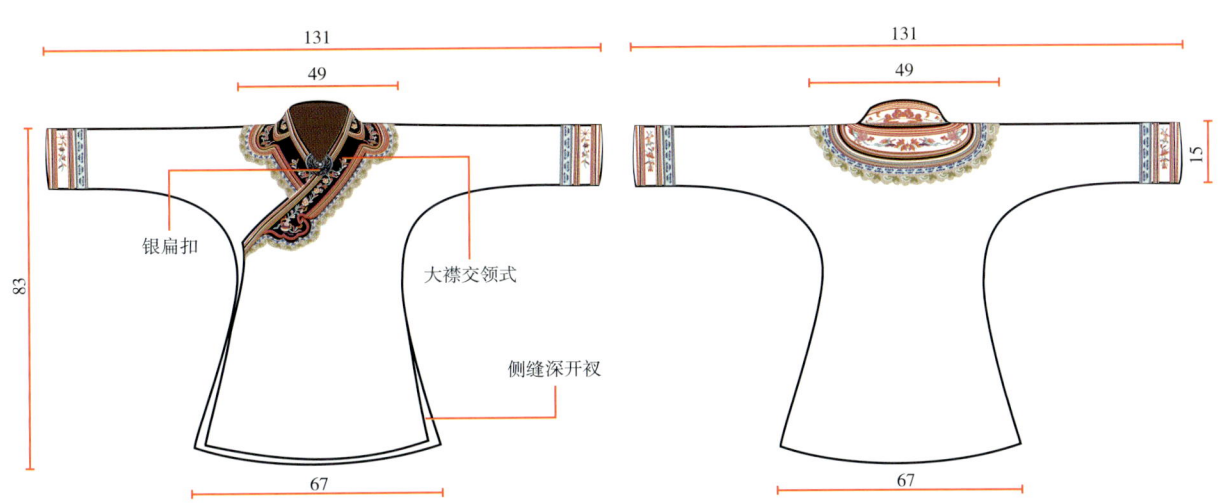

图二　民国罗源畲族女花衣结构名称尺寸图（单位：cm）

图三　民国罗源畲族女花衣局部图案分析图

图四　民国罗源畲族银质扁扣

图五　民国罗源畲族女花衣穿着效果示意图
（民国罗源畲族女花衣样式图）

图六 民国罗源畲族女花衣开片图

民国福鼎女花衣

清代福安女花衣

一九八五年霞浦女花衣

图七 民国罗源畲族女花衣延展图

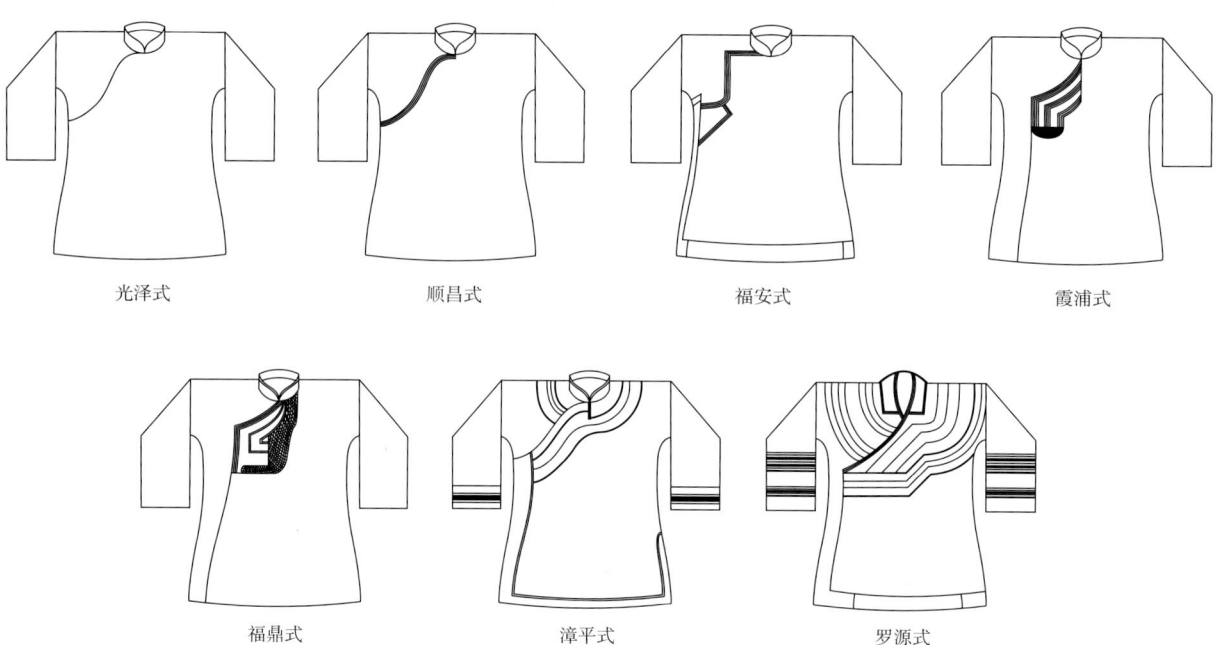

图八 民国罗源畲族福建省各地女花衣形制分析图

民国罗源畲族女裙

图一　民国罗源畲族女裙主图

罗源式裙装是畲族流传至今的传统短裙，所有的刺绣图案均色彩鲜艳，绣工精细，栩栩如生。据记载，畲族妇女在清朝时期有穿短裙的习俗，到了民国以后，闽东地区畲族妇女穿着女裙的相关文献记载较少，一般仅在结婚当天穿着。现在罗源和霞浦地区畲族婚礼上还有穿着传统裙装的习俗。与浙南畲族妇女服装的青、蓝色调不同，闽东畲族妇女服装以黑色为主调，强烈的对比使服装上的刺绣花纹格外显眼，特别是罗源畲族女裙外搭配围裙穿着，丰富且有层次感。

本案例出自福建博物院藏，为民国罗源畲族女裙，裙子展开为一片式，窄腰带，两端钉布扣可穿带，前开口可叠压，蓝色土织布缝制，腰带布的色泽微有区别，两边带耳。裙腰围96.3厘米，宽5厘米，裙摆围108厘米，裙长65厘米。裙身从边向里30厘米处左右各打一褶（两侧微弧收打折）。下摆处2厘米宽处有用针线绣出来的五色边；五色边上绣着间隔匀称的红色条纹组合，中间一条较长约9厘米，长条两边各有一条约长7厘米；红色条纹间绣着红白相间的齿状虎牙花纹各五齿，故当地畲族称此裙子为"虎牙裙"；裙子下摆红绿色丝线绣织条带花边及三直线与锯齿纹相间装饰。女裙的彩边均为1毫米宽的红色与白、黄、蓝、绿各色相间的压边；裙上的彩边是实线绣成。

图片来源

图一、图五　申思　摄影
图二至图四　许东仪　制图

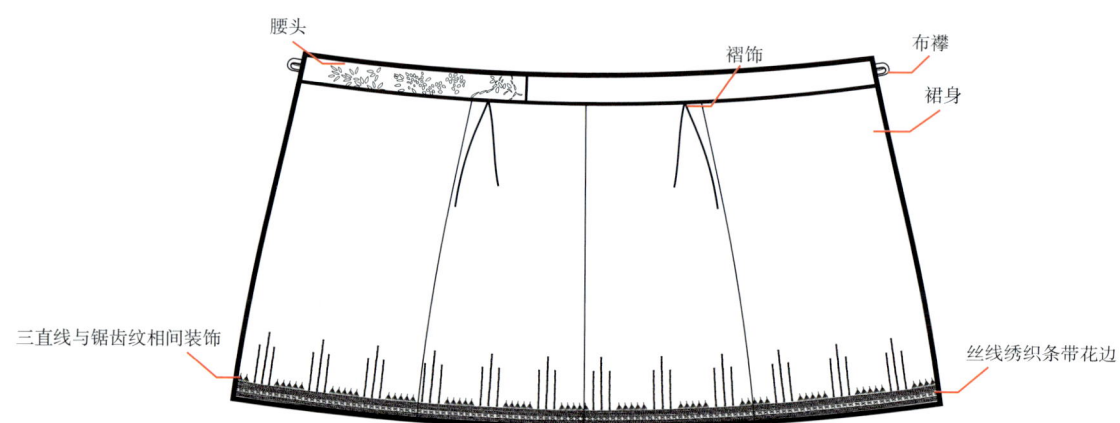

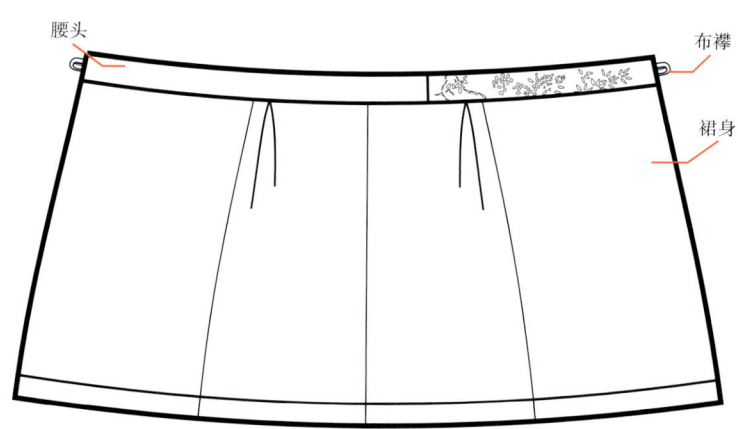

图二　民国罗源畲族女裙结构名称图

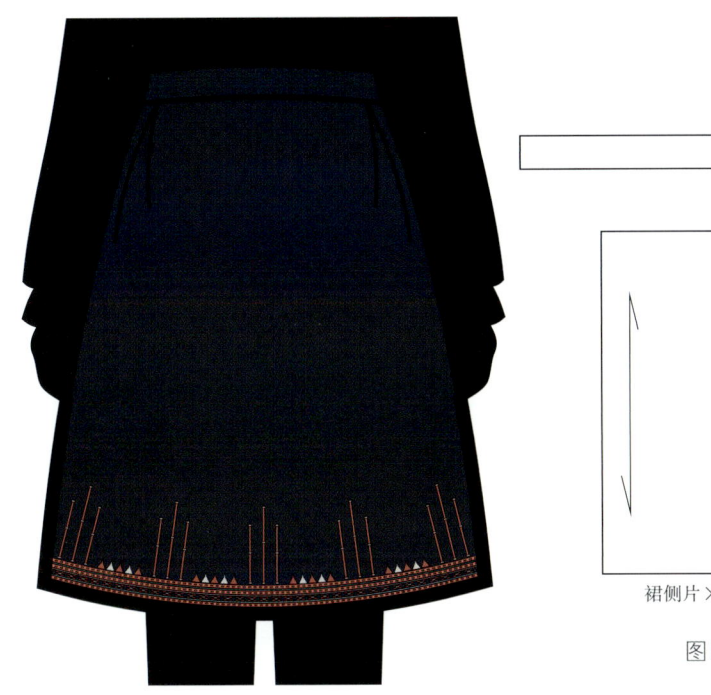
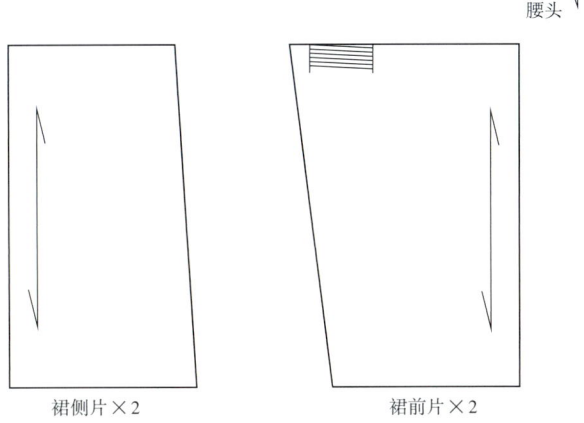

图三　民国罗源畲族女裙穿着效果图

裙侧片×2　　裙前片×2　　腰头

图四　民国罗源畲族女裙开片图

图五　民国罗源畲族女裙延展图

第二章　畲族传统服饰

民国霞浦畲族围兜

图一　民国霞浦畲族围兜主图

　　围兜即围裙，系畲族传统服饰的配套品，起紧身和装饰的作用。通常为畲族妇女劳作所用，又称"拦身裙"，由裙头、裙身、裙带组成。一般裙身为黑色，呈梯扇形（下端宽且呈弧形）或长方形，长略过膝，质地、颜色多与其衣裤相同；裙头蓝色，腰上两端布耳有扣襻，以系裙带；兜身有褶，常绣有花样，色彩亮丽，图案复杂精美。

　　刺绣是畲族具有民族特色的手工艺之一，畲族妇女喜欢在服装上绣美丽的图案花纹。围裙的绣花图案通常分布在裙头和裙身的两侧，图案在布局上讲究对称，以围裙的中线为对称中心轴，图案左右对称，图案内容多花草、枝叶、蝴蝶、狮子、凤凰等，还有畲族妇女借想象而来的图案花纹，既生动又富有深层的含义。配色上也十分讲究，黑、蓝色为底色，与红、黄、绿等艳色搭配形成强烈的对比，从而使色彩既变化丰富又和谐统一。围裙是畲族传统服饰中最具民族特色的品类，畲族人十分讲究围裙的制作和装饰工艺，对出嫁所穿的围裙制作更是格外用心。此类服装工艺烦琐，制作工时通常要50天。围裙样式也因地区不同有所差别，闽东地区主要有罗源式、霞浦东路式、霞浦西路式。

　　本案例出自福建博物馆藏，为民国霞浦西路式围裙样式，裙身为黑色苎麻布制成，呈梯扇形，长（高）45厘米，上宽33厘米，下宽57厘米。上方及腰线两侧镶红、黄、蓝、白、绿、褐色相间的立体彩边，每道彩边均用坯布镶边，做工精致。沿彩边以彩色丝线刺绣两层复杂花纹，内层上缘双狮戏球，两侧如意等杂宝图案，外层上缘双凤对花，两侧福禄寿三星与花瓶图案，取幸福、吉利、长寿、平安的彩头，这些都反映了畲民对幸福生活的美好愿望，也是受汉族文化影响的结果。畲族选择的刺绣图案凭个人喜好，各显巧手。裙头为蓝色棉布，宽11厘米，两端布耳系以白色素面棉线织带，带长2米，宽约5.5厘米，两端呈须穗状。系扎时，裙带先往后围，再转前围并在腰部正前方打结，剩余部分垂于围裙正中央，相传此象征官服之"国带"，黑白分明，与裙身两侧绣花相衬，更显出女性的端庄秀美。少女也有穿戴此形制围裙，但通常以小红带系之，或者再系上宽边织花带，丰富的色彩将少女衬托得更为活泼可爱。

图片来源

图一　申思　摄影

图二、图三、图五（1）（2）　王琳　制图

图四　许东仪　制图

图五（3）（4）　朱琳　摄影

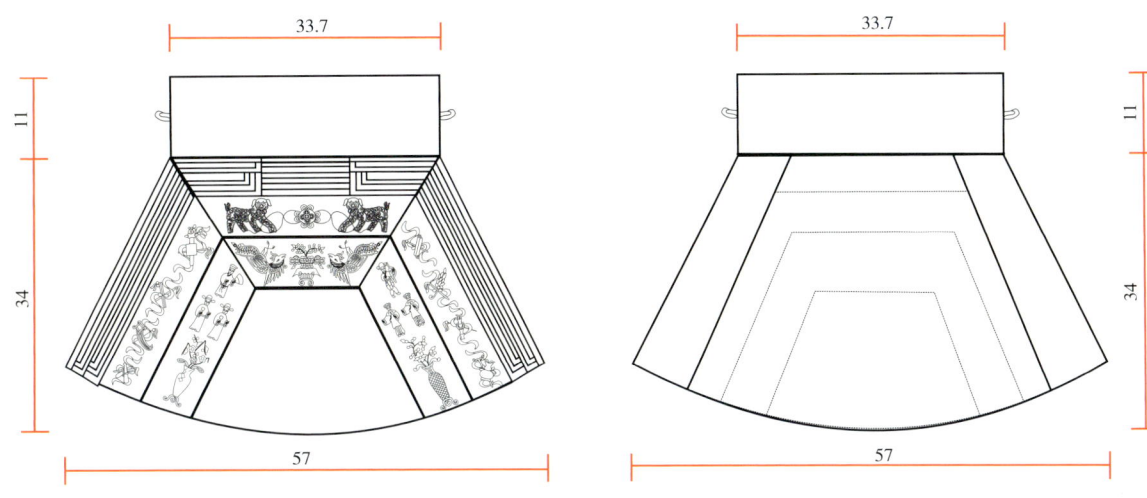

图二　民国霞浦畲族围兜尺寸图（单位：cm）

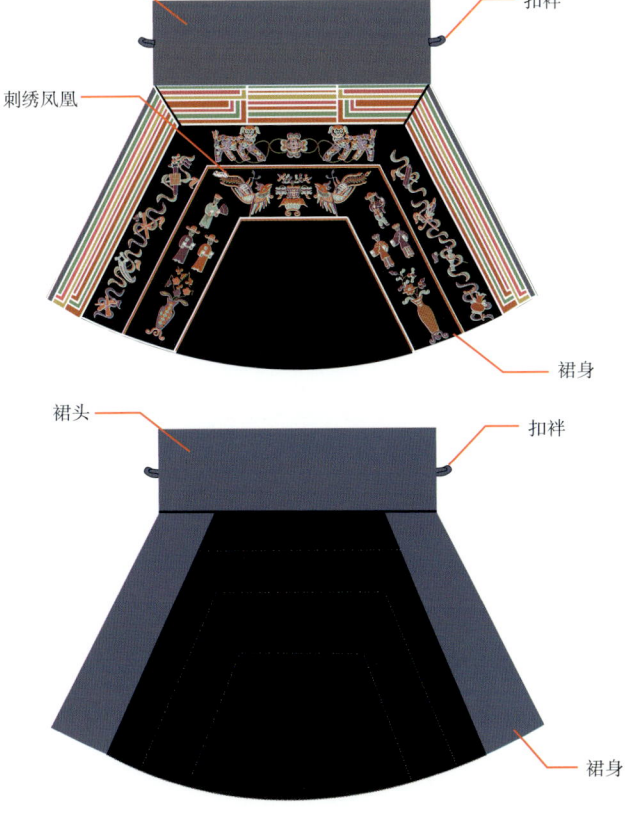

图三　民国霞浦畲族围兜结构名称图

图四　民国霞浦畲族围兜穿着效果图

图五 民国霞浦畲族围兜延展图

清代福安畲族男钱褡

图一　清代福安畲族男钱褡主图

"钱褡子",学名"褡裢",是民间常用的一种布口袋,开口在中间,东西装在两端,有的可以搭在肩上,有的可以挂在腰带上,是独立在服装之外的配饰,用于人们外出之时,存放钱财及贴身必备之物。本案例的"钱褡子"是连接在服装上的,在腰间多出一块布料作为"口袋"之用,又作"钱吊",是方便人们出行而设计的一款实用功能为主的物件,体现了服装发展的进步。

本案例出自福建博物院藏,为清代福安畲族男子所穿,其整体制式:无领对襟,无袖呈马甲型,下摆为圆弧形。前襟以六粒圆形铜扣头盘扣固定,铜扣头表面样式不一,共有五款。面布为蓝色土织布,辅以淡蓝色里子。"钱褡子"所用面料与面布相同。制作方法:裁出4片长方形(长度与各衣片下摆相等,高度低于袖窿2.5厘米)布条依次相连,底边与衣片下摆缝合,上边在各衣片缝合处加以固定。前片各边以两粒圆形铜扣头盘扣加以装饰与固定,亦增加了存放钱物的安全性。刺绣是畲族具有民族特色的手工艺之一,这款钱褡的袖窿、门襟、下摆都用米黄色粗线刺绣出一种名为"蝇脚纹"的几何纹样作为边饰来增加美感,使其既有民族感,又增添了服装本身的活力。大面积地使用同一种纹样,也大大提升了服装的整体性，使"钱褡子"融于服装整体而不显孤立。

钱褡多在外出做客之时穿戴，搭配在长衫或短裈之外，在服装上加入储物功能，既扩展服饰的功能，冬天还有保暖作用。同时，运用畲族富有代表性的刺绣工艺加以美化，钱褡遂成为兼具功能性、活动性与美观性的特色服饰，体现了畲族高超的手工技艺与优雅的审美情趣。

图片来源

图一、图四　申思　摄影
图二、图三、图五　许东仪　制图

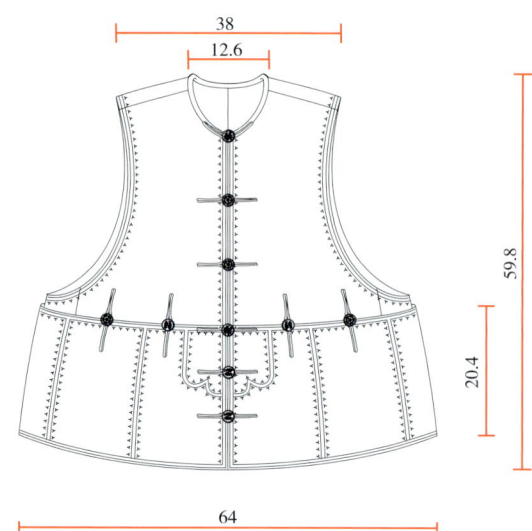
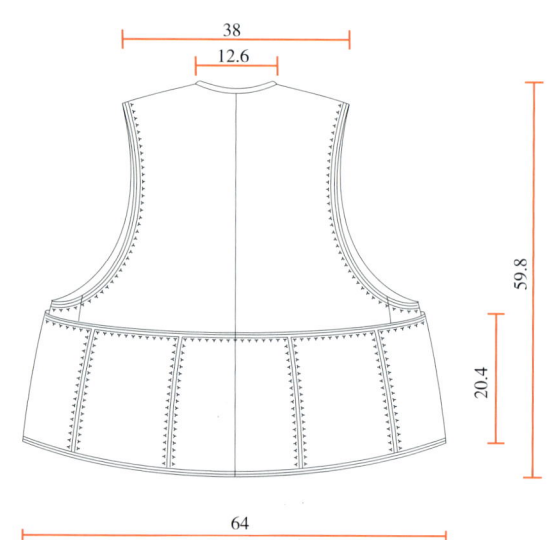

图二　清代福安畲族男钱褡尺寸图（单位：cm）

图三　清代福安畲族男钱褡结构示意图

正面　　　　　　　　　　　　　背面

图四　清代福安畲族男钱褡实物穿着效果图

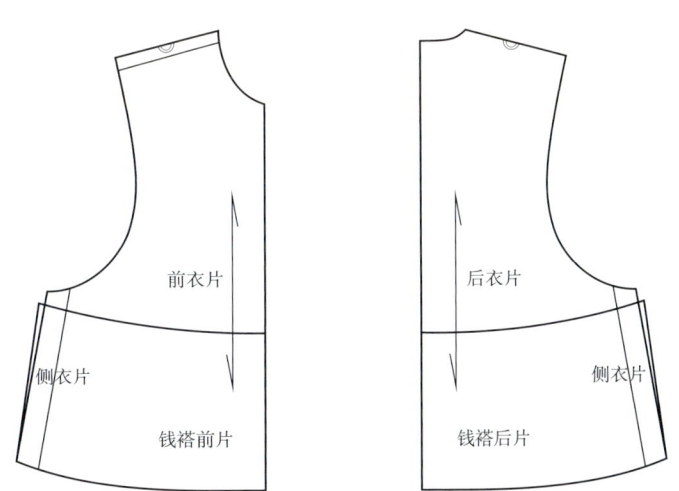

图五　清代福安畲族男钱褡开片图

浙江景宁畲族凤冠

图一 浙江景宁畲族凤冠主图

畲族妇女服装是其民族特色和民族风俗的集中体现，而凤冠又是服饰中民族性最强的。闽东和浙南的畲族凤冠目前基本有五种样式：福建福安的凤尾式、霞浦的凤身式、罗源的凤头式、浙江景宁的雄冠式和云和的雌冠式。这五种"凤冠"样式虽有差异，但有一个共同特点，各地的畲族妇女都用凤冠来把自己打扮作凤凰状。浙江近、现代畲族女子头饰仍保留了其先民的"椎髻""戴竹冠""垂璎"以及竹制筒状、裹红布，两侧挂珑珠等特色，但由于地区的不同，其构造和复杂程度也有差异，其中以景宁凤冠的构造最为复杂。

据同治《景宁县志》载，景宁畲族妇女"跣脚椎结，断竹为冠，裹以布，布斑斑；饰以珠，珠累累"。景宁畲族凤冠的配件细分有如下局部：钳栏、头面、大奇喜、奇喜牌、奇喜载、骨挣、钳搭、方牌、耳环、头抓、古文钱、牙签、耳挖、蕃蕉叶、银金、银链、珠子、布料和棉线等。凤冠的外观是畲族民众信仰的凤凰图式的直观表现，如景宁畲族凤冠中银饰方牌上的凤纹。凤纹总体较为拙朴：有钩嘴、两翘的雀尾、丰满的羽翼、锋利的尖爪，类似普通的雀鸟或雉鸡，只有鸟头上的三瓣头冠，表明它是"凤凰"。此外，凤冠中其他的银饰上同样装饰有各种各样的凤纹。

本案例为浙江景宁畲族凤冠，以银饰制成，长10厘米，宽3厘米，高13.5厘米。形制完整，大致可分为黑色缠头纱、凤箍和抓头三个主要部分。浙江畲族成年妇女梳扮的凤凰式发型，其梳扮步骤具体为：先把头发梳单辫盘于后脑，打成发髻，然后发脚四周绕上黑色绉纱，再在头顶安放银箔包的竹筒（直径约1寸、长3寸，富户则用银制），包以红布，银钗高挑，接着在绉纱上穿4串长长的瓷珠和1串红黑相间的瓷珠，插1支银簪，另系8串尾端结有小银牌的瓷珠，垂于耳旁，飘逸而清秀。椎髻高钗是模仿凤头；缀在凤冠银链上的银片，形如翎羽是模仿凤羽；在戴上凤冠后，只要稍有动作，凤冠上盘垂的瓷珠会相互碰撞，叮咚作响，十分悦耳。凤冠形制独特，各地凤冠材质、工艺各不相同，自成一格。传统上，畲族妇女结婚之日必戴凤冠，去世时则戴着凤冠入土。可见凤冠在畲族妇女生活中具有重要意义，但近年来，畲族青年男女结婚戴凤冠者已经越来越少，过去为各地妇女所常备的凤冠，如今仅在闽东、闽西和浙南少数地方还能见到。

图片来源

图一、图四、图五、图八　朱琳　摄影

图二、图三　朱琳　制图

图六　王琳　制图

图七　钟茂兰、范朴：《中国少数民族服饰》，中国纺织出版社，2006

 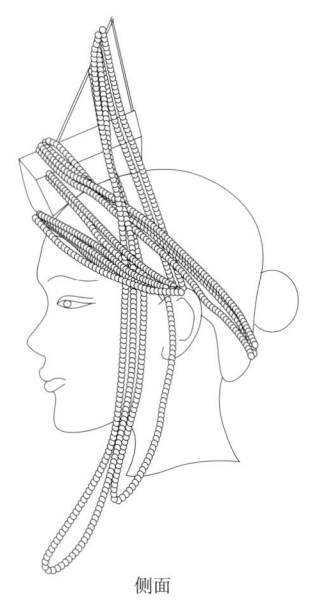 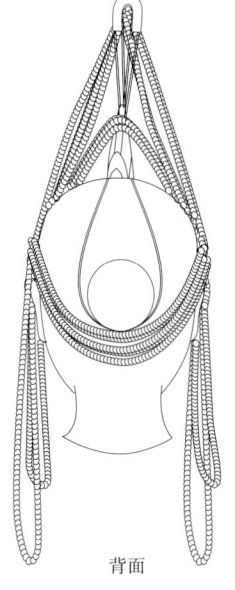

正面　　　　　　侧面　　　　　　背面

图二　浙江景宁畲族妇女凤冠穿戴三视图

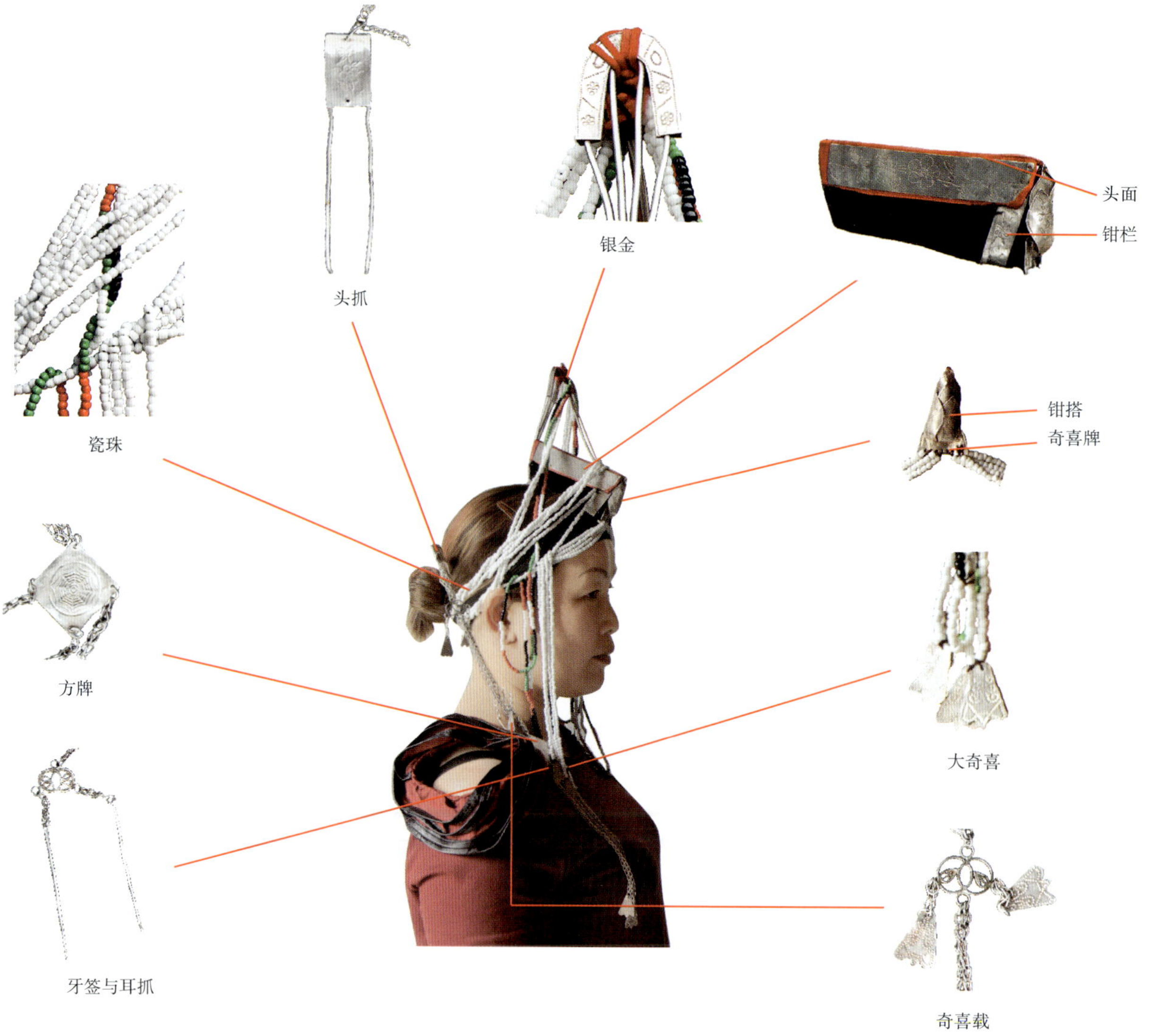

头面

钳栏

头抓

银金

钳搭
奇喜牌

瓷珠

方牌

大奇喜

牙签与耳抓

奇喜载

图三　浙江景宁畲族凤冠分解图

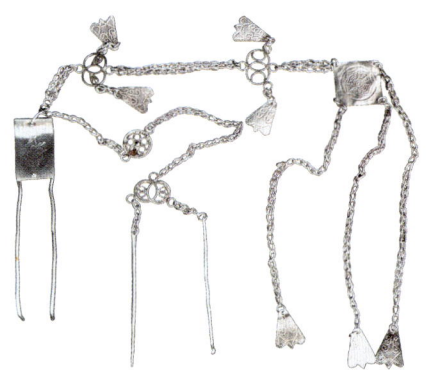

图四　浙江景宁畲族凤冠银发簪

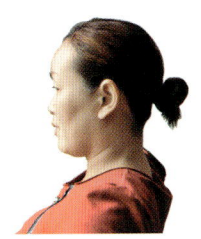   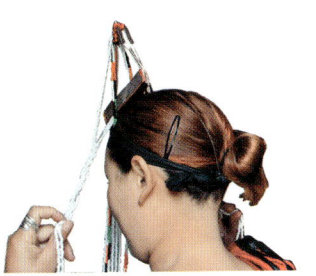

1. 先将头发梳好单辫盘在后脑，并打成发髻

2. 在发脚四周绕上黑色绉纱并固定

3. 用饰物上的丝线将凤冠扣住绕过发髻，并固定在头顶

4. 将凤冠上的瓷珠分别取两串于左右两边向内侧旋转

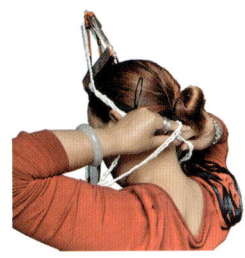 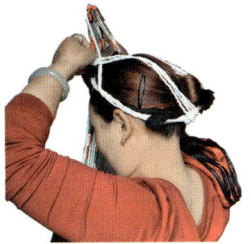  

5. 并将旋转后的珠串于发髻下交叉缠绕

6. 交叉后，绕过并扣住发髻往前端凤冠顶部扣住银饰

7. 固定好顶上瓷珠，调整好其松紧即可固定

8. 最后将前端剩余的瓷珠均分并分别与两侧瓷珠穿插缠绕，两边瓷珠等长垂于前胸

图五　浙江景宁畲族凤冠佩戴步骤图

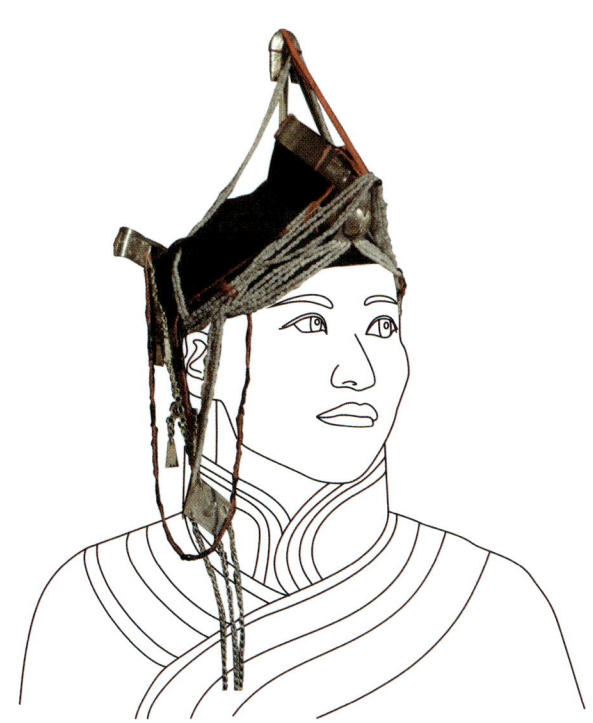

图六　浙江景宁畲族凤冠佩戴效果示意图

图七　浙江景宁畲族少女盛装头饰

图八　浙江景宁畲族女子盛装效果图

民国光泽畲族脚绑

图一 民国光泽畲族脚绑主图

旧时畲族妇女的"半长裤"短而裤管大，打绑腿是畲族妇女过去独特的一种装饰，兼有防护、保暖之用。绑腿，又称脚绑或脚暖，穿时包扎于两脚小腿部，相当于袜子的功效。脚绑整幅呈三角梯形，由一块方形和一块三角形的双层棉、麻布拼接而成，末端有红色璎珞和紫红色长襻，打扎后将红色璎珞垂于小腿上，与腰间的彩带相呼应，十分美观。畲族各地的脚绑式样、颜色略有不同，虽变化不大，但脚绑对于畲民来说至关重要。他们依山而居，山上荆棘密布，杂草丛生，在其中劳作，腿部极易被划伤，且山区经常有蛇、虫等地面爬行动物，人易被咬伤。畲族终日与山为伴，以双脚为交通工具，扎上绑腿后，可强制腿部肌肉收缩紧张，使步伐轻便，加快山地的行走速度。冬天亦有防寒保暖的功效。久而久之，绑腿渐成为了一种穿戴习惯，为了美观，还在上面绣上花纹图案[1]。20世纪50年代畲族妇女尚有使用，六七十年代后已极少见[2]。

本案例出自福建博物院藏，为民国光泽畲族脚绑。长方形，长33.2厘米，宽13.1厘米，双层，正面红色与蓝色苎麻布缝制，并于侧缝夹黑色苎麻布作边框，约宽1.5厘米，框内红布区内镶灰白边饰机织布，图案为几何形组成的二方连续花纹图案，大小不一，错落有序，层次分明，素雅的花纹与红蓝布形成对比，精致讲究，另一面为蓝色苎麻编织布。该脚绑与素面脚绑有所不同，与上衣和围裙相呼应，搭配起来更具民族特色，起到装饰和保护的作用。

图片来源
图一、图三、图四　申思　摄影
图二、图四　许东仪　制图

参考文献
[1]曾艳榕.福建博物院藏畲族服饰撷谈.福建省炎黄文化研究会编.畲族文化研究.北京：民族出版社，2007：496
[2]陈栩.福建畲族传统帽饰研究——以霞浦地区为例.载2012年艺术工学与创意产业国际学术会议论文集[C].2012

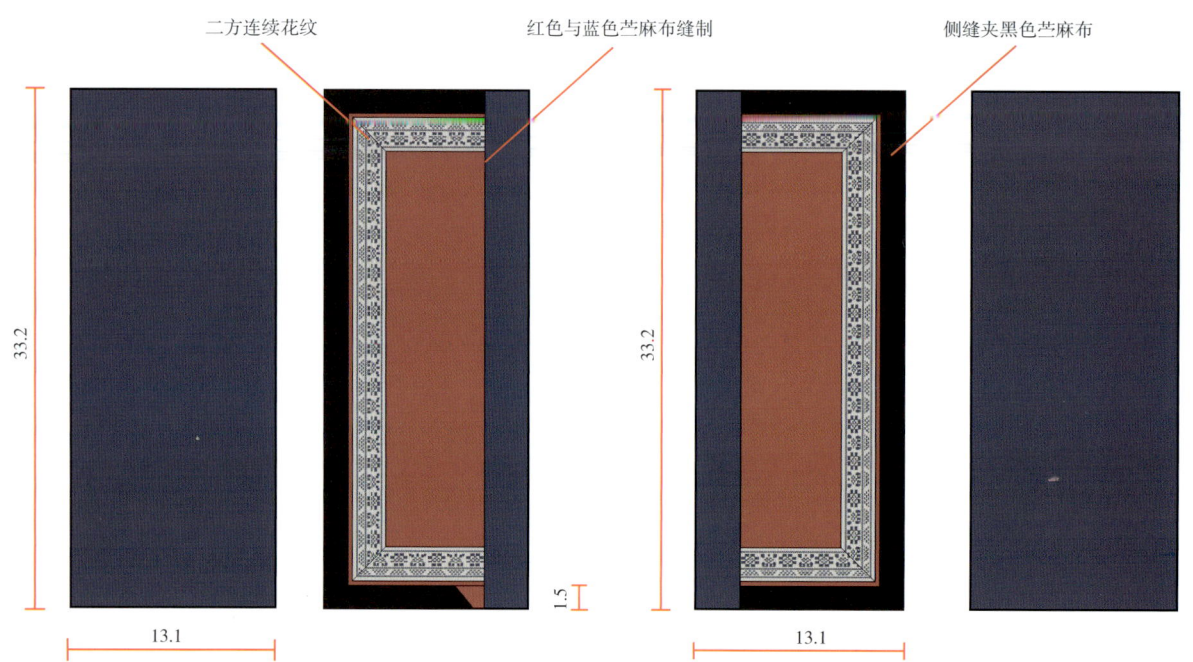

图二　民国光泽畲族脚绑尺寸、标注图（单位：cm）

民国罗源畲族脚绑

清代光泽畲族脚绑

民国光泽畲族脚绑

图三　畲族脚绑延展图

 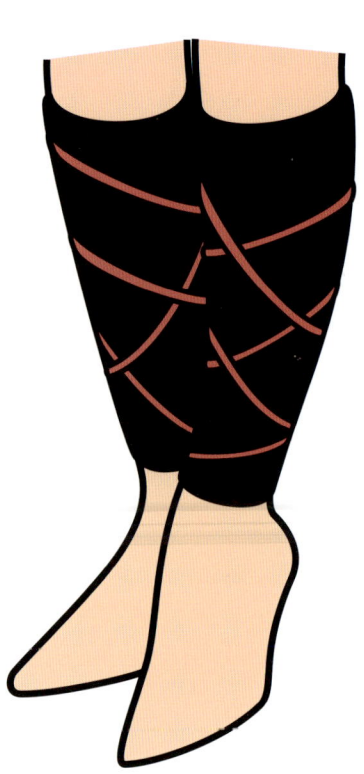

图四　民国光泽畲族脚绑穿着效果图

闽东福鼎畲族公主童帽

图一　闽东福鼎畲族公主童帽主图

畲族儿童有佩戴帽子的习惯。畲族人认为戴帽子可以更好地保护婴幼儿。童帽具有保暖功能，又是趋利避凶的饰物，寄托长辈的殷殷希望，畲族公主童帽就是这样一种为女孩设计制作的童帽样式。

童帽的制作材质都是棉布和麻布相结合的，外层麻布耐脏耐磨，同时方便装饰精美的刺绣图案，内层棉布柔软吸汗，能够很好地保护儿童的头部。公主帽的设计样式各不相同，装饰手法多样，颜色变化丰富，可以随心所欲地绣绘各种纹样图案，刺绣图案以动植物和几何图形为主，也有人物图案，其素材多种多样，内容丰富多彩，题材广泛，甚是好看，具有独特的畲族风格和浓郁的生活气息。童帽有厚薄之分，较薄的供春、秋季节使用，较厚的在冬天使用，以抵御室外寒风。

本案例采自福鼎城关，制作于明清时期，是冬天女孩子日常戴的帽子，长宽各24厘米，高13厘米，其装饰手法主要是传统手工艺刺绣，正面纹样主要有鸟、蝴蝶、牡丹等，背面绣有荷花、兰花等，其顶部的特殊造型装饰是受清代格格（公主）的头饰影响演变而来，精细别致。随着时代变迁，帽子的装饰手法也随之受到影响。后期帽子上的装饰产生变化，图案会直接选用面料上的纹样替代，两侧的挂坠选择现成的饰品。帽子顶部是用现成的碎布以拼接手法装饰，以代替传统刺绣手工艺。新中国成立后，会选取"美丽祖国"等赞颂标语装饰在帽子上，表达畲族人民的爱国热情。

图片来源
图一、图五　刘慧云　摄影
图二至图四　王琳　制图

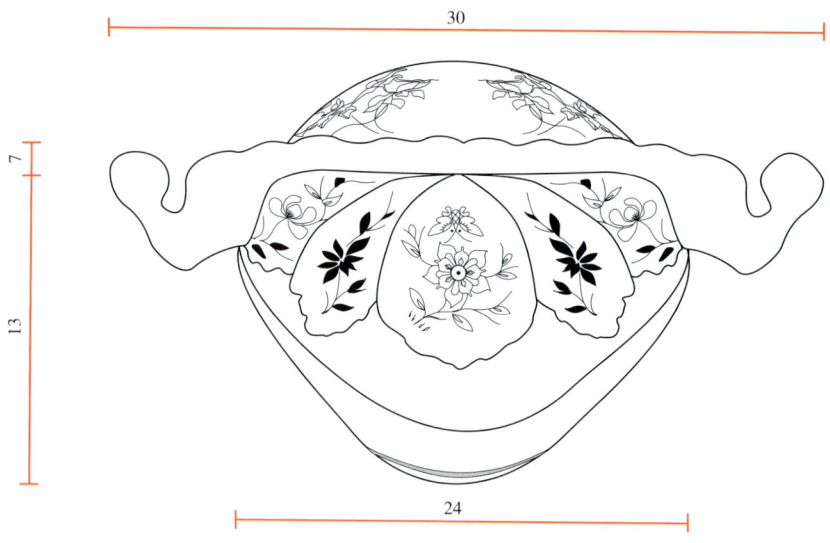

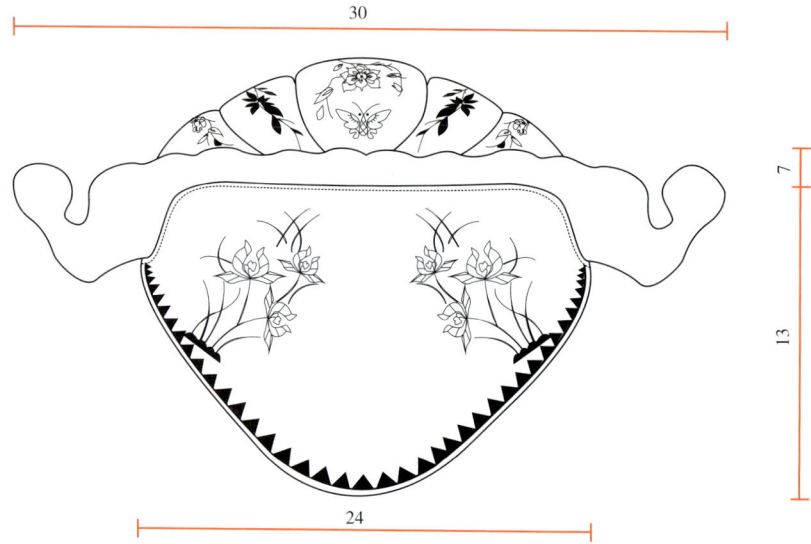

图二　闽东福鼎畲族公主童帽尺寸图（单位：cm）

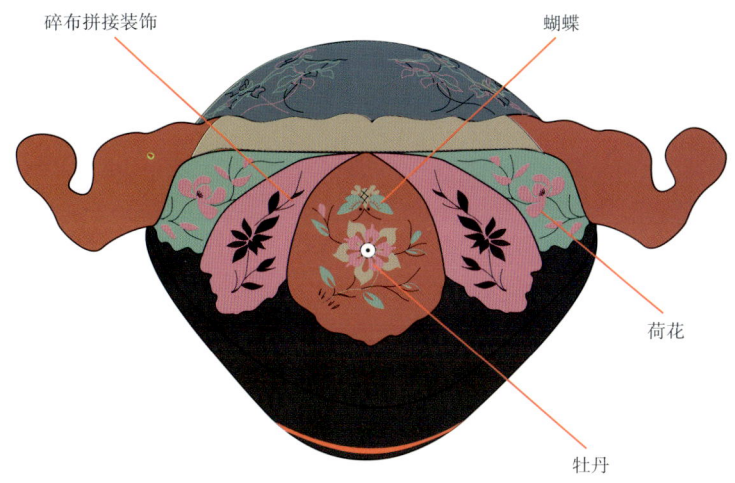

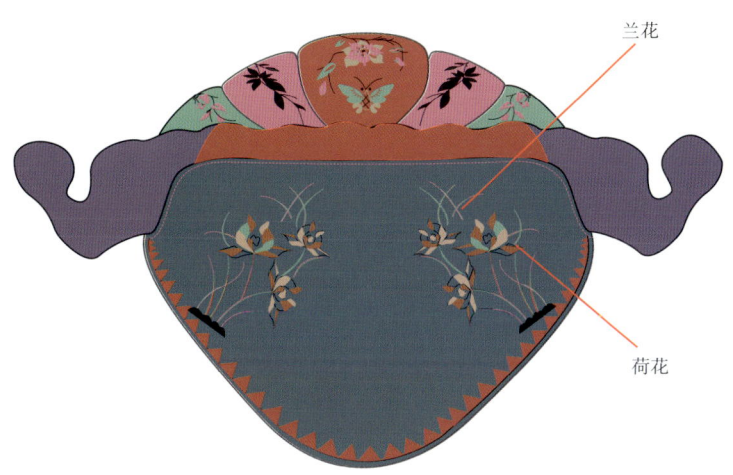

图三　闽东福鼎畲族公主童帽标注图

背面刺绣花卉纹样图

正面刺绣花鸟纹样图

图四　闽东福鼎畲族公主童帽局部分析图

图五　闽东福鼎畲族公主童帽延展图

闽东福鼎畲族盘瓠童帽

图一　闽东福鼎畲族盘瓠童帽主图

盘瓠帽是畲族儿童传统服饰的典型样式，因在帽子上装饰盘瓠图案得名。盘瓠是畲族的图腾信仰，也说盘护、槃瓠[1]，在传说中以拟人手法将盘瓠化为神奇、机智、英勇杀敌的民族英雄，并推崇为畲族的始祖。盘瓠传说家喻户晓，口口相传，生活中，也把它贯穿在服饰中，是畲族原始氏族的图腾崇拜的反映。

畲族童帽的种类较多，基本为幼儿时期的帽饰，且按照不同的季节，佩戴不同的帽饰，春秋戴"帽筒"，夏天戴"帽圈"（又称"凉帽"）。款式丰富多样，特别之处在于其精致的刺绣工艺。畲族人称刺绣为"做花"，具有浓郁的民族特色，刺绣部分多为花卉及吉祥纹样，工艺精细讲究，色彩红艳明快，针脚严谨匀齐，绣路层次分明。刺绣时通常不描图稿直接刺绣。盘瓠帽兼具装饰和保暖御寒双重作用，方便孩子们的户外活动。

本案例帽筒和凉帽均采自福建福鼎市。帽筒制作于明代与清代之间，为冬天男孩日常穿戴。帽高15厘米，帽上宽13厘米，帽下宽24厘米。由帽体和帽耳朵组成，帽体为一个圆形桶状，通常畲族人喜欢用黑色粗棉布制作。帽顶部有两个形似"狗耳朵"的弧线造型的帽耳朵，在帽耳朵边缘用彩色丝线锁边，"耳朵"下还夹杂着少量流苏装饰，根据喜好也在"耳朵"上绣花，例如桃子、梅花、荷花、牡丹或石榴。此款帽体绣有三只盘瓠共用一头，正面的头及前爪是一只正面角度的盘瓠，两个侧面的身子及正面的头分别组成左右两只侧面角度的盘瓠，帽子耳朵上绣有桃子图案，寓意富贵吉祥。凉帽制作于清代前后，用于夏天男孩日常穿戴。帽高11厘米，帽宽19厘米。没有帽顶，只是用布在头上绕一圈，在前额部分稍宽裁剪，正面绣有盘瓠图案，其眼睛和鼻子作立体造型处理，且左右两边分别绣有花草图案，形象生动，做工精致。畲族盘瓠童帽的图案和造型各异，工艺手法丰富多样，有的另外贴上几块布做立体装饰，有的用银饰装饰，且帽形略有不同。

畲族人将盘瓠图腾运用在儿童帽饰中，意在趋吉避凶，护佑孩子健康成长。畲族独特的传统帽饰文化、鲜明的民族特色体现了畲族人民对美好生活的追求和向往。

图片来源
图一、图二、图五　刘慧云　摄影
图三、图四　王琳　制图

参考文献
[1]施联朱.畲族风俗志[M].北京：中央民族学院出版社，1989：162

图二　闽东福鼎畲族盘瓠童帽尺寸图（单位：cm）

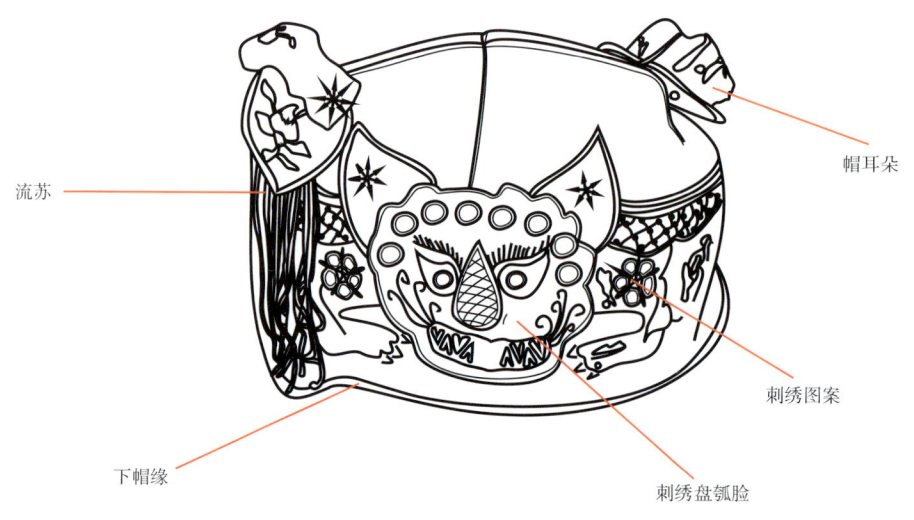

图三　闽东福鼎畲族盘瓠童帽标注图

三只盘瓠

图四 闽东福鼎畲族盘瓠童帽图案分析

图五 闽东福鼎畲族盘瓠童帽延展图

第二章 畲族传统服饰

民国浙江畲族女婚服

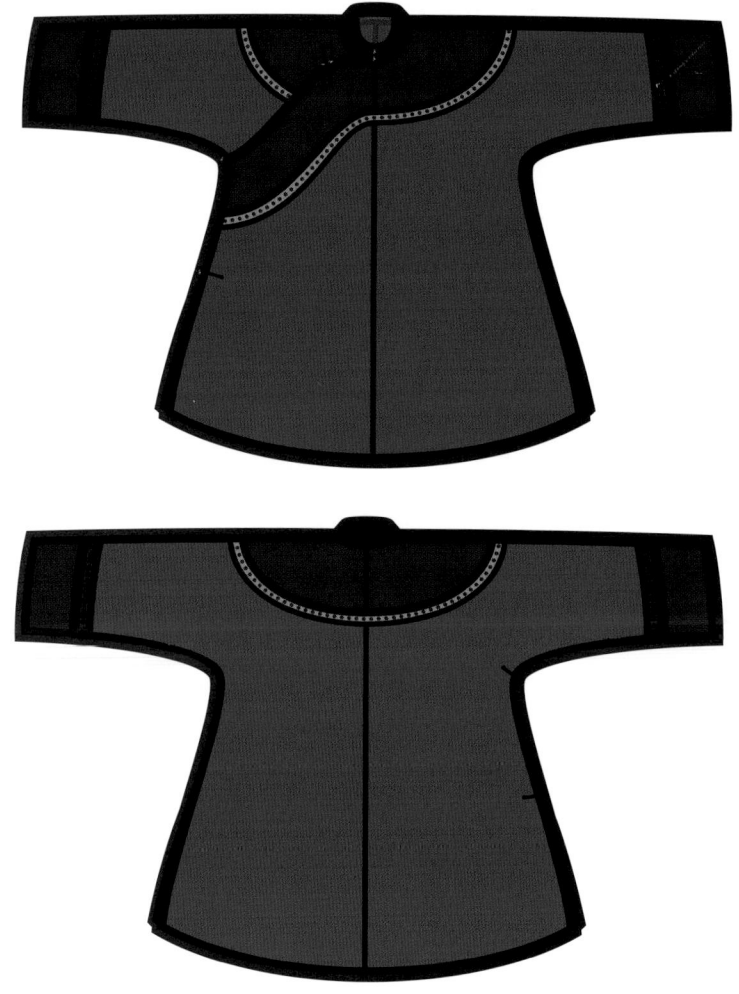

图一　民国浙江畲族女婚服主图

　　一个民族有共同的个人喜好，在个人喜好的基础上形成民族特色。各民族的喜好与信仰有所差异，反映到服饰中便成了一个民族的重要标志。现代畲族的日常服饰已与汉族同步发展。作为畲族标志的服饰，只能在20世纪50年代前的样式中找其根基，其特点主要表现在女子花边衫的样式上。

　　畲族服装崇尚青蓝色，衣料多为自织的麻棉布。畲族女子服饰具有鲜明的民族风格，衣领、袖口和右襟多镶花边，称"栏杆衫"，也称"凤凰装"，民国浙江畲族女婚服多为这种形式。传统浙江畲族花边衫的图案特点是装饰有凤凰鸟。女子大襟短衫的襟边花纹有五路。畲族妇女的花边衫只是襟边镶有五条色布，形成厂字形，其他地方没有花边。年轻女子上衣、小领、右开襟、肩、襟、领和袖口处运用拼、贴、绣、镶、绲等平面与立体相结合的装饰手段，组成各种花、鸟、几何纹样，特别在前胸开襟处有鼠牙、水曲柳、凤凰边。

本案例采集自文成县黄坦镇，为中国畲族博物馆藏，是当时大户人家姑娘出嫁时所穿。为麻制服装，衣长95厘米，袖长130厘米。领子和襟边镶4厘米宽黑绸以及蓝色机制花边。衣服形制宽大，女子穿上身显得落落大方。下身一般以直筒裤或大筒裤为主，不着裙装，有穿短裤裹绑腿的习惯。此款婚服和下装的色彩搭配协调，色调统一，给人以素雅之感。与浙江地区的畲族婚服相比，福建地区的婚服色彩更为丰富艳丽，纹样装饰更多样。

图片来源
图一至图三　许东仪　制图
图四　朱琳　摄影

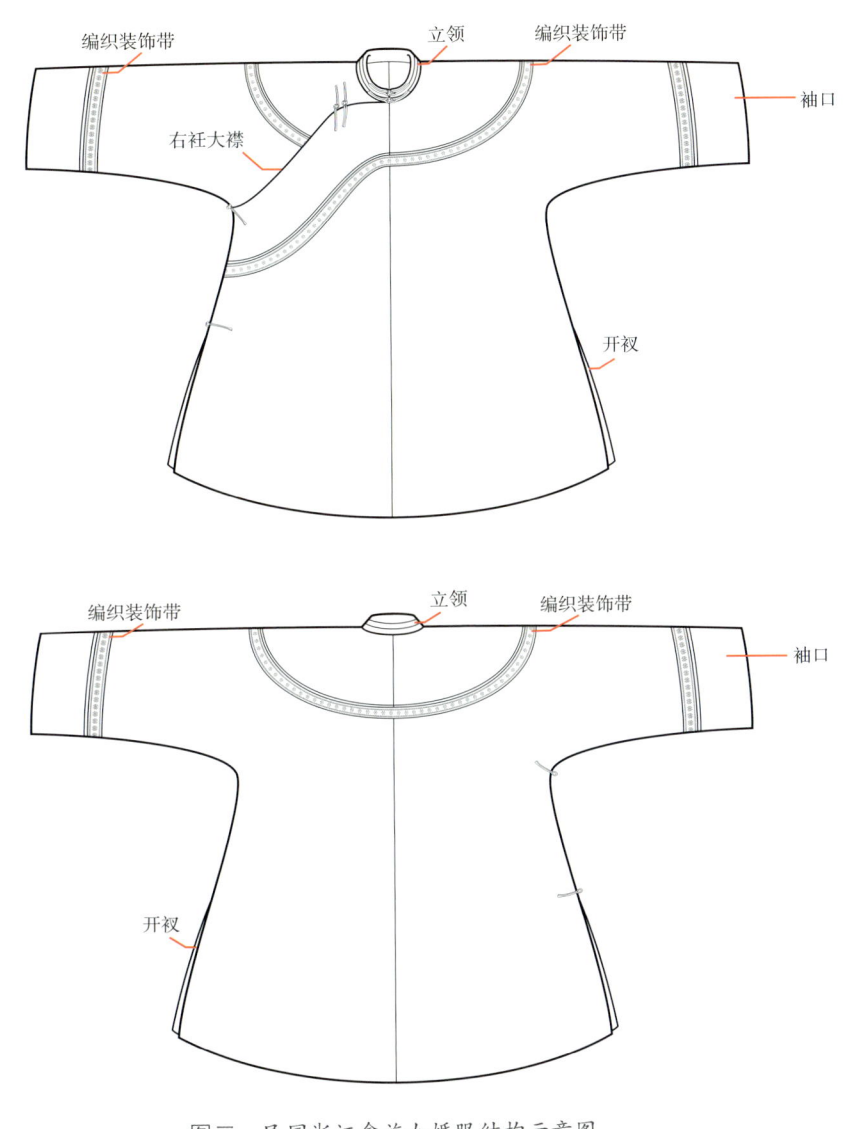

图二　民国浙江畲族女婚服结构示意图

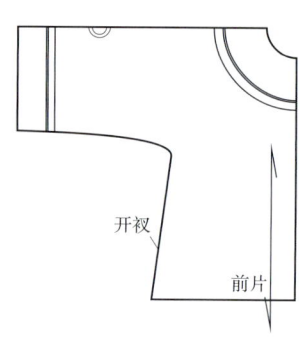
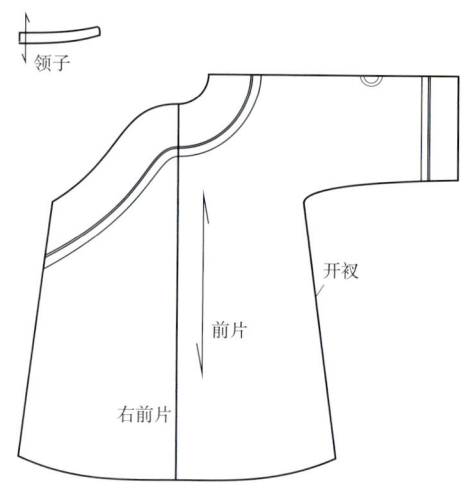
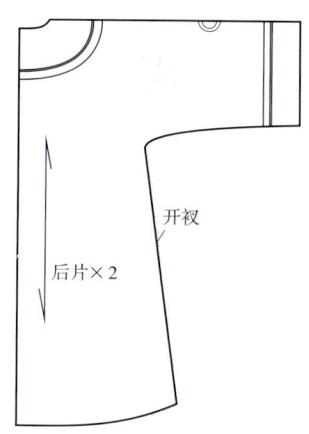

图三　民国浙江畲族女婚服开片图

图四　民国浙江畲族女婚服穿着效果示意图

清末福安畲族凤冠

图一 清末福安畲族凤冠主图

古代的畲族曾经过着"刀耕火种"的游耕生活，经过漫长的历史发展过程，才形成了目前"大分散、小聚居"的分布格局。在特定的自然环境和特定的社会条件下，形成了具有地域特色的族群文化，其中以服饰文化的特点最为突出。《浙江景宁敕木山畲民调查记》一书记载："头饰一定要按照自古流传下来的方式制作，畲民不能容忍丝毫改变。"因迁徙、贫富差异及在材料上的差别，各地款式的表现形式略有所差异，但服饰理念仍旧不变。《浙江省少数民族志》将头饰统称"笄"，有笄栏、笄龙、笄管、笄牌、笄柱、笄绊、笄须、笄把、笄帕、笄披等。

本案例采集自福建省福安市松罗乡后塔村，现为景宁畲族博物馆藏。清末制造，总重量105克，银重65克。内部支架用毛竹笋壳制成，呈圆锥形，高28厘米，底边直径18厘米。头饰的整个圆锥表面粘贴自织黑色斜纹土棉布，圆锥上系一条长28厘米、宽4厘米的红色飘带，额头正面上部三分之二处用4厘米的红色条缠成一个等腰三角形边框，框内粘贴红、蓝、灰三色相间的条形自织土棉布；三角形边框的三分之一处系一束玫瑰红毛线。其额面下部用蓝丝线缠着两块上下排列的薄银牌，长13厘米、宽4厘米。两银牌中间都凸出一条长11厘米、宽0.4厘米的纹线，左右两头饰有梅花纹，下饰莲花，其余饰有不规则的如意花草纹样。等腰三角形底边与银牌相连，左右两角各系一根长3.4厘米的红色丝线，线的末端系一块长4厘米、宽2厘米饰有牡丹花的叶形薄银片。畲族妇女将此凤冠佩戴在头上，搭配黑色主调的畲族服装，远看就像红色的凤凰的头冠，十分特别。[1]

图片来源
 图一、图三 朱琳 摄影
 图二 王琳 制图
 图四 申思 摄影
 图四（4） 范珮玲主编《山哈风韵——浙江畲族文物特展》．中国书店，2012

参考文献
[1]雷光振．凤冠与畲族头饰[J]．东方杂志，2010，1：80

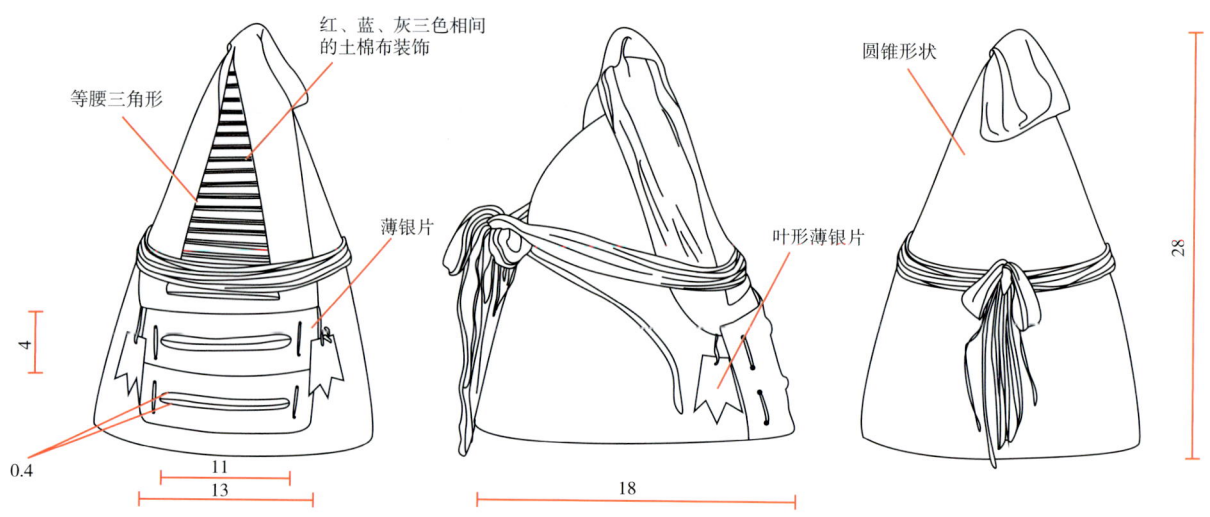

图二 清末福安畲族凤冠尺寸结构名称、尺寸图（单位：cm）

图三　清末福安畲族凤冠穿戴效果示意图

图四　清末福安畲族凤冠延展图

闽东畲族男婚衣

图一 闽东畲族男婚衣主图

畲族传统男婚衣,颇具特色。通常为右衽大襟无领长衫,裾长过膝,色以靛蓝居多,亦有青黑或灰色,多为素面。领口及大襟钉铜扣(或布扣)5枚,有的在胸前刺绣方形盘龙图案,四周绲镶红白相间的添边,衩口绣以云纹。婚礼中,以大红绸布从左肩至腰斜扎,在边上打结,剩余部分下垂作为飘穗。随葬礼服同结婚礼服,但不扎红绸。畲族女性有很高的社会地位,在畲族婚礼中有男跪女不跪的传统,表现在服饰上,畲族的女装装饰性比男性强。

本案例畲族男婚衣,衣长123厘米,下摆78厘米,素面蓝色右衽大襟长褂,窄长袖,小立领,领口有扣,斜式襟角,襟有五粒盘扣,两旁深开衩,裾长过膝,前后裾等长。另有大红绸带搭配系扎,寓意喜庆吉祥。传统闽东畲族男婚衣,从整体上看,庄重简练,与华丽繁缛的畲族女性婚礼服饰形成较大视觉反差。在女主内、男主外的情况下，男性往往会参加更多的社会活动，男性服饰与汉族趋同，是畲汉文化经济交往日益加深，社会生活方式与审美日益趋同的表现。

图片来源

图一　朱琳　摄影
图二、图三　朱琳　制图
图四　许东仪　制图
图五　申思　摄影

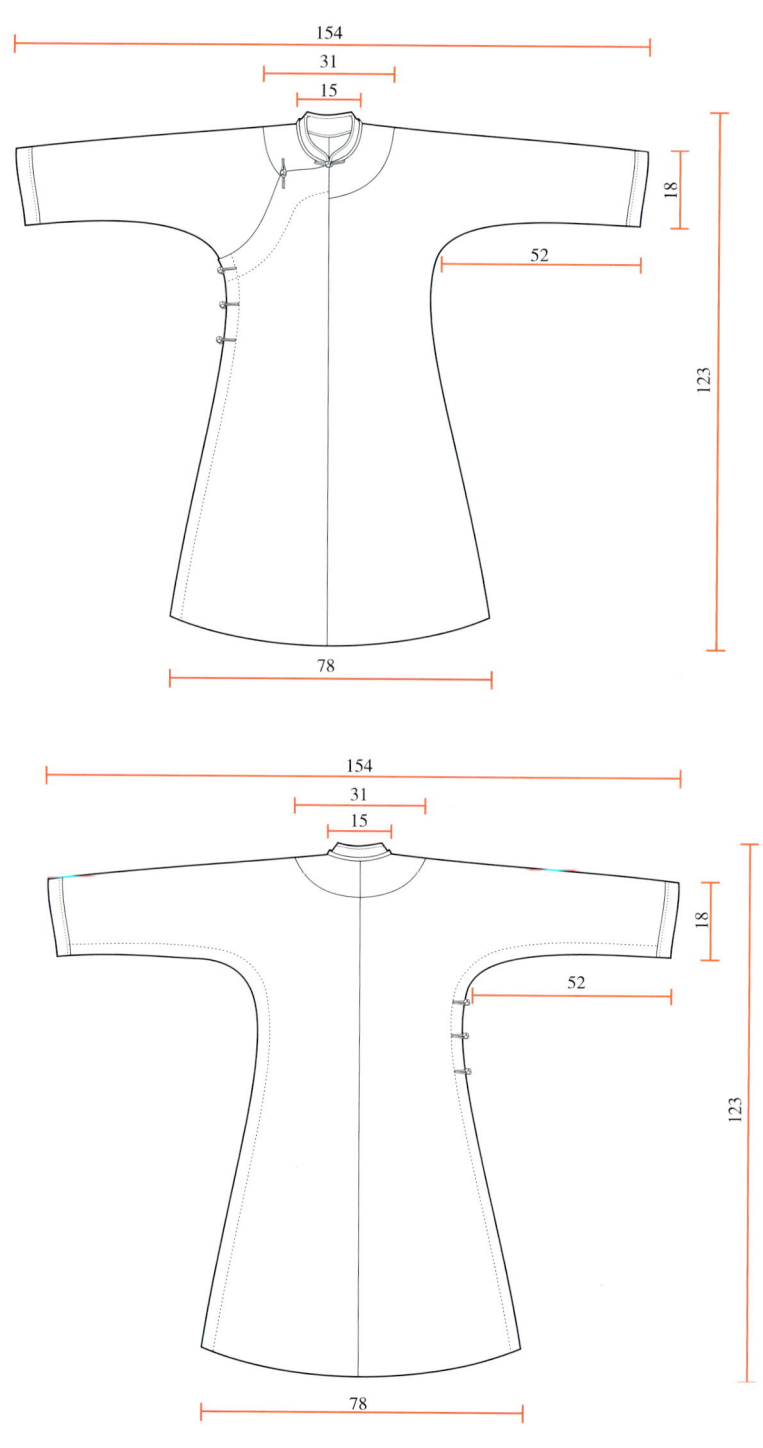

图二　闽东畲族男婚衣尺寸图（单位：cm）

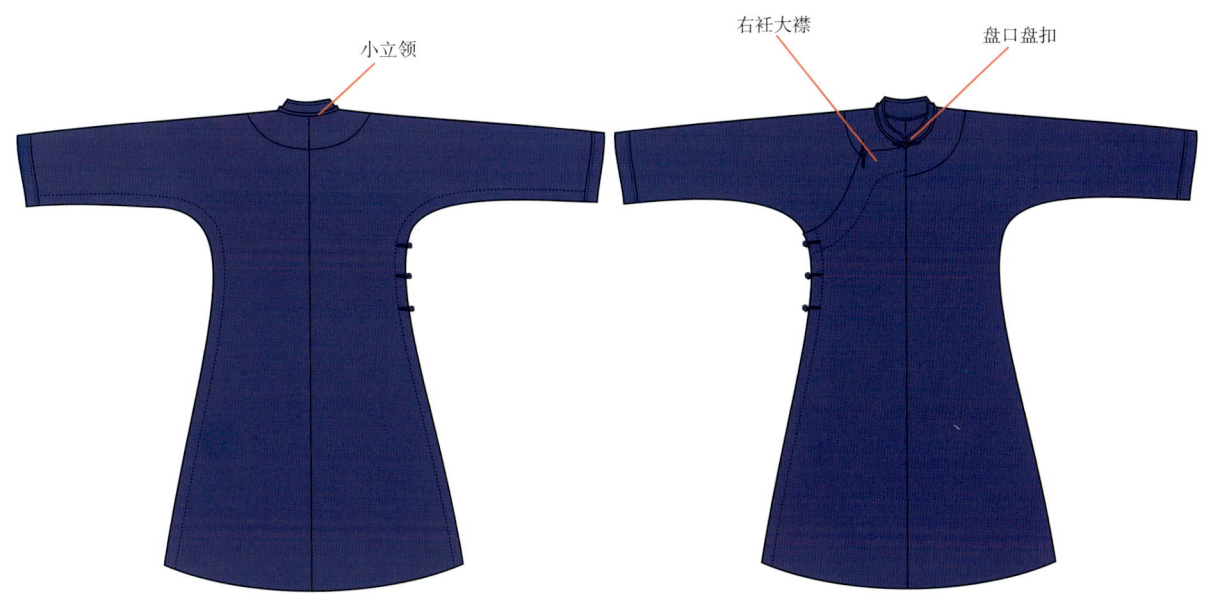

图三　闽东畲族男婚衣结构示意图

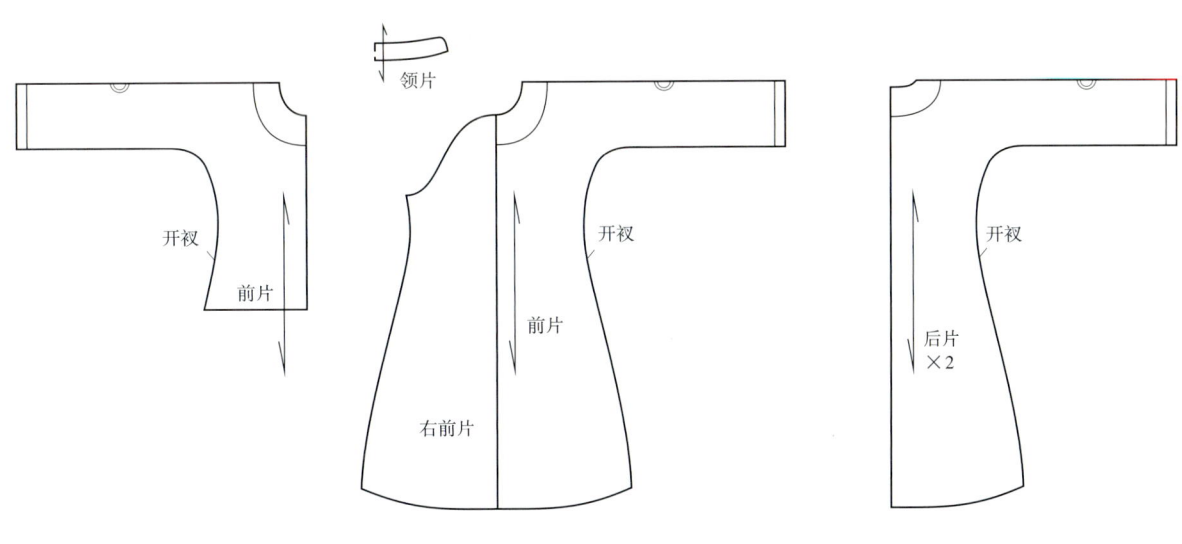

图四　闽东畲族男婚衣开片图

图五　闽东畲族男婚衣延展图

清末福鼎畲族男婚帽

图一　清末福鼎畲族男婚帽主图

畲畲民结婚和丧葬时都需要穿着礼服，"死人扮礼身"之俗保留至今。除官帽、布靴族内借用外，男子结婚都要缝制一身礼服。

畲族传统结婚礼帽，俗称"红缨帽"或"红包帽"，是畲族男子专用礼帽，整体青黑，宽檐外敞，顶缀直径2厘米大的铜制球或红布球，球顶下垂以红线编织而成的缨穗，其造型和色彩近似清代官帽。民国后用圆檐礼帽，在举行婚礼或葬礼时穿戴。男婚服多为纯蓝色或青黑，婚帽与婚服搭配协调，帽顶红布球和缨穗与黑色青色形成对比，与结婚时在胸前斜挎的大红花相呼应，增强了喜庆的气氛。

本案例畲族男婚帽，形制为圆形，宽20厘米，高15厘米，整体青黑，帽檐外敞，帽子的最高部分，缀有青黑色的盘结布球，球底沿帽身垂有红线。由于畲族长期与汉族杂居，相互影响，与汉族的男装无太大差别。

图片来源
图一　申思　摄影
图二至图四　朱琳　摄影
图四（3）　范珮玲主编《山哈风韵——浙江畲族文物特展》，中国书店，2012

图二　清末福鼎畲族男婚帽尺寸图（单位：cm）

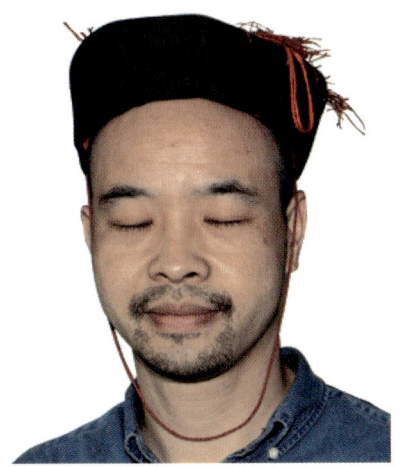

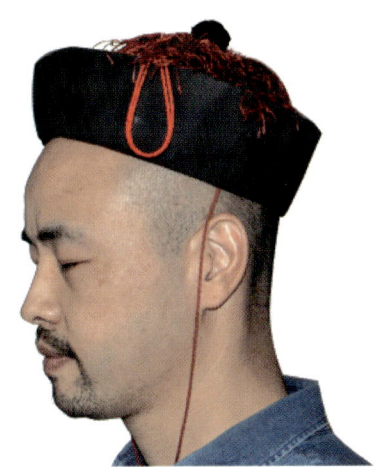

图三 清末福鼎畲族男婚帽佩戴三视图

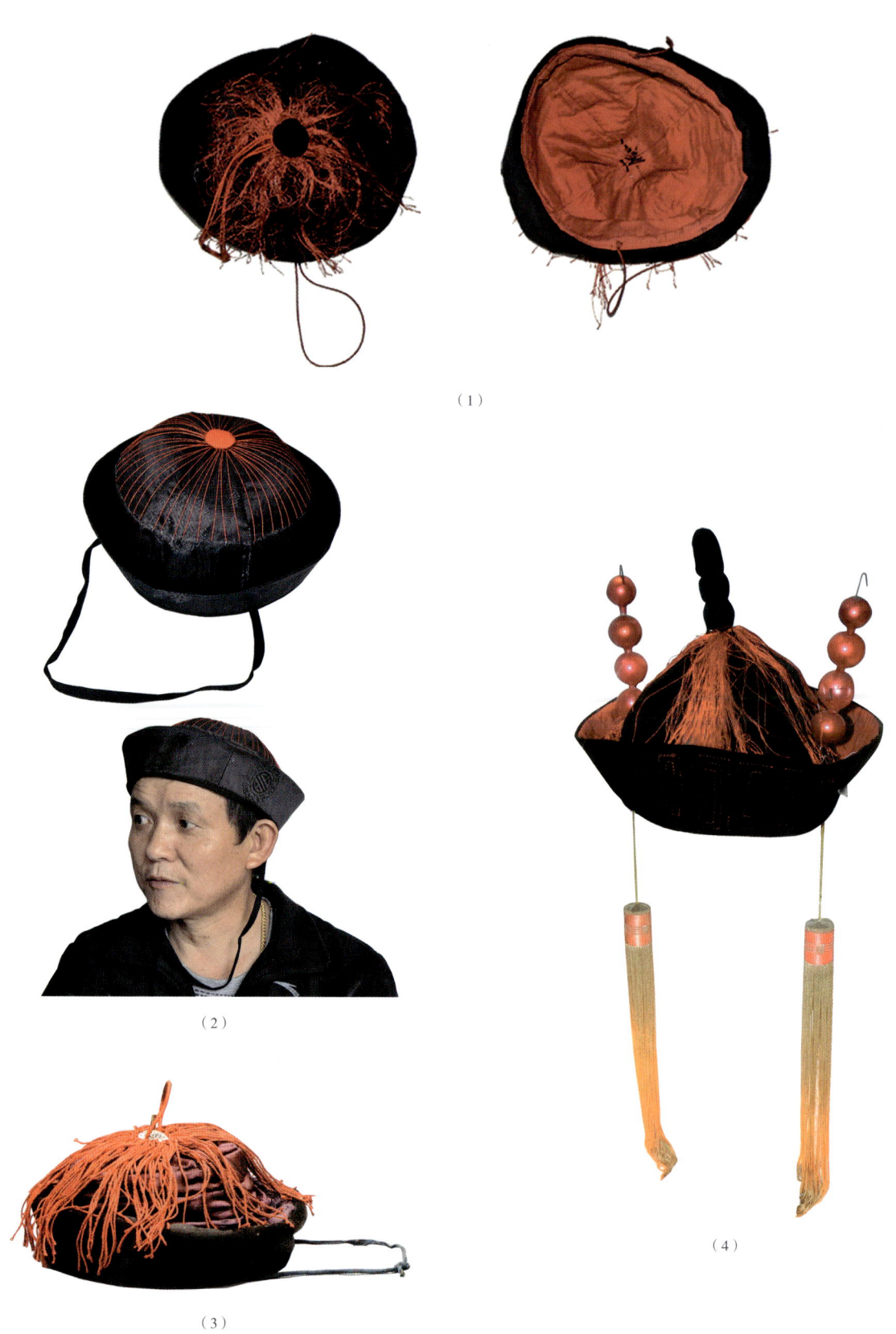

图四 清末福鼎畲族男婚帽延展图

清霞浦畲族凤冠

图一　清霞浦畲族凤冠主图

凤凰是最美丽的吉祥鸟，为鸟中之王，素有"百鸟朝凤"之说。古代帝王后妃和贵族女人所戴的帽子都称为凤冠。在长期的历史发展进程中，畲族形成了独特的传统民族文化。畲族被称为凤凰的后代，以凤凰作为服装纹饰图案，体现畲族的宗教信仰和原始崇拜，将凤凰的图腾崇拜通过凤凰装表现，更加形象化和具体化，是民族心理和民族感情的反映。

凤凰装在畲族传统妇女服饰中最能体现畲族传统文化的特色。凤冠是凤凰装中最具民族特色的服饰品，为畲族女性佩戴的头冠，其形态是模仿凤凰的形象而设计的，女性出嫁必穿凤凰装戴凤凰冠，据说是为了纪念畲族祖先三公主[1]。凤冠专在畲族妇女出嫁和过世时佩戴，可见其极为珍贵。

畲族帽饰除了具有实用功能外，更是一种符号，蕴含着族别、地域、年龄、婚姻状况等信息。由于畲族在不断迁徙过程中，不断与不同民族交流，帽饰表现形式上也受其他民族影响，有不同程度的差异。帽饰作为服饰配件的一部分，具有一定的社会属性，体现佩戴者的身份、地位与审美品位。帽子上的图案造型也体现了帽子装饰作用及其内涵[2]。各地凤冠形制有明显不同，主要都以竹笋为骨架，外裹红布、黑布，冠上镶轻薄如纸的银片，大小不一，四周和边角再挂上若干串珠链银片。[3]

本案例出自福建博物院藏，为清代霞浦畲族凤冠。金字塔形高帽，高40厘米、宽16厘米，前高后低，呈一斜面。帽内由笋壳编制，外蒙黑布。凤冠用布和银片打造，凤冠正面镶着一片片四方形且轻薄如纸的银片，银片上錾有凤凰、蝴蝶等图案，并用红线串成许多串五色料珠，垂挂在凤冠的四周。凤冠正面系有银链，长15厘米，链上再系上大大小小的凤凰、鱼儿等图案的银片和铃铛，冠体两角连两串珠帘银片，长45厘米，整体若帘，从额前垂挂到颌下[4]，银片在风中哗哗作响，如同美丽的凤凰展翅昂首[5]。

图片来源

图一　蓝泰华　摄影
图二　许东仪　制图
图三、图四　朱琳　制图
图五　王琳　制图
图六　钟茂兰、范朴：《中国少数民族服饰》，中国纺织出版社，2006
图七　申思　摄影

参考文献

[1]俞敏、崔荣荣．凤凰装与畲族传统服饰文化探究[J]．纺织学报．2010, 10: 10
[2][3][4]陈栩．福建畲族传统帽饰研究——以霞浦地区为例[A]．载2012年艺术工学与创意产业国际学术会议论文集[C]．2012
[5]曾艳榕．福建博物院藏畲族服饰撷谈．福建省炎黄文化研究会编，畲族文化研究[M]．北京：民族出版社，2007: 497

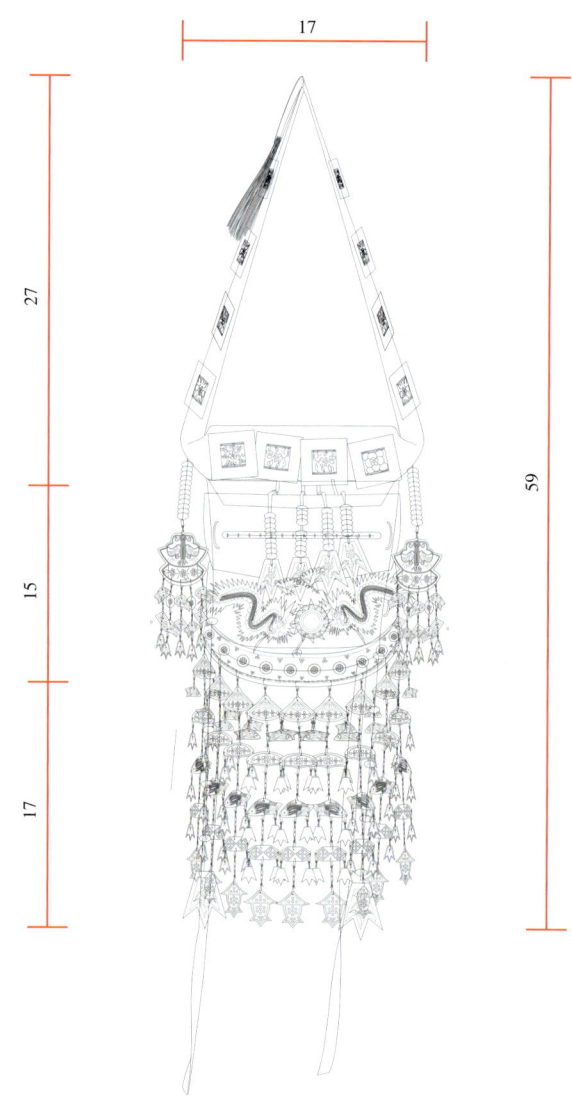

图二　清霞浦畲族凤冠尺寸图（单位：cm）

正面　　　侧面

背面

图三　清霞浦畲族凤冠三视图

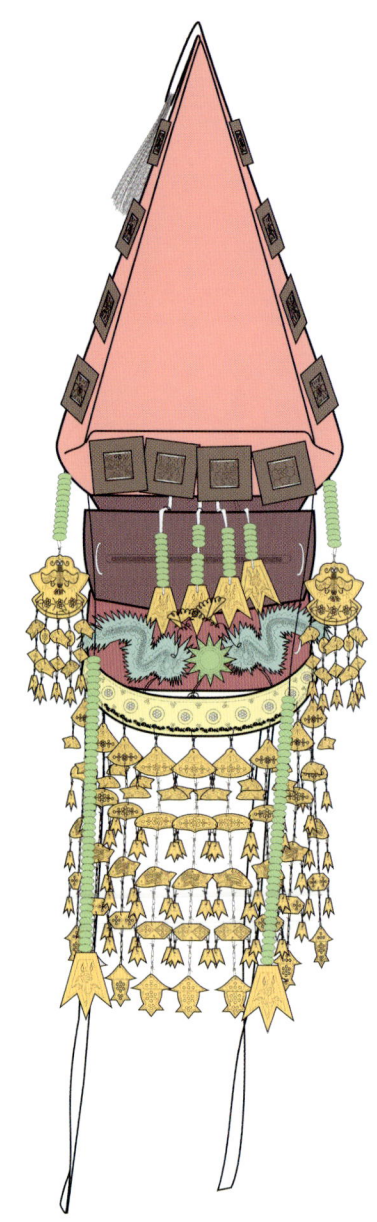

图四　清霞浦畲族凤冠色彩视觉分析

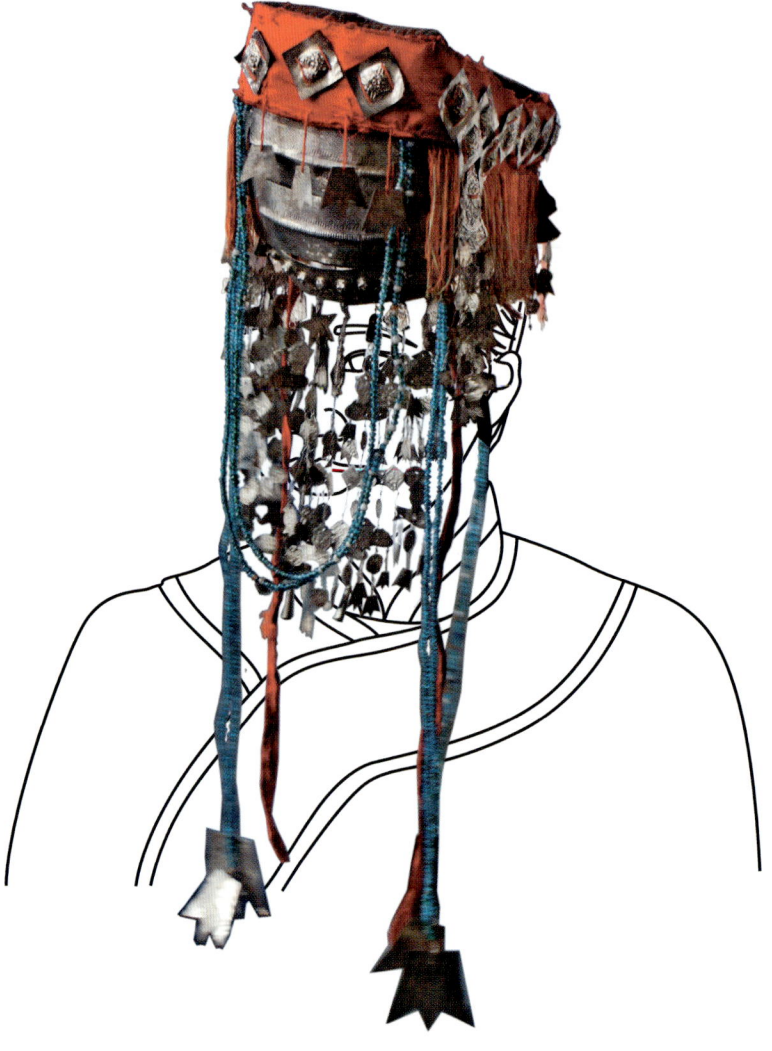

图五　清霞浦畲族凤冠佩戴效果图

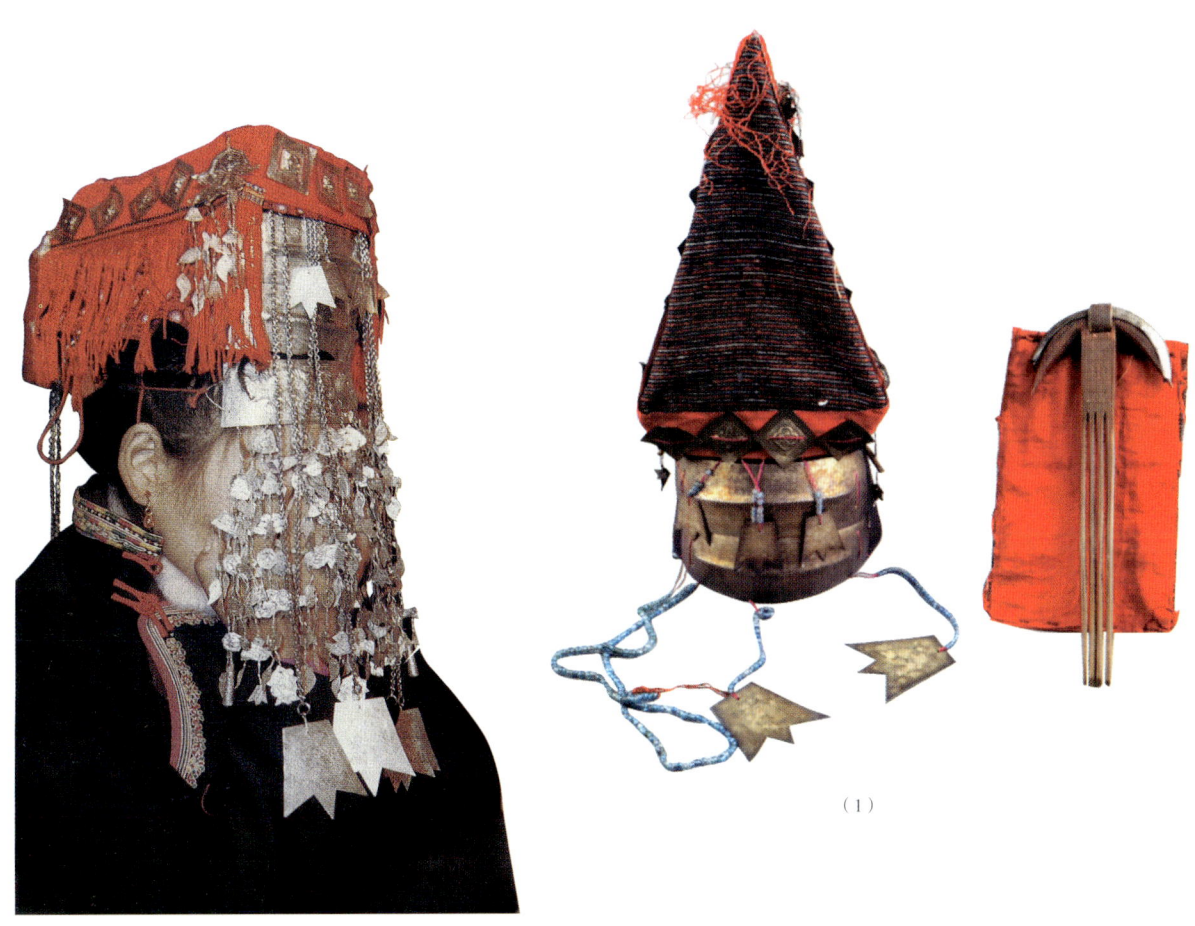

图六 清霞浦畲族凤冠佩戴示意图

（1）

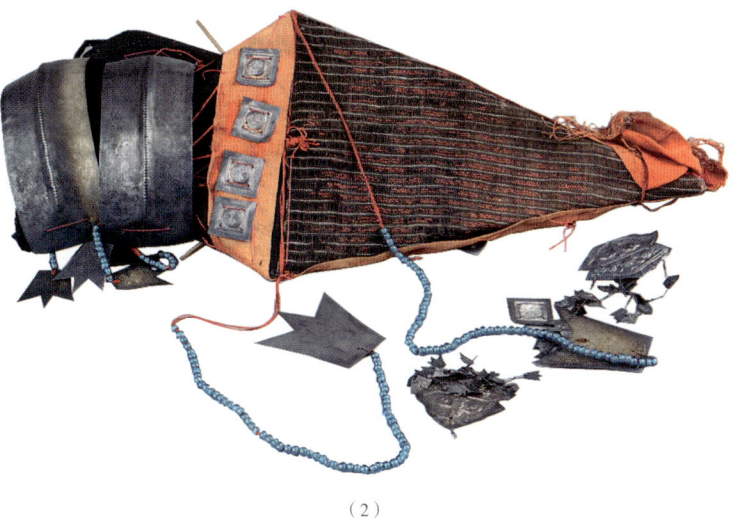

（2）

图七 清霞浦畲族凤冠延展图

第二章 畲族传统服饰

111

民国罗源畲族女花鞋

图一　民国罗源畲族女花鞋主图

传统畲族鞋子，颇具特色，圆口黑布厚底（千层布底或木底）的鼻鞋就是其中之一，款式有单、双鼻鞋之分，亦是男女鞋样差别：鞋面上折有一道红色中脊的称为"单鼻鞋"，系女性穿用，方头，鞋口边缘以红、黄、绿等色线镶制，或有绣花；鞋面上折有两道中脊的称"双鼻鞋"，圆头，系男性穿用。

畲族妇女原本"跣足"，清初闽西仍如此。乾隆《古田县志》载："（畲民）女子跣足，围裤头。"这说明畲族妇女有时"草履"有时"跣足"。民国《浙江景宁敕木山畲民调查记》记载："妇女通常赤脚走路……妇女只有在节日才穿上鞋子，这种鞋子不是她们自己做的，而是汉人为她们特制的。这种鞋子的式样和汉人穿的相同，是用蓝布做的，并用粗糙的土布做衬里，配上厚厚的布底，结实耐用。不同的是，鞋口和后跟接缝处，都加上了红布镶边，鞋头前面饰有红布做的流苏，鞋子绣着合于传统风俗的红花。"民国时闽东畲妇的绣鞋也是这样，所不同的是，浙南是青面白布衬里或青面蓝布衬里，而闽东是黑布面，与浙南青蓝而闽东黑色的服色是一致的。传统的单鼻鞋至民国逐渐少见，大多数用作丧服，在平时多穿黑色布底双鼻鞋和木屐，劳动时多打赤脚或穿草鞋。直至80年代，在罗源、连江等地县，仍有部分妇女结婚穿单鼻鞋。婚礼时的男子则穿黑色长靴，女子穿绣花的单鞋，底色为紫红色。

本案例出自福建博物院藏，为民国罗源畲族女鞋，长24.5厘米、宽8厘米。鞋子为黑色面蓝苎布底平头鞋，鞋面上有一绣金黄色中脊，脊顶尖倒钩如鸟喙，两侧红、黄、白丝线绣折枝花，红色绲边，底外侧亦包红布。罗源花鞋鞋面绣花纹样内容丰富，除了有的绣植物花卉纹，还有的鞋的前端两侧绣有五彩鲤鱼及团扇、云梭、飘带等。罗源地区结婚用的花鞋更是美丽，其前端有两束彩色璎珞；霞浦式女花鞋较罗源式朴素，为黑色布底平头鞋，鞋面有一中脊，上绣红点，为单鼻鞋，过去鞋面也有绣花。

图片来源

图一　申思　摄影

图二、图三、图六　许东仪　制图

图四　范珮玲主编《山哈风韵——浙江畲族文物特展》，中国书店，2012

图五　朱琳　摄影

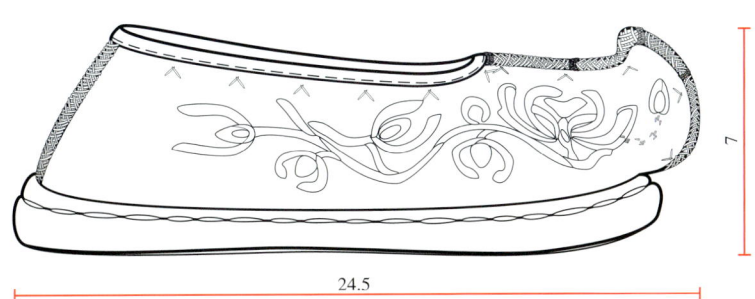

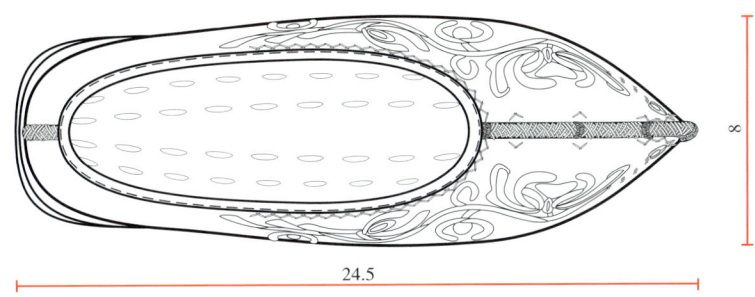

图二　民国罗源畲族女花鞋尺寸图（单位：cm）

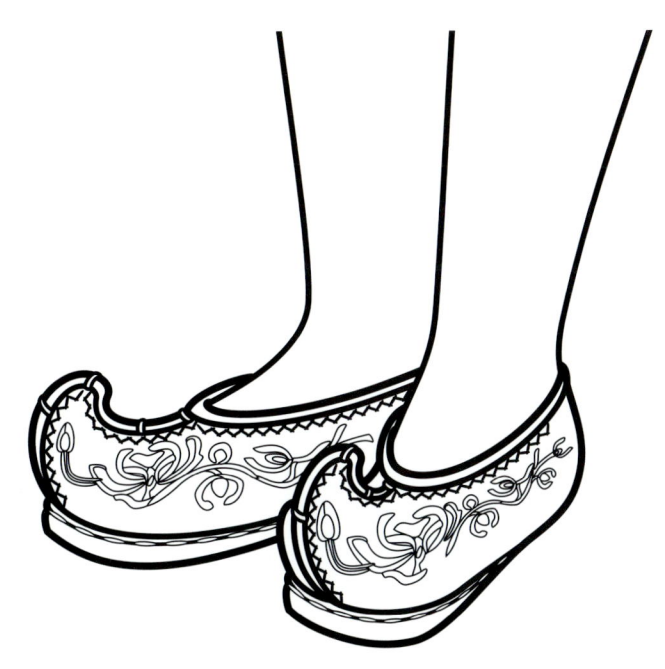

图三　民国罗源畲族女花鞋穿着图

图四 民国罗源畲族女花鞋延展图

图五　民国罗源畲族女花鞋鞋面刺绣底版

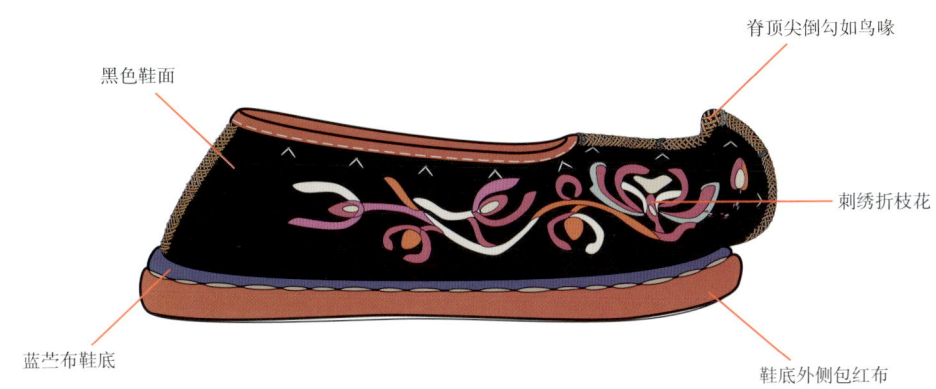

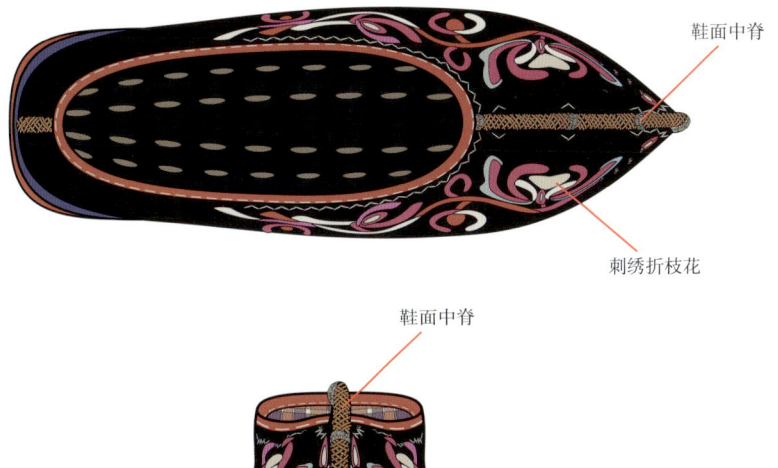

图六　民国罗源畲族女花鞋工艺分析图

清代霞浦畲族法师服

图一　清代霞浦畲族法师帽主图

畲族的民间信仰，折射出畲族原始宗教遗存及民间信仰与汉族的道教、民间信仰之互动交融。畲族的民间信仰包括原始遗存的图腾崇拜、自然崇拜、祖先崇拜、鬼神崇拜等，所崇拜的神明包括道教神明、极个别佛教神明、本民族特色的神明以及地方俗神。畲族的民间信仰广泛地融入经济生活、节庆活动、人生礼仪、社区环境以及诸多民俗活动。

师公帽为畲族法师佩戴的帽饰品,分为文帽武帽两种。畲族巫师有文武科之分,文科主要是唱经诵咒,以歌为主,请求神灵保佑以免灾难;武科以舞为主,拟神腾跳扑打。畲族巫师是畲族文化的演绎者,他们行罡做法时,穿戴固定的着装,使用固定的法器。

本案例出自福建博物院藏,分别为清霞浦畲族法帽、清福安畲族法帽和民国福安畲族法师裙。清霞浦畲族法帽为武师公帽,宽33厘米、高17.2厘米,结构较为简单,冠帽顶部装饰,纸板上色呈扇形,两端云纹,三组圆形间锯齿纹,中间圆形上画符箓,左右书"日""月"二字,扇形面上画锯齿纹与菱形纹。下方以白带子缝制,左右留长条便于系绑;清福安畲族法帽为文师公帽,高13厘米、直径15厘米,方形黑色,以尖角朝前戴于头,帽顶无纹饰,前左右两侧与四角绣如意纹,中间绣团形寿字,后左右两侧双重可翻开,外层四角绣如意纹,中间S纹,有如太极。帽里呈烟色,黄色绸;民国福安畲族法师裙,裙长88厘米,腰长46厘米,宽13厘米,裙摆宽138厘米,苎麻布缝制,宽下摆,腰间抽细褶,裙子为烟色,腰部及下摆为蓝色。腰带钉布袢扣,穿带系扎。巫师穿戴法师裙做法使用过程中,做旋转动作时裙摆打开,动感视觉效果明显。

图片来源
图一、图四、图五　申思　摄影
图二、图三　王琳　制图
图四、图六　徐希锦　摄影

图二　清代霞浦畲族法师帽尺寸图(单位:cm)

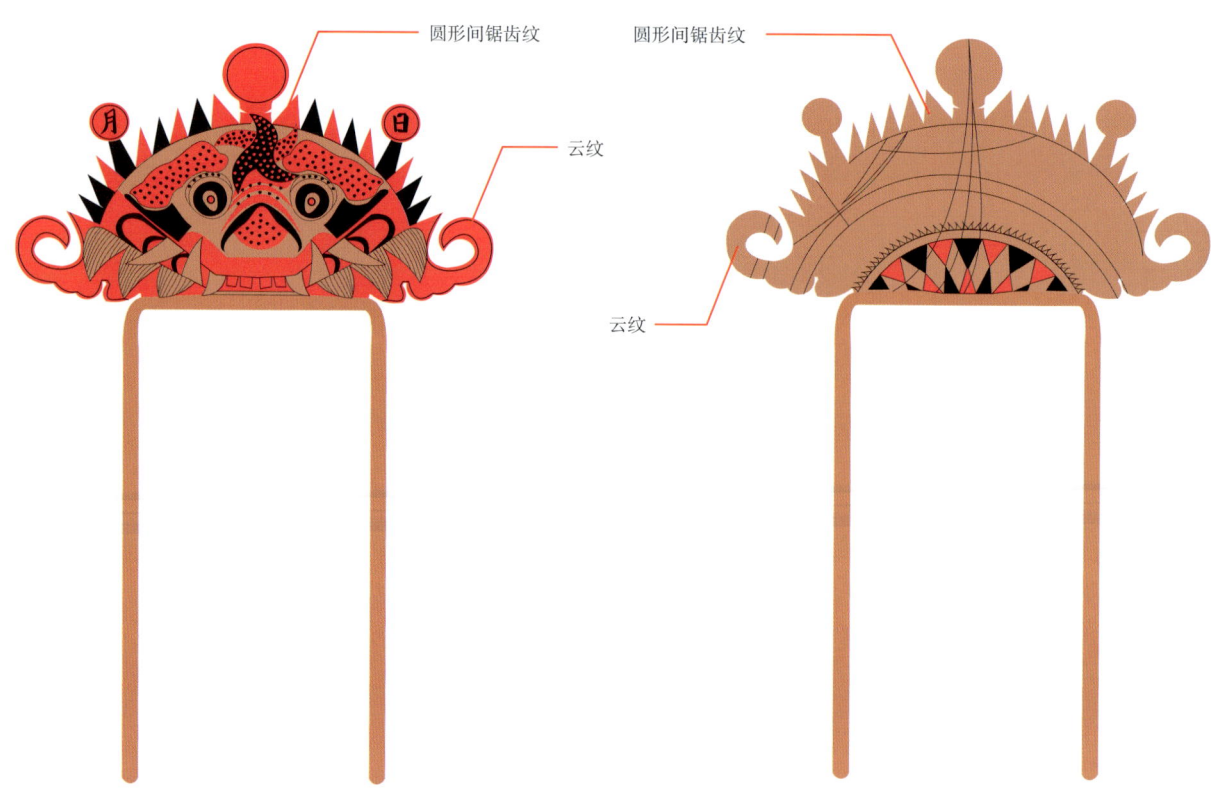

图三　清代霞浦畲族法师帽形态分析图

图四　清代霞浦畲族法师帽延展图

图五　民国福安畲族法师裙

图六　畲族师公做法场景图

闽东霞浦畲族女子发式

图一　闽东霞浦畲族女子发式主图

畲族女子发式在装束中最为引人注目。畲族女性的发式保留了传统风格，体现了独特的民族风情。

闽东北畲族妇女发式称为"凤凰髻"，16岁前畲族少女额前留"刘海"，用红绒缠辫子盘绕头上，这被称为"布妮头"，成年已婚畲族妇女发式被称为"山哈娜头"。在福建，不同地域的畲族女子发式略有差异：流行于闽侯、福州、古田、连江、罗源和宁德南路飞鸾一带发式被称为"凤头髻"；流行于福安和宁德大部分区域的发式被称为"凤身髻"；流行于福鼎和霞浦西路发式被称为"凤尾髻"。闽南、闽西有的畲村妇女也会有较为独特的发式，如漳平、华安、漳浦、长泰等县畲族妇女发式为"龙船髻"。闽北畲族妇女流行"扇形髻"，以百根银簪并配以红绳、料珠装饰而成。20世纪70年代后，绝大部分畲族中青年女性都改梳与当地汉族妇女相同的发型，只有少数偏远乡村的中老年妇女仍保留传统发式。在重大节日或一些特殊场合，青少年也有临时梳扎传统发式或套戴用红绒线缠扎的假发圈，将民族发式作为一种象征性标志参加盛会。

本案例为福建省宁德霞浦女子发式，由霞浦县溪南镇半月里村举人府60岁钟仁妹梳扎造型。霞浦畲族女子传统发式有已婚和未婚之分，该发式为未婚少女发式。梳扎时，先把头发分成前后两部分，后部稍少，分别用红绒线束扎后部，使后端头发蓬松成坠壶状在后脑勺突出。随后把前部头发分为三部分，将中段束扎成扁平状并用红绒线扎紧，往上折，束后与后面的发束汇聚联合缠扎，然后把两侧剩下的发束从左向右绕过额头与后股头发汇合，用发卡固定，接着将整股头发从左往右盘绕于头顶，用红绒线把头发缠绕成红圈状，并在右脑发上斜插少女簪。已婚妇女发式梳理较为复杂，夹以大量假发梳扎，云髻高鬓，造型独特，为古典式畲族"盘龙髻"，是畲族凤凰崇拜的重要标志。

图片来源

图一、图三、图四　蓝泰华　摄影
图二、图五、图七　朱琳　制图
图六　钟雷兴主编：《闽东畲族文化全书》，民族出版社，2009年

正面

侧面

背面

图二　畲族宁德霞浦半月里女子发式三视图

图三　闽东霞浦畲族服饰穿戴效果示意图

图四 畲族宁德霞浦半月里女子发式梳扎场景图

1. 先把头发分成前后两部分

2. 用红绒线将后部的头发扎成坠壶状

3. 把前部头发分成三部分，将中束扎成扁平状

4. 将中束头发往后覆，与后面头发联合扎起

5. 把两侧剩下的头发从左往右绕过额头

6. 与后股头发汇合固定并用红绒线束扎

7. 再将后股头发从左到右绕于头顶

8. 用红绒线把头发缠绕成红圈状

图五 畲族宁德霞浦半月里女子发式步骤图

第二章 畲族传统服饰

图六　闽东霞浦畲族青年已婚妇女发式

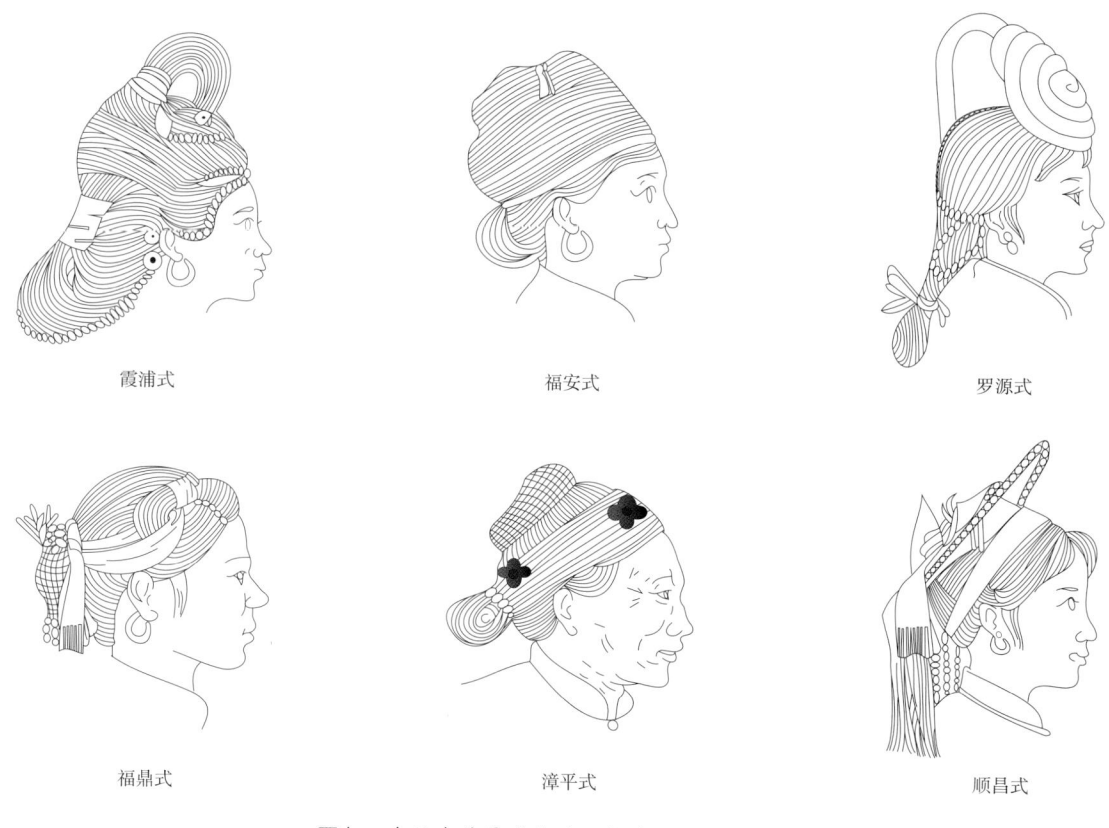

霞浦式　　　　　　　福安式　　　　　　　罗源式

福鼎式　　　　　　　漳平式　　　　　　　顺昌式

图七　畲族宁德霞浦半月里各地区发型线稿图

罗源畲族妇女发式

图一 罗源畲族妇女发式主图

罗源的畲族服饰繁缛复杂，纹样鲜艳华美，色彩对比明快和谐，是畲族最美丽的服饰之一。罗源传统发式的独特造型搭配华丽的罗源服装更是畲族文化中一道亮丽的风景。罗源女子发式主要分为少女头和妇女头（已婚妇女）两种。罗源少女头的梳法比较简单，先将长头发梳拢于脑后束紧，约往后十厘米用一红色毛线束从左往右将发旋扎成股状斜盘于头顶，束发毛线需要一两左右。妇女头的梳扎方法较为复杂。

本案例为福建省罗源女子发式，梳扎该发式多为妇女。需要先准备一个耸立于发上的弯曲的饰物，其内部一般是竹木类或铁丝等细长硬物，全长约65厘米，前段三分之一处弯曲，内包红毛线，外扎红布条，尾端有一条作系带用的毛线。梳扎时先把头发拢于脑后分成两部分，并分别按反时针方向卷成股状，接着把高耸的饰物接于左边发上，耳后两股头发交叉缠绕，裹住发饰并扎紧，然后把发饰架于头顶并固定，最后把发饰前端的毛线束绾于额顶成一前突状或圆盘状。不同的年龄，此发式也有不同的变化。随着年龄的增长，高耸的发式也变得扁小，中老年妇女的发髻与青年妇女梳法基本一样，只是不用高耸弯曲的发饰，直接将毛线团盘于额顶。中老年妇女多用蓝色和黑色毛线。年龄越大，头发稀疏的，毛线髻越小，呈扁螺状。青年妇女发式过去是和老妇一样的，只是近代才改变。妇女头髻被称为"凤头髻"，据说头顶上的红髻象征凤凰头上的丹冠。

图片来源

图一、图四　朱琳　摄影

图二　朱琳　制图

图三　王琳　制图

图四（1）（3）　王晓戈　摄影

图四（2）（4）　钟茂兰、范朴：《中国少数民族服饰》，中国纺织出版社，2006

1. 先把头拢于脑后并分成两部分，并分别按逆时针卷成股状，用黑色绒线从上往下缠绕。

2. 将高耸的饰物接于左边发上，然后两股头发裹住饰物交叉缠绕，并分别用黑色和红色绒线从交叉处开始缠绕扎紧。

3. 将高耸饰物架于头顶，并用黑色绒线圈扎后面发束和头顶饰物以起到固定作用。

4. 将一红色毛线束固定在头顶的饰物前端，并反时针紧凑卷成股状。

4. 并将毛线束在额顶旋转盘绕成突状或者圆盘状，将剩余毛线绕住饰物一同固定。

5. 将一黄色毛线束，从圆盘状毛线束表面中上部的左边往右边开始盘绕至额前并固定。

6. 再用一红色毛线束将饰物和圆盘状毛线团交叉盘绕数次并固定。

7. 最后将一发饰的一段插进后面发束固定，由下网上包住发束并在另一端与发束系扎一起。

图二　罗源畲族妇女发式梳扎步骤图

从前

70年代中期

80年代

图三 罗源畲族妇女发式不同年代变化图

（1）

（2）

（3）

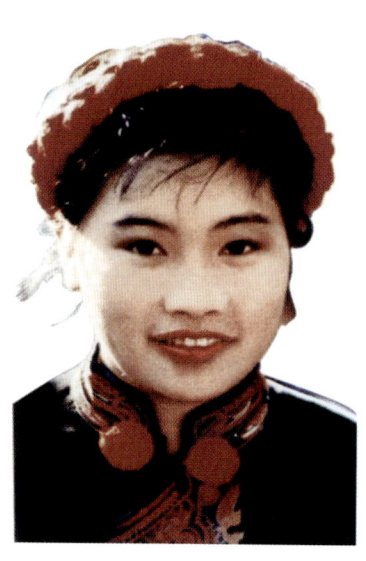
（4）

图四　罗源畲族妇女发式延展图

闽东福鼎畲族铜簪

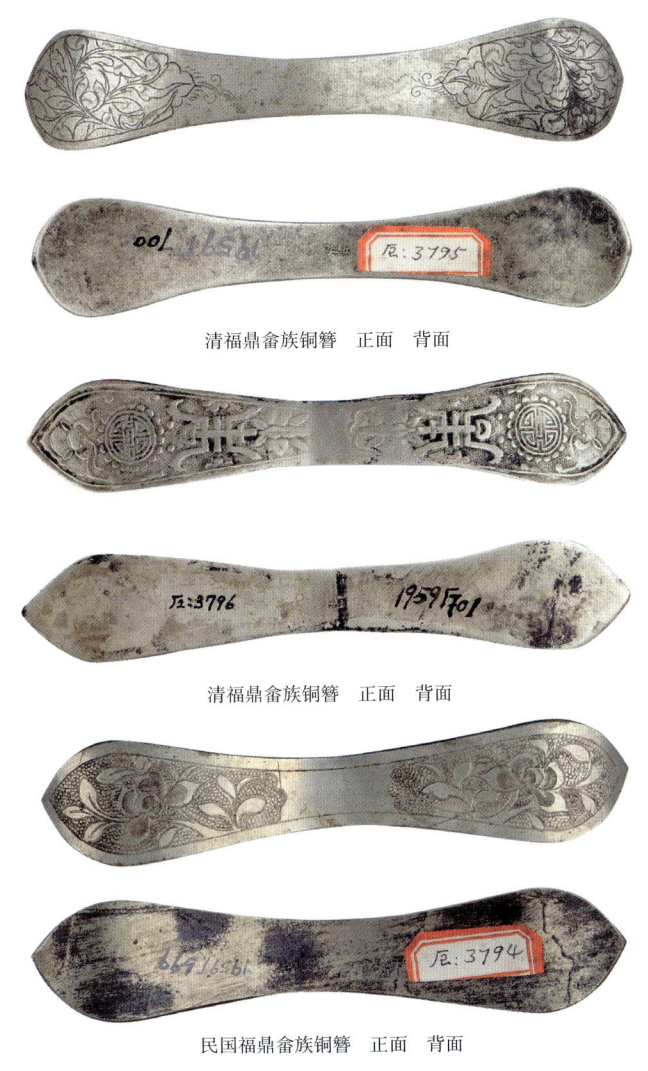

清福鼎畲族铜簪　正面　背面

清福鼎畲族铜簪　正面　背面

民国福鼎畲族铜簪　正面　背面

图一　闽东福鼎畲族铜簪主图

簪，也称笄，是古人用来插定发髻或连冠于发的一种长针，也是畲民用来绾住头发或插装饰物的一种妇女首饰，俗称"发簪"。早在新石器时代已有骨制的发笄，用于盘发挽髻。发簪常用金属、兽骨、玉石等制成，材质贵重与否与佩戴者的身份息息相关：富贵家族的妇女往往穿金戴银，而普通妇女大多选用朴素的兽骨、竹木等材质。金属发簪则是畲族妇女最常见的配饰，其中又以铜簪最为多见，是畲族妇女发饰上不可缺少的装饰品，具有便于携带、美观耐用、越戴越亮等特点。

本案例三件铜簪均出自福建博物院藏，为清朝、民国时期福鼎畲族铜簪。长12厘米，宽2厘米，材质都以白铜为主。白铜（铜锡合金）以镍为主要成分添加其他元素的铜制合金，呈银白色，具有金属光泽。该铜簪整体呈现束腰长条形，两端粗，中间细，整体形状略往里弯，两头翘起，为扁铜簪特有的形状。扁铜簪分为正反两面，正面分别饰有花叶纹、寿字纹，运用了浅浮雕等工艺技法，有吉祥如意、平安长寿等寓意；背面刻有工匠的款识，为古代器具的常规做法。扁铜簪具有十分明显的装饰意义，正面固定朝上，闪闪发亮。

随时代的变迁，畲族首饰也不断发生着变化，制作发簪的材质、样式、纹饰也不断革新。清朝时期，畲族工艺受到汉族工艺的影响，在铜簪中饰有各种花卉、纹样等，体现吉祥寓意。

图片来源
图一　申思　摄影
图二至图四　郑婷婷　制图
图五　刘慧云　摄影

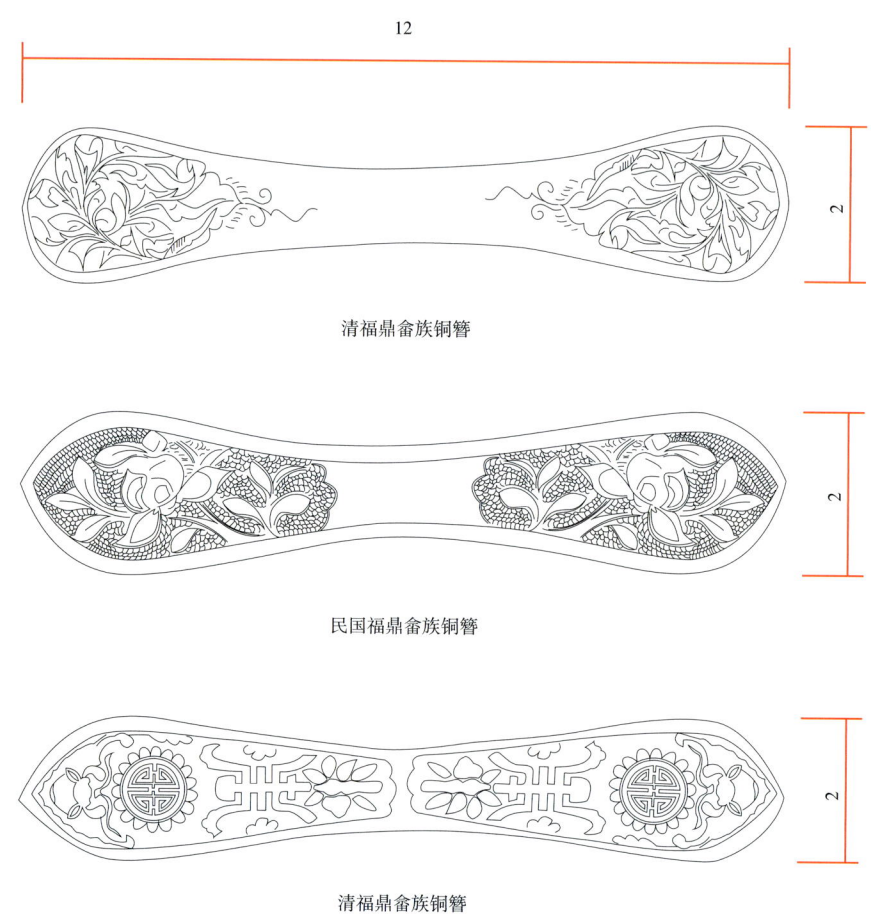

清福鼎畲族铜簪

民国福鼎畲族铜簪

清福鼎畲族铜簪

图二　闽东福鼎畲族铜簪尺寸图（单位：cm）

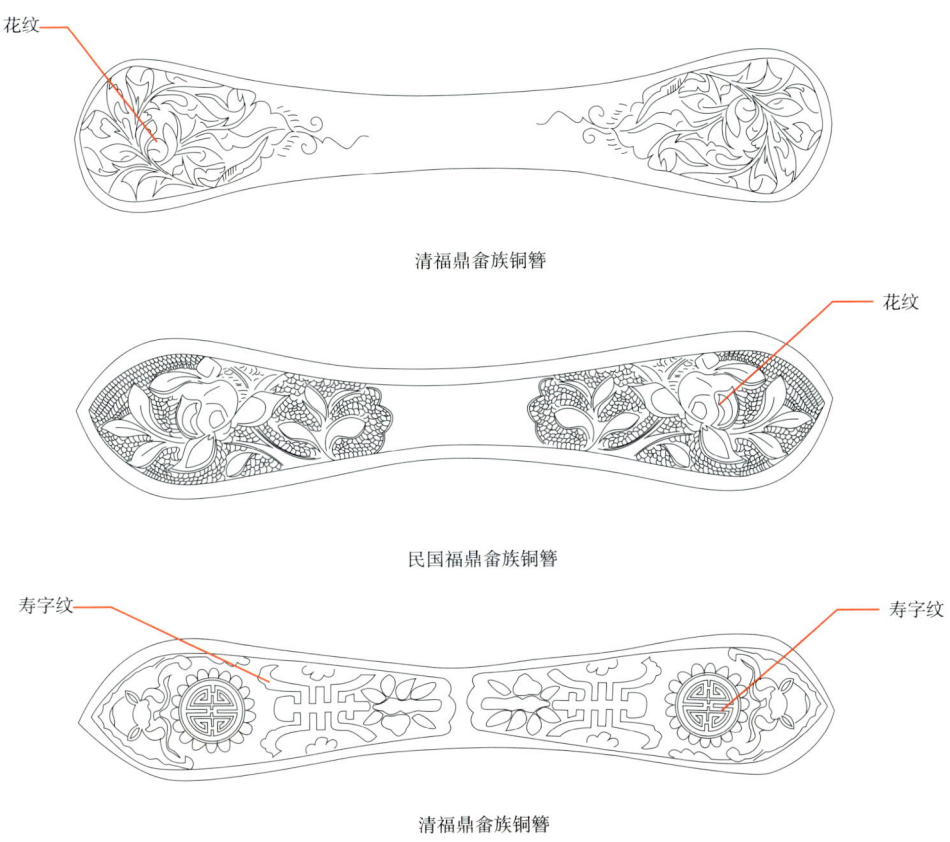

清福鼎畲族铜簪

民国福鼎畲族铜簪

清福鼎畲族铜簪

图三　闽东福鼎畲族铜簪结构图

清福鼎畲族铜簪

民国福鼎畲族铜簪

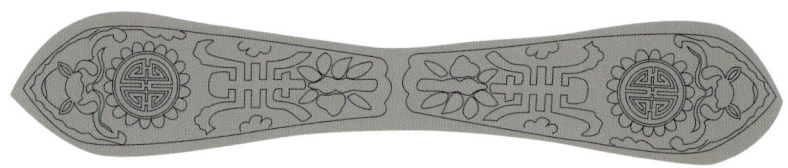

清福鼎畲族铜簪

图四　闽东福鼎畲族铜簪线描图

图五　闽东福鼎畲族铜簪使用示意图

闽东福鼎畲族银花

图一　闽东福鼎畲族银花主图

畲族首饰以银质最为常见。银花是畲族妇女传统首饰之一，是插于发髻的装饰品，同时也有固定发髻的作用。畲族女子在节日或走亲戚访友时会插戴银花，银花上的银片用链子缀饰，走起路来摇曳生姿。畲族婚礼用的银花，三朵一组，上镂人物、动物图案，不少有凤凰造型，这源于畲族对凤凰的崇拜，寓意平安、吉祥。畲族女子在结婚后梳盘龙髻，也会在发髻上插银花。

本案例"银花"现藏于福建博物院，为清福鼎畲族银花，一共有三件。第一件长25厘米、宽15厘米，银头把，有铜簪，数根细银丝绞在一起呈"T"字形，左右分叉，两枝基本持平。在银丝上缀满植物、花卉图案的小薄银片，下方坠有11条细银链。第二件长27厘米、宽10厘米，由两个回首凤凰组成的银片、纹理清晰，簪为铜质，下方坠5条细银链，银链上面坠有众多银片。第三件长27厘米、宽12厘米，在錾双凤图案的蝴蝶形薄银片上，缀有小薄银片及7条细银链，做工讲究，簪子为铜质。

畲族银花做工非常精美，造型别致，图案款式丰富，制作工艺及装饰手法繁复多样，在满足功能性的同时兼具很高的艺术价值，体现了畲族人民在设计制作上的独具匠心，饱含了畲族人民敏锐的感知、丰富的思想情感和生动的想象力，具有很高的金属工艺美术价值和审美艺术价值。其形制受汉族首饰造型的影响，与汉族审美极为相似，也体现了畲汉文化的交流互融。

图片来源
图一　福建省博物馆馆藏
图二至图五　韩学红　制图

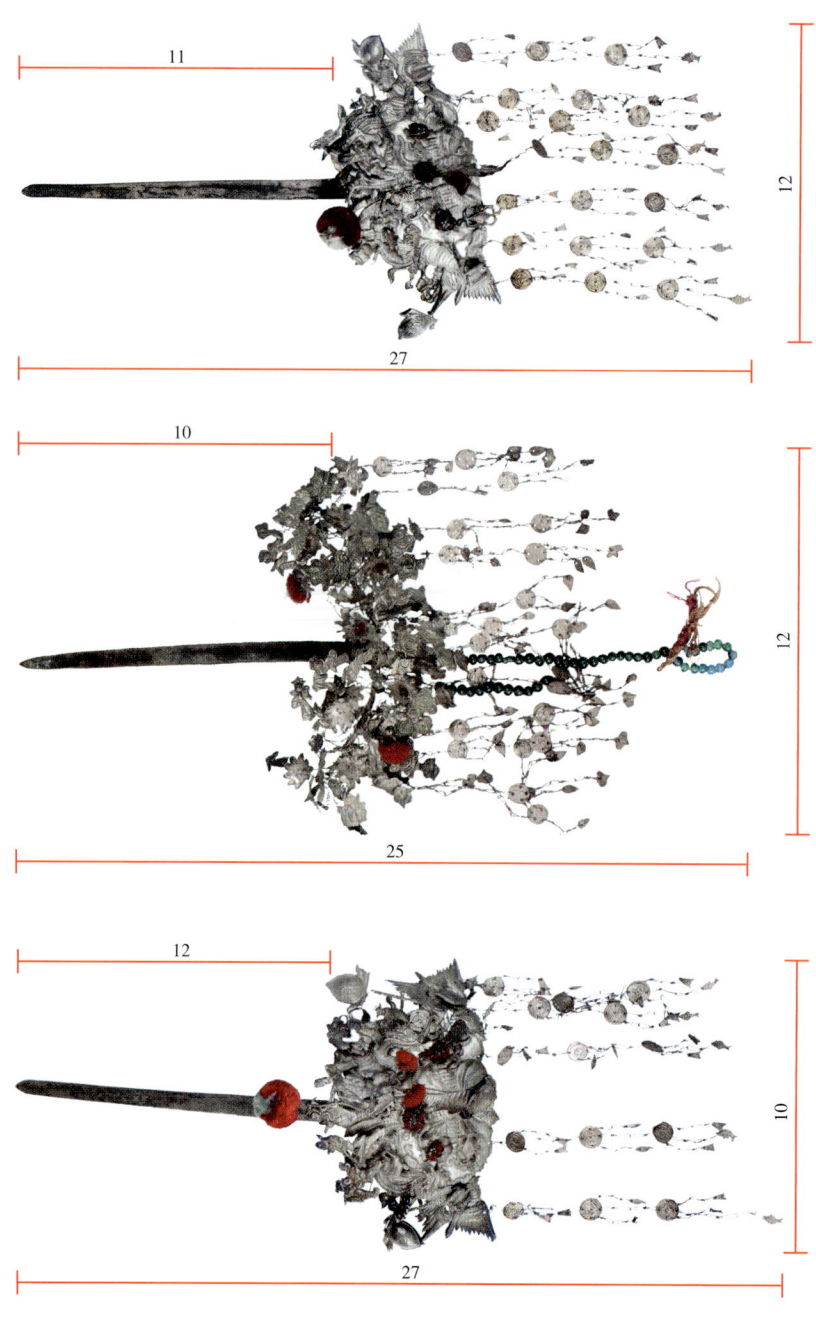

图二　闽东福鼎畲族银花尺寸图（单位：cm）

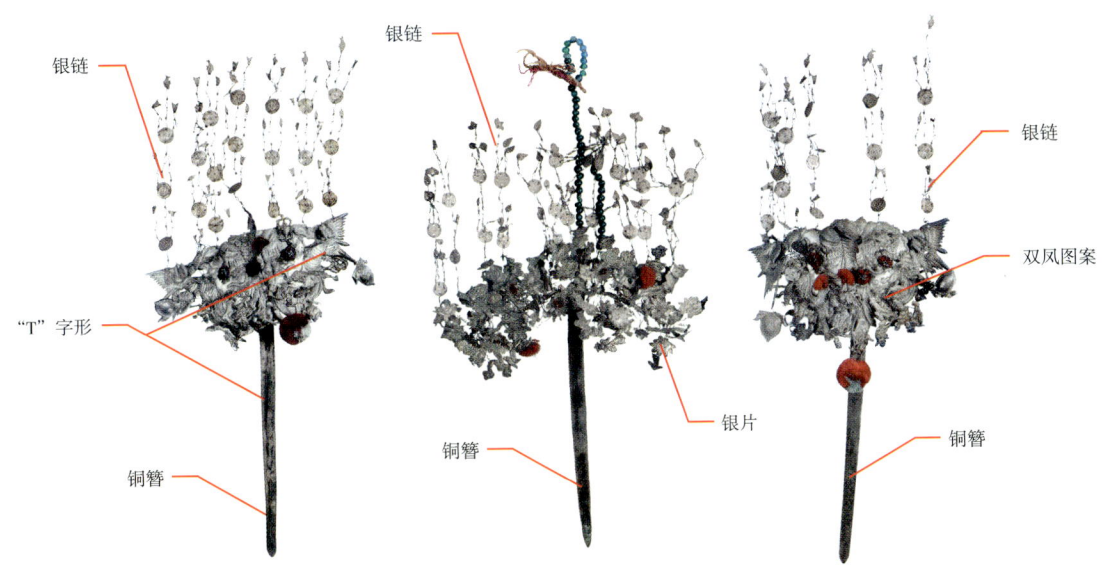

图三 闽东福鼎畲族银花结构名称图

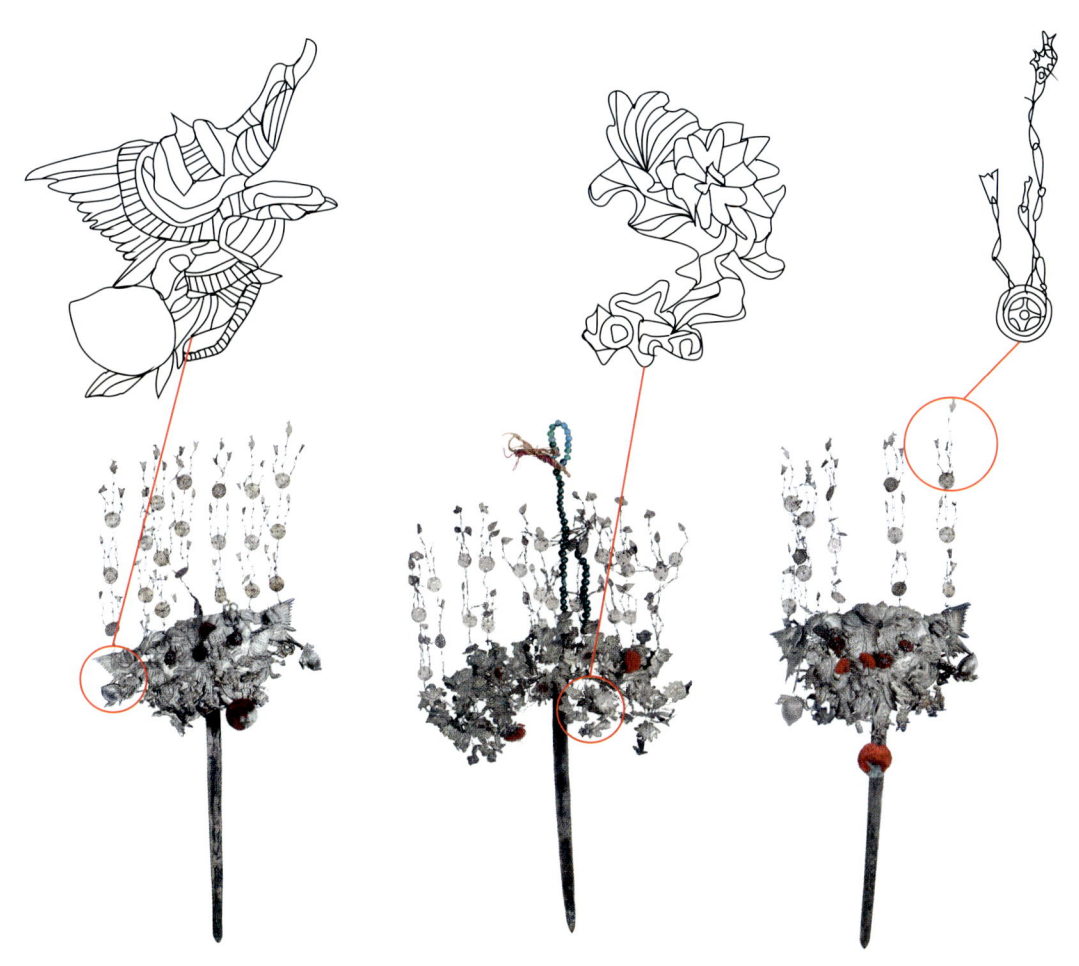

图四 闽东福鼎畲族银花局部分析图

图五　闽东福鼎畲族银花延展图

民国浙南畲族银戒指

图一　民国浙南畲族银戒指主图

畲族人民历来崇尚银饰、银器,在出生、婚丧嫁娶等人生重大日子、各类传统节日盛事,以及日常的生产与生活中,畲家人都喜欢使用和佩戴各类银器、银饰。尤其在畲族姑娘出嫁时,银器更是必不可少的陪嫁品。历史上,闽东曾是全国主要的产银地之一,畲族所居山中,多有银矿资源。早在宋代元祐年间(1086—1093),就有关于闽东银矿开采和冶炼的记载。位于现周宁县境内的有"明代全国六大官办银场之一"的宝丰银场和蕉城区虎贝乡境内的黄柏银场,为畲族银饰的生产创造了有利条件。

据《福安畲族志》载,畲家传统结婚用品,"新娘首饰为银耳环1副,银手镯1副,银戒指4只,银簪1条",畲族对银器的崇尚由此可见一斑。畲族历代对银器的制作极为重视,独特的工艺手法体现在银器的完美装饰效果上。

畲族戒指分银质、铜质两种。有梅花、八卦图案和"福、禄、寿、喜、宝贵"等字样。靠近福建省宁德、霞浦一带畲族的戒指还有两支银链系着小铃铛，走起路来叮叮作响。[1]

由于银器使用广泛、需求量大，畲族银器制作工艺较为发达，制作过程有30多道工序。其工艺主要包括"操、凿、起、解、披"5大技法和"平雕、浮雕、圆雕、镂空雕"4种工艺，造型奇巧、纹饰雕工细腻。形成一种造型纯朴、粗犷、神秘的视觉感受。同时，畲族银匠采用畲族独门秘方工艺，对银器的表面进行处理，防氧化、防腐蚀，保持银器的天然色泽。畲族的银蓝技艺从制胎、掐丝到烧焊、点蓝、烧蓝等各道工序精细复杂，更是畲族银雕工艺的一大亮点。

本案例为民国畲族四喜银戒，采集自浙江省博物馆，戒指直径2厘米，指环由四股细银丝组成，四股细银丝网状交叉编织成戒面，每一交叉点或转折点装饰有錾花小银片，银片上涂靛青色或湖蓝色珐琅釉。[2]畲族戒指上的图案取自畲族山哈带上的畲族符号，包含避邪平安、吉祥如意的美好祝福。

图片来源
图一 范珮玲主编《山哈风韵——浙江畲族文物特展》，中国书店，2012
图二至图四 詹黎明 制图

参考文献
[1]福安畲族志编纂委员会.福安畲族志[M].福建教育出版社，1995：652
[2]范珮玲主编.山哈风韵——浙江畲族文物特展[M].北京：中国书店，2012：54

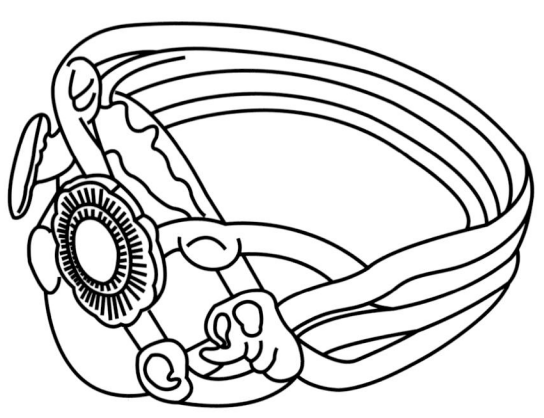

图二 民国浙南畲族银戒指线描图

图三　民国浙南畲族银戒指延展图之九环戒指

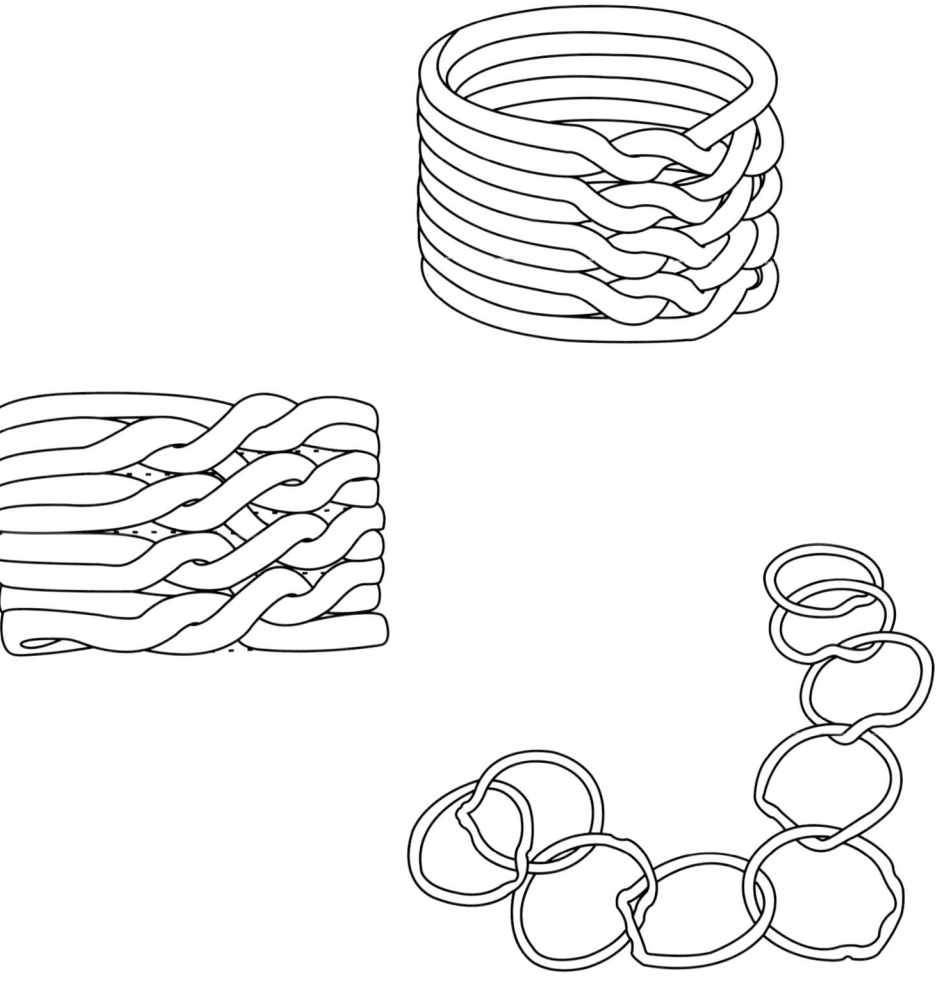

图四　民国浙南畲族银戒指延展图之九环戒指线描图

民国福安畲族银耳环

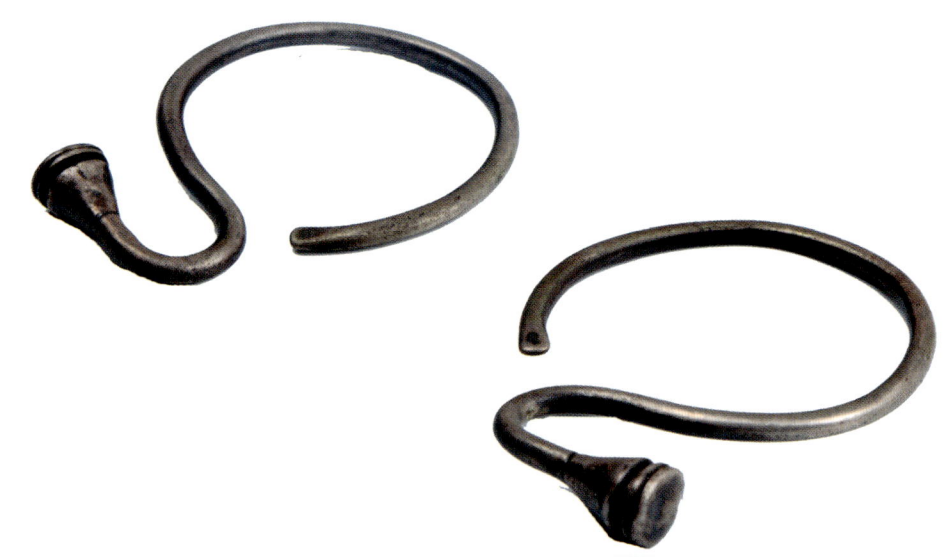

图一　民国福安畲族银耳环主图

耳环是佩戴在耳垂上的饰品，古代又称珥、珰。通常穿挂于耳孔，或以簧片夹耳垂上。耳环造型丰富，其材质大部分是金属的，也有镶嵌珠玉或悬挂珠玉镶成的坠饰。

我国耳饰的历史可追溯到新石器时代，当时的人们通过佩戴耳饰避邪驱魔，保佑平安。最早的耳饰称为玉玦，形状为有缺口的圆形玉环。后随着冶金技术进步出现了金属耳环。后世妇女不但有戴耳坠的风尚，考究者还注意耳坠与服装色彩的搭配，耳环的款式、材料、工艺在一定程度上成为某种风俗、信仰、地位、财富的象征。

本案例中的三对畲族耳环均收藏于福建博物院，都是穿挂于耳上佩戴，即佩戴者必须先在耳垂上穿孔，并且将耳孔撑大，佩戴时将其贯入孔中，因尾端翘起，戴上以后不易滑脱。这对民国福安畲族银耳环，为圆环型，是耳环的基本形制，长4.5厘米，质地为银，钩大坠小，坠呈圆锥体，饰粗细两道弦纹。弦纹为古代陶器中常见的装饰手法，并能加强摩擦力，更不易滑动，因此弦纹装饰，古老而简练，实用又美观。另一对清罗源畲族银耳环长2.5厘米，耳环侧面呈"2"字形，亦为银制，坠亦为实心圆锥体，下有一小孔。坠上有两道均匀的收束，将耳环分为三节葫芦状。葫芦谐音福禄，有多子多福多禄的寓意吉祥。和民国福安畲族银耳环一样，这种款式的耳环多为畲族老年妇女的装饰品，而且耳环的重心较低，佩戴后有下坠的动感，平添生动的气韵。

第三对清光泽畲族铜耳环,制作工艺复杂绚丽,充满了华贵感,是在结婚等重要仪式上佩戴,和其他大型银饰头饰配合使用。它长9厘米,钩下各饰一片银叶,主体为玉磬造型,上饰祥云,下分银链三绺,又各做两节,以上半段银链6圈,下半段银链4圈连接,左右两绺完全对称,中间以蝙蝠形银片分割,下端坠以寿桃形银片。中间一绺尤为精美大气,中间是一只头顶"王"字、龙头鱼身的鳌鱼形象,下饰双鱼形银片,工艺精湛。鳌鱼是鲤鱼跃龙门之后所变,本是古代科举文化延伸出来的吉祥符号。这种科举文化相关的东西本不是畲族原有的,是畲族民族生活方式逐渐与汉族文化趋同,吸收汉族文化、与时俱进的有力例证。

图片来源
图一、图五、图九　申思　摄影
图二至图四、图六至图八、图十至图十二　刘颖　制图

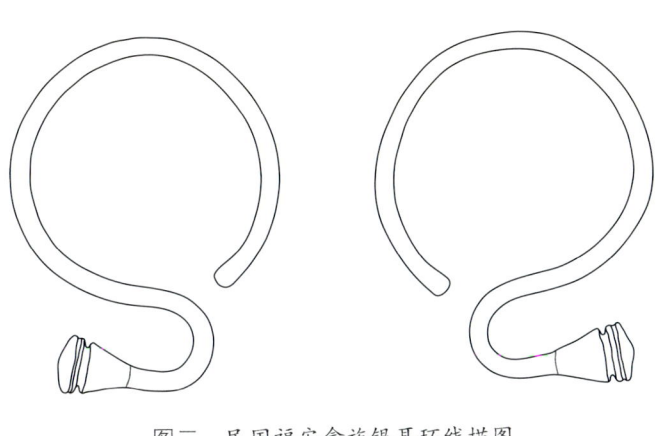

图二　民国福安畲族银耳环线描图

图四　民国福安畲族银耳环使用示意图

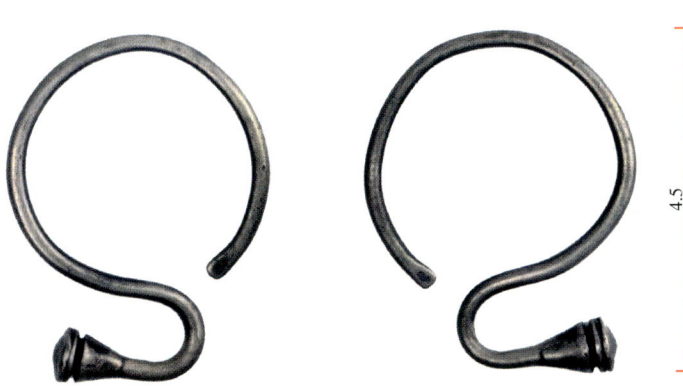

图三　民国福安畲族银耳环尺寸图(单位:cm)

图五 清罗源畲族银耳环

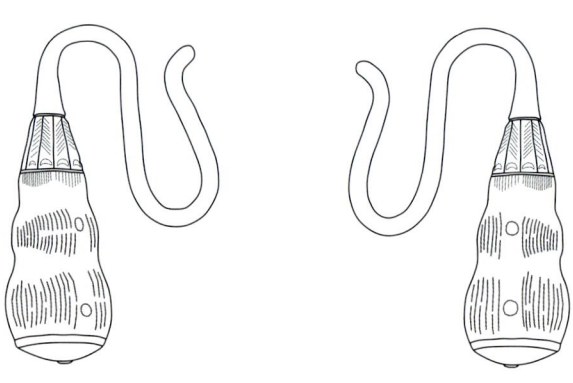

图六 清罗源畲族银耳环线描图

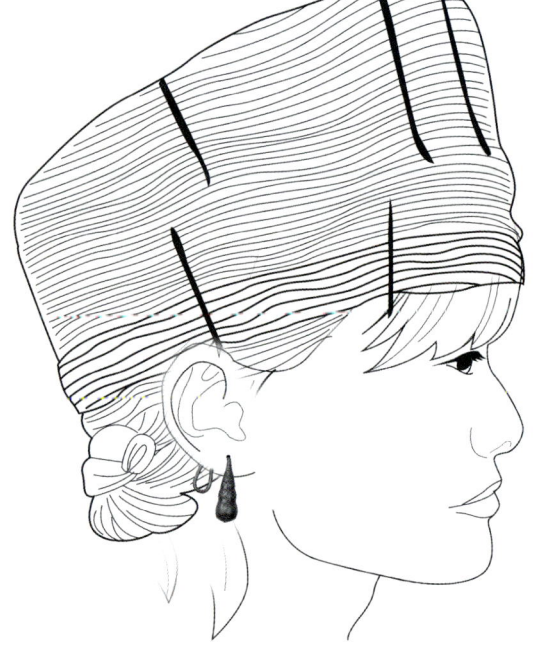

图八 清罗源畲族银耳环使用示意图

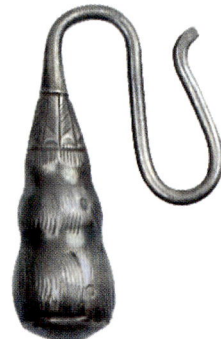 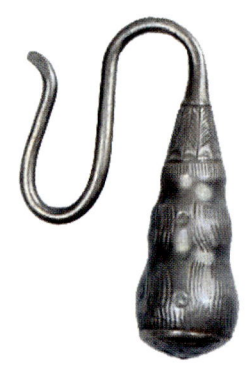

图七 清罗源畲族银耳环尺寸图（单位：cm）

图九　清光泽畲族铜耳环

图十　清光泽畲族铜耳环线描图

图十一　清光泽畲族铜耳环尺寸图（单位：cm）

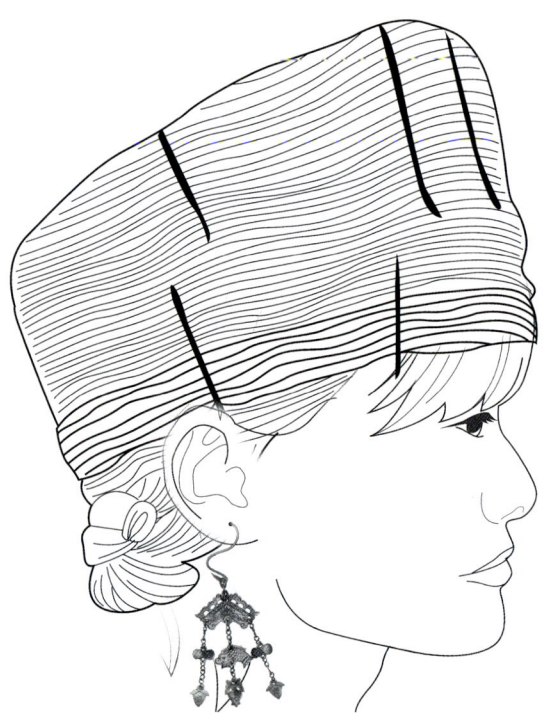

图十二　清光泽畲族铜耳环使用示意图

清福安畲族手镯

图一　清福安畲族手镯主图

手镯是一种套在手腕上的环形饰品。按结构，一般可分为两种：一是封闭形圆环，以玉石材料为多；二是有端口或数个链片，以金银等贵重金属材料制作。

手镯历史悠久，早在新石器时代，我国的先民们就使用陶环、石镯等装饰手腕。唐宋以后，经济和制作工艺的发展，手镯的材料和制作工艺有了高度发展，造型有圆环型、串珠型、绞丝型、辫子型、竹子型等。到了明清乃至民国，金镶嵌宝石的手镯成为非常大众化的装饰品。

同时，手镯也是古代男女的一种定情信物，古诗有云："何以致契阔？绕腕双跳脱。""跳脱"指的就是手镯。也有许多学者认为，手镯最初的出现也与图腾崇拜、巫术礼仪有关，也隐喻一种男权社会下对女性占有和控制。

本案例中的三个畲族手镯均为畲族女性佩戴的饰物，纯手工打造，都属于开口不闭合的玦形银镯。清代福安畲族手镯现藏于福建博物院，口径6.5厘米，宽1.8厘米，外壁依次錾刻清晰精致的回字纹、连珠纹、万寿纹以及浮雕人物纹等，因年代久远而银质泛黄，显得古朴粗犷。另两只银镯应是一对，分戴于左右手腕上，泛出银白色光泽，两开端有小圆孔各一，其中一只银镯的两个小孔穿有棉线连接可防滑落，因而口径较小。这对银镯口径近6厘米，宽1厘米，侧边突起，略凹而光素的外壁上浅刻有花卉和弦纹等装饰纹样。这三个畲族手镯具有相似的形制、功能、纹饰与材料特点。在形制上富有美感，且比例合适，厚度适度，既可以根据佩戴者手腕的粗细程度调节口径的大小，通用性强，又不会太重带来不便；纹饰多为花卉图案和常见的传统纹样，饱满细致，符合人们的审美习惯并具有吉祥寓意；均选用银为材质，因为银器耐磨，且越用越亮，相当实用，是传统工艺的代表。

整体上看，这三个手镯是出自畲族地区，为畲族妇女所佩戴的装饰品，但从形制特点与整体工艺上看，和汉族传统手镯极为相近。这是历史上畲汉文化之间相互渗透和交融的结果，是少数民族文化随时代变化发展的例证。

图片来源
图一　申思　摄影
图二至图四、图六至图八　刘颖　制图
图五　王晓戈　摄影

图二　清福安畲族手镯线描图

图三　清福安畲族手镯尺寸图（单位：cm）

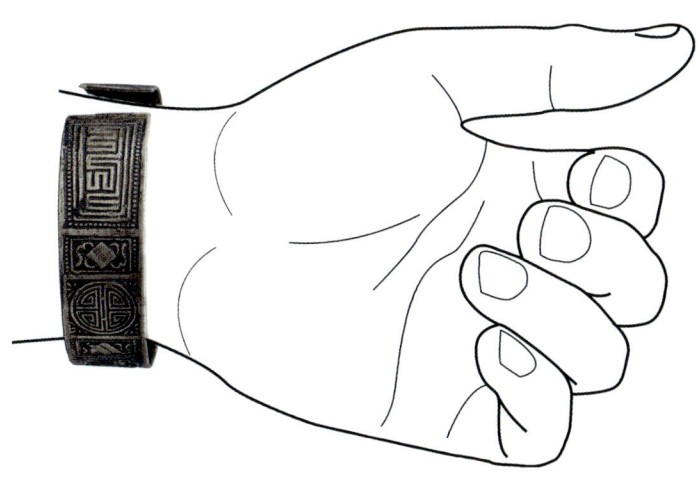

图四　清福安畲族手镯使用示意图

第二章　畲族传统服饰

147

图五　清霞浦畲族铜手镯

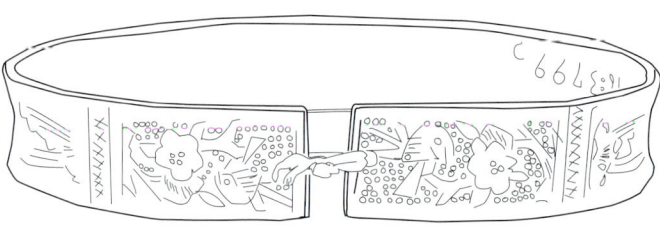
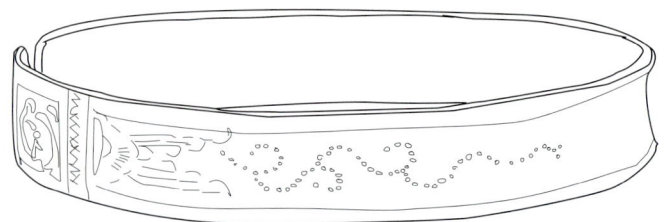

图六　清霞浦畲族铜手镯线描图

图七　清霞浦畲族铜手镯尺寸图（单位：cm）

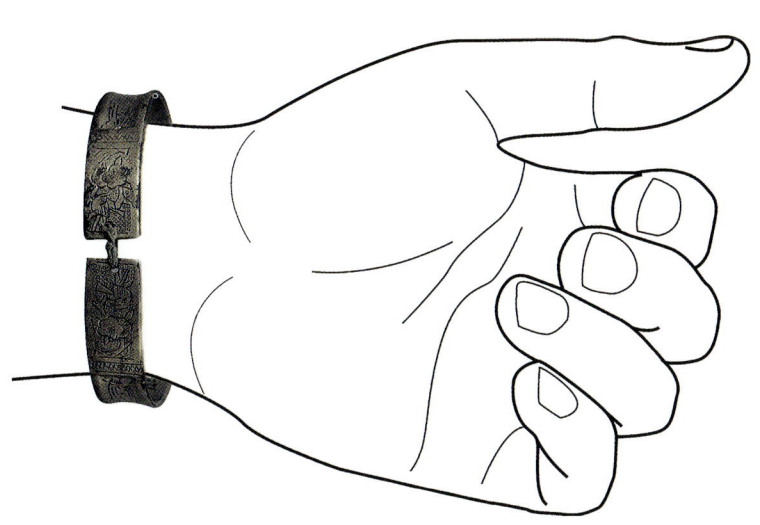

图八　清霞浦畲族铜手镯使用示意图

第二章　畲族传统服饰

第三章 畲族传统餐饮

闽东畲族风炉

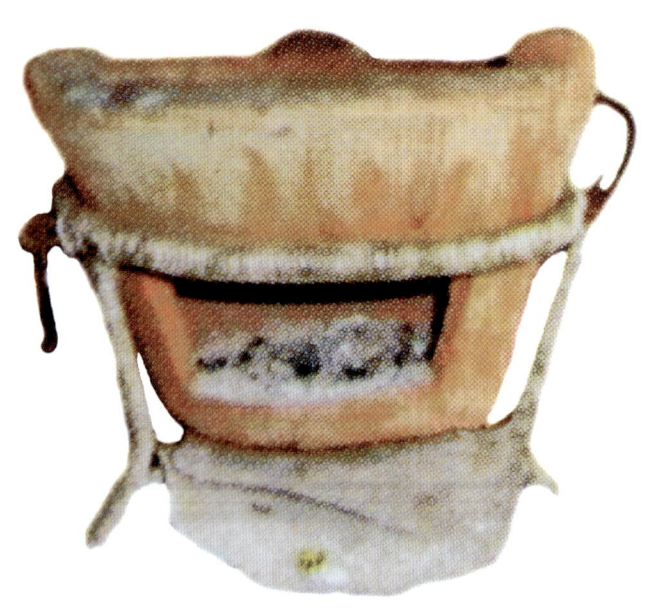

图一 闽东畲族风炉主图

畲族人常用的风炉（又称"小泥炉"）是他们日常生活中最主要的炊食器具，其作用类似于如今餐桌上热菜的火锅。它由三个部分组成：风炉体、风炉箍、风炉垫。风炉体是用特有的泥土烧制而成的，圆形，15—20厘米高，中间隔层有许多1—2厘米的小圆孔，隔层上方放炭火，下方漏盛炭灰并开有炉门，以便通风助燃。炉体外边由两耳三脚风炉箍架支撑，既保护风炉，又便于端取。风炉底部有20厘米见方的铁制风炉垫，其作用是保护桌子，即使风炉里的炭火掉出来，也有垫板接着，不会烧坏桌子。

畲族人久居山区，湿气较重，无论主食、副食，畲民都习惯热吃，家常蔬菜也如此。因此熟食、热食是畲民饮食的最大特点，这是畲族与其他少数民族饮食上的一大区别，并作为传统一直传承下来。一般家家都备有风炉，风炉置于桌中间，生以炭火，架上双耳铁锅或小铜锅，将菜烧得滚烫的，加以辣椒，边煮边吃。即便是大锅炒好的菜，也要再放到小锅上煮，如请客、摆酒席等。在山区，风炉的使用不但普遍，而且时间很长，全年有三分之二的时间使用，特别是有老人的家庭一年四季都使用火锅。

随着时代的发展和电力的普及，如今风炉只有少数畲族人家庭在使用，大多数畲族人家庭已不再用风炉，而改用电火锅了。

图片来源

图一　蓝泰华　摄影
图二、图三、图五　韩学红　制图
图四　陈思　制图

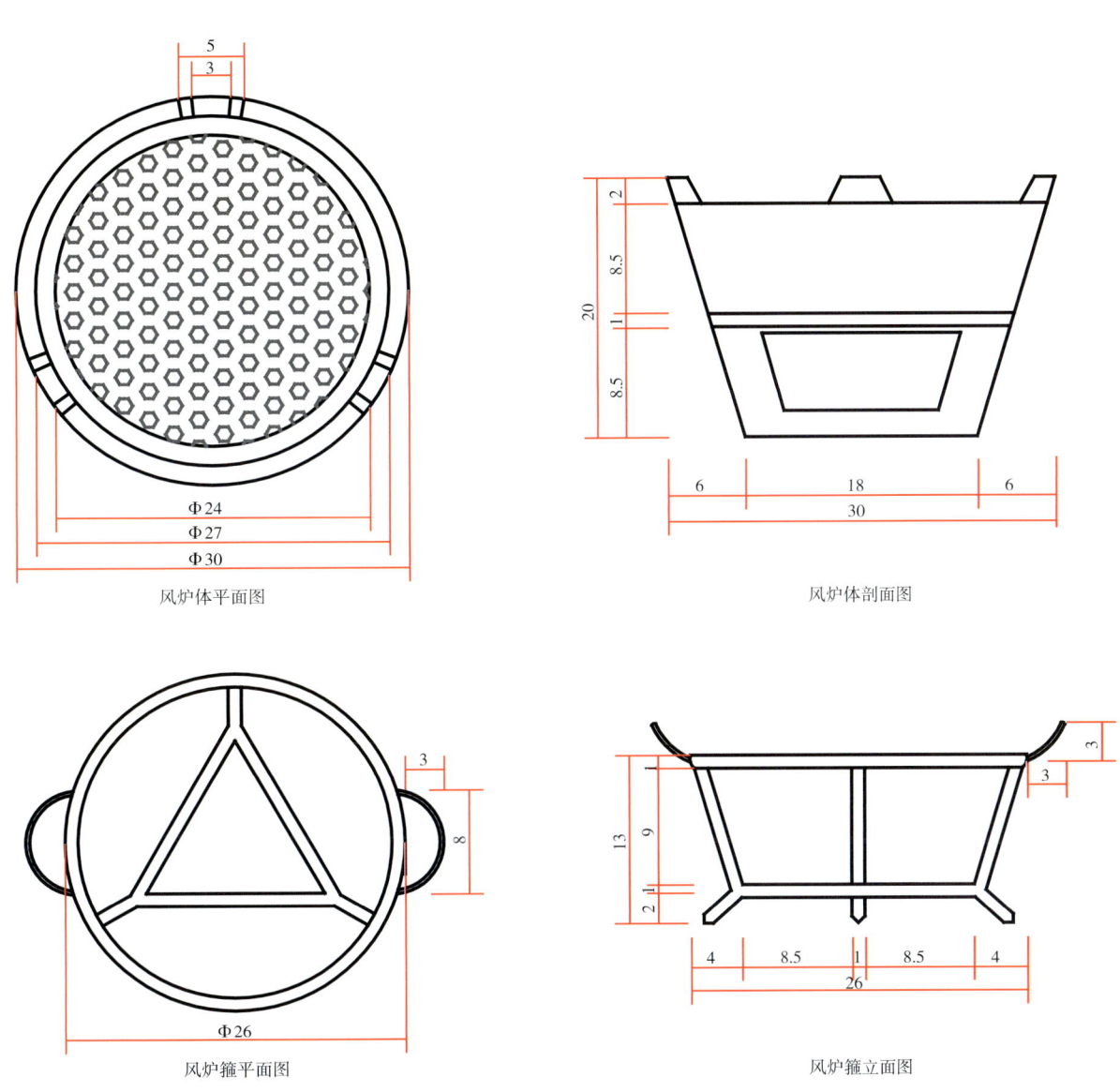

图二　闽东畲族风炉尺寸图（单位：cm）

图三　闽东畲族风炉剖面示意图

图四　闽东畲族风炉造型与功能分析图

图五　闽东畲族风炉设计分析图

闽东畲族乌饭

图一 闽东畲族乌饭主图

畲族特色食品种类繁多，最有代表性的是乌饭，是畲族特有的风俗。关于乌饭的来历，在畲民中流传着几种不同的说法，相传始祖盘瓠王喜吃此饭，或是认为吃了乌饭上山不怕蚂蚁咬。还有一种说法是：相传在唐朝时，畲族英雄雷万兴（唐代畲民义军首领）领导畲民反抗官府时，被困在大山里粮草断绝，靠一种叫"乌饭树"的野生植物充饥，最终取得了胜利。此后在三月三祭神之际，雷万兴仍想品尝乌饭树果，可正值春天，乌饭树刚抽出嫩叶，无果实，畲民就采下乌饭嫩叶榨其汁和着糯米一起蒸炊，结果糯米饭呈现出同乌饭果一样的蓝黑色，清香扑鼻，食之可口。雷万兴便下令畲军每年三月三这一天都蒸乌饭以祭拜祖宗、庆祝胜利。从此以后，畲民们为了纪念雷万兴率领畲军反抗官兵的胜利，在每年农历三月三这一天，都出门踏青，采集乌饭叶，家家户户都做乌饭，一直流传至今，久而久之，三月三便成了畲族一个传统节日——"乌饭节"。

乌饭制作的原料有：糯米、乌饭叶和食盐。乌饭的做法：先到山上采集乌饭树嫩叶（乌饭树，别名牛筋，又叫乌稔树。属常绿灌木，多分布于福建、浙江、广东、台湾等地。果期8—9月，球形浆果，直径约0.5厘米，成熟时呈紫黑色，可生食，乌饭树也由此得名），清水洗净；然后将乌饭叶放入石臼捣烂成泥，用纱布将捣烂的乌饭泥包扎好，放入铁锅，加适量的水熬出紫黑色的汤汁来，去掉叶渣；接着把洗过的糯米先浸泡在加有少许食盐的清水里（夏天用清水，冬天则用温水），滤干后再将熬好的汤汁倒进糯米中，浸泡2—3个小时，之后将浸泡好的糯米从乌饭水中用笊篱（饭捞）捞起放入饭甑蒸炊，炊熟后，装到碗里压实，将其倒扣在盘里，这样一盘色泽蓝绿乌黑并带油光、香酥可口的乌饭，即可端上桌以供享用。

由于乌饭树有防腐、开胃健脾的作用，所以将炊熟的乌饭用蒲草编织成"饭捎"（或叫"草包"）装起来，挂于通风阴凉处，数日不馊。若加上猪油熟炒更加可口。故有"一家蒸十家香"之说。

现代医学认为乌饭具有乌发、补肾、益气、养颜之功效，是值得推荐的绿色食品。乌米饭体现了畲族人的聪明才智，既保留着原生态的观念，也为"三月三"这个传统节日倾注了更加丰富的文化内涵，同时食用乌米饭还有准备春耕、迎接丰收的象征意义。

图片来源
图一、图五　王晓戈　摄影
图二至图四　韩学红　制图
图三　福安新闻网《午饭飘香三月三》作者：丁立凡、林耀琳，图片有裁切

图二　闽东畲族乌饭制作原料图

1. 采摘乌饭叶

2. 将新鲜采摘的乌饭叶先要洗净切碎

3. 畲民轮番捶捣乌稔叶

4. 用布袋将汤汁过滤，除去碎渣

图三　闽东畲族乌饭叶采集制作过程

1. 采集乌饭叶，取其嫩叶，去其枝干，用清水将乌饭叶洗净。

2. 将乌饭叶放入石臼捣烂成乌饭泥，用纱布将捣烂的乌饭泥包扎好。放入铁锅，加入适量的水，熬出黑色的汤汁。

3. 把洗过的糯米，浸泡在加有少许食盐的清水里，滤干后再将熬好的汤汁倒进糯米中，浸泡2—3小时。

4. 将浸泡好的糯米从乌饭水中用笊篱（饭捞）捞起。

5. 放入饭甑进行蒸炊，炊熟后装到碗里压实，将其倒扣在盘里，这样一盘色泽蓝黑并带油光、香酥可口的乌饭即端上桌以供享用。

图四　闽东畲族乌饭制作流程图

图五　畲族宁德金涵乡乌饭

闽东畲族菅叶粽

图一　闽东畲族菅叶粽主图

　　菅叶粽，是畲族特有的传统食物。粽子呈管状，因外形像枕头，又称"枕头粽""竿粽"。据《霞浦县志·夏令俗》载："山乡畲民制粽，横式，谓之'横巴'。米亦糯，而碱独佳，故质柔韧，较寻常三角式者更可口。"[1]通常在端阳节和分龙节时食用。每逢节日，畲民除拿菅叶粽敬祭祖宗、自家吃用外，还用以馈赠亲友。

　　在闽东地区有这样一个口头流传的故事。相传明朝开国皇帝朱元璋少时帮人放牛，因贪玩，他放的牛跑到畲民菜园吃菜，一个畲家阿婆用竹枝把牛赶走。朱元璋见后，怪阿婆打他的牛，说："等我以后有出头之日了，要杀掉你们畲民。"后来朱元璋果真做了皇帝，下旨到处杀畲家人。畲家人只好四处逃散，躲在深山老林避灾。到了端午节不敢下山采大粽叶包粽子。有一位族长想到用山上随处可采的长长菅叶，于粽子上横捆上四五圈，做成圆圆长长的菅叶粽子，用来祭祖及祭奠被朱元璋杀害的本族宗亲。于是这个做法马上流传开来。从那时起，畲家端午包菅叶粽的习俗，一直延续至今。

　　本案例出自福建省宁德市蕉城区金涵畲族村，据当地村民介绍，在包菅叶粽前，要上山砍回一种特有的野生灌木黄碱柴，将其烧灰，淋出黄色碱水。再上山砍回野生或人工种植的菅草叶，经过沸水烫软，以防脆裂。将精选的优质糯米泡进黄碱水里，若干小时后取出，装入用两片菅叶对折成的槽里，裹成20厘米长的管状，然后用开水焯过的水稻秆捆扎粽子，放入铁锅里煮十多个小时即成。煮熟的菅叶粽为浅黄色，既有黏性又不含糊，既悦目又别有风味，芳香而不腻口。

同汉族的三角粽子一样，随着历史的演变，菅叶粽的馅也不再是单一的糯米，可以随个人喜好在里面添加蜜枣、红豆、肉、花生等佐料，衍生出丰富的品种，是清代以来畲汉民族文化交融的体现。菅叶粽是历代畲民创造和传承的结果，寄托着世世代代畲民的愿望和理想，体现了他们的聪明才智。

图片来源

图一　王晓戈　摄影
图二至图五　韩学红　制图

参考文献

[1] 徐友梧. 霞浦县志卷二二礼俗. 民国十八年修。转引自霞浦县畲族志附录 [M]. 福州：福建人民出版社，1993：477

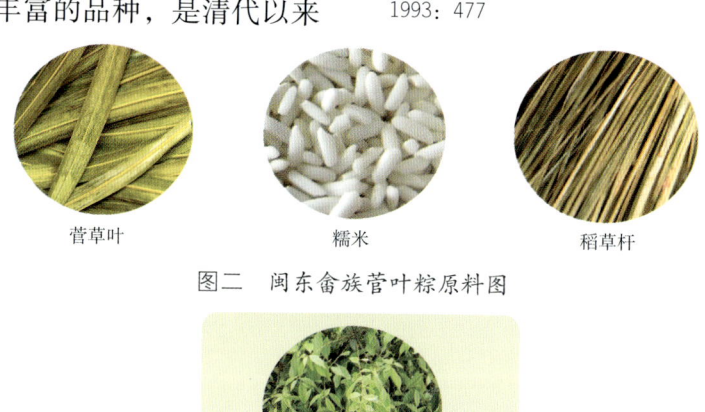

图二　闽东畲族菅叶粽原料图

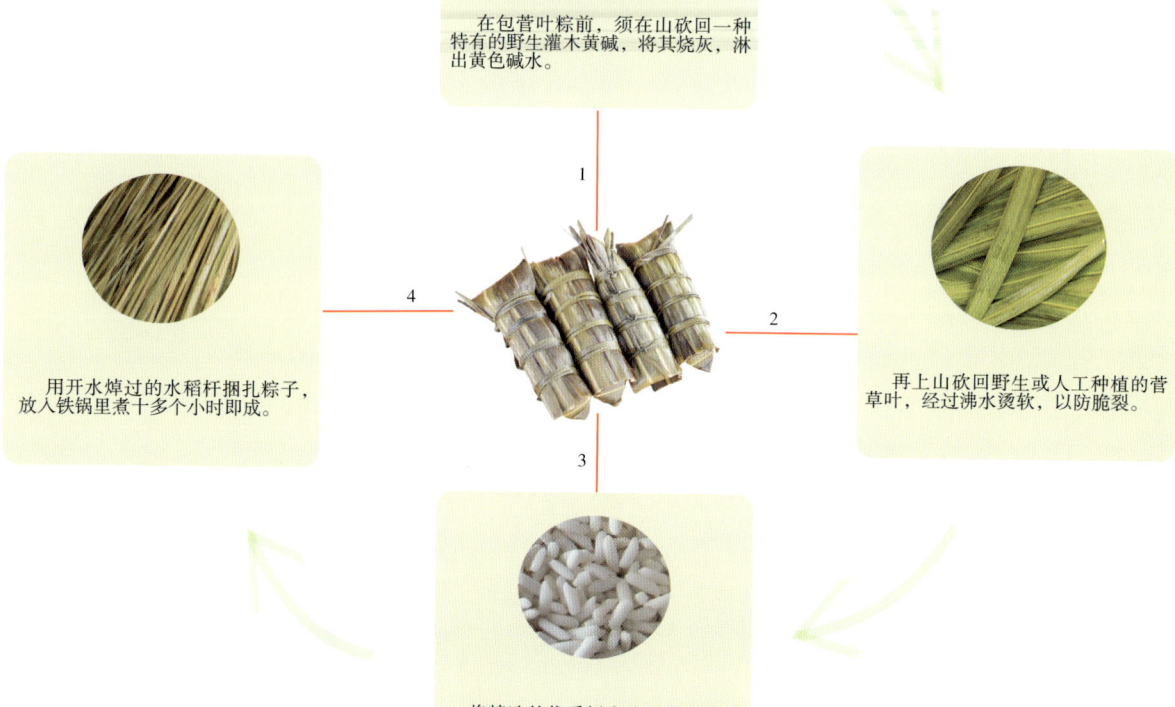

图三　闽东畲族菅叶粽做法图

图一

图二

图三

图四

图四　闽东畲族菅叶包粽操作步骤图

图五　闽东畲族菅叶粽场景图

第三章　畲族传统餐饮

161

闽东畲族粿模

图一　闽东畲族粿模主图

粿模，是一种制作糕点的模子，也是畲族人的传统生活器具。粿模有着广泛的用途，在畲族人的生活中扮演着重要的角色。特别是在举行祭奠神明、供奉先贤、婚丧嫁娶、红白喜事等民俗节庆之类的活动时，人们通常会用粿模制作各种粿品，当作贡品或礼物赠送给亲友。

粿模多为木制，也有陶制、瓷制、金属制等，由于木材材料丰富、便于操作、不易摔碎等特点，所以木粿模较多。木制粿模是由手工雕刻而成，做工讲究、图案丰富、纹饰精美、质地光滑、硬度适中，极富雕刻工艺价值。其雕刻技法以阴雕为主，有的精雕细刻，有的粗犷精练，样式千姿百态，刻雕的图案也是精彩纷呈。根据不同的使用需求，粿模的图案也有所不同，例如婚宴做粿用的粿模雕有"龙凤呈祥""百年好合"，老人过寿用的粿模则雕有"寿桃"等图案文字。

本例"粿模"，出自福建省罗源霍口乡福湖村。木制，由两块木板组成，为长方板单面阴雕菊花葵花纹粿模。通长27.8厘米，宽12.5厘米，厚4厘米。手工雕刻、美观大方、细致精巧。粿模的表面涂有髹漆，便于涂上香油、花生油，易清洗不粘黏。由于粿模经常使用，油脂深入木质，表面呈现出黑亮的光泽。此粿模以葵花纹和菊花纹分列左右，中间位置榫卯有一块可以左右活动的方形木板，并将方形木板挖空成一定大小的圆形，周边饰以适合纹样。在制粿时，先将模具涂上一层油，将粿坯揉搓成团，放入方形木板中的圆形模具内定型，然后翻动方形木板，用手扳压，将模具上的图案印在粿品上，既提高工作效率又可节约材料。从整体上看，本案例的粿模没有过多的图案装饰，却简单实用，表现出了高超的工艺技巧和美感。

整个粿模比例匀称，造型上深受汉族器具及纹饰的影响，是清代以来畲汉民族文化交融的体现。

图片来源
图一　王晓戈　摄影
图二至图七　韩学红　制图

图二　闽东畲族粿模线描图

图三　闽东畲族粿模尺寸图（单位：cm）

图四　闽东畲族粿模结构名称图

菊花纹　　　　　　　　　　　葵花纹

图五　闽东畲族粿模花纹图案

图六 闽东畲族粿模局部图

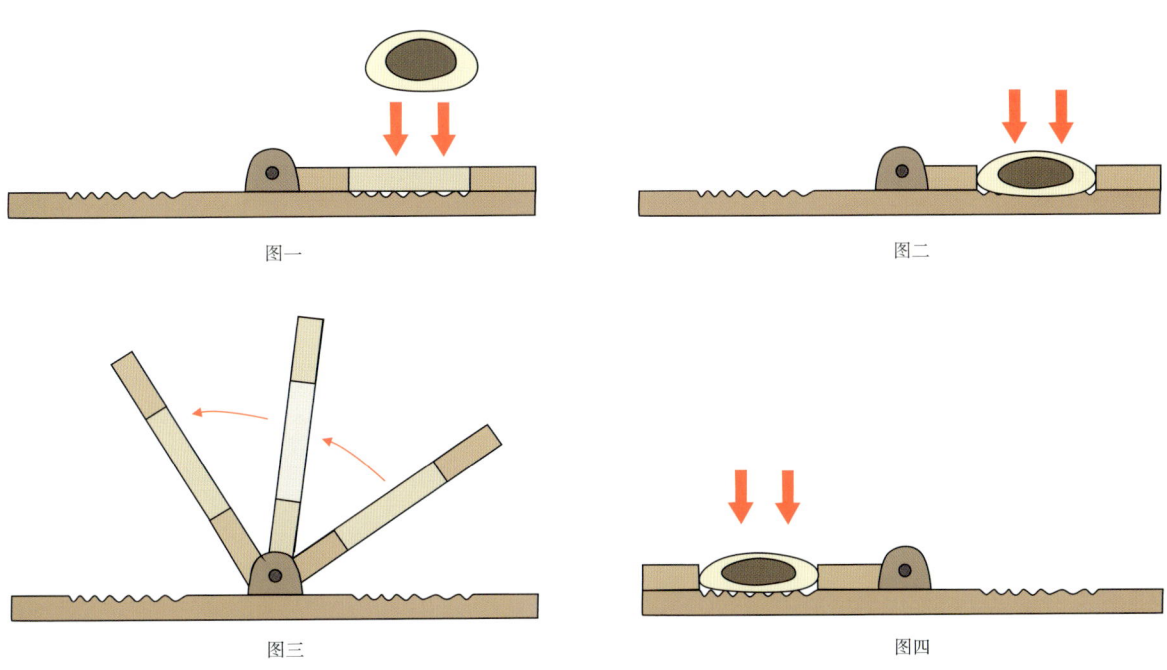

图七 闽东畲族粿模制作步骤图

闽东畲族筷子筒

图一　闽东畲族筷子筒主图

"筷子筒"就是装筷子的器皿，大家太熟悉不过了，只是对它的称谓各有不同，目前南北较为统一的称呼叫"箸筒"。"筷子"是"箸"的方言，因为汉语古籍里没有"筷子"而只有"箸"。筷子是我们祖先发明的，至今已有三千多年的历史了。有筷子便有箸筒，如今的箸筒已被现代材料所代替，人们很难想象出百余年前箸筒的模样，这里着重介绍一下畲族地区的箸筒。

清代和民国时期的箸筒一般有两种，一是上宽下窄的圆筒形，二为一边弧形一边平面的半圆形。筒底都钻有几个小孔，供滴水通风之用。这些箸筒能适应不同的摆放环境，有壁挂的，也有吊挂或摆放的。箸筒初看和壁瓶大同小异，但两者最大的区别在于箸筒底部有数只小孔，便于滴水。而壁瓶用于插花、插掸帚，底部不能有孔洞。

畲族地区人们吃饭用筷子，筷子筒家家户户都有。畲族多采用陶瓷筷筒，因其制作简便、经久耐用、价格低廉、容易洗涤。畲族的筷子筒都是当地土窑烧制，它的造型与纹饰简洁明了，常见有直立式、直桶式、倒梯式三种，底部有漏水的小孔。表面纹饰题材多样，不拘一格，多源于生活与自然。形式也多不相同，或绘画，或刻划，或模印，或雕塑，或切割。民间艺人为满足人们的审美需求，所有纹饰多有吉祥寓意，有人物故事的"状元游村""三星高照""福禄寿喜""麒麟送子""春牛图"；有表现花卉的"牡丹花开"；有雕刻文字的"福""福寿""双喜"等。

陶瓷筷子筒是历史的缩影，从旧筷子筒的形式、纹饰都表现出畲族人对生活的美好的祈盼，一定程度上诠释着畲乡不同历史时期的文化潮流和审美趋向。现在陶瓷筷子筒已逐渐退出了人们的生活，被花花绿绿的塑料筷子筒所代替。旧陶瓷筷子筒具有研究和收藏价值，富有文化气息，模印着吉祥富贵的图案和文字，表达了人们对美好生活的向往，体现着东方独特的文明，是我们今天研究畲族民俗文化的重要证物。

图片来源
图一、图五、图六　蓝泰华　摄影
图二至图四　韩学红　制图

图二　闽东畲族筷子筒尺寸图（单位：cm）

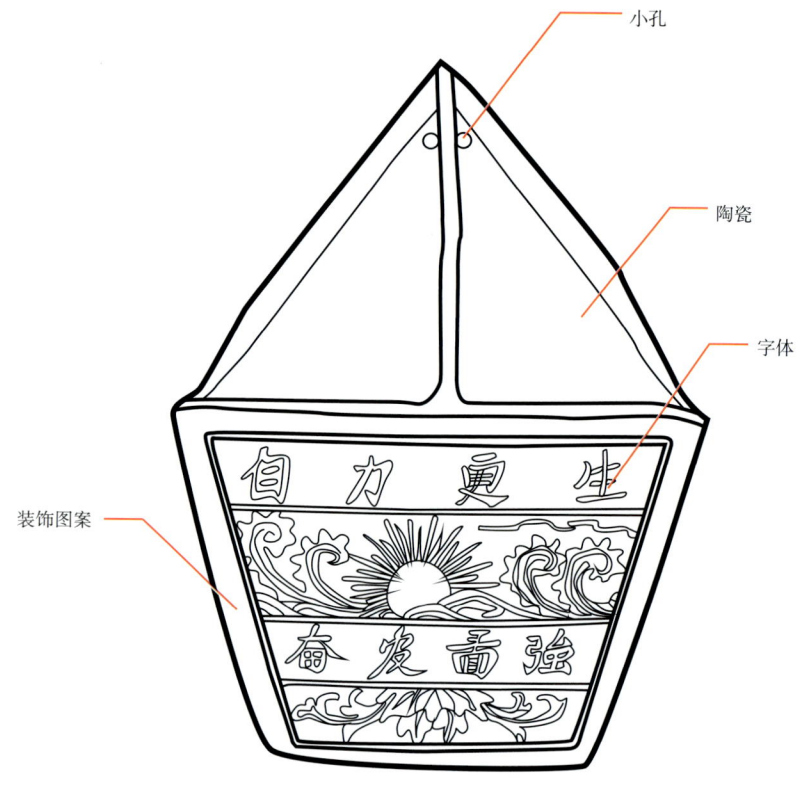

图三 闽东畲族筷子筒结构名称图

牡丹花开图案　　　　　植物装饰图案　　　　　荷花装饰图案

图四 闽东畲族筷子筒造型纹饰与功能分析图

图五 闽东畲族筷子筒使用情境图

福鼎城关筷子筒　　　　　　福鼎城关筷子筒　　　　　景宁鹤溪乡赖木山村筷子筒

图六 闽东畲族筷子筒延展图

第三章 畲族传统餐饮

第四章 畲族传统生活用具

浙南景宁畲族挑长担

图一　浙南景宁畲族挑长担主图

"担",即用以挑、抬物资的扁担。畲族聚落地处偏僻,羊肠小道连接村寨,崎岖难行。农耕社会的畲族男女老少赖扁担搬运物资,常常"挑重担而走长路",俗称"挑长担"。本案例采自浙江省景宁畲族自治县中国畲族博物馆,呈"一"字形,竹质,长约160厘米。

该案例竹扁担,与绳子组合使用。扁担为竹子剖切而成,仅取竹管一部分,不足一半。扁担设计的显著特征是利用材料的强度和韧性。因此,在选材时,多以竹、木制作。扁担两端设计有凹槽,绳子系于此处,以防重物滑落。挑运货物时,扁担的圆弧面与肩部肌肉接触,可缓冲荷重对人体的损伤。另外,高明的挑夫会让走姿呼应扁担的上下颤悠,并有意控制扁担的起伏。如此,既有效利用了材料的弹性,在一定程度上减轻了负重,加快了行进速度,又使得身体随扁担的起伏而迈步、落步,具有节奏感。

此外,闽东福安地区还流行以木质"楮杖"配合竹制扁担使用的方式。楮杖是一种齐胸高的木棍,扛在肩上能平衡两肩负重,挑夫想站立休息或换肩时,可以"楮杖"杵在扁担下方暂时承重。当地人所称的"楮杖",或为"杵杖"之误。楮杖下端截面为圆形,便于握持,靠近底端25厘米处系绳用的穿孔;上端扁阔、弯曲,类似平口铲形。楮杖平时用绳子和扁担系在一起,负重时负担者一手扶住扁担,另一手握楮杖下端,将另一端的铲形端插到扁担下,与扁担在颈后形成直角,以肩部为支点,将扁担撬起。通过楮杖的使用,负担者能够在负重的过程中动态地调节肩部两侧的负荷,不但能极大地提高负载量,也能减轻疲劳程度,提高劳动效率。

在传统的农耕社会,平原地带道路宽阔,运输重物者有两轮、四轮等多种类型的货车,运输较轻的物资则常用扁担。而在中南部地区,道路崎岖狭窄,双轮大车难以行进,适于徒步和独轮车通行,扁担则必不可少。可见,扁担既适用于平原地带,也适用于山区丘陵,使用地域广,使用群体庞大。

再加上就地取材制作简单，造价低廉经久耐用，操作简便老少咸宜，上下颤动而富于节奏感，堪称中国传统运输工具设计的范例。近代以来，随着现代交通工具引入和现代道路的铺设，传统的畜力、人力货车等退出了历史舞台，而造型简洁、方便易得的扁担并没有完全消失，在今山区丘陵地带，它依然发挥着不可替代的作用。

图片来源

图一、图六　王阵　摄影
图二至图五　叶成闻　制图

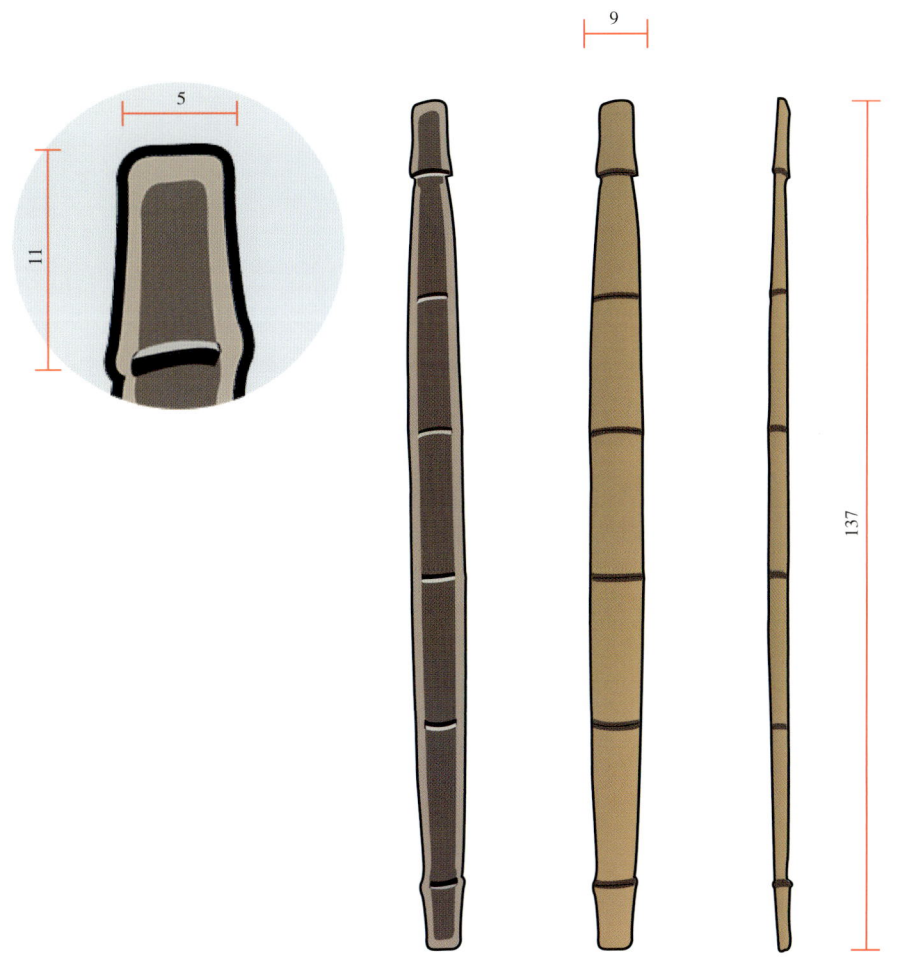

图二　浙南景宁畲族挑长担尺寸图（单位：cm）

组合使用方式一

组合使用方式二

图三　浙南景宁畲族挑长担操作示意图

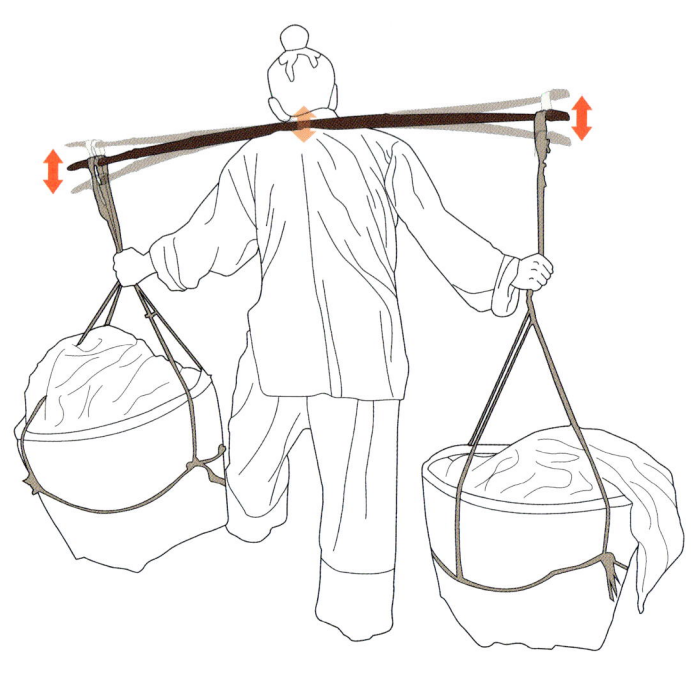

图四　浙南景宁畲族挑长担受力分析图

图五　浙南景宁畲族挑长担延展图

图六　浙南景宁畲族挑长担使用情境图

浙南景宁畲族竹礼品篓

图一　浙南景宁畲族竹礼品篓主图

畲族居住的山区，竹资源丰富，有毛竹、斑竹、金竹、雷公竹等。丰富的竹资源为畲族编织手工艺品提供了丰富的原材料。清《汀州府志》载："汀瑶人……多于深山中编荻架茅为居。……其人入城贸易多竹器、蜂蜜及野兽山禽之类。"可见竹器生产一直是畲族的传统副业。畲族制作的竹器不仅具有实用性，还有很强的观赏性。

竹编工艺主要是利用竹子的弹性和韧性。将竹子剖成细细的竹条竹篾后，编织容易，耐冲洗，不易腐坏，轻便耐用。畲族生活地区潮湿多雨，以竹编用具盛放食物，还可以起到通风保鲜的作用。

竹编工艺大体可以分起底、编织、锁扣三道大工序。具体制作中，从竹子选材到染色喷漆共需要几十道工序。在编织过程中，以经纬编织法为主，在经纬编织的基础上，还可以穿插各种技法，使编织出的图案花色变化多样。通常采用染色的竹片或竹丝互相插扭，以此形成各种色彩对比强烈、鲜艳明快的肌理与图案。

本例礼品篓来自中国畲族博物馆，采用竹子编织而成。礼品篓高35厘米，提手高20厘米，筐高15厘米，礼品篓底为椭圆形，最大直径40厘米，提手中间还有一个金属装饰。礼品篓可以用来储存食物，便于干果等的携带，在畲族的婚俗之类活动中，礼品篓还会用来放置所需物品。礼品篓的提手设计使携带更加方便。

竹编用品为畲民的生活带来了很大的便利，畲民的竹编用品在满足自己生活所需之外，还可以作为副业产品出售，增加收入。针对商业目的的竹编生产，客观上要求竹编技艺大大提高。除此之外，竹编的日用器具与作为节俗礼器的竹编器具工艺与形制都有不同，日用器具具有俭朴的特点，节俗礼器的竹编器具如礼品篓则工艺精湛，形制更精致富丽，装饰手法更多样，代表了畲族竹编技艺的最高水平。

图片来源
图一、图四　王晓戈　摄影
图二、图三、图五　王雪姣　制图

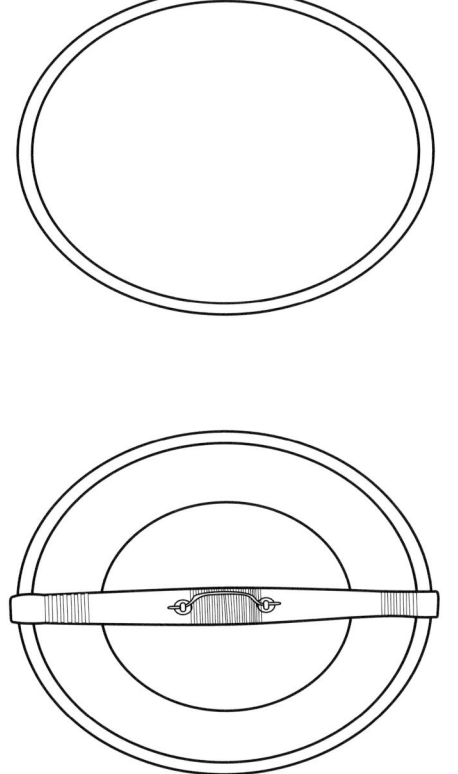
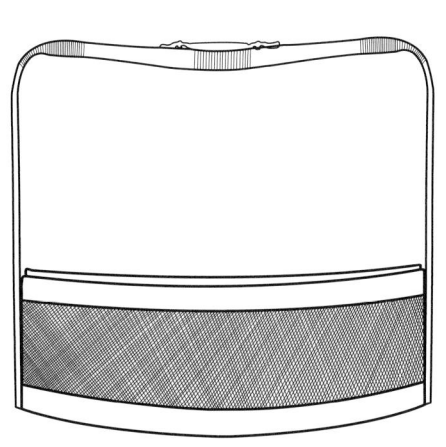

图二　浙南景宁畲族竹礼品篓线描图

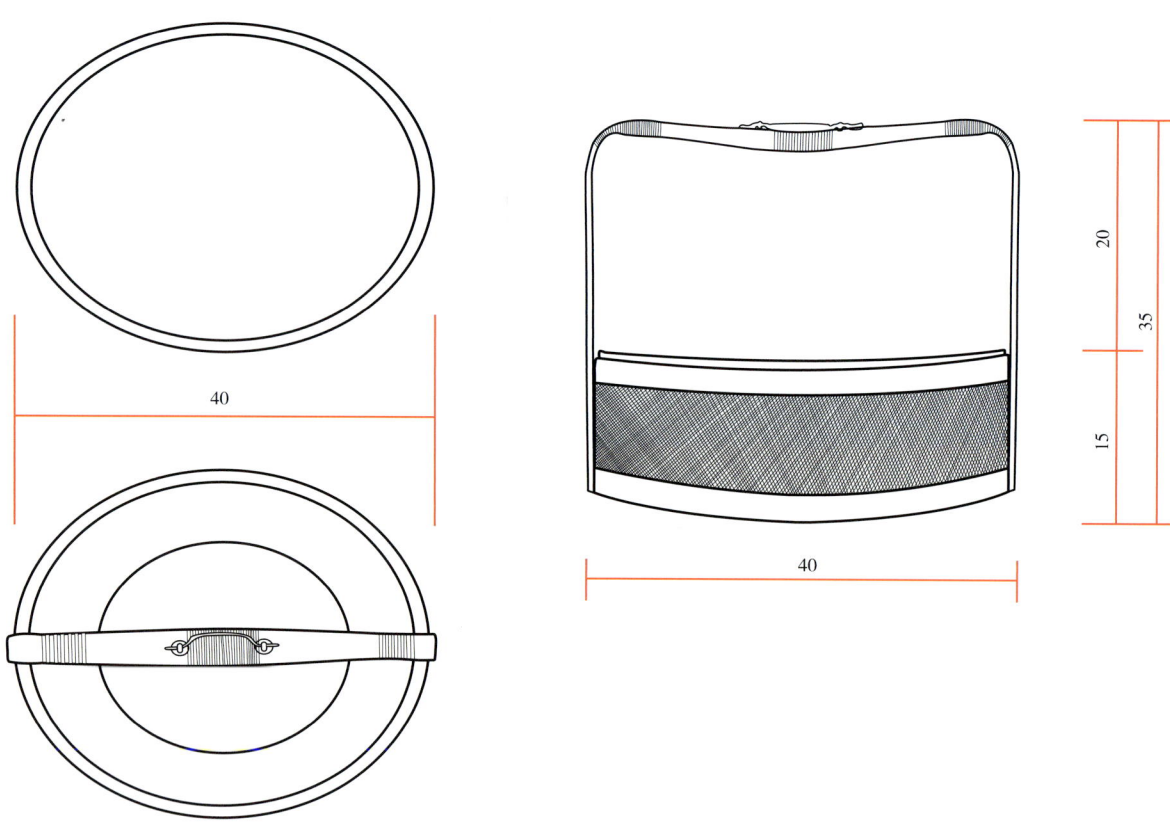

图三 浙南景宁畲族竹礼品篓尺寸图（单位：cm）

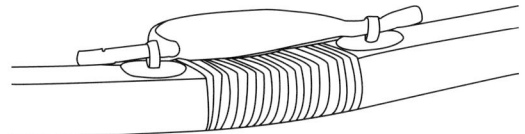

图四 浙南景宁畲族竹礼品篓细节图

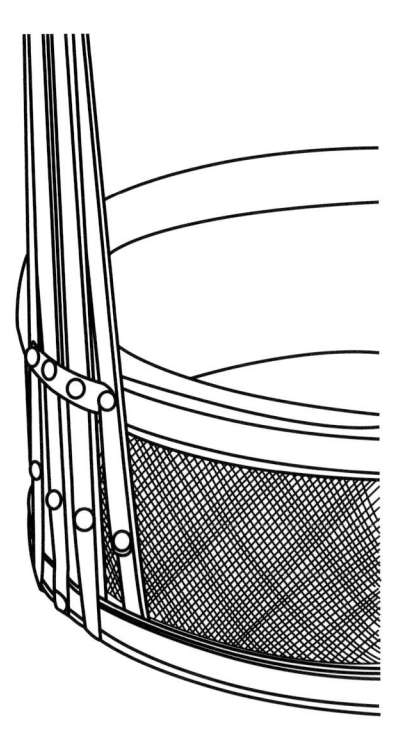

图五 浙南景宁畲族竹礼品篓细节线描图

福安畲族木门锁

图一　福安畲族木门锁主图

木门锁，起源于门闩，是畲族的传统家具。早期的木制锁结构简单、形体笨重，多采用竹竿之类作钥匙，容易开启，距今五千年的仰韶文化遗址中，就曾发现过。春秋战国之交的鲁班改革了这种木制锁。在民间，木锁一直沿用至明清时期。畲族受汉族影响，木门锁与汉族早期的竹、木锁结构近似，是一种古老的形制。

本案例木门锁采集于福建省福安市康厝乡凤洋村，为畲族家具木制物件。锁体由两块木块凿制，长15厘米，宽分别为4厘米、10厘米。在木块的中间挖凿有一端通透的"口"形槽，内置活络硬木锁栓，锁栓在槽内一端呈倒凹形，上有1厘米的两个小孔，作为"机关"可锁住木锁栓。锁体上横开凸形长10厘米，宽1厘米，高1.5厘米的钥匙孔，将木钥匙插进钥匙孔，套入倒凹形木槽内，使两个柱状齿嵌入小孔，往前推木栓，行使关闭功能。将木钥匙往回拖，木栓相应往回缩，完成开锁功能。木锁木钥匙长18厘米，一端有两个高0.8厘米的柱状齿。锁的木质虽已陈旧，但木钥匙油亮光滑、纹理清晰、木节坚硬，锁体包浆厚重。

此案例由木材制作而成，木质较软，易于加工，能够做出各种不同的形状。整锁纹理美观，易于着色和油漆，装饰效果好，同时也具有良好的弹性、韧性、抵抗冲击和震动效果。本锁经久耐用，重在实用功能。

图片来源
图一　王晓戈　摄影
图二至图七　郑婷婷　制图

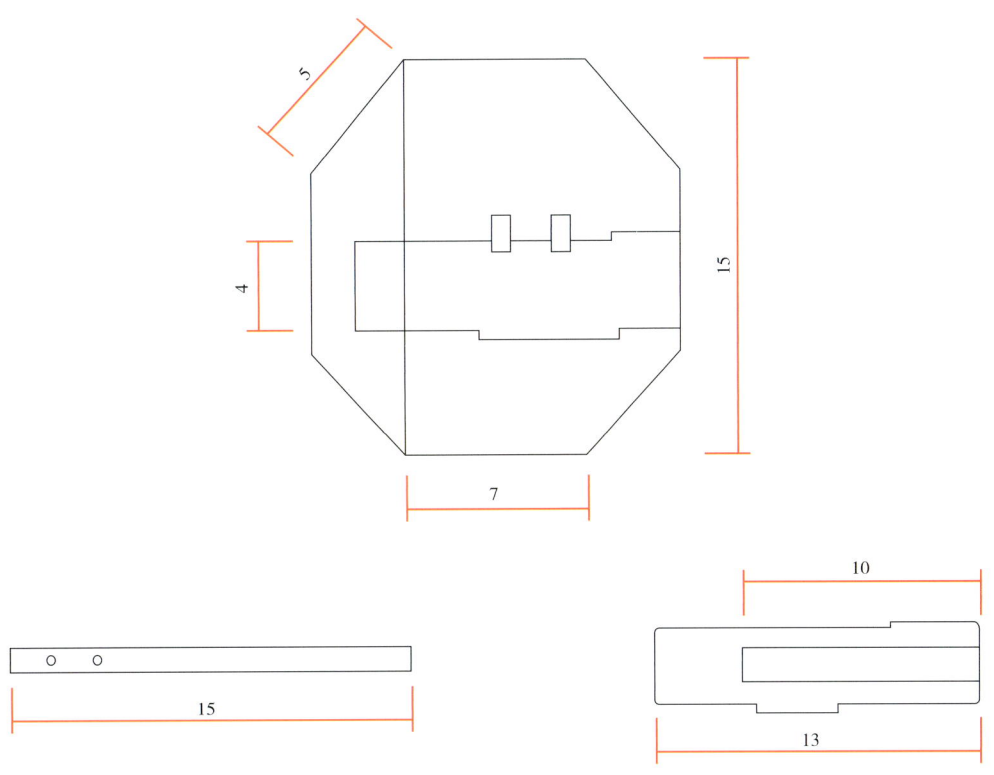

图二　福安畲族木门锁三视、尺寸图（单位：cm）

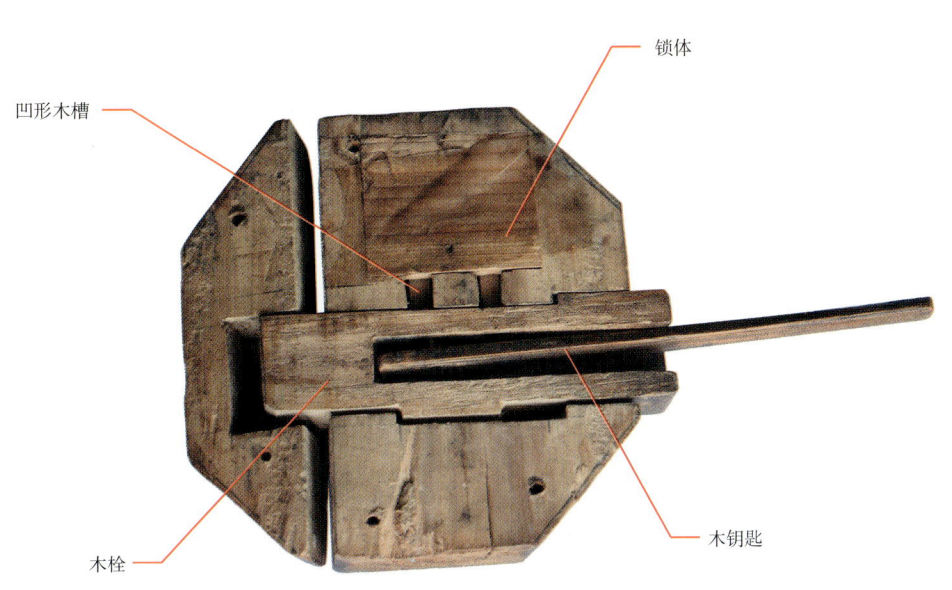

图三　福安畲族木门锁结构名称图

图四　福安畲族木门锁零部件图

图五　福安畲族木门锁操作示意图

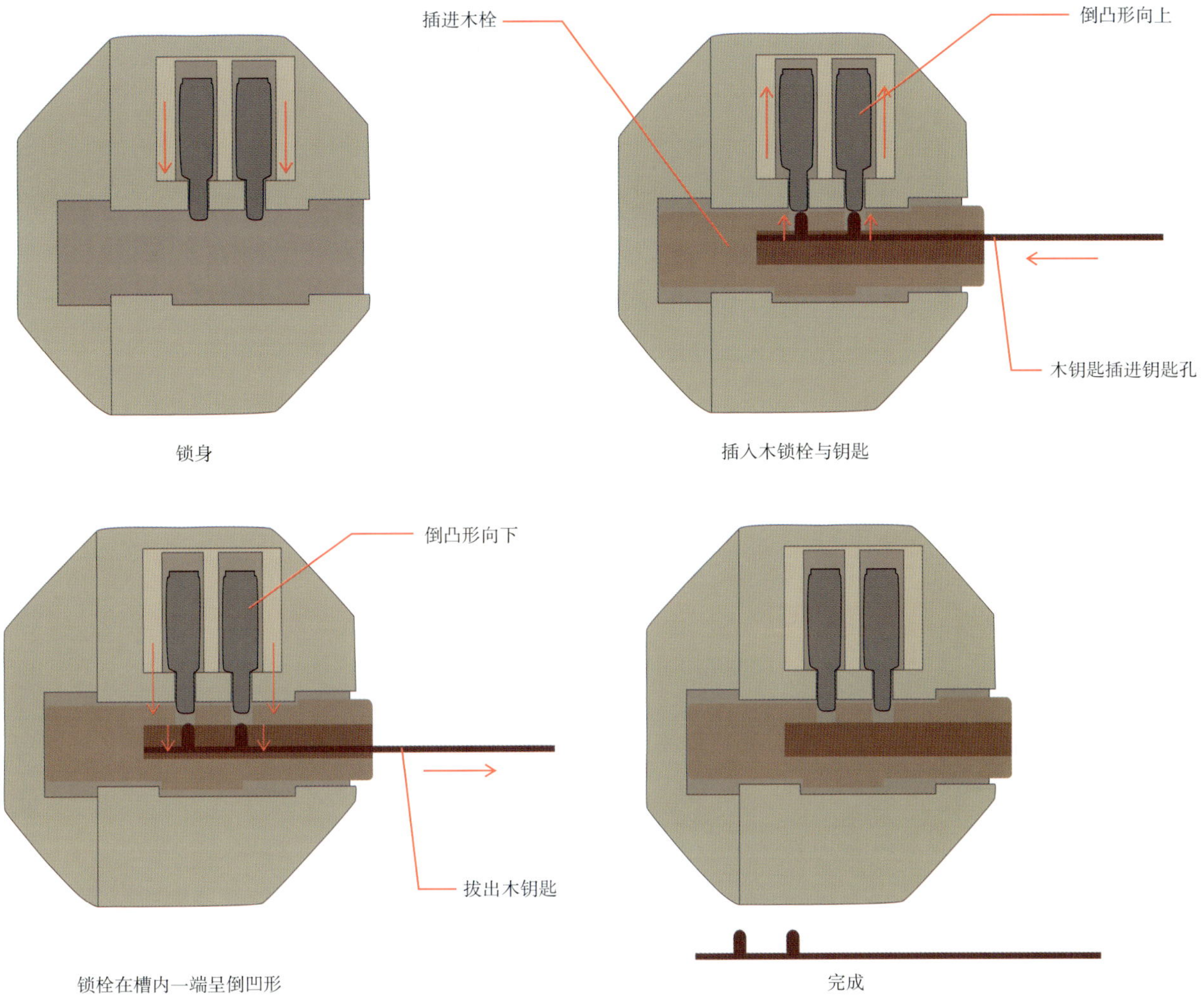

插进木栓　　　　　　　　　　倒凸形向上

锁身　　　　　　　　　　插入木锁栓与钥匙

木钥匙插进钥匙孔

倒凸形向下

拔出木钥匙

锁栓在槽内一端呈倒凹形　　　　　　完成

图六　福安畲族木门锁工作原理图

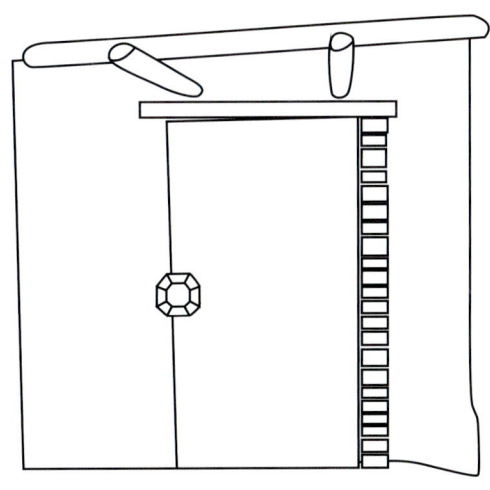

图七　福安畲族木门锁使用情境图

第四章　畲族传统生活用具

183

闽东福安畲族竹茶筒

图一　闽东福安畲族竹茶筒主图

茶筒是盛放茶水的容器。畲民多在山中劳作，工作强度较大，流汗多，需要及时饮水。出门在外，茶筒是必备的器具。

本例"竹茶筒"出自闽东福安康厝凤洋村。茶筒采用四节根部老竹制作，全高47厘米，外部直径12厘米，壁厚0.5厘米。茶筒可装水的部分高约38厘米，容量在2800毫升左右。茶筒装满水后，加上自重，重量达到3.5公斤，携带这样的重量并不轻松。据当地人介绍，这样的茶筒通常是个人使用，使用这样大容量的饮水用具，表明工作强度大，且劳作的场所取水不便，需要一次性带够所需茶水量。

本例竹茶筒采用一段四节竹筒制作，顶部竹节未被打掉，只是钻出两个孔，这样的做法既能减少饮水被污染的机会，又能控制出水的流量；倒出茶水时，一个孔出水，一个孔进空气，倒出的水流平稳均匀；顶上保留半节竹筒方便注水，类似于漏斗的功用，在出水处特意凿磨出弧形槽，以疏导水流，防止滴漏。在竹筒上端的竹节外侧，有两个穿洞的耳，可以系绳，便于提携。竹茶筒由于造型限制无法将清洗用具深入其中，遂在底部设一小孔，穿绳之后可将竹筒倒悬于阴凉通风处晾干，这样便可有效防止竹筒内部残留液体的菌群滋生。

值得注意的是，上端竹节外侧的双耳，是采用削刮筒壁的方式使双耳凸出筒身。制作者巧妙地利用了竹筒壁的厚度与竹节硬度较高的特点，在制作双耳的同时削薄了筒壁，既保证了容量，又大大降低了容器的自重。双耳高出筒壁约1厘米，筒壁厚度为0.5厘米，去除竹节自然凸出的高度，被去掉的竹筒厚度至少也达到0.5厘米，由此推算，整个竹茶筒的自重由此减少了将近一半。通过这种方法，在轻便与耐用之间取得了平衡。茶筒顶端口沿处略微外伸，同样也是采用削刮的方法制作。制作者选择用多年生长的老竹根部材料来制作茶筒，是考虑到竹根部的材料直径最大、竹筒壁较厚且坚实致密，在削薄筒壁之后还能保证器物的经久耐用，在取材与制作上可谓煞费苦心。

图片来源
图一　翁东翰　摄影
图二至图七　翁东翰　制图

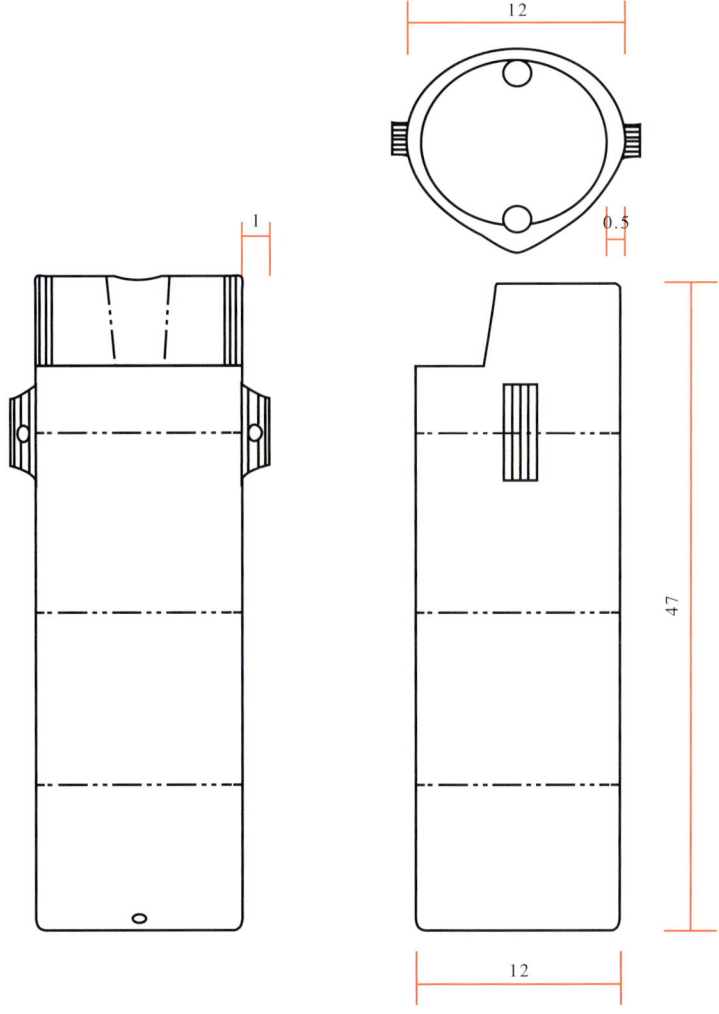

图二　闽东福安畲族竹茶筒三视尺寸图（单位：cm）

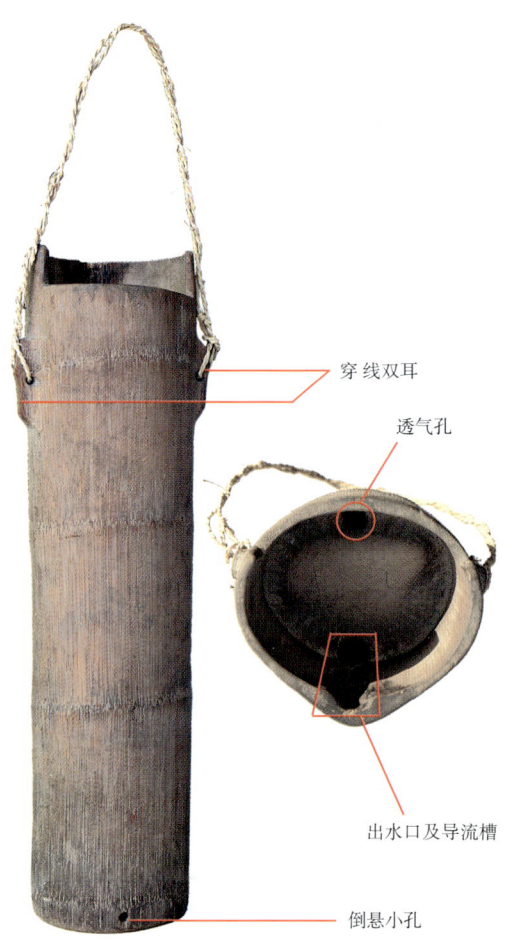

图三　闽东福安畲族竹茶筒结构名称图

穿线双耳
透气孔
出水口及导流槽
倒悬小孔

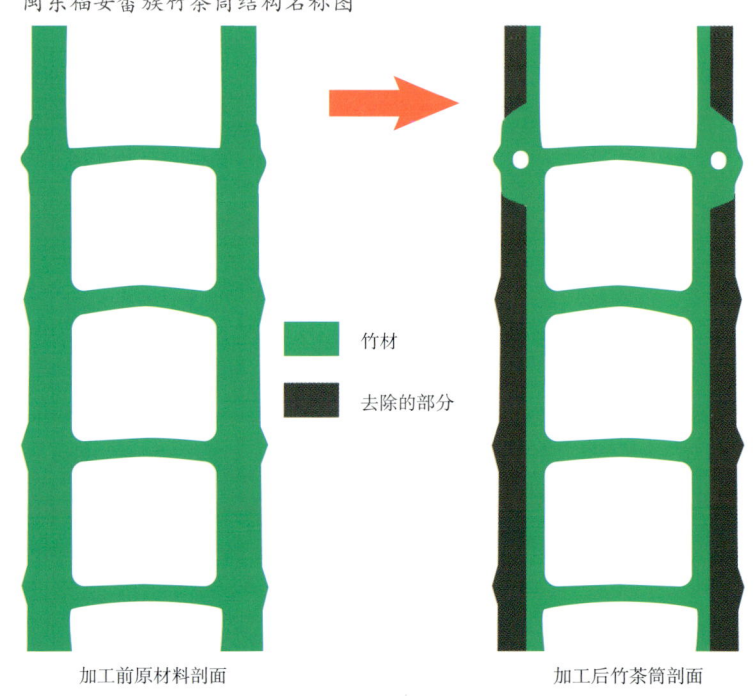

竹材
去除的部分

加工前原材料剖面　　　　加工后竹茶筒剖面

图四　闽东福安畲族竹茶筒工艺剖面图

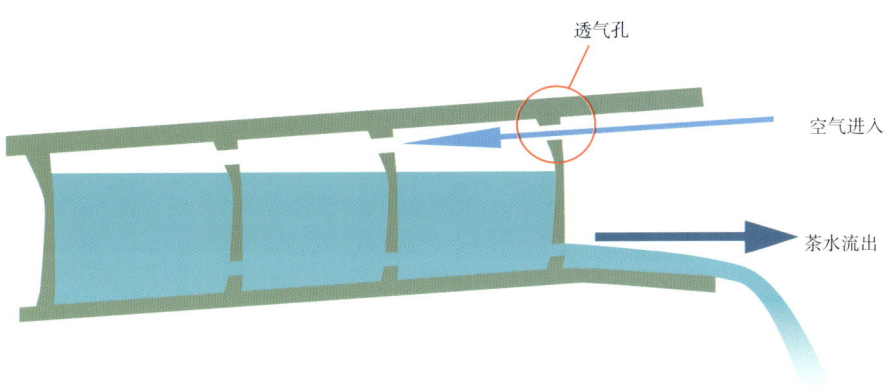

图五　闽东福安畲族竹茶筒使用情境图

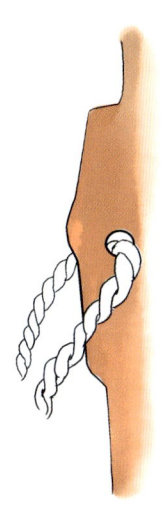

图六　闽东福安畲族竹茶筒细节分解图

图七　闽东福安畲族竹茶筒手绘图

闽东罗源畲族竹制饭筒

图一　闽东罗源畲族竹制饭筒主图

畲族人对于竹的利用由来已久，畲山竹子具有坚、韧、柔、直等特点，非常适合制作耐用的生活器具。竹制饭筒即是竹制饮食容器中的一个代表，是用以装盛米饭和些许配菜的便携饮食容器，具有一定的保温性。用竹子做成的饭筒较陶土和瓷器容器，更利于畲民在田间山中劳作时携带。

本例"竹制饭筒"出自罗源霍口福湖村，由筒盖和筒身两部分组成，有麻绳相联结，全高17厘米，容器内部直径9厘米，内壁厚约0.5厘米，深15厘米，去除筒口的高度，实际容量约为750毫升，作为成年人单人使用已是足够。

本例竹制饭筒采用包含两个竹节的一节竹筒制作，取陈年老竹，材料性质更为稳定。削去尾首多余的部位，从中段锯为一长一短两段，长为筒身，短为筒盖，通过不断削刮筒身与筒盖内部的形状，达到盖与筒的完美契合，使其严丝合缝。这样的密闭性，能使放入其中的食物或米饭保持一定时间的温度。

从造型结构上看，筒身与筒盖契合处有一圈刻意预留的突起，并附带有双耳用以穿绳携带，由于竹筒具有硬度韧度皆高的特点，此处工艺采用削刮筒壁的方式制作筒盖的限位和双耳，不但保证了筒身与筒盖的吻合，同时也减轻了竹饭筒自身的重量，提高了便携性。

特别需要提到的是本例竹制饭筒的提绳设计颇为精妙，麻绳穿过筒盖顶端侧面开凿的两小孔，再经过筒身突起的双耳，之后首尾相连。既解决了筒盖容易被遗忘掉落的问题，同时也由于竹筒本身并不是标准的正圆，在扣合时略有不便，而这个设计在提起筒盖上的麻绳时，就能用绳子引导筒盖与筒身方便地扣合在一起。可见畲族的能工巧匠们不但在选材上甚为考究，在实用细节的设计上也有独到之处。

此竹饭筒除了装盛食物之外，还兼有采集物品之用途。畲族人劳作于山林之间，竹饭筒也时常用于放置收集其他物品，例如山间的草药、野果等等，可以说是一个实用的随身小容器。

图片来源

图一　翁东翰　摄影

图二、图六　林蕾　制图

图三至图五　翁东翰　制图

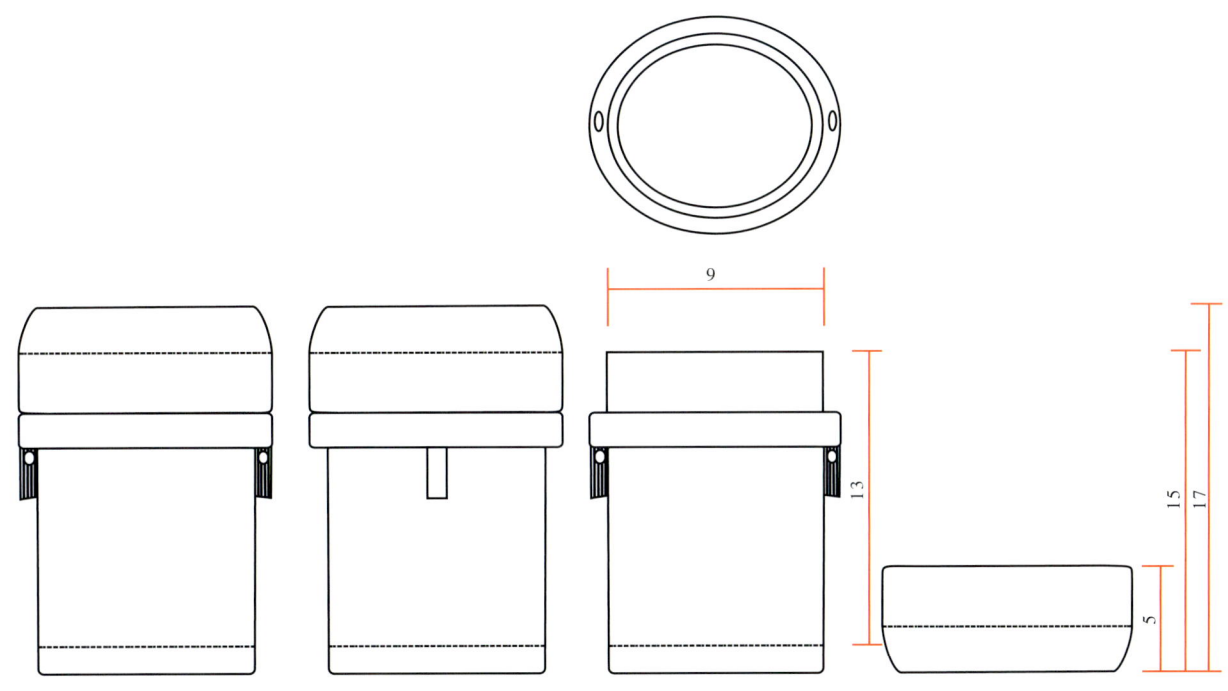

图二　闽东罗源畲族竹制饭筒尺寸图三视图（单位：cm）

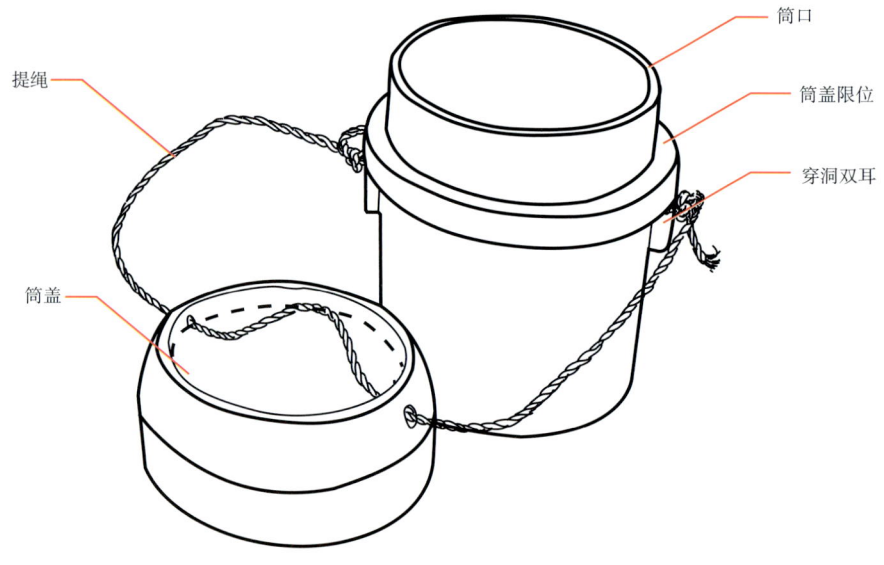

图三　闽东罗源畲族竹制饭筒结构名称图

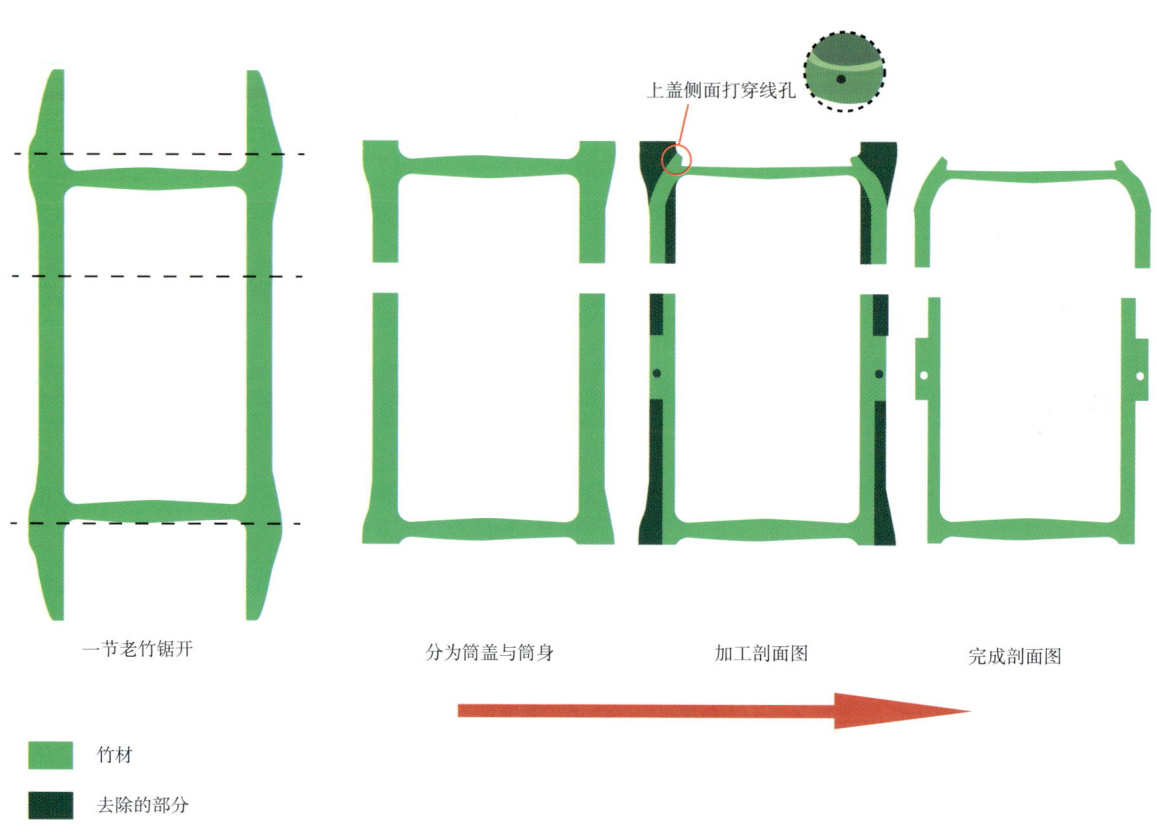

图四　闽东罗源畲族竹制饭筒工艺图

图五 闽东罗源畲族竹制饭筒使用情境图

图六 闽东罗源畲族竹制饭筒手绘效果

第四章 畲族传统生活用具

浙南畲族竹制水壶

图一　浙南畲族竹制水壶主图

竹制水壶是畲民上山劳动时装水用的容器。由于畲族长期居住在经济条件较为落后的山区，自然条件相对恶劣，频繁的迁徙，刀耕火种的生产方式，劳动强度比较大，交通不便，故劳动时要随身携带水壶，来补充体内消耗的水分。另外，畲族居住地区盛产毛竹，得地利之便，畲族的传统生活器具多以竹子为原料，简单实用，经济实惠。

本案例出自浙江丽水宁鹤溪镇程小军家中。水壶采用老竹根制作而成，长12厘米，宽9厘米，高16厘米。竹制水壶呈扁平状，这样的造型也便于手持，不易滑落，左右两边中间靠上处各有一个带小孔的小柄，用铁丝圈住小孔，然后用线连接两边铁丝，便于携带，最上端中间有喝水处，喝水处用竹条编织围住，瓶塞通过绳子系于旁边，不容易造成盖子遗失，而且顺着绳子也可以很容易找到盖子。

此件竹制水壶，使用方便，制作精巧，实用性非常强，体现了畲民从简从朴的生活习惯，至今仍被使用。这种利用天然材质，对其材料特点巧妙加以利用的设计思想，值得当代设计师借鉴。

图片来源
图一　王雪姣　摄影
图二至图六　王雪姣　制图

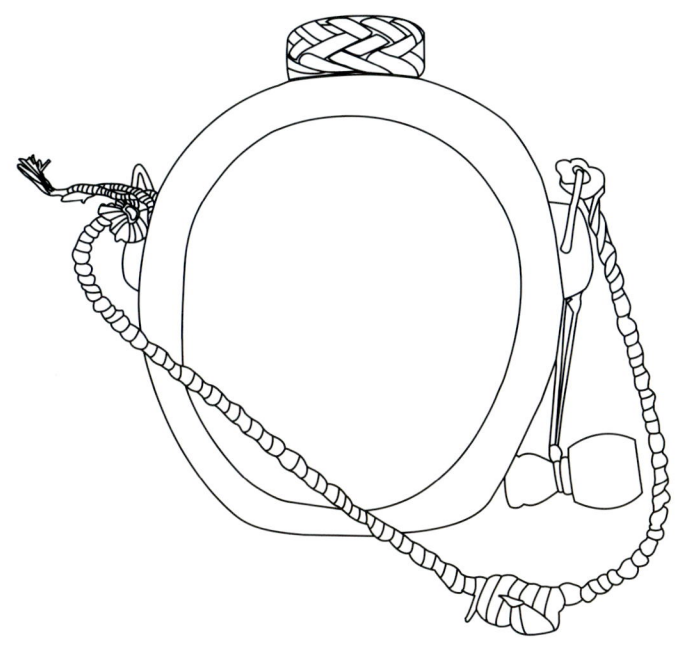

图二　浙南畲族竹制水壶线描图

图三　浙南畲族竹制水壶尺寸图（单位：cm）

第四章　畲族传统生活用具

图四　浙南畲族竹制水壶结构名称图

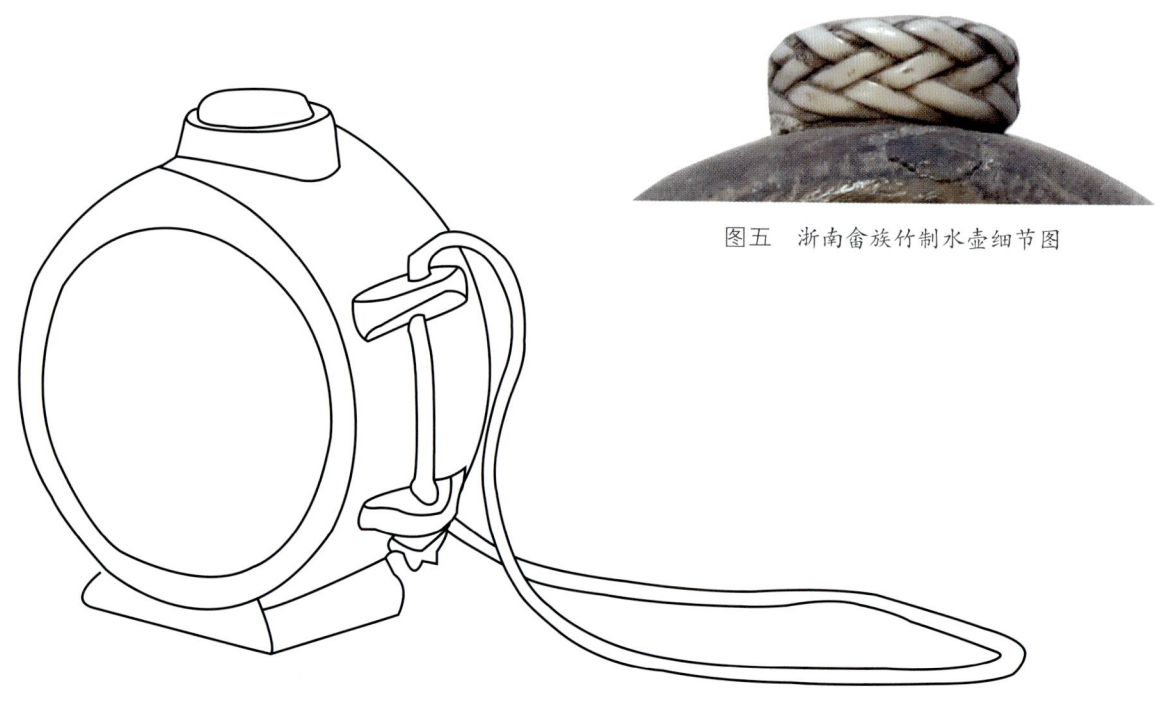

图五　浙南畲族竹制水壶细节图

图六　浙南畲族其他样式水壶

闽东畲族碗架

图一　闽东畲族碗架主图

　　碗架是畲族传统生活中使用率极高的一种用具。畲族人生活的地域环境相对温热潮湿，很不利于食物的新鲜存储。为了更好保存食物以及放置厨具，畲族人创造了碗架这一简单实用的生活用具，通常悬挂于厨房，用来放置食物和食具。

　　畲族民众使用的碗架材质是竹子。畲族聚居区大多盛产竹子，碗架采用竹子制作，取材容易，加工便利。本例碗架来自霞浦县溪南镇半月里村。碗架总高90厘米，绳长43厘米，竹架总高47厘米。上下分为四层，每层都由三片竹片（每片竹片长20厘米）组成一个三角形，两两相连，从下往上第一节高16厘米，第二节高15厘米，第三节高17厘米，各层之间都由三个木棍连接，木棍通过木片的连接孔连接每层，最上层由绳子链接碗架的三个角系结挂于厨房，离地面140厘米。碗架这样的设计便于餐具分类放置和食物的通风保鲜，还兼有一定程度上防鼠的功用。挂于厨房高处的碗架还可以节省很多空间，便于取和放置东西，这样的设计，展现了畲族人的巧思与智慧。

图片来源
图一　蓝泰华　摄影
图二至图六　王雪姣　制图

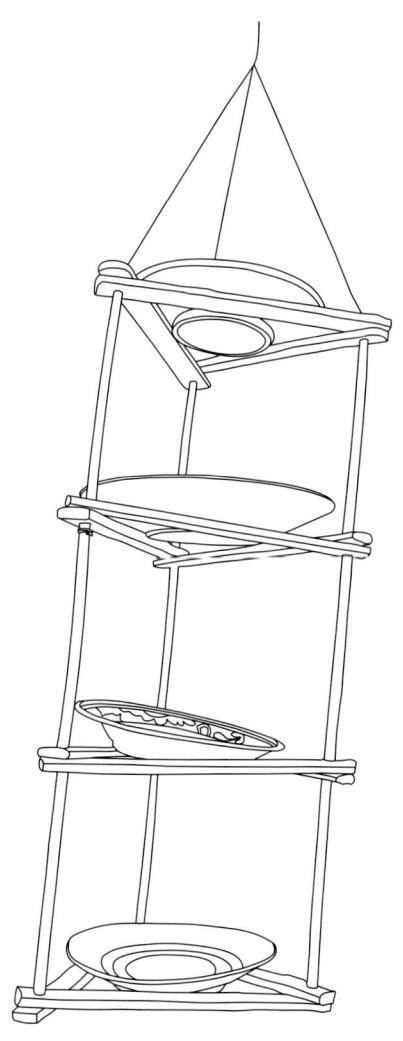

图二　闽东畲族碗架线描图

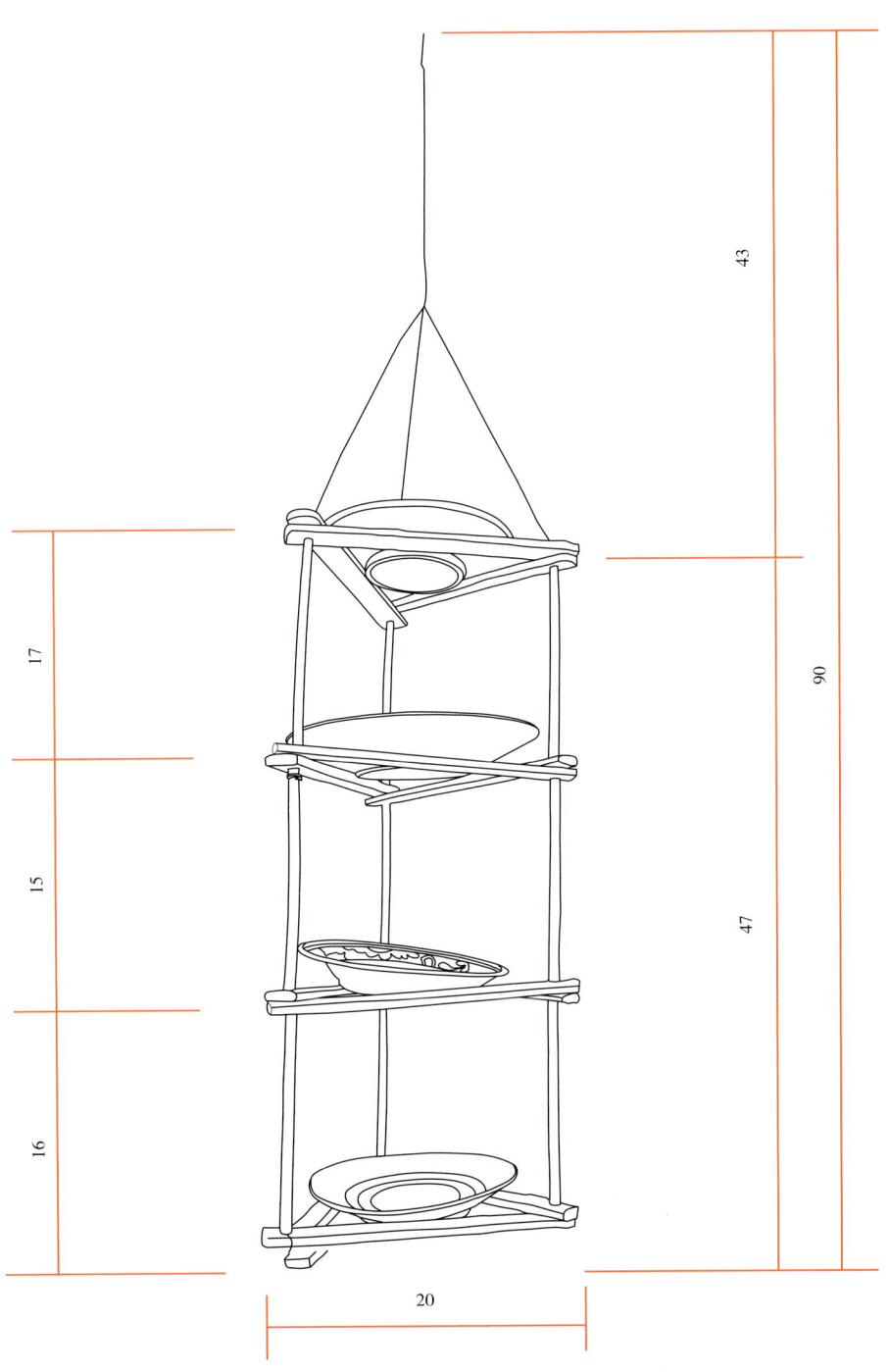

图三　闽东畲族碗架尺寸示意图（单位：cm）

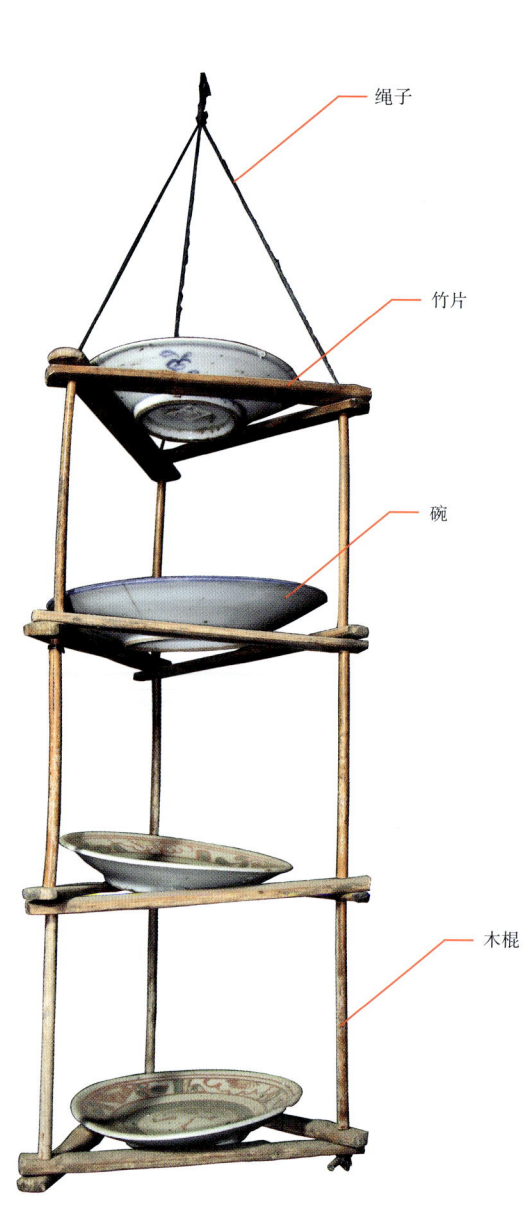

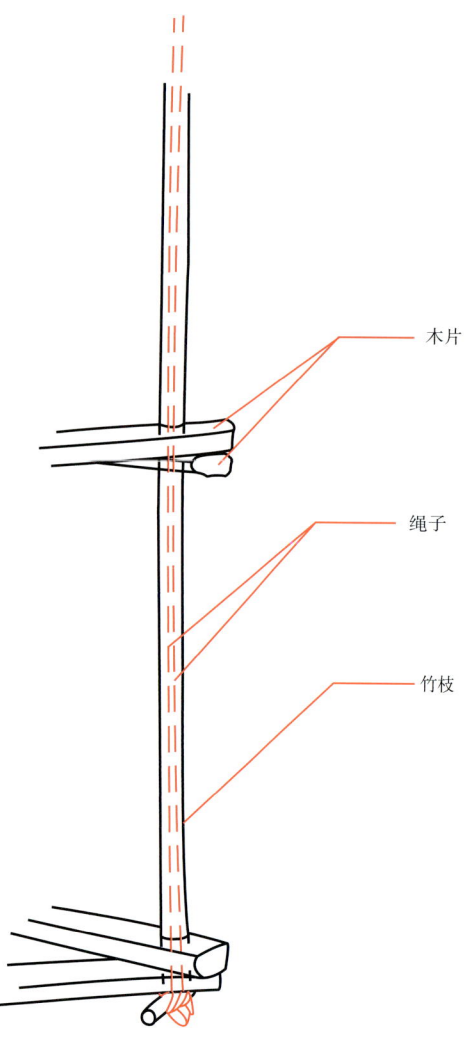

图四 闽东畲族碗架结构名称示意图

图五 闽东畲族碗架细节图

图六　闽东畲族碗架使用情境图

闽东畲族烤火笼

（1） （2）

图一 闽东畲族烤火笼主图

烤火笼，又称为"烘笼"，所谓"烘"是指它的功用，"笼"是指它的外形。烘笼是畲民在冬季抵御严寒时常使用的一种日常生活用具。畲民所住的山区，冬季阴冷潮湿，畲族谚语有云："野菜作粮草，生姜当油炒，竹篾当灯点，火笼当棉袄。"[1]烘笼遂成为取暖的必备用具。

烘笼的外形像缩小了的圆柱形花篮。烘笼通体用光滑的竹篾织成笼身，里面是陶土制的大钵，一般是腌制咸菜的坛子的上盖或者土碗，用来盛木炭等烧材。烘笼外配有弯弯的拱桥状的柄和圆铁丝编织的盖子。

畲民居住的南方山间多竹，竹种类丰富，有毛竹、斑竹、金竹、雷公竹、石竹等，[2]畲民可以就地取材，原材料丰富。竹材具有收缩量小，割裂性、弹性和韧性高，有很好的抗拉性和抗压性，且竹编器具经久耐用。畲民烤火取暖的形式多种多样，而烘笼烤火是比较普遍的一种。

烘笼的燃料，是把灶膛里做饭烧剩的未燃尽的细碎木炭，或用火钳、或用小铁铲铲进烘笼肚里的土盆中，再加点木炭，上面铺一层已燃烧过的木炭灰。炭灰能起到隔热作用，同时能减少火炭与空气的直接接触，保证火炭缓慢而均匀地燃烧，延长使用时间，炭火放在笼肚里可以保温2—4小时左右。待木炭燃去半盆，再轻轻拨开盆中的死灰，添木炭，再盖炭灰，如此反复，经久不灭。

本案例采集自福建省宁德市霞浦县溪南镇半月里村，该烘笼为竹编结构，外壳是用细竹篾编织而成，竹笼内放一陶钵，再配上一个倒"U"形竹手柄，具有方便提携的作用。烘笼高23厘米，底宽9厘米。烘笼构造简单，使用方便，如：可提在手上，也可夹于双腿间，或者放在地上烘脚取暖。当烘笼温度太烫的时候就可以把脚放在烘笼的手柄上，温度不太烫的时候就直接把脚踩到笼口沿边上取暖；穿着长衫的老人和妇女则将火笼放在长衫内烘烤，以此御寒。从设计特色来说，该案例是多种材料的综合运用：竹篾韧性好，造型方便，手感舒适，陶器制作的地盘不怕火，木炭能发热但不生烟，开敞性的结构便于观察与控制火，既尊重了各种物料的自身特性，充分发挥所长，又简单实用，使用方式多样，满足取暖需求。

图片来源

图一（1）　詹黎明　摄影
图一（2）　王晓戈　摄影
图二至图六　詹黎明　制图
图七　刘慧云、王晓戈　摄影

参考文献

[1]钟雷兴.闽东畲族文化全书·文物卷[M].北京：民族出版社，2009：140
[2]邱国珍等.畲族民间文化[M].北京：商务印书馆，2006：302

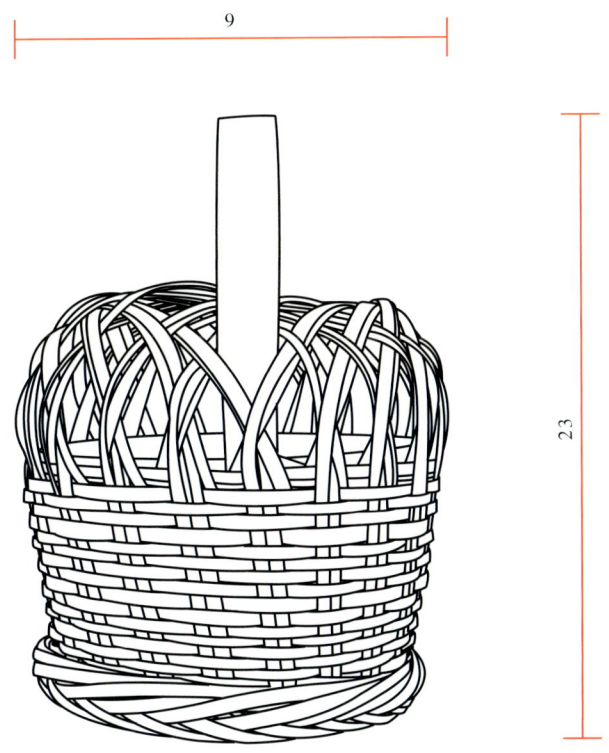

图二　闽东畲族烤火笼尺寸图（单位：cm）

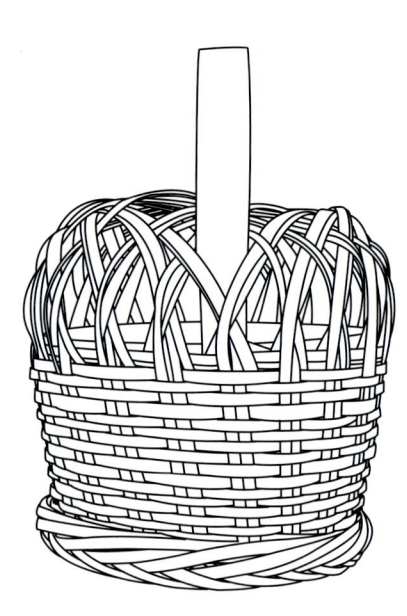

图四　闽东畲族烤火笼结构名称图

提手

陶制底盘

竹编外篮

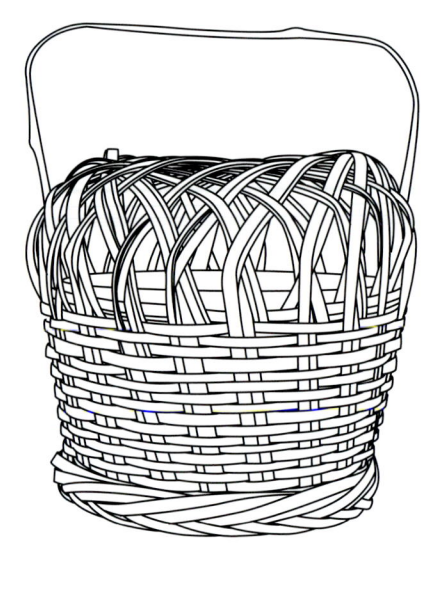

图三　闽东畲族烤火笼三视图

图五　闽东畲族烤火笼使用情境图

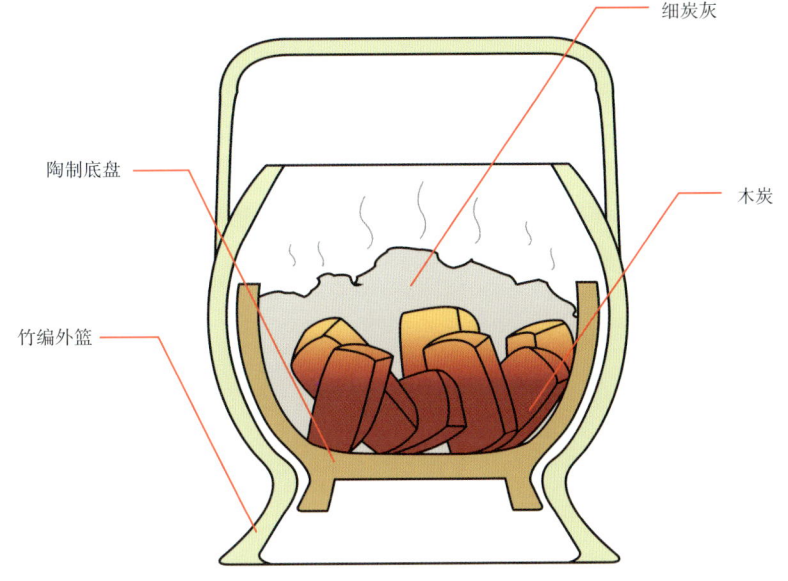

图六　闽东畲族烤火笼剖面分析图

宁德市霞浦县半月里村烤火笼

浙江省景宁畲族博物馆烤火笼

图七　闽东畲族烤火笼延展图

闽东霞浦畲族手炉

图一 闽东霞浦畲族手炉主图

手炉是畲民传统的一种生活用具，是冬天暖手用的小炉，为畲民度过严冬发挥了极其重要的作用。手炉是由火盆逐渐发展演变而来，由炉身、炉底、炉盖（炉罩）、提梁（提柄）组成，多为铜质，选料上又有红铜、紫铜、银白铜、白铜、黄铜等区别。炉身用来盛放火炭与炭灰，炉盖上有小孔，用以通风并散热，提柄方便握持、携带。相对于脚炉而言，手炉因其可以捧在手上，笼进袖内，所以又名"捧炉""袖炉""手熏""火笼"[1]。畲族谚语有云："野菜作粮草，生姜当油炒，竹篾当灯点，火笼当棉袄"[2]。既反映了当时畲民生活的艰辛，也表明手炉是畲民冬季山居生活中不可或缺的一种生活用具。以往畲族新娘的嫁妆中除了有锄头、斗笠、棕衣、线篓等物品之外，还有手炉，这说明手炉是畲族婚嫁中必不可少的物品。

手炉的燃料，最常用的是谷壳（砻糠），此外也有使用木炭的。使用过程通常是先取下炉盖，将燃着的火炭放入炉身，火炭上面盖一层炭灰，再将炉盖盖上。炭灰能隔热，不会让炉体过热烫人；炭灰还能减少火炭与空气的直接接触，保证火炭缓慢而均匀地燃烧，延长使用时间。如果感到炉子不热了，可用拨火勺将炉内炭灰再翻动一下，让火炭接触空气，便又能持续使用一段时间。[3]

本案例采集自福建省宁德市霞浦县溪南镇半月里村，青铜材质，手工锻打成型。炉身表面为素面，炉盖因为要透气，采用镂空和錾刻工艺制成"梅兰竹菊"等吉祥纹饰，反映畲民对美好生活的祈望，也是畲民坚贞品格的象征。[4]炉身为瓜棱形，美观大方，手炉提梁为折角炳，炉底为平底。手炉总高18.5厘米，炉体长22厘米，宽18厘米，高12.5厘米，提梁宽6厘米。整个手炉比例匀称，造型朴实大方，且符合人体工程学原理。这样精致的工艺，是畲族长期生活的智慧结晶，造型上明显受到汉族器具及纹饰的影响，是清代以来畲汉民族文化交融的体现。

图片来源
  图一、图三、图六 刘慧云 摄影
  图二、图四、图五、图七 詹黎明 制图
  图八 王晓戈 摄影

参考文献
[1]李豫闽.中国设计全集·用具类编·民艺篇·卷十七[M].北京：商务印书馆.2012：8

[2]钟雷兴.闽东畲族文化全书·文物卷[M].北京：民族出版社，2009：140

[3]李豫闽.中国设计全集·用具类编·民艺篇·卷十七[M].北京：商务印书馆.2012：8

[4]李豫闽.中国设计全集·用具类编·民艺篇·卷十七[M].北京：商务印书馆.2012：9

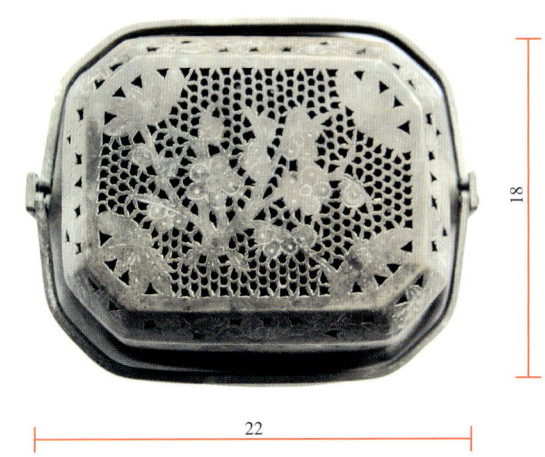

图二 闽东霞浦畲族手炉三视尺寸图（单位：cm）

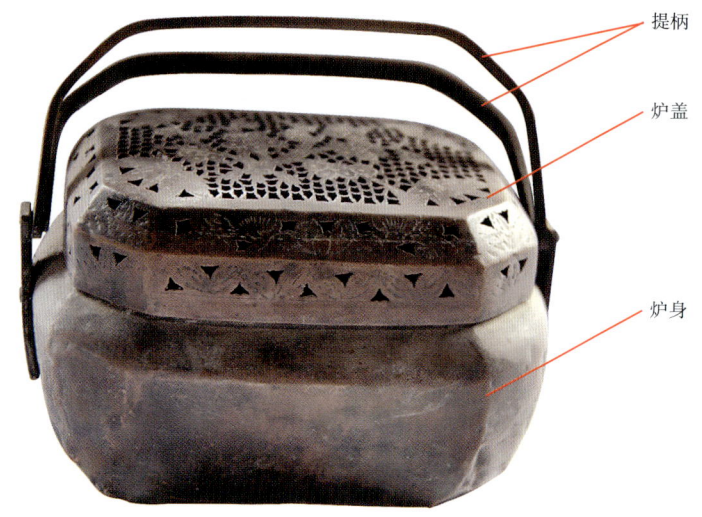

图三　闽东霞浦畲族手炉结构名称图

提柄
炉盖
炉身

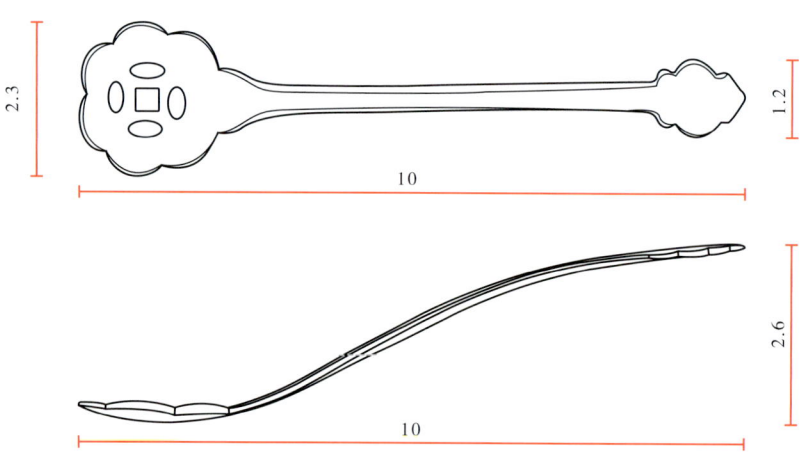

图四　闽东霞浦畲族手炉拨火勺（单位：cm）

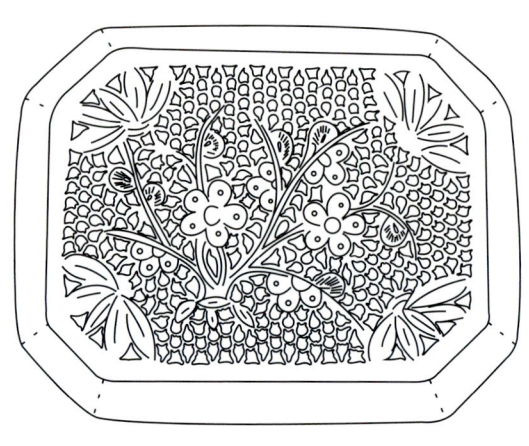

图五　闽东霞浦畲族手炉盖花纹线描图

图六　闽东霞浦畲族手炉盖花纹延展图

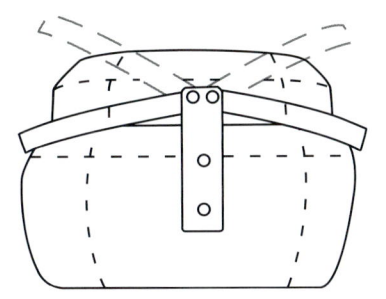 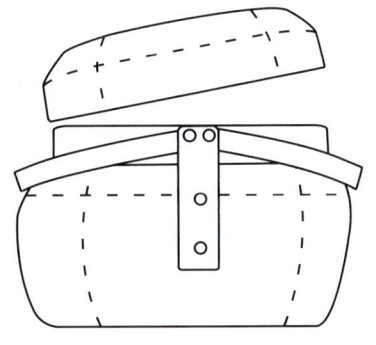

图七　闽东霞浦畲族手炉使用示意图

图八　闽东霞浦畲族手炉延展图

207

闽东霞浦畲族织篮

图一　闽东霞浦畲族织篮主图

　　织篮是畲民用于盛放用具的竹篮。常见的织篮有大方篮、小方篮、小半篮、中庄篮、市庄篮、提篮等十多个式样，不同形制的织篮功用不同，如O型的织篮通常是用来放梭子、剪刀等纺织与针线工具，较大织篮可以用来放布和线团等。

　　李绂《汀州府志》载："结庐山谷，诛茅为瓦，编竹为篱，伐荻为户牖。所制竹器有筐、筐，皆鬻于市。"[1] 畲民居住的南方山间多竹，为畲民编织手工艺品提供了丰富的原材料。织篮较为常用，旧时，畲族的妇女几乎都会编上几个式样的竹篮。畲民在编制织篮时，用篾刀和多种工具将竹子劈成各种厚度和各种宽度的篾，或将竹子剖削成粗细匀净的篾丝，一般要经过丝、刮纹、打光、劈细、编织、着色和涂油等工序。

　　织篮的主要编织方法有：十字编、人字编、圆面编、六眼编、穿丝编、龟背编、翻转弹插、穿插等，编工十分精细，镂空的编织篮，编篾疏朗，工整规范。出于使用的不同需求，各种织篮编织工艺也有所不同，有的极为密，有的多为观赏性，有文字符号的则追求吉祥的寓意。织篮的底部有"八角形""六角形""四角形""圆形"之分。

本案例采集自霞浦县溪南镇半月里村，篮体呈广口膨腹收足的扁圆形，圆形篮体容积较大，能装较多物品，如布、线团等，篮体开口大方便使用，篮底面积较大，不易倾倒。篮高30厘米，篮筐直径33厘米，篮底直径23厘米。编织工艺为经纬交叉型，篮身上下部采用斜纹花密编，中间部分及篮底采用拉花漏空编织，底部采用"米"字编织，上缘框用藤丝扎固。畲民编好篮体后经水煮、上桐油这些工序，最后定型完工。织篮质地坚实轻巧，制作考究，不易腐蚀，不易变形，经久耐用。从整体上看，本案例织篮虽然是一件普通的生活用品，没有过多的色彩与图案装饰，但在制作中能充分利用竹子的材料特性，造型美观大方，结构轻巧牢固，编织细密匀整，使用方便，容易清洗，体现出较高的工艺技能与朴素的美感。

图片来源
图一、图四　刘慧云　摄影
图二、图三、图五、图六　詹黎明　制图
图七　王晓戈　摄影

参考文献
[1]范绍质.猺民纪略.同治汀州府志卷41艺文记

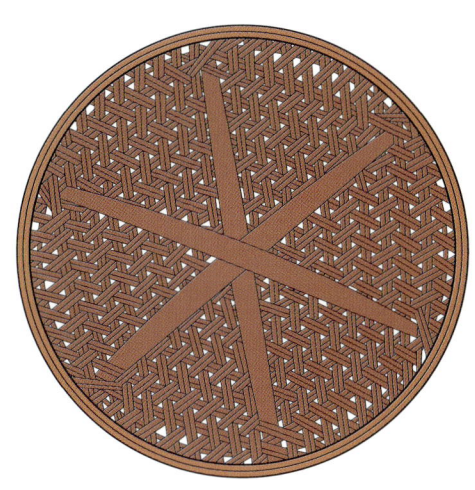

图二　闽东霞浦畲族织篮底线描图

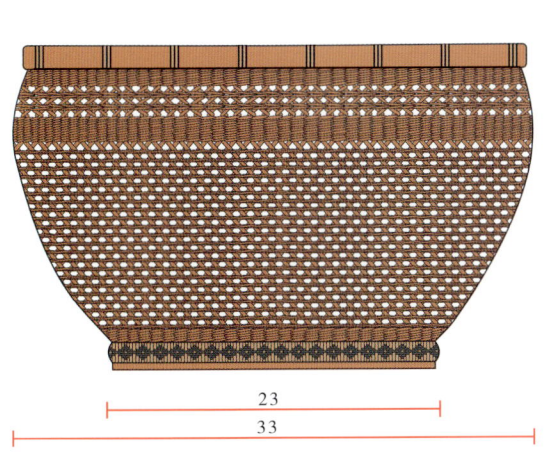
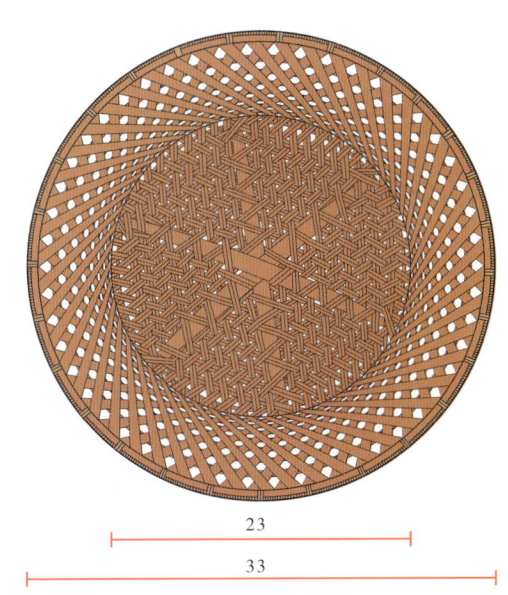

图三　闽东霞浦畲族织篮尺寸图（单位：cm）

第四章　畲族传统生活用具

图四　闽东霞浦畲族织篮结构名称图

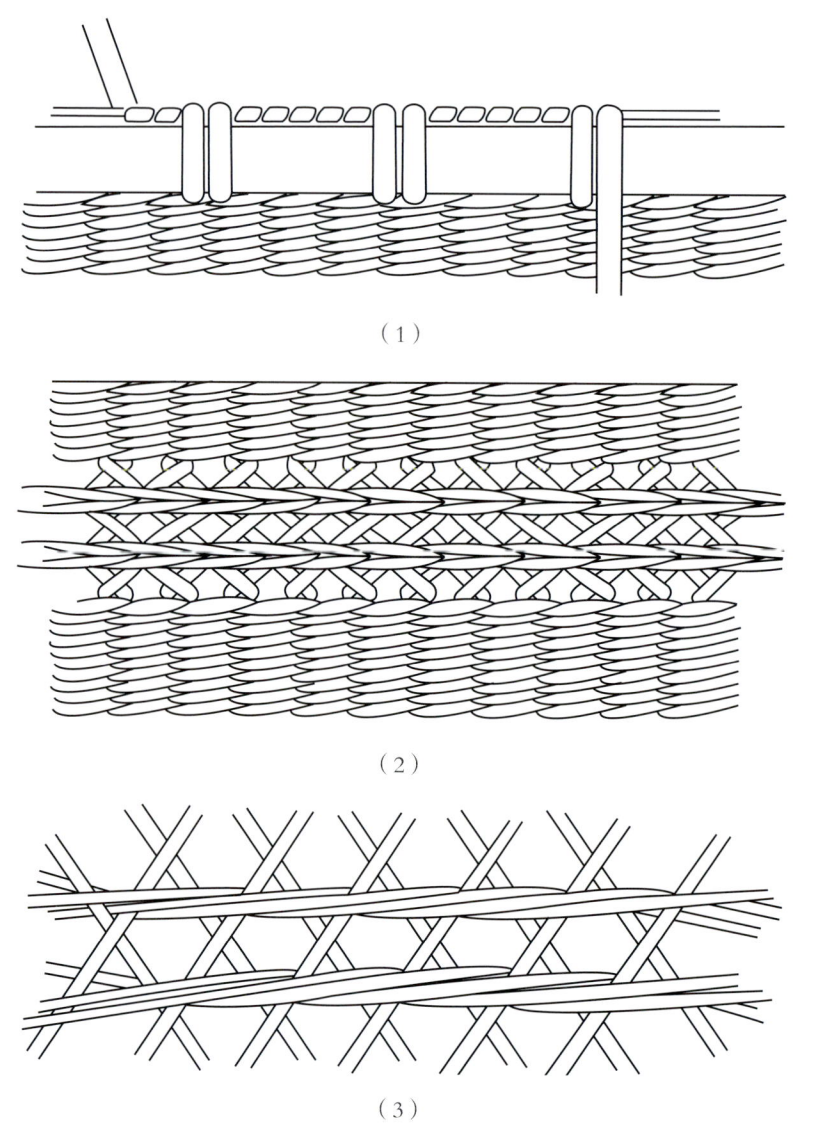

（1）

（2）

（3）

图五　闽东霞浦畲族织篮编织细节图之绕藤编

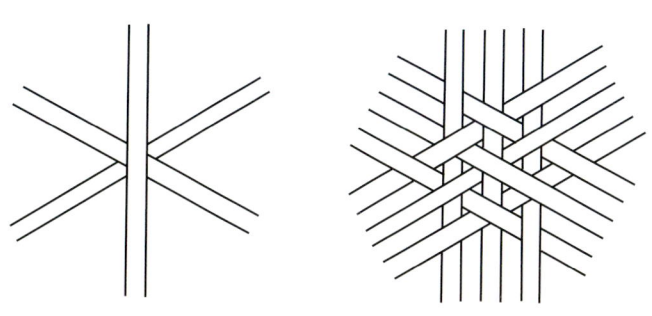

图六　闽东霞浦畲族织篮篮底编织方法示意图

福建省宁德市博物馆

福建省霞浦县半月里村

图七　闽东霞浦畲族织篮延展图

第四章　畲族传统生活用具

闽东福安畲族薯箕

图一　闽东福安畲族薯箕主图

畲民居住的山区，耕地地块小，土地贫瘠，水稻田少，旱地多，农作物产量低，[1]因此适宜种植杂粮，尤以种植番薯为主，番薯是明清以来畲民主要的山地作物品种。

番薯是明万历年间从吕宋传入福建的。1594年，福建发生饥荒，巡抚金学曾下令各地种植。[2]番薯具有不畏瘠土和风害，易于种植且生产期短、产量高等优点，作为山地农业民族的畲民，很快掌握和推广了种植番薯的技术。清代福建《福安县志》便有"山地硗确，畲者悉种薯蓣以佐粮食"的记载。[3]

薯箕是畲民用于晒番薯丝的生活用具，用竹编织而成，每到番薯收获后，薯箕便可派上用场。畲民将收获后的番薯，用"甘薯推""甘薯刨"制成丝，并均匀地撒在竹片编织的薯箕上，然后将一架架薯箕抬到阳光下暴晒，晒干踏实于仓或桶内，供全年食用，晒干后的番薯丝俗称"甘薯米""地瓜米"。闽东一带，畲族地瓜米占口粮的70%~80%。[4]番薯既可生吃或蒸煮、烤食，又可加工成干薯片或薯米以备长期食用。鲜薯收成季节，畲民一般留下部分鲜薯以供数月之食，余下的都要将之切成薄皮晒干成为干薯片，或推成条丝状，晒干为薯米。在青黄不接的季节成为畲民的救命粮草。干薯片或干薯米可以掺入大米混合煮成干饭或稀饭。[5]"火笼当棉袄，辣椒当油炒，竹篾当灯点，番薯吃到老"这是畲族人民旧时生活的真实写照。[6]

冬季晒番薯丝时，要一天干。如果两三天干不了，就会发酵。南方雨天是经常的事，番薯丝干不了时，畲民干脆将其煮熟，拌上曲或酒糟，封于坛中，蒸出蒸馏水，这就是"番薯烧"，其酒精度可达50度以上。[7]

本案例采集自福建省福安市坂中乡下林岭村，薯箕长220厘米，宽80厘米。原材选用陈年毛竹，一般以3—4年的毛竹最佳。根据需要将毛竹锯成段，然后用篾刀和多种工具将竹子劈成相等厚度相等宽度的篾片，采用翻转弹插交织法编织而成，边沿用毛竹中段做支架固定。薯箕在编织形式上属于平面编织，这种编织方法使篾片与篾片之间留有空隙，极利于通风。用薯箕晾晒番薯丝，可避免番薯丝直接接触地面，并且也方便畲民早上的出晒与傍晚的收拢。薯箕质地坚实轻巧，不易腐坏，不易变形，经久耐用。

图片来源
图一、图七　王晓戈　摄影
图二、图三、图五、图六　詹黎明　制图
图四　中央研究院民族学研究所博物馆藏

参考文献
[1]邱国珍等．畲族民间文化[M]．北京：商务印书馆．2006：15
[2]畲族简史编写组．畲族简史[M]．福州：福建人民出版社，1980：22
[3]邱国珍等．畲族民间文化[M]．北京：商务印书馆．2006：15
[4]邱国珍等．畲族民间文化[M]．北京：商务印书馆．2006：71
[5]林蔚文．闽台民间传统器具[M]．福州：福建人民出版社，第146—147
[6]邱国珍等．畲族民间文化[M]．北京：商务印书馆．2006：50
[7]邱国珍等．畲族民间文化[M]．北京：商务印书馆．2006：77

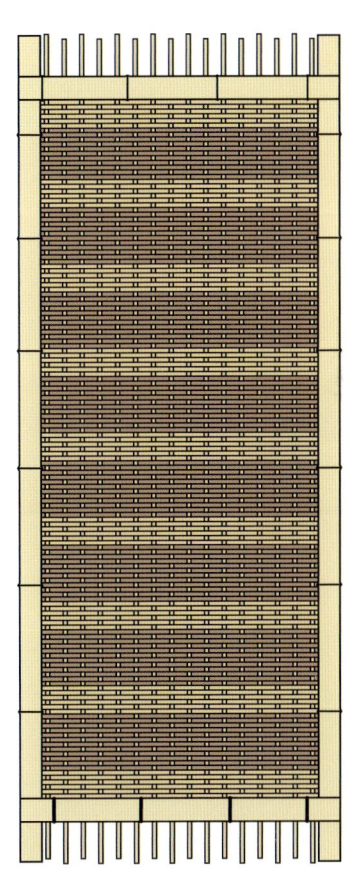

图二　闽东福安畲族薯箕线描图

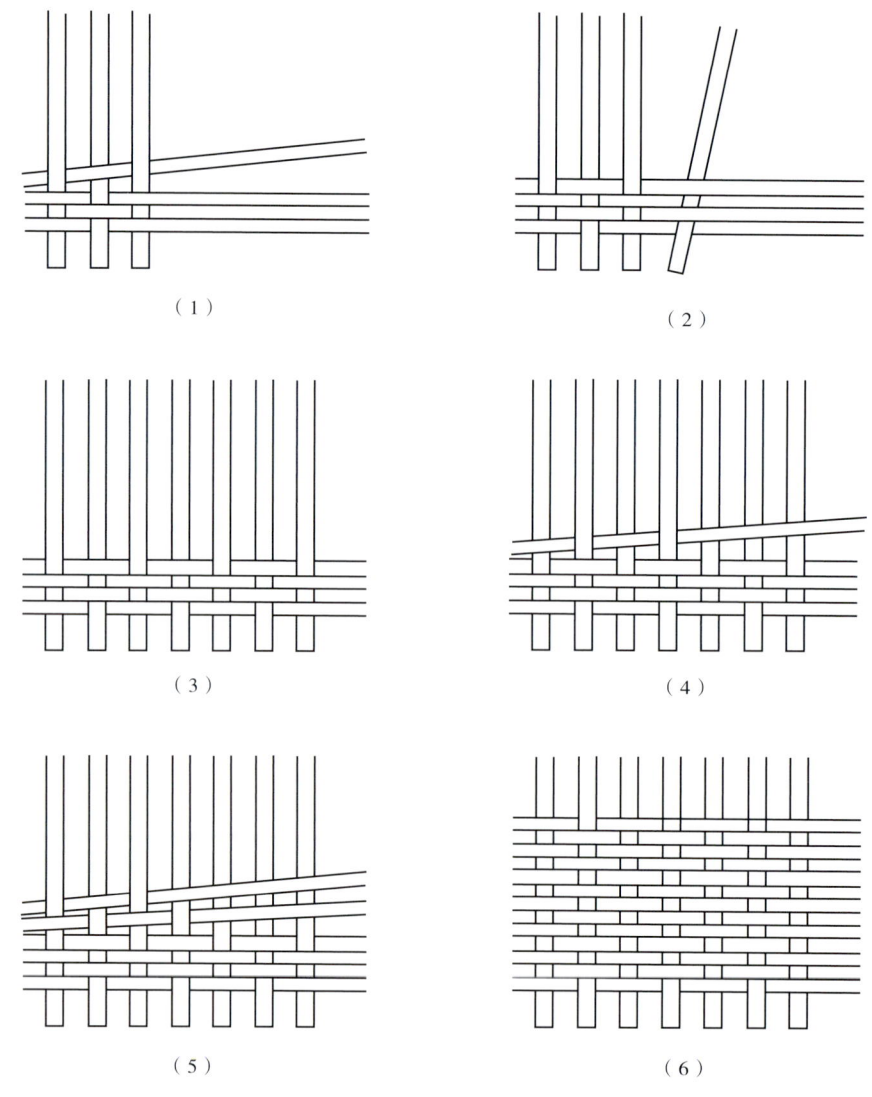

图三　闽东福安畲族薯箕编织示意图

图四　闽东福安畲族番薯丝刨具

图五　闽东福安畲族番薯丝刨具使用情境图

使用方法（一）

使用方法（二）

图六　闽东福安畲族薯箕使用方法示意图

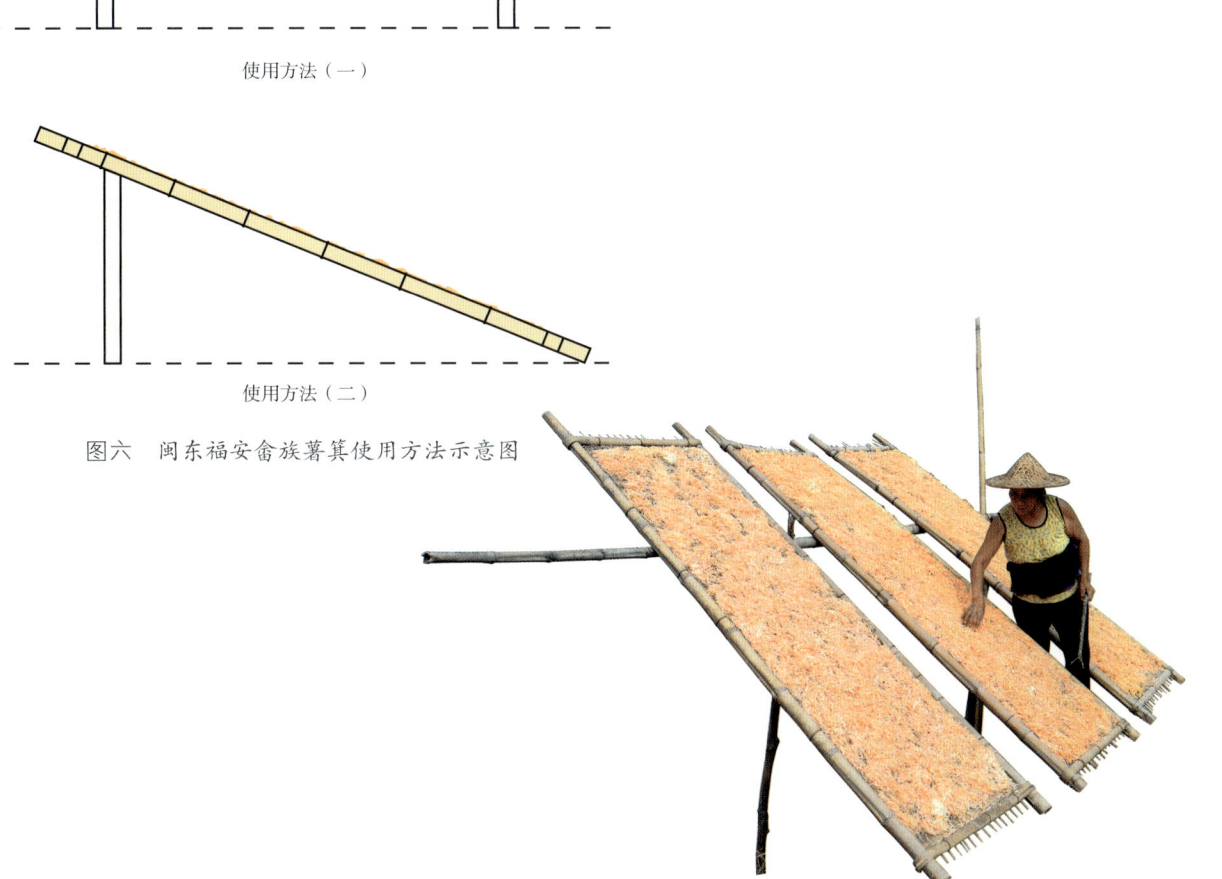

图七　闽东福安畲族薯箕使用情境图

第四章　畲族传统生活用具

215

闽东畲族熨烫斗

图一　闽东畲族熨烫斗主图

畲族不尚奢侈，日常生活用具与汉族大致相同，且更为简朴。畲族服饰多为手工制作，老艺人众多。因此熨烫斗进入畲族千家万户，成为不可或缺的生活用品。熨烫斗能把皱了的衣服烫平，早在两千多年前的汉朝就已经出现了，有的熨斗上还镂有"熨斗直衣"的铭文。晋代《杜预集》就写道："药杵臼、澡盘、熨斗……皆民间之急用也。"古代熨斗的使用方法是把滚烫的热水或是烧红的木炭放在熨斗里，等熨斗底部开始发热后再用来熨衣服，所以又叫作"火斗"。还有一种"金斗"，则是采用鎏金工艺精制的熨斗，不是一般的民间用品，只有贵族才能享用。

早期熨斗底盘外形呈圆腹、宽口沿，有长柄，黑漆古包浆明显，并伴有绿锈。后来出现了铁质的熨斗。随着浇铸技术的提高，熨斗形状就有了质的变化，畲族地区熨斗造型美观大气，有龙头形、官帽状、菱花沿口等，美不胜收。本案例熨烫斗由勺口、木柄及龙头型的装饰这三部分组成，总长28厘米，底部直径14.5厘米，外表看上去像是舀水或舀米之类的勺子，波浪形的勺口，颇像一张怪兽正张着口。表面雕刻着兽面纹，底面则十分平滑。明清时期改用木炭加热使用，熨斗的柄较之前短了很多，柄是空心的，且开口，当地畲民把木头插入这个圆洞，作熨衣服时的手柄，可防烫手。

熨烫斗作为畲族地区服饰制作必不可少的工具之一，极大地提高了工作效率。现如今随着时代发展逐渐失去了实用性，但其古色古香的独特样式，反映了当时畲族人淳朴的审美倾向，博得收藏界人士的青睐。

图片来源

图一　韩学红　摄影
图二至图四、图六、图七　韩学红　制图
图五　陈思　制图

图二　闽东畲族熨烫斗尺寸图（单位：cm）

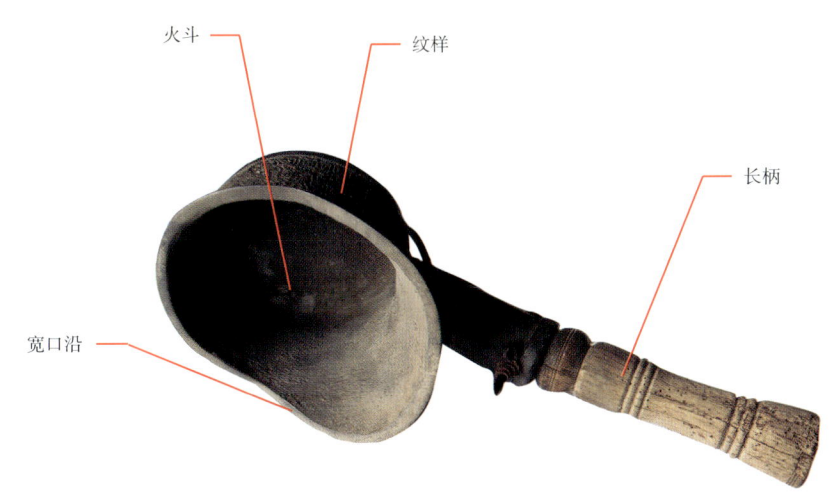

图三　闽东畲族熨烫斗结构名称图

 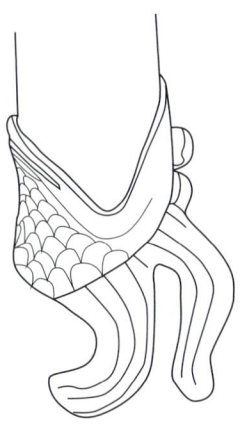

图四　闽东畲族熨烫斗造型纹饰与功能分析图

图五 闽东畲族熨烫斗氛围示意图

图六　闽东畲族熨烫斗使用情境图

图七　闽东畲族熨烫斗比较图

闽东畲族竹制油灯盏

图一 闽东畲族竹制油灯盏主图

中国古代除用蜡烛照明外，还普遍使用各种植物油作燃烧来照明，这就是人们常说的油灯。因其多用盏状器皿盛油点燃，故名"油灯盏"。油灯与烛台不同，它必须能装液态燃料，同时又要考虑美观、实用、省油、卫生、安全、不烫手、便于挪动等。因此，历史上的油灯材质除了早期的青铜灯外，大多数以陶瓷、竹子制作，价廉物美，经济实用。一根竹筒子上面，顶着一瓣莲花样的铁片涡，铁涡的瓣嘴上，放一根棉花搓成的灯芯，即是畲族地区广泛使用的桐油灯盏了。

桐油灯盏造型上各有不同，灯盏窝都大同小异，都是金属，只有座子的不同，如有铜座子、镔铁座子、上釉瓷座或陶座的。在畲族地区，广泛使用竹制座子，是一大特色。本案例桐油灯盏连提把总高32.5厘米，底座长16厘米，宽11.2厘米。灯盏上部有一个小小的碗，碗口上有几个承载灯盏窝的小凸点，过灯油可以滴在下面的碗里。连接碗底的是细长的颈腰部分。从颈到腰，越向下越粗，到五寸左右的地方，则突然向四周展开，形成一个直径四寸的底盘，稳坐在桌上、几上，形象小巧玲珑、修长苗条。灯盏窝下有一个木制灯座，座上一个有节疤的楠竹筒。筒高约五寸，口径比灯盏窝略小。节疤的一头是底，与木板结合，在木板的任意一方相对应的筒口上开一个口。一根如指头粗细、长长的楠竹片，拦腰用火烤软后，拐成一个"U"形的弓，"U"形弓的两端顺着竹筒开口的两侧插入木板，并与竹筒相固定。一个底座稳妥、移动方便灵活的灯座便制作成功了。使用时，捏着灯盏窝的小绊，将燃着灯火的一方，朝着竹筒的缺口放好。作为燃料的桐油由于灯心草的毛细作用而引上灯盏窝的口沿被点燃，与此同时，会有少许桐油会流出灯盏。因此畲族工匠将那个下端的竹筒用于存储这些滴落出来的灯油。等到灯油积累到一定数量，又可以将之倾倒入灯盏中。这样的设计极为巧妙。

竹制油灯盏一直用到20世纪50年代才逐步被价格便宜的煤油灯所替代。它巧妙利用当地原始材料，体现畲族造物设计的聪明才智，成为民族生活用品和民间工艺的代表之一。

图片来源

图一　蓝泰华　摄影

图二、图三、图六　韩学红　制图

图四、图五　陈思　制图

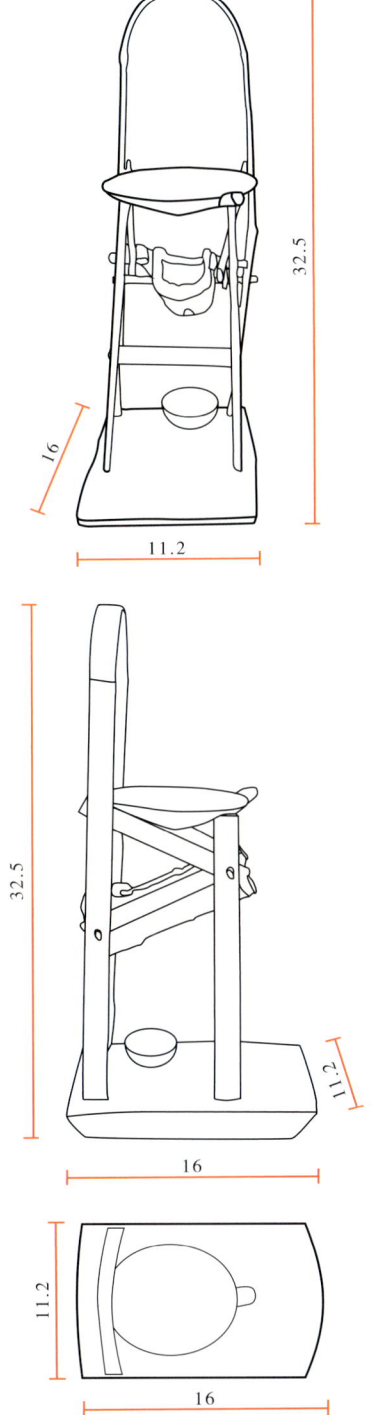

图二　闽东畲族竹制油灯盏尺寸图（单位：cm）

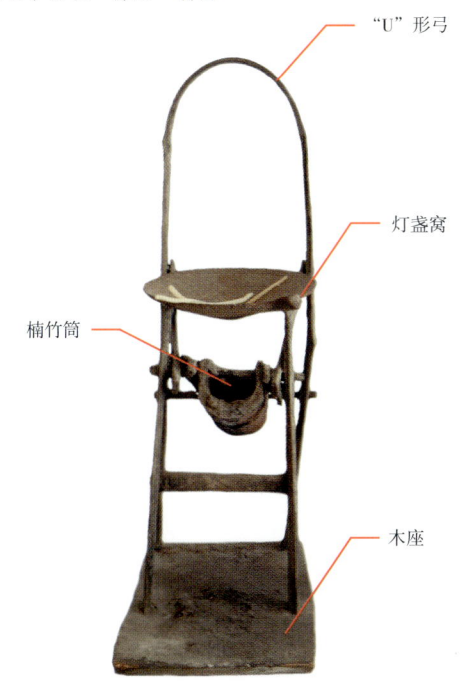

图三　闽东畲族竹制油灯盏名称图

图四　闽东畲族竹制油灯盏造型纹饰与功能分析图

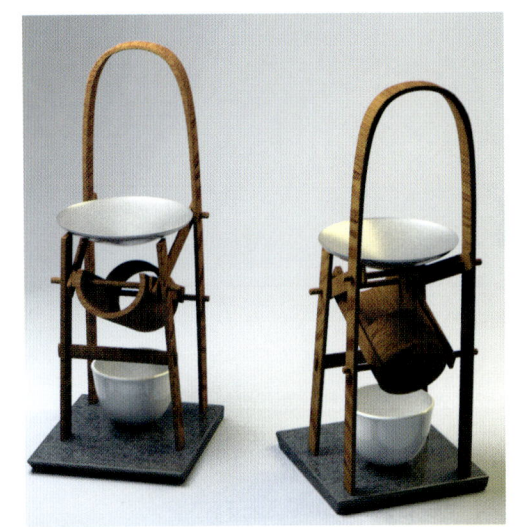

图五 闽东畲族竹制油灯盏情境示意图

福建省宁德市蕉城区上金贝畲家寨"上金贝畲族博物馆" 　　景宁畲族博物馆　　福建省宁德市蕉城区上金贝畲家寨"上金贝畲族博物馆"

图六 闽东畲族竹制油灯盏延展图

第四章 畲族传统生活用具

浙南景宁畲族梳妆台

图一 浙南景宁畲族梳妆台主图

梳妆台，畲族的一种日用家具，是古代妇女专用的梳妆盒或镜台。形制上受到汉族的影响，是畲汉文化交流的产物。早在明代就已出现了这种台座式的梳妆台，正面一般有小抽屉，可存放梳妆所用的小物件。台座上方雕有柱状的矮围栏，台背处竖有呈房屋状的雕花屏风，铜镜或玻璃镜可架在屏风前供梳妆用。这样的梳妆台只有富有家庭、大户人家才有，精工细作的梳妆台既是生活方式的体现，也是财富的象征。这类梳妆台以其工艺精美和方便梳妆打扮，受到畲族女性普遍喜爱。

本案例是浙江景宁中国畲族博物馆藏的玻璃镜梳妆台，为畲族家具木制物件，其形状类似于写字桌，深受明代家具的影响，为明式家具样式，长110厘米，宽53.5厘米，高

189厘米。梳妆台的上部正中位置装有一面水银玻璃镜。与旧时的铜镜相比，使用玻璃镜更能清晰地看到自己的形象。梳妆台的上部两侧各有三层，上面两层为放置胭脂水粉等化妆品的隔板，并有两根栏杆，用于支撑隔板，使其更加牢固，同时增加了梳妆台的装饰效果，第三层是一个小抽屉，可搁置化妆用的小物件。这三层间隔中，刻有"寿"字纹和花纹。梳妆台的下部如同写字台，有三个抽屉和两个小柜子，表面广泛运用了浮雕、镂空等装饰手法。从雕刻技法来看，枝蔓舒展，花瓣饱满，组织有序，粗放写意，梳妆台雕有形状各异的花卉、字纹等纹样，含有"富贵长寿"等吉祥寓意。整个画面具有造型精美、做工细巧等特点。

这件梳妆台经历了漫长岁月之后，以其巧妙的设计与细致的工艺，向我们展现畲族妇女的生活方式与审美情趣，以及畲族工匠精致的手工技艺和造物智慧。

图片来源

图一　刘颖　摄影
图二至图五　郑婷婷　制图

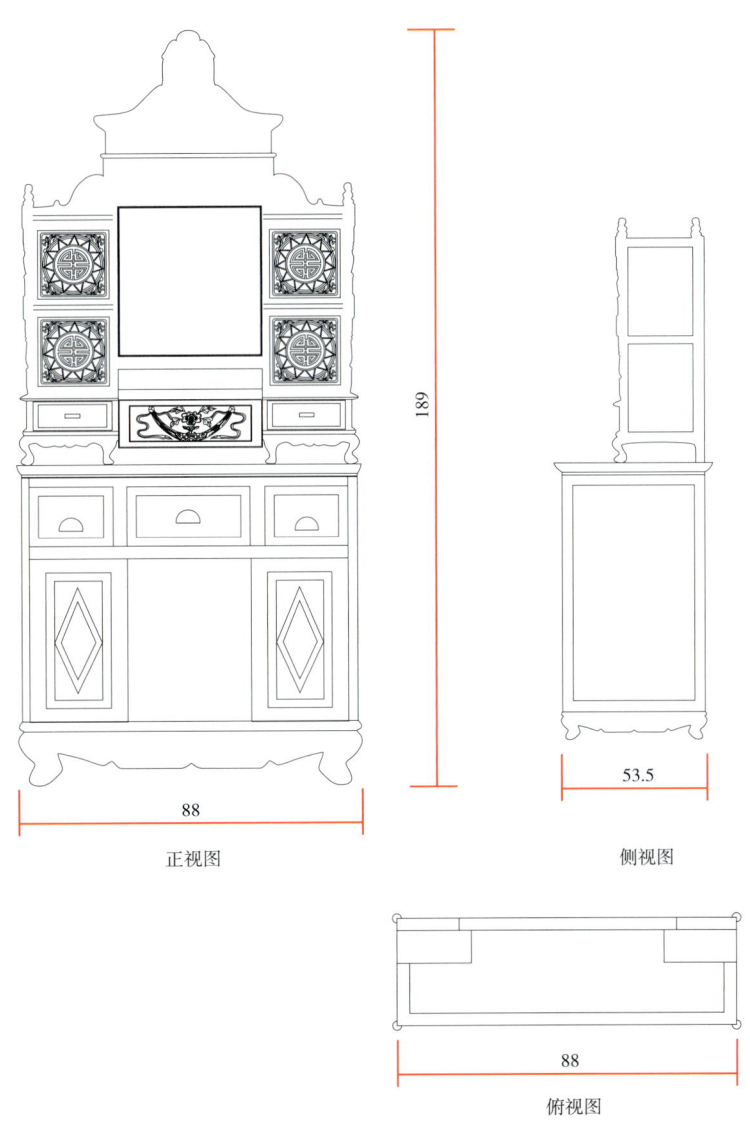

图二　浙南景宁畲族梳妆台三视尺寸图（单位：cm）

图三　浙南景宁畲族梳妆台结构示意图

"鹰"的图案和花纹

"寿"字纹和花纹

彩带和花纹

图四 浙南景宁畲族梳妆台装饰图案组图

图五 浙南景宁畲族梳妆台延展图

第四章 畲族传统生活用具

浙南景宁畲族脸盆架

图一 浙南景宁畲族脸盆架主图

脸盆架，是用以支撑脸盆的一种架类家具，具有悬挂、放置或支撑物体等功能，多为木制，也是畲族人民日常生活中必不可少的传统生活器具。

本案例"脸盆架"现藏于中国畲族博物馆。木制，长宽皆为50厘米，高为145厘米，由横梁、挂牙、镜框、中牌子、腰枨、盆架、"米"字形架等组成。在各个构件中，有多处精雕细琢的装饰图案，达到了繁与简的协调，增加了脸盆架的豪华感和装饰性，丰富了整个脸盆架的结构层次感。横梁的两端高翘，上雕刻有龙头；在横梁的中间则雕刻有龙珠，形成一幅"二龙戏珠"的生动画面。横梁与立柱相交处设有雕花纹挂牙。横梁下的主板是镜框，周围雕饰花纹。中牌子则是由两块长方形嵌板组成，其中一块嵌板采用浮雕的技法，刻着一只喜鹊和一株盛开的梅花，有"喜上眉梢"的吉祥寓意；另一块嵌板则采用镂空雕的技法，雕刻有一男一女两个人物图案，表情生动、吉祥喜庆。巾架两立柱间设有如意云形的腰枨，以加强挂面巾立柱的牢固度。此脸盆架共有六足，前面四腿足犹如栏杆的柱子排列在固定的位置，后面两足则是由挂面巾的立柱组成。脸盆架腿的连接是用两层横枨拼接成的架子，每层有三根横枨，每根横枨中间位置挖缺，用榫卯的方法拼接成"米"字形架，用以连接六足。在盛放脸盆的第一层"米"字形架的中间位置刻有圆形的花纹装饰，并在每根横枨的一定位置挖缺，以此固定脸盆。

本案例的脸盆架做工非常精美，富有古趣，在满足功能性的同时兼具很高的艺术价值。将挂巾架与脸盆架连接为统一体，既可放置面巾又可搁置脸盆，实用性强，给使用者提供了方便与快捷。各个部件的设计不仅满足了脸盆架的实用性需求，部件造型设计的考究也增添了美感。其形制受畲汉民族文化交融的影响，保留着明清时期脸盆架的样式，具有鲜明的时代特征。

图片来源
图一　韩学红　摄影
图二至图七　韩学红　制图

图二　浙南景宁畲族脸盆架尺寸图（单位：cm）

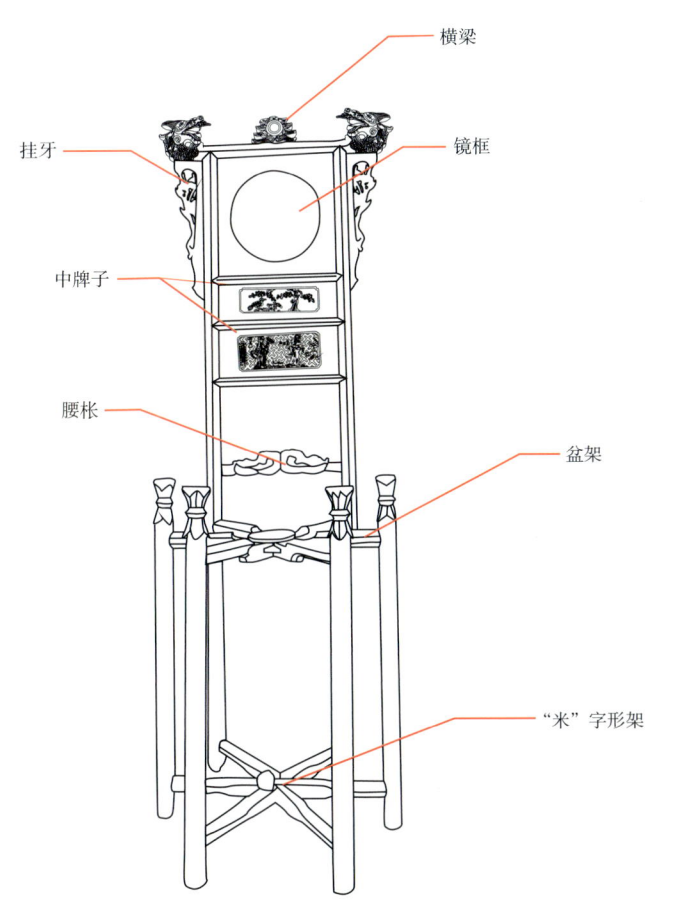

图三　浙南景宁畲族脸盆架结构名称图

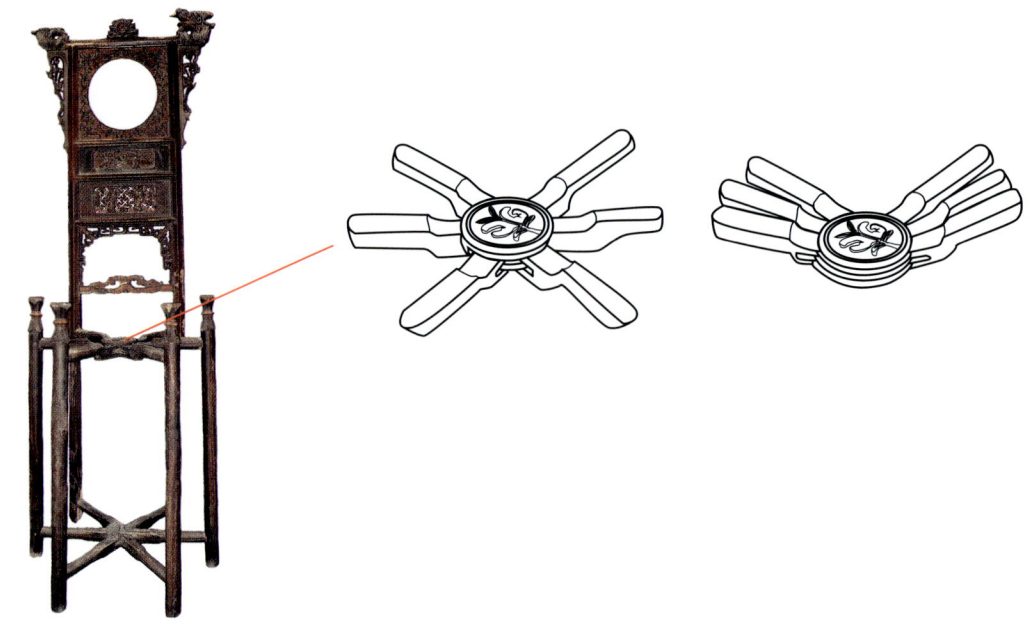

图四　浙南景宁畲族脸盆架"米"字形结构使用示意图

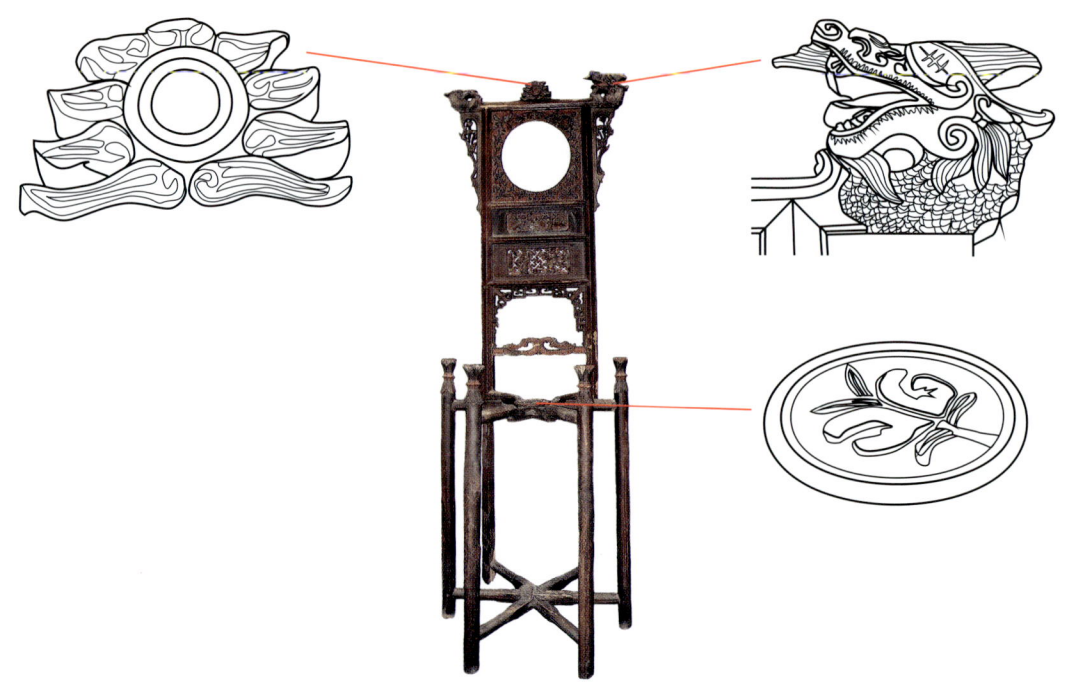

图五　浙南景宁畲族脸盆架局部线描图

图六 浙南景宁畲族脸盆架图案线描图2

图七 浙南景宁畲族其他类型脸盆架

第四章 畲族传统生活用具

231

浙南丽水畲族火篾插

图一　浙南丽水畲族火篾插主图

火篾插又称"火篾夹",是畲族的一种传统照明生活用具。该物品多为铁制或泥土烧造而成,下孔可以插燃烧的松明,上孔可以穿系绳索。

火篾插的使用不知始于何时。据民国时哈·史图博（Hans stubel）《浙江景宁敕木山畲民调查记》中记载:"人们还保持着使用老式火篾的习惯,他们利用约一米长、两三厘米宽的竹片来做竹炭。其方法是把这些竹片先在水里泡一段时间,然后仔细把它们弄干,之后就可以燃烧了。作为室内照明用的时候,竹炭是用一根铁制的从天花板挂下来的钳子卡住,夜间出门时可以拿在手里当火把用。"[1] 浙江省《景宁畲族自治县志》载:"旧时农户以水浸晒干之竹篾为灯火,称火篾,长余米;固定火篾之铁夹称火篾夹。取尺许长、半尺来阔之木块,凿成槽状为底盘;槽之一端竖立木杆,杆端安丫状铁夹以嵌火篾;篾炭正好垂落底槽。以木杆之长短分立地和台用两种。今极少见。"[2]

本案例"火篾插"出自丽水市畲族村寨,现藏于丽水市博物馆。一对两只,高12厘米;上底长5.5厘米,宽4.8厘米;下底长8.4厘米,宽7.5厘米。由泥土烧造,颜色为青色、梯形、正侧面上下各有一孔,正面上孔对穿,系有麻绳,便于手提移动。侧面下孔亦对穿,空置,应为插火篾照明之用。器身上部有修补痕迹。畲民把竹片条或松明条插在火篾插上点上火就可以照明,当竹条或松明条烧得差不多了,再从洞里补上一根接着烧,简洁方便实用。

畲族由于长期居住在经济条件较为落后

的山区，其日常生活用品，往往是因地制宜，不需要讲究排场，一切以简单实用为主。火篾插正是畲民质朴生活方式的体现，也是畲族人民历代生活智慧的结晶。

图片来源
图一　浙江景宁畲族博物馆馆藏
图二至图八　韩学红　制图

参考文献
[1]（德）史图博等. 浙江景宁敕木山畲民调查. 中南民族学院民族研究所，1984
[2]柳意城. 景宁畲族自治县志[M]. 杭州：浙江人民出版社，1995

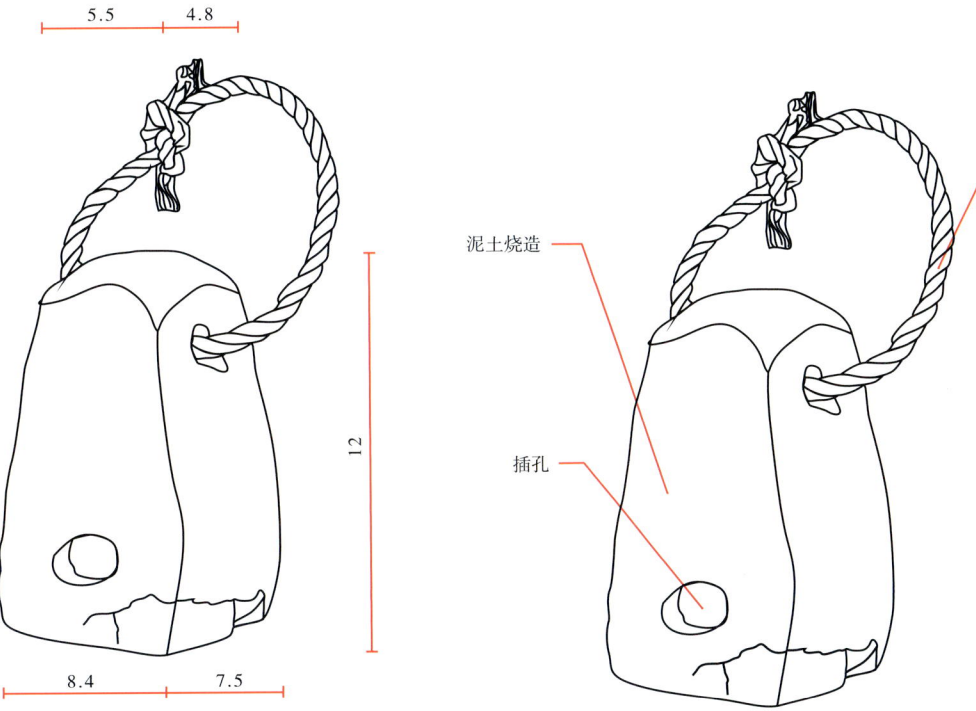

图二　浙南丽水畲族火篾插尺寸图（单位：cm）　　图三　浙南丽水畲族火篾插名称结构示意图

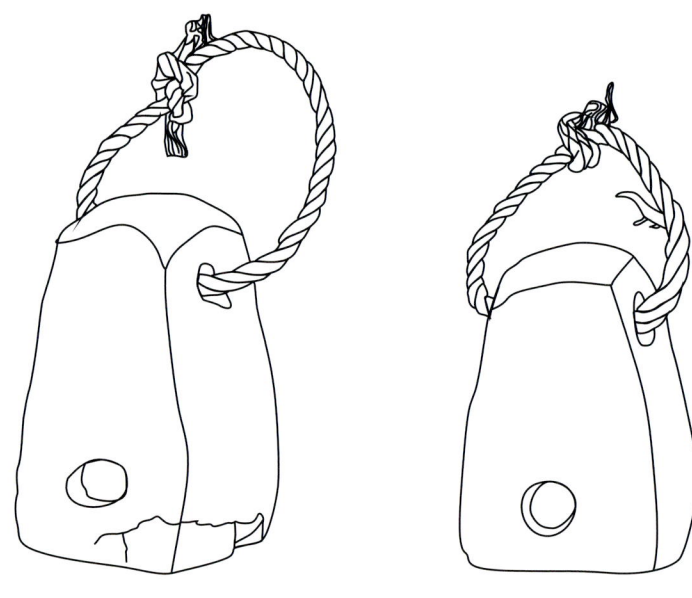

图四　浙南丽水畲族火篾插线描图

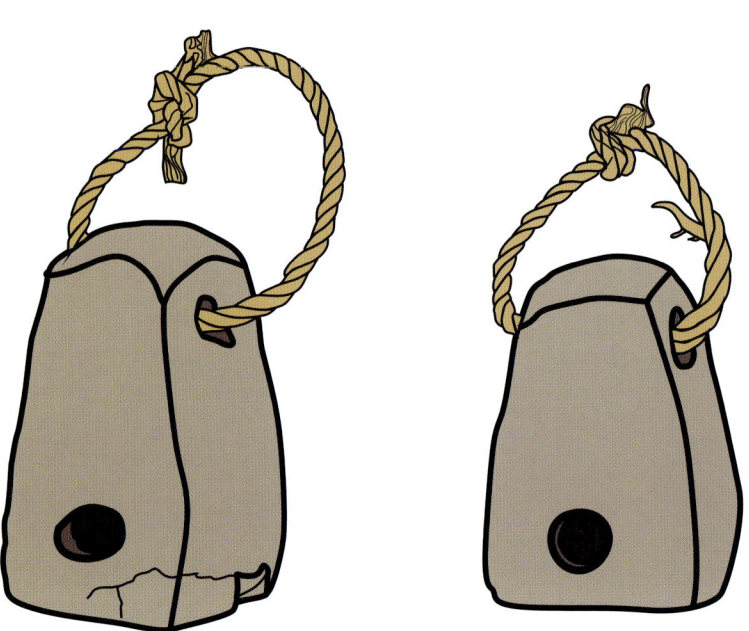

图五　浙南丽水畲族火篾插色稿图

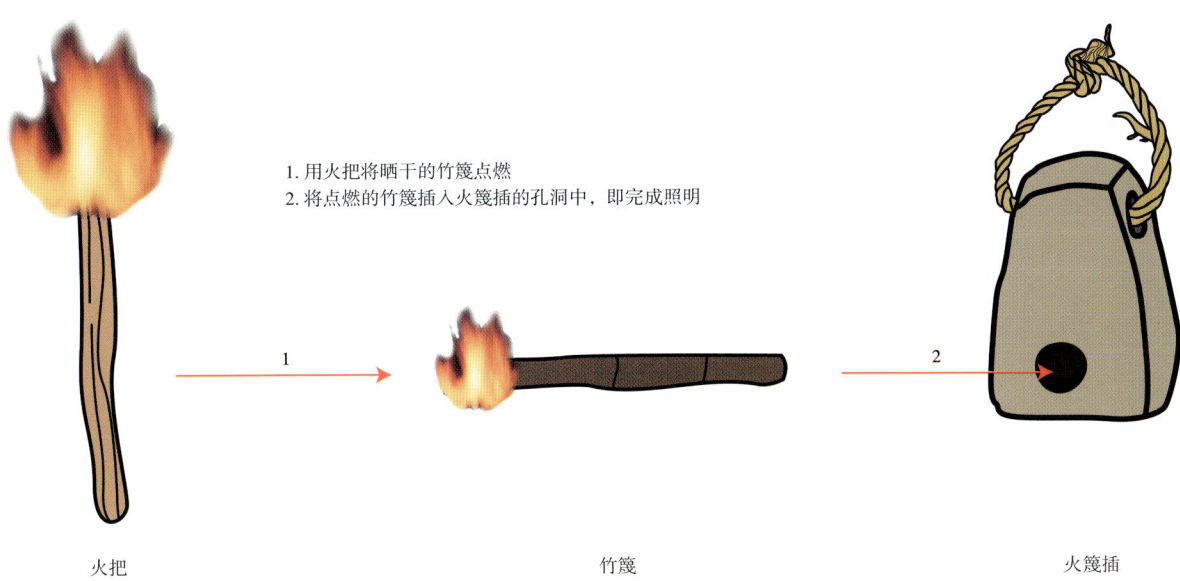

图六　浙南丽水畲族火篾插操作分析图

图七　浙南丽水畲族火篾插使用情境图

图八　浙南丽水畲族其他类型火篾插

闽北畲族小插屏

图一　闽北畲族小插屏主图

　　插屏由屏扇与屏座两部分组合而成，是可装可卸的座屏、砚屏等的统称。在明代以前，屏风功能多趋于实用，主要用作遮蔽和做临时隔断，多是接地而设。清代初期出现的插屏和挂屏，兼有欣赏之用。插屏形体大小各异，多为独扇。大的约有3米高，多设在室内当门之处，根据房间和门户的大小确定其高度；小的则只有20厘米，称为小插屏，多用于装饰并且常与花瓶配套组合使用，能够营造出文雅的气氛、带给人一种娴静舒畅的感觉。

　　小插屏是畲族的一种高档文房用品。明清以来，畲族除了经济上与汉族交往密切，文化上由于参加科举，逐步被汉族文化同化，插屏这一文房器具也就自然成了畲族知识分子、文人的书房雅玩。由于深受汉族文化影响，因此该插屏在制作工艺上带有明显的汉族屏风特征。

　　本案例采集自福建省福鼎市城关，屏身长23.5厘米，宽12厘米，高35厘米。除外檐的矩形木构架和装饰雕花部分之外，屏扇的中心图案是以红色带状木雕围绕着凤凰和牡丹，刻画生动，精致大方，有喜庆吉祥的寓意。凤凰图腾是畲族族群记忆的一个重要意象符号，在畲族的服饰、礼仪、神话传说等文化事象中也有诸多表现，例如凤凰装、凤凰头饰、盘瓠传说等等，其重要性毋庸置疑。同时该插屏的凤凰装饰又极具本民族的特色：龙头鸡身凤尾，与汉族文化中各个部位皆由鸟类演变而来的凤凰形象相比有所区别。此插屏中的凤头是以龙头的形态呈现，明显是汉畲文化融合的产物。因为在汉文化中，龙图腾是王权、地位、高贵的象征，所以在畲族插屏中出现此种图案装饰，恰恰说明畲族文人向往汉族强盛富足的生活。牡丹在汉族文化中是富贵堂皇的象征，用其装饰插屏意喻富贵平安。屏座部分以祥云纹样进行设计制作，整体上与屏扇相互呼应，协调统一。该插屏是采用红木和柯木为材料制作而成的，并用金漆工艺对屏扇纹样进行装饰，使其更显富丽美观。

小插屏只有相对富裕和有文化的畲族家庭才有，是地位和身份的象征。对于制作工艺，在选材上，艺匠首先选取结构细而匀、耐久性强、材质硬实、强度高的木材，而后对其进行初步打磨，使其光润、平整。其次是布局和绘图，艺匠根据小插屏的外形进行构图设计和图案创作，设计创作出的图案一般是以畲族民众所喜爱的龙凤及花鸟为主题，而后将创作出的图稿以镂空和浮雕方式雕刻于屏扇处。

小插屏是畲汉文化结合的产物，拥有深厚的历史文化背景。畲族工匠在借鉴汉族形制的基础上，适度保留了畲族传统的吉祥纹样，从中可以清晰地看出以畲族知识分子为代表的上层社会对汉族文化的认同。因此，本例小插屏是畲汉文化交流的一个例证。

图片来源
图一　毛翔　摄影
图二至图五　叶成闻　制图

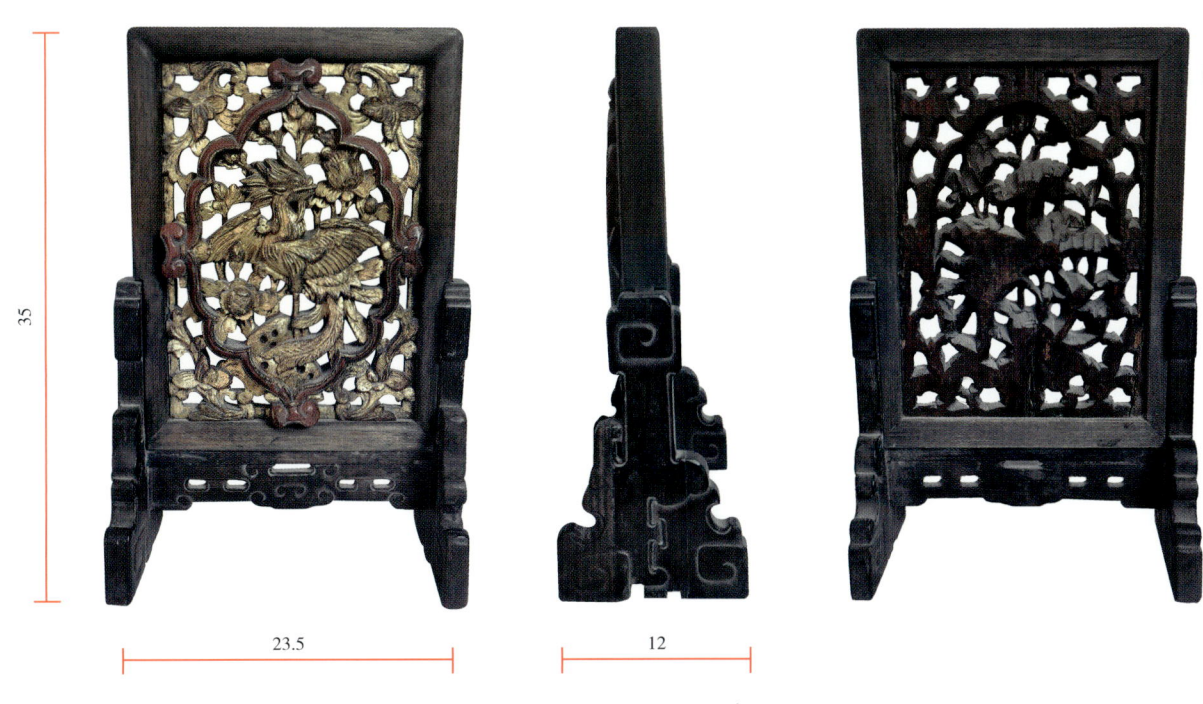

图二　闽北畲族小插屏尺寸图（单位：cm）

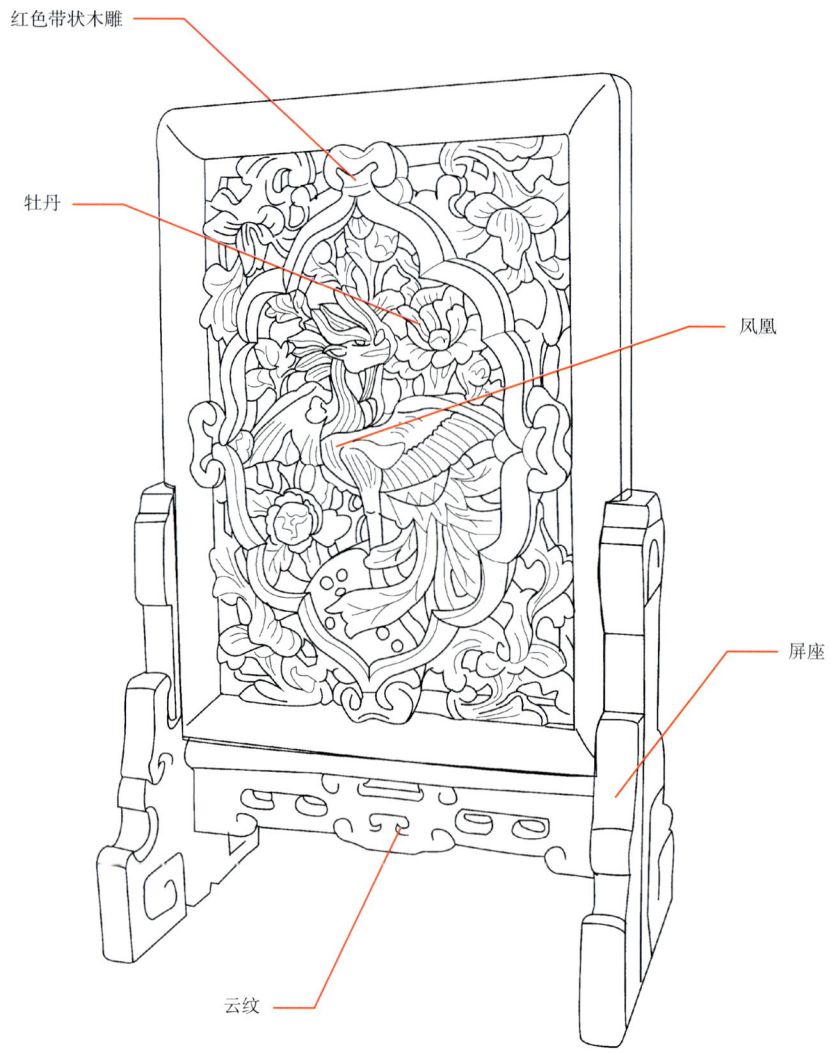

图三　闽北畲族小插屏结构名称图

图四　闽北畲族小插屏细节图

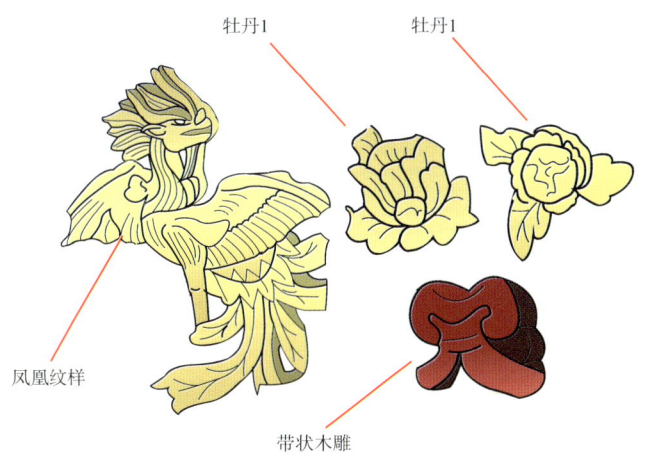

图五　闽北畲族小插屏局部分析图

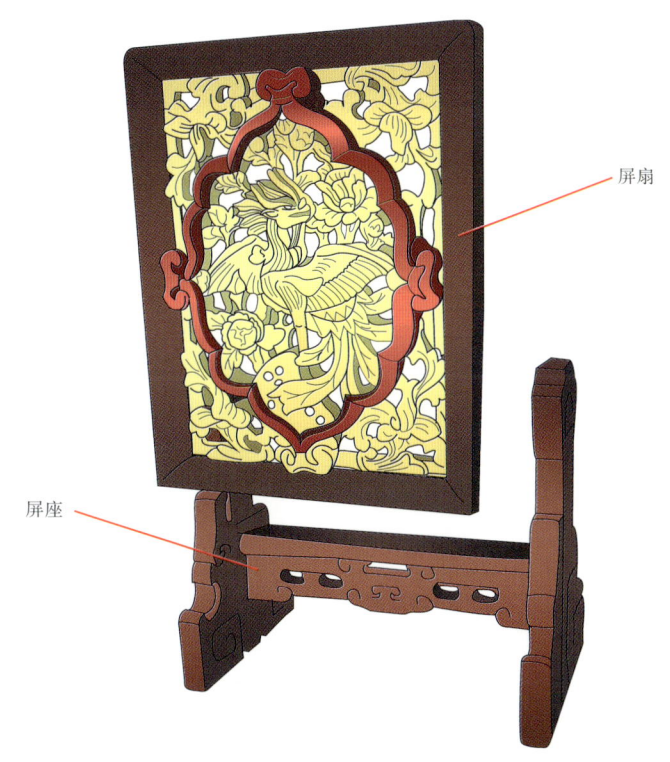

图六　闽北畲族小插屏分解图

闽东福鼎畲族笔筒

图一　闽东福鼎畲族笔筒主图

笔筒是搁放毛笔的专用器物，为文人墨客的案头雅玩。一般呈圆筒状，常以竹、木、石、陶瓷等材料制作，是文人书案上的常设之物。在古代，笔筒上多装饰以各类精美纹饰，以凸显其艺术个性和文化品位。

本案例采集自福建省福鼎市城关龙山中路，笔筒全身高18.5厘米，圆筒高11厘米，圆筒直径8厘米，圆筒厚度1厘米，全身厚度10厘米，采用柯木制作而成。从形态上看，外观以凤形为主要特征，筒身呈圆孔分布状，圆筒延伸部分是凤尾的造型，长7.5厘米。整个笔筒雕刻精美，髹饰金漆，给人灿烂富丽之感，同时，部分采用镂空的手法，造型稳重，用料较多，大面积地用各种花纹、吉祥图案装饰，使整个造型更加完美。

本例笔筒主要装饰在外部，用于陈设。从装饰纹样上看，本案例笔筒中间端坐持杖中年女性，神情安详，腹部微凸，这就是畲族传说中的凤凰三公主（女性身侧配以凤凰，是闽东地区一个传统题材，常见于闽东畲族祖杖雕刻中，用以表现三公主），左右侍从手中各持一掌扇，三人一组骑在凤上，凤嘴衔牡丹花一枝，凤爪攥一图轴，代表吉祥寓意。筒身每一圆孔边缘雕刻成凤毛状，凤尾翻成拱形。人物与凤凰等雕刻严谨细腻，镂空部分略显粗犷，有紧有松，张弛有度，整体装饰纹样结合得非常完美。

本案例笔筒在形制上虽然深受汉族文化影响，但在装饰细节上无不体现出浓重的畲族文化色彩。畲族有龙凤崇拜的传统，且有"崇凤敬女"的习俗，畲族民众视本族女性为凤凰化身，畲族妇女的头饰、服装上随处可见凤凰的身影。清代是闽东地区畲汉文化交流的活跃期，由于经济文化的相互交融，畲族传统的盘瓠崇拜也逐渐向汉族民众的龙凤崇拜转化，畲族民众各类用品中的凤鸟纹饰，与汉族的凤凰图案在文化内核上有着本质的区别，是畲族传统文化的体现。本案例笔筒虽然在工艺造型和艺术趣味上都深受清代汉族影响，但依然保留了畲族本民族的文化元素，从这个意义上看，此件笔筒是这一历史时期，畲汉文化融合的一个重要例证。

图片来源
图一　王雪姣　摄影
图二至图四　郑婷婷　制图

图二　闽东福鼎畲族笔筒三视图（单位：cm）

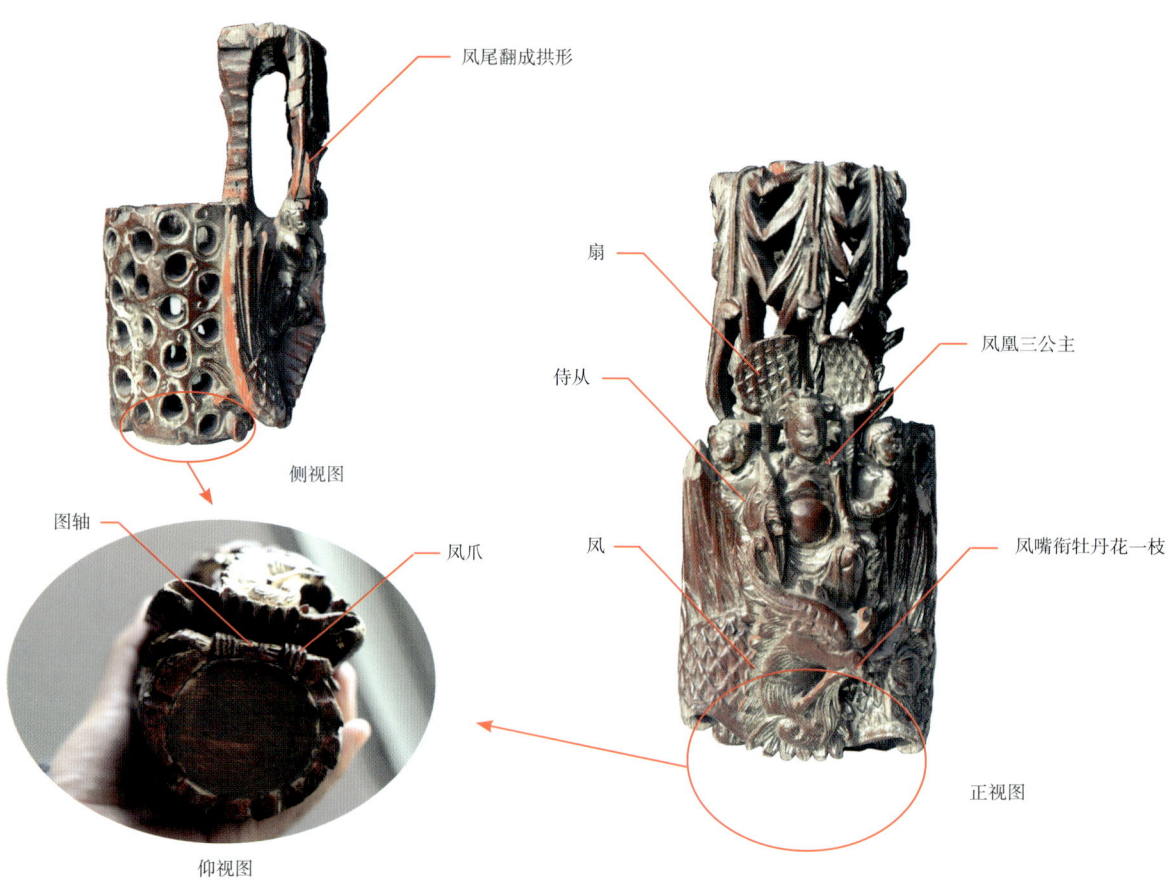

图三　闽东福鼎畲族笔筒结构名称图

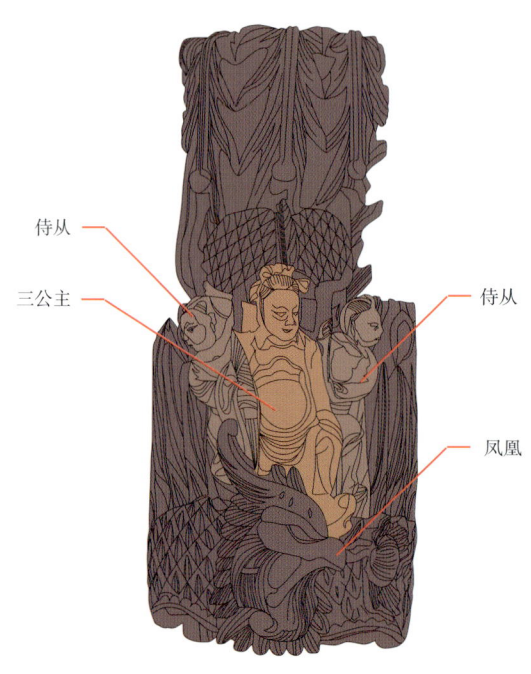

图四　闽东福鼎畲族笔筒装饰分析图

浙南畲族问凳

图一　浙南畲族问凳主图

问凳流传在浙江一带畲族民间早期的宗教祭祀活动中，主要用于求医问神、祈求平安，属于原始宗教信仰的遗存。

古时畲族多居住于高山密林之中，交通闭塞，当畲民患病无法求医或遇到事情无法解决时，便以"问凳卜卦"的形式求得生理和心理的平衡，树立自信心，从而使人渡过难关。[1]随着时代的发展社会的进步，畲民认识事物观念的改变，古老的"问凳卜卦"活动逐渐变少，人们对其进行了进一步的挖掘、整理，对其活动形式和器材都作较大改进，使之成为简单易行、便于普及并兼具娱乐性观赏性于一体的群众性体育活动。

古老的问凳活动现如今在畲民中间仍有流传，只是已极少将它作为祈求神灵的信物，而主要是以娱乐、健身为目的。经过改进之后的"问凳"活动演变成了"稳凳"体育项目，既传统又现代，深受畲族民众的青睐，也成为传播畲族传统文化的一种方式。

本案例畲族问凳与现在的问凳外形不同，其属于早期传统宗教祭祀活动中所使用的器物，主要由一根高67厘米的三脚木架和一根长约2米，厚度为6厘米的长木板组合而成。其中木板被两根长32厘米的木制手柄三等分，手柄主要是便于人们坐在木板上上下左右旋转时抓握，对自身平衡和安全都起到了重要作用。手柄下方的木板左右两侧各有一处凹槽，便于入坐。

畲族问凳在历史的长河中，虽然外形和使用功能上不断地被演变和改进，但作为畲族民间传统文化是不可或缺的组成部分，占据着极为重要的地位，流传至今。

图片来源
图一　朱琳　摄影
图二至图五　叶成闻　制图
参考文献
[1]赵理强. 畲族传统体育探源[J]. 浙江体育科学. 1995.17.3

图二　浙南畲族问凳线描图

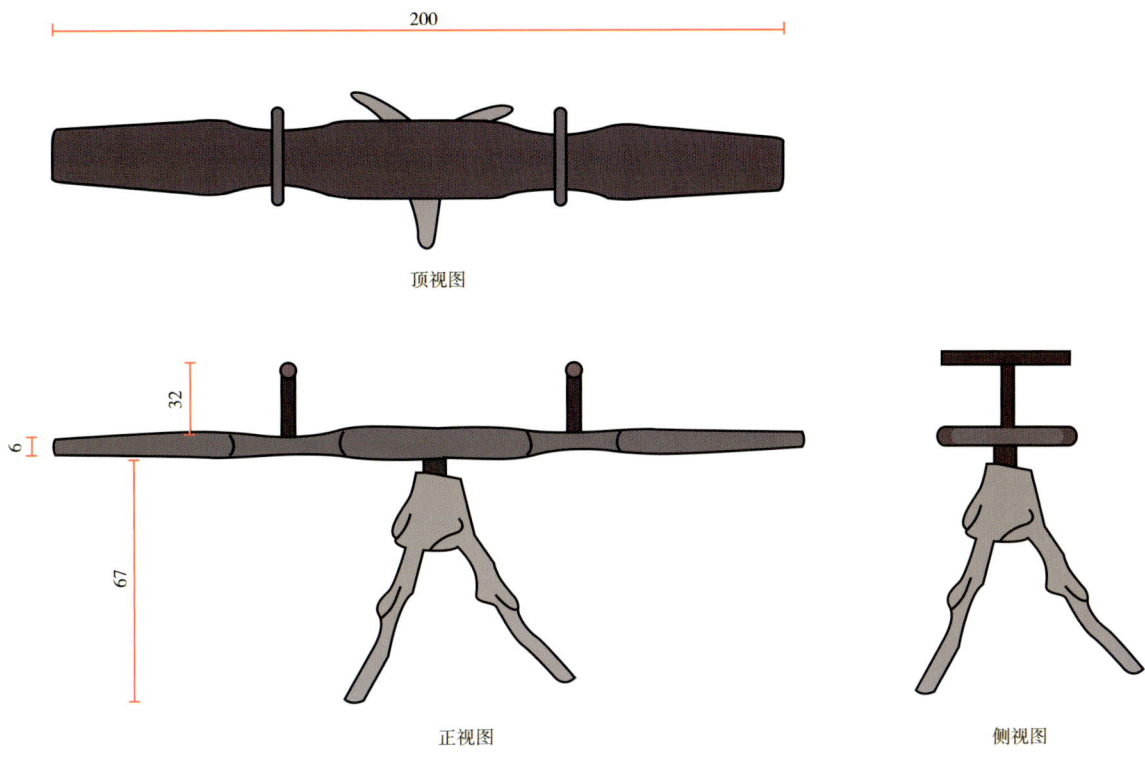

图三 浙南畲族问凳三视图、尺寸图（单位：cm）

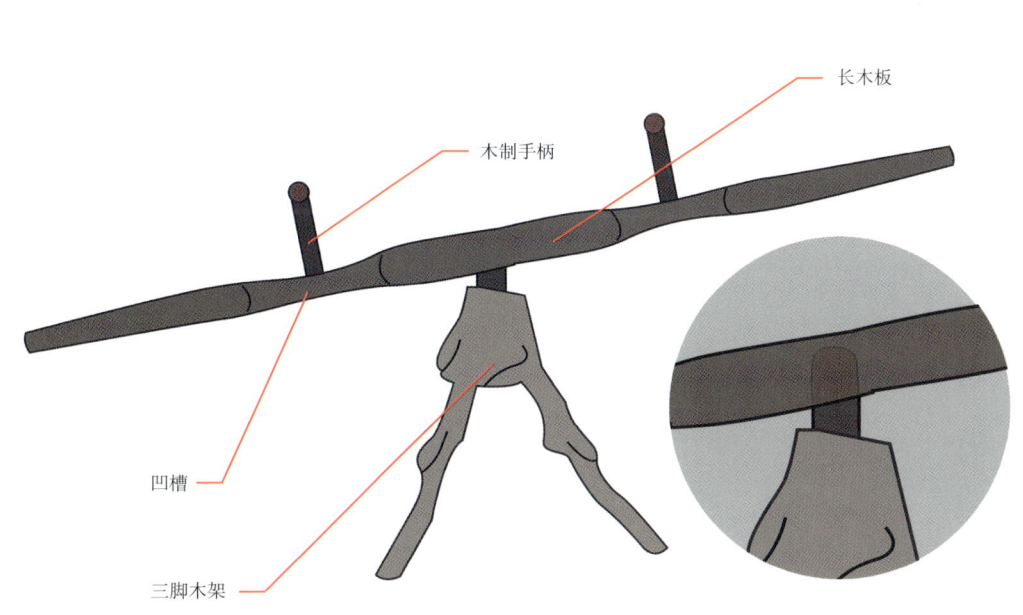

图四 浙南畲族问凳结构名称图

第四章 畲族传统生活用具

245

图五　浙南畲族问凳使用情境图

闽东福鼎畲族钱袋包

图一　闽东福鼎畲族钱袋包主图

钱袋属于传统生活用具，是专门存放钱财的一种荷包。荷包古称"荷囊"，即用来盛放零星细物的小袋。因古人衣服大多宽襟大袖，没有口袋，需要一个随身携带的小袋来收纳一些常用的小物品。这样的小袋最早既可手提，又可肩背，故称"持囊"或称"挈囊"，此后多将之挂于腰际。

本案例钱袋包采集于福建省福鼎市城关，造型风格为清末民初间典型样式，为妇女随身携带的钱袋包。钱袋包展开成正方形，边长27厘米，折叠后长16厘米。钱袋包正面成弧形花瓣纹样，绣有石榴、蝴蝶、桃子以及树叶等纹样，"万""寿"二字与纹样相融合，新颖别致。弧形边缘用红色、黄色镶边，尖角下有一条长细带，细带末端系以铜币，便于将钱袋包捆绑，以免银圆、钱票等物品丢失。乾隆朝是清代的盛世，且谐音"钱隆"，因此民间以此代表富贵吉祥。

本案例钱袋包内有三口袋，都绣有图案，分别为一人持花篮，另一人扇形花朵，中间以花纹为主的纹样、双狮戏球，都有时来运转之意。刺绣手法上主要运用平绣手法，绣面细致入微，纤毫毕现，富有质感。

从颜色上看，本案例钱袋包正面以黑色为主，较为内敛，表明"藏富"不露财的意味，不轻易让钱财损失。在刺绣的色彩方面，不仅富有畲族的风格，整体效果非常艳丽。用色多属原色类和第二次色类，鲜明强烈，看起来颇为醒目。[1]

它的材质主要以细苎麻布为面，以浙江平阳布为装饰用材。麻布制作是畲族重要的传统手工艺，其精湛技艺，也为汉人所称羡。以麻布为底，装饰以刺绣作品，既经久耐用，又经济美观。

钱袋包上绣有石榴、蝴蝶、桃子、万字、寿字、人物、花篮、桃花、狮子、球、兔、竹叶等装饰纹样，刺绣的花样种类繁多，用色也多有变化，既具有独特的畲族风格和浓郁的生活气息，也吸收了不少汉族传统的刺绣图案纹样。纹样的结构上，有图案上的单独模样、连续纹样、角隅模样等。在形体上有自然纹和几何纹种种变化。[2]

此件物品以麻布为面，运用平绣的手法，使纹样、寓意与功能完美结合。由此可见畲族刺绣不仅富有独特的民族风格，而且配色绚丽、花样新颖，是畲族人民受到汉族文化影响而形成的艺术，也是畲族人民勤劳智慧的结晶。

图片来源
图一　王雪姣　摄影
图二至图六　郑婷婷　制图

参考文献
[1]施联朱.畲族[M].北京：民族出版社，1988
[2]施联朱.畲族[M].北京：民族出版社，1988

图二　闽东福鼎畲族钱袋包尺寸图（单位：cm）

图三　闽东福鼎畲族钱袋包正面展开图

图四　闽东福鼎畲族钱袋包侧面展开图

第四章　畲族传统生活用具

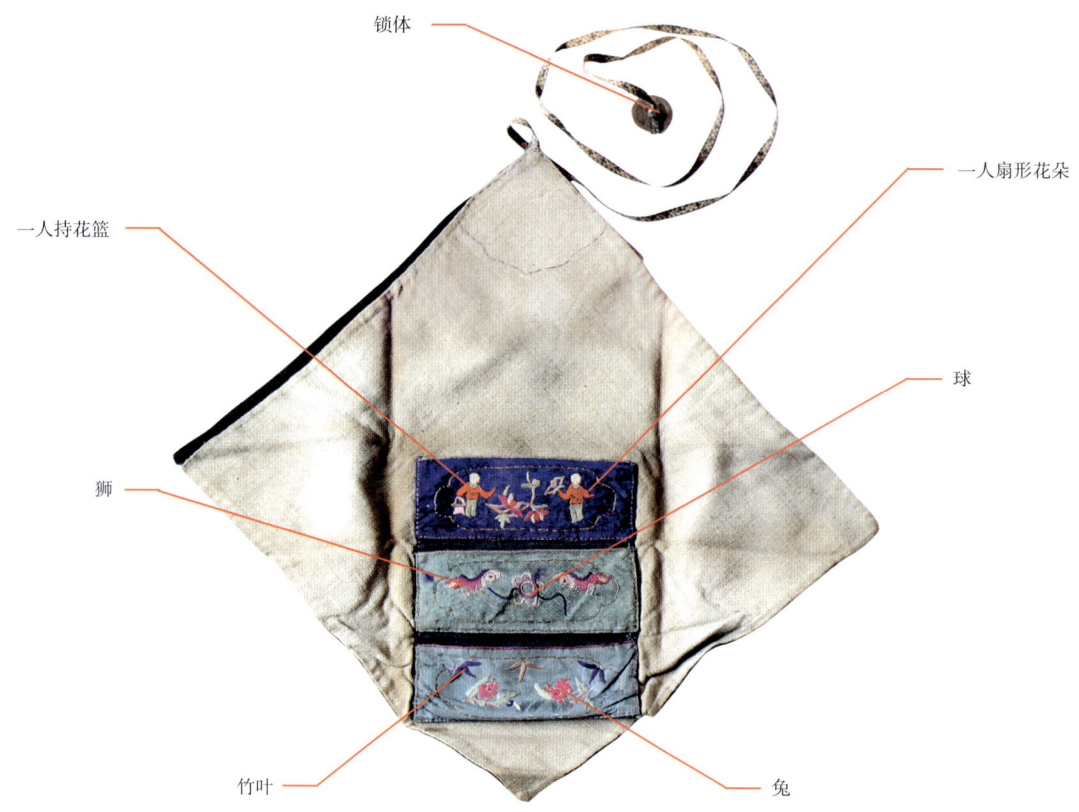

图五　闽东福鼎畲族钱袋包侧面图案分析图

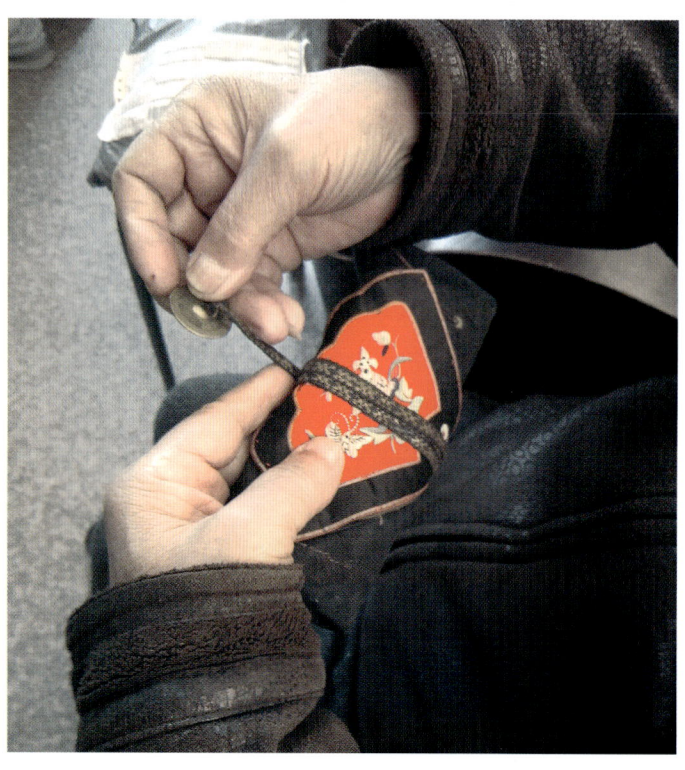

图六　闽东福鼎畲族钱袋包使用情境图

第五章 畲族传统生产工具

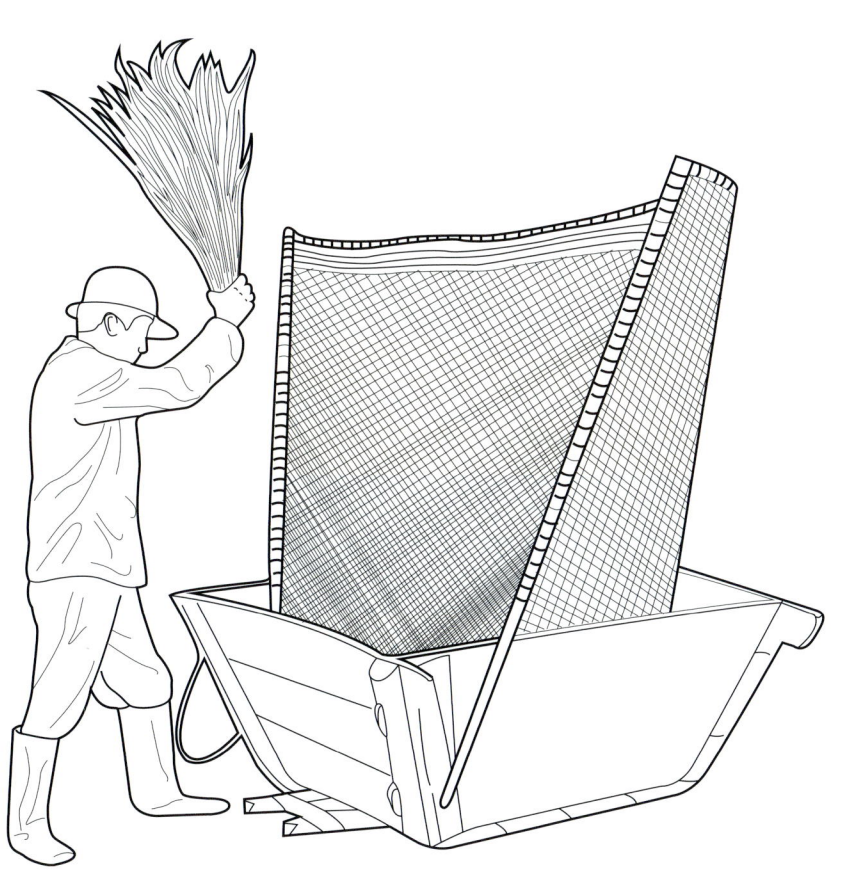

浙南景宁畲族包罗杖

图一　浙南景宁畲族包罗杖主图

"包罗"在浙南畲语中指"玉米"。"包罗杖"是浙南畲民在较陡的坡地上播种玉米时采用的专用工具，体现出畲族"刀耕火种""耕山为业"的深厚传统。

玉米又名玉蜀黍，原产于南美，自明代晚期引种福建后，由于其耐瘠耐旱，陡坡岩缝间也能点种成活，特别适合山地种植，很快就在闽东、浙南等畲区得到推广，成为重要的粮食作物。民国时期，浙江丽水的畲族"以番薯为正粮，玉蜀黍次之"[1]至今，浙南畲族"所种玉米，仅次番薯、稻谷"[2]闽东畲族地区也有广泛种植。

历史上畲族一直延续着"刀耕火耘，崖栖谷汲"的游耕生产模式，"巢居崖处，射猎其业，耕山而食，率二、三岁一徙"[3]畲民通常在每年二三月"火耕"——根据占卜的结果，选择土地肥沃、林木稀疏的山坡地，先将柴草砍倒（"斫畲"），待到四五月间柴草干燥后，清理出四周隔离火带（"火路"），然后从山顶开始点火，将柴草焚烧殆尽（"坐山火"）。通过这样的方式，烧熟泥土，烧死草根，增加土壤肥力，待柴灰冷却后，再种下各种旱地作物。在这些不便精耕的山地上，特别是在陡坡悬崖之处，"包罗杖"就成为一种方便高效的播种工具。

本案例采集自浙江省景宁畲族自治县中国畲族博物馆，竹质，下端为削尖造型。杖体高约1.2米，直径约5厘米左右，便于握持。畲族分布地区集中在东南丘陵地带，气候温暖湿润，闽、浙、赣三省交界的仙霞岭，闽、赣交界的武夷山和杉岭，以及太姥、鹫岭、仓山、洞宫诸山，盛产毛竹。相对其他地的毛竹而言，畲族分布区的毛竹（属禾本科，又称楠竹），生长快、成材早、产量高、用途广，具有干长、梢粗、皮色好的特点，一直是畲族手工艺的上佳材料。因此，"包罗杖"取毛竹为材，具有易得、适用和易加工的特点。毛竹加工成"包罗杖"的工艺操作简便，反映出畲民造物设计的"物尽其用"的鲜明特点：先将毛竹竹筒内的竹节逐节打通，保留底部一节，底部一节打出一玉米种子大小圆孔，竹筒下部削尖，以便插入土壤与石缝中。使用时取出适量玉米种子倒入竹筒上端的开口，再手握竹筒上端，进行点种操作。当将杖尖插入地上时，种子由于重力和插下时产生惯性作用，会自然地落入土中；而将竹杖拔出时，同样是由于惯性的作用，种子会随着竹筒一起上移，不会四处洒落，既避免浪费，又大大提高了生产效率。

包罗杖是"刀耕火种"时代成功的播种工具设计。畲族先民巧妙利用了竹子中空的特性，存放种子；利用插拔动作产生的力量，将挖洞、撒种工序合二为一。同时，设计也充分考虑了山区劳作特殊的安全需求，一手操作也能完成，特别是在一些较为危险的地段，可以腾出一只手抓握山石、草木或绳索，确保安全。在山间行走时，包罗杖也可以作为拐杖和防身武器使用。包罗杖整个设计充分考虑了山地劳作时的功能需求，采用自然材质，制作简易，使用方便高效，充分体现出畲族先民的聪明才智。

自20世纪50年代以来，畲民的生产条件与劳动方式都有较大的改变，基本停止了"刀耕火种"的生产方式，"包罗杖"遂退出播种工具行列。该设计案例表明：各个民族在长期的劳作和生活中产生的造物设计，与其所处地理、气候、物产、交流等条件密不可分，而特殊的地理位置和自然条件往往会"造就"典型的实用设计。

图片来源
图一　王晓戈　摄影
图二至图四　詹黎明　制图
图五　詹黎明　制图　王晓戈　摄影

参考文献
[1]沈作乾. 畲民调查记[J]. 东方杂志. 1924. 7: 57
[2]浙江省少数民族志编委会. 浙江省少数民族志. 北京: 方志出版社, 1999: 324
[3]永春县志卷三风俗. 明万历

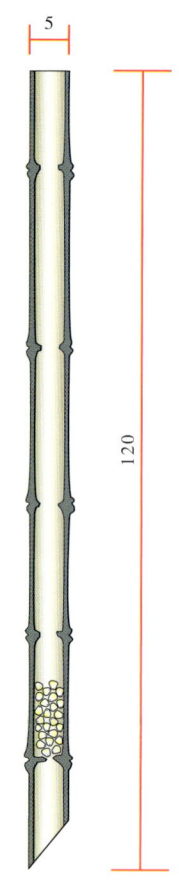

图二　浙南景宁畲族包罗杖尺寸图（单位：cm）

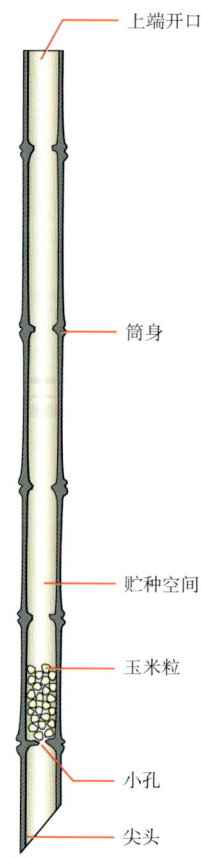

图三　浙南景宁畲族包罗杖结构名称图

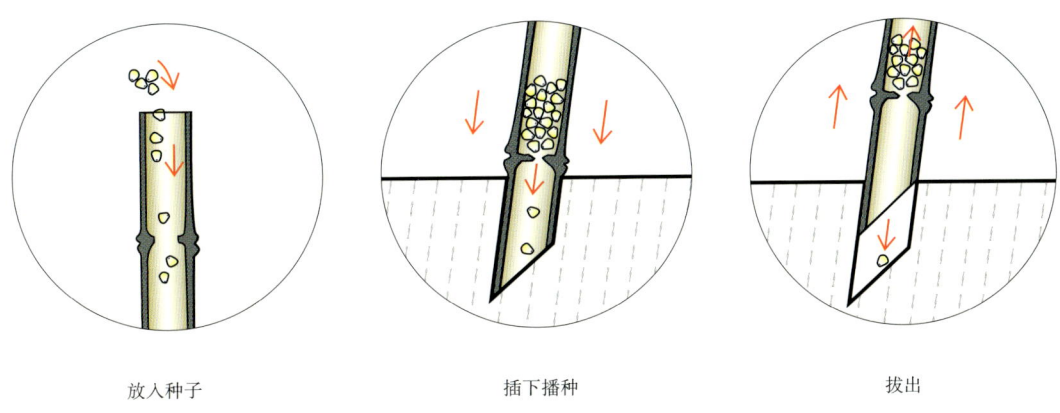

放入种子　　　　　　　插下播种　　　　　　　拔出

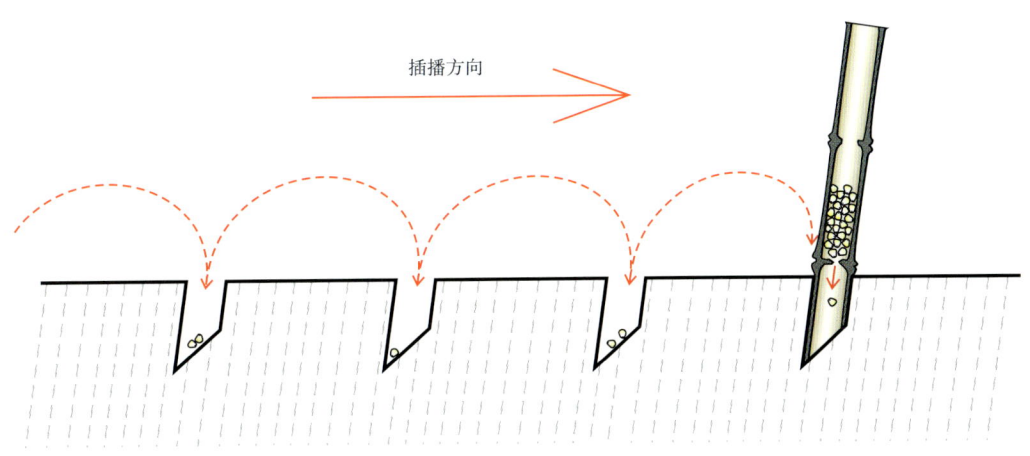

图四　浙南景宁畲族包罗杖使用方法示意图

第五章　畲族传统生产工具

图五　浙南景宁畲族包罗杖使用方式情境图

二十世纪五六十年代浙南景宁畲族拔秧船

图一　二十世纪五六十年代浙南景宁畲族拔秧船主图

畲族"秧船",汉文史籍称之为"秧马""秧凳",是一种在秧田劳作中用以减轻劳动强度的辅助器具,作拔秧之用,也可辅助插秧。[1]畲族人祖祖辈辈多以水稻为主食来源,围绕着水稻的育秧、起秧、插秧、收割等进行了一系列的造物设计,"秧船"即是其中之一。该案例采集自浙江省景宁畲族自治县中国畲族博物馆,由木质的船身和座椅构成。船身长102厘米,宽20厘米,高23厘米。船载木椅,主要由坐板和靠板两块木板构成。

"秧马"因人在稻田里使用时的姿势如同骑马而得名,因其形状如船,故又得名"秧船"。早在北宋时代,便有"秧马"的设计使用。苏轼在武昌地区看到当地农民使用这种稻作辅助器具时,大为赞叹,遂作《秧马歌并序》[2]。在苏轼的诗文记载和推广下,"秧马"曾在湖北传播开来,并在广东、江西、浙江、江苏等地得到一定程度的应用。近代以来仍可见"滑板式秧马"[3](与"泥行乘橇"的道理相似)、"船式秧马"(与"水行乘舟"的认识相同)等类型,但与《秧马歌并序》中的描述存在差异。"滑板式秧马"为底部带滑板的坐具,滑板设计成两端翘起的造型,座面如凹弧面朝上的瓦;"船式秧马"为底部呈船形的坐具,坐骑的造型往往成为改进设计的关键部位。景宁地区畲族使用的"秧船",显然属于"船式秧马"的类型,是在新中国成立初期设计和推广使用的,在形态设计和使用方法均与古代船式秧马相似。该案例畲族"拔秧船",在设计上有着以下显著的优点:首先,秧船上"坐骑"设计成椅子状,供拔秧者骑行,在一定程度上解除了拔秧时弯腰弓背之苦。第二,以船为行于水田之具,使用它在水浅泥深的稻田里拔秧,便于滑行,不会陷入软泥,能提高工作效率,减轻劳动强度。三是船之侧板设计作打洗秧根之用,拔秧者不需要再在双腿上打洗秧根;四是船舱前端设计有存放空间,拔秧人不必再将稻草挂在腰间或脖子上;船舱后端设计有存放秧苗之处,拔出并捆好的秧苗不用再零星地扔在水里。

建国初期的50、60年代,在农业生产力得以极大解放的形势下,在农具改革的浪潮中,"船式秧马"一度得以推广,后因经济体制变化和插秧密度观念的转变等原因而弃置。今天,在插秧机没有普遍推广的情况下,船式秧马仍不失为改善插秧劳动条件的行之有效的辅助器具。而且,在骑行之具的造型和装备上,仍有再设计的空间。

图片来源
图一　浙江景宁畲族博物馆馆藏
图二、图三　韩学红　制图
图四至图七　李甦力　制图

参考文献
[1]周昕. 中国农具发展史[M]. 济南:山东科学技术出版社,2005:651
[2]国学基本丛书苏东坡集·后集卷四。
[3]周晓陆. "秧马"之实物例证——致刘崇德同志的信[J]. 农业考古. 1985,1:88—89

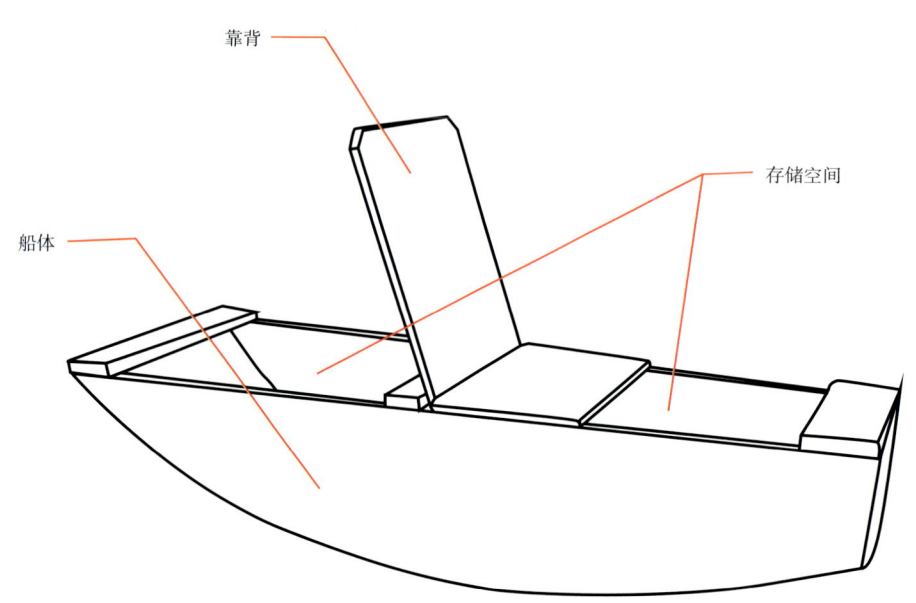

图二　二十世纪五六十年代浙南景宁畲族拔秧船结构名称图

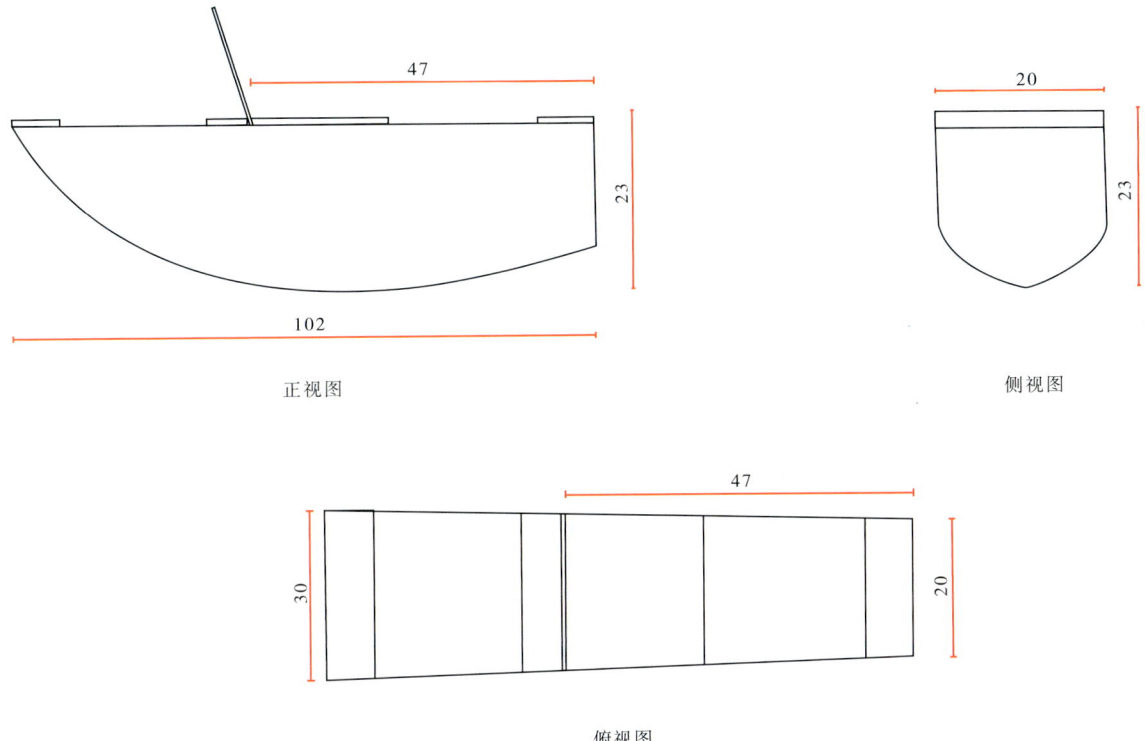

正视图 侧视图

俯视图

图三 二十世纪五六十年代浙南景宁畲族拔秧船三视图、尺寸图（单位：cm）

图四 王贞《农书》中的"秧马"线描图

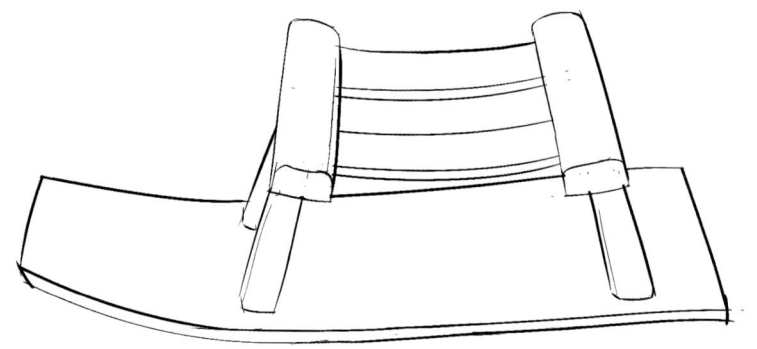

图五　畲族江苏高淳县农民实用的"滑板式秧马"线描图

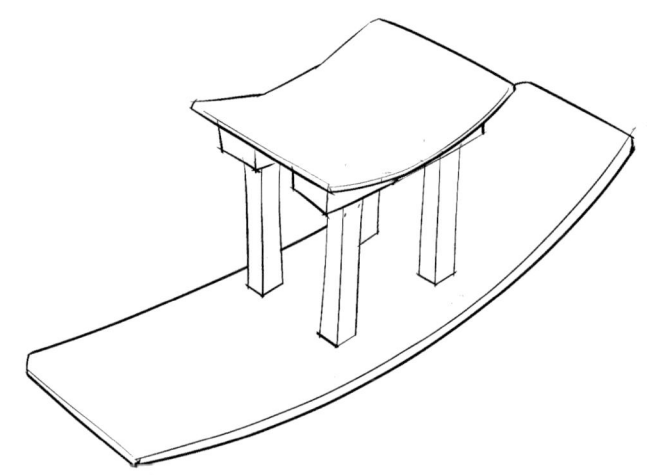

图六　畲族浙江"滑板式秧马"线描图

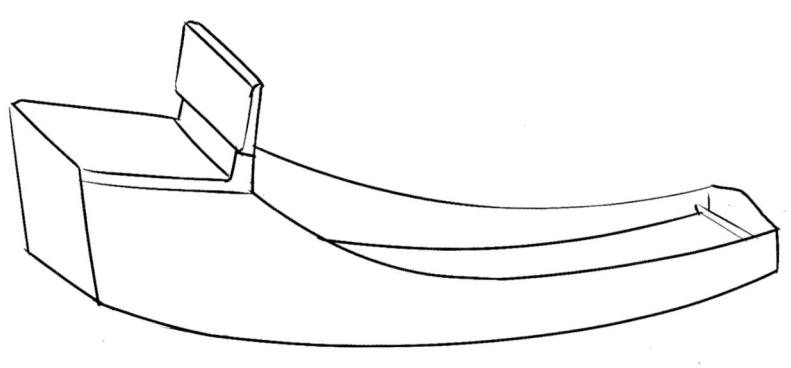

图七　畲族宜春"船式秧马"线描图

民国浙南畲族稻梯

图一　民国浙南畲族稻梯主图

明清以前，刀耕火种是一种古老的原始农业生产方式，许多地区畲民过着"随山散处，刀耕火种，采实猎毛，食尽一山则他徙"的游耕生活；除了种植日常的谷物之外，畲民也种药材，茶叶、靛蓝、苎麻和香菇等经济作物；另外山上生长的杉树，毛竹、油桐和油茶也是畲民种植栽培的对象。畲民农业生产使用的工具基本和汉族无异，而有一些则是畲民为了适应山地梯田的耕作而自己发明的农具。

清·屈大均《广东新语·食语》载：畲人所种之山禾，"藉火之养，雨露之滋，粒大而甘滑"。说明畲族能培育高品质农作物。本案例是民国时期的稻梯，出自景宁县郑坑乡柳树村，现收藏于中国畲族博物馆。该稻梯呈梯形状，长85厘米，宽60厘米，高10厘米。由木、竹两种材料组合而成，当地盛产毛竹，故因地制宜选择材料。稻梯是畲族收获稻米时使用的工具，脱粒方式主要是依靠人力。稻梯的结构，能增加接触面积，均匀高效完成脱粒。将稻梯放在稻桶内，由打稻人抱起成束的稻穗在稻梯上摔打，稻穗逐渐沿空隙掉落在稻桶里。

本例稻梯由于长年累月的使用，有较为明显的磨损痕迹。稻梯既能体现出畲族种稻劳作方式，也反映出畲族悠久的种稻历史。畲民山地种稻的耕作方式，也是我国南方地区稻米文化重要的组成部分。

图片来源
图一　王晓戈　摄影
图二、图三　毛翔　制图
图四　叶成闻　制图

图二 民国浙南畲族稻梯尺寸图（单位：cm）

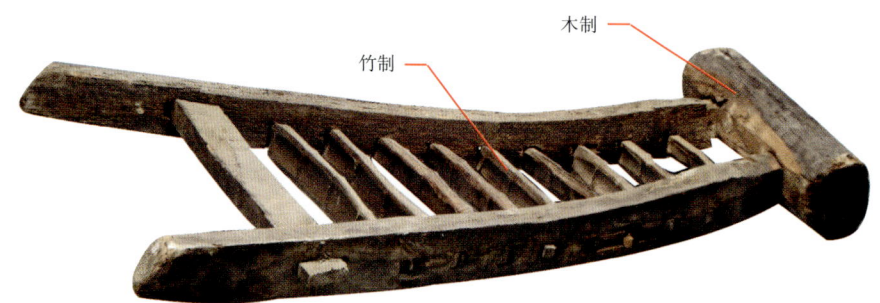

图三 民国浙南畲族稻梯结构名称图

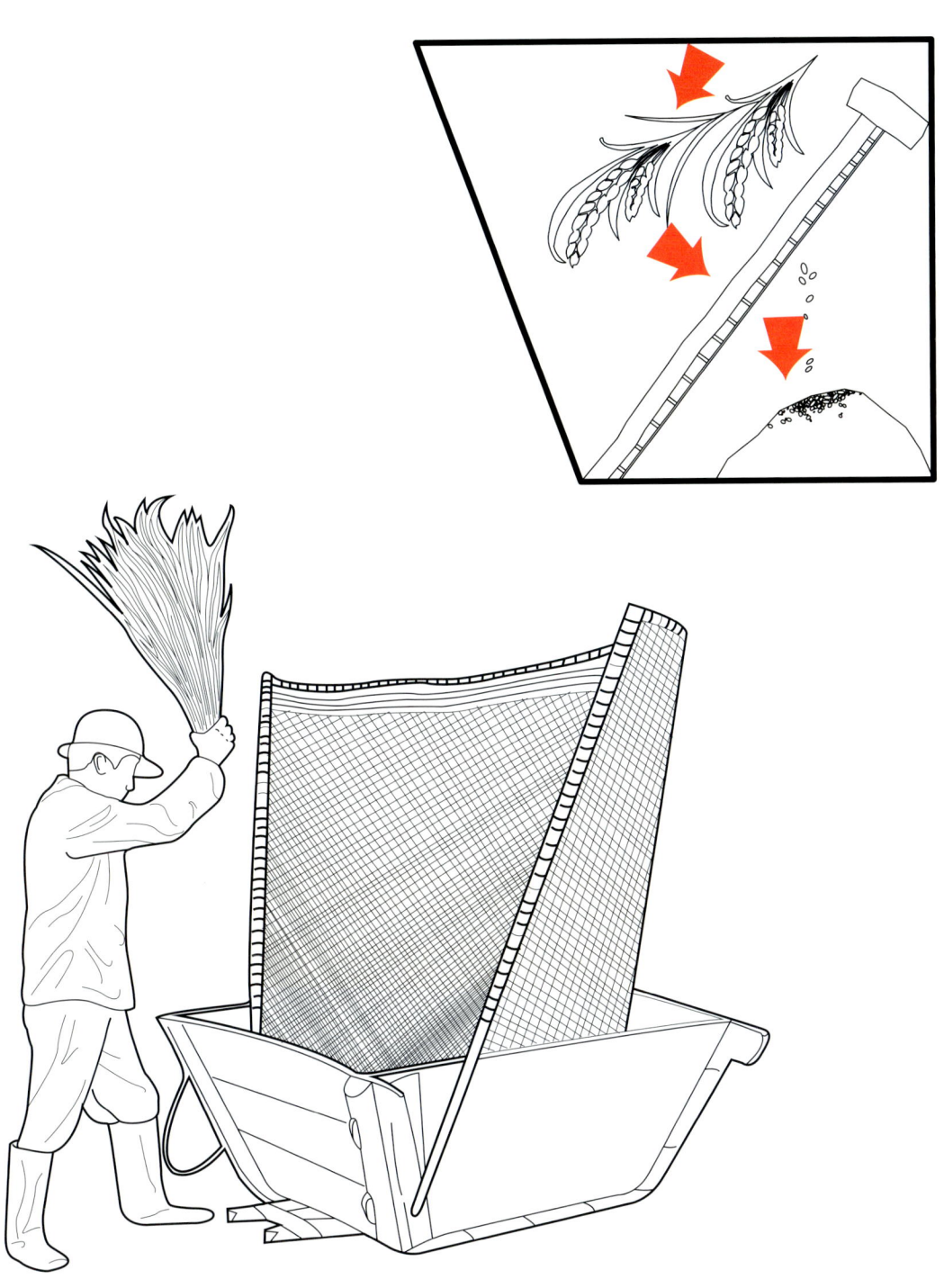

图四　民国浙南畲族稻梯使用场景图

民国浙南畲族"满"字谷印

图一 民国浙南畲族"满"字谷印主图

谷印顾名思义是加盖在稻谷上的印记，用以防盗，是农耕社会常见的用具。谷印源于米印。相传自明代始，大户人家就使用米印和谷印。谷印一般由木头刻制，上有把手，底部刻字或图案，并未有统一的形制标记。在过去，生产力低下，人们生活水平不高，粮食更加珍贵。谷印用于稻谷归仓后，把谷堆整理成圆台型，在其上加盖封印，如果有人为扰动，一望即知，可见谷印有封条的作用，是一个有效而实用的设计。谷印的出现也说明农业进入了一定的发展阶段，有了一定的产量和囤积量。换句话说，谷印的出现是农业发展的一个标志。

本案例中的谷印现藏于中国畲族博物馆，经鉴定是民国时期文物。该谷印直径27厘米，厚10厘米，木质，把手是一对凸起的蝙蝠造型，底部凿空成瓦当形，阴刻有一个大大的满字。上下部的图案和文字都有吉祥的寓意。众所周知,在古人眼中,蝙蝠是长寿的动物,更因蝙蝠的"蝠"与"福"谐音,多寿且福,自然被人们视为吉祥之物,例如五只蝙蝠相连寓意"五福临门",蝙蝠与其他物品也能合成多种复合型的吉祥物,例如和钱币摆在一起寓意"福寿双全""福在眼前"等,体现了民间美术"图必有意,意必吉祥"的装饰原则。"满"字则为充实的意思,寄托古人希望谷仓时时丰满、年年有余的美好愿望。

谷印在20世纪60、70年代的生产队中还使用,后来随着商品经济的发展,谷印渐渐退出了人们的生活,这枚珍贵的畲族民国"满"字谷印,是当时人们农耕生活的生动写照。

图片来源
图一　王晓戈　摄影
图二至图五　刘颖　制图

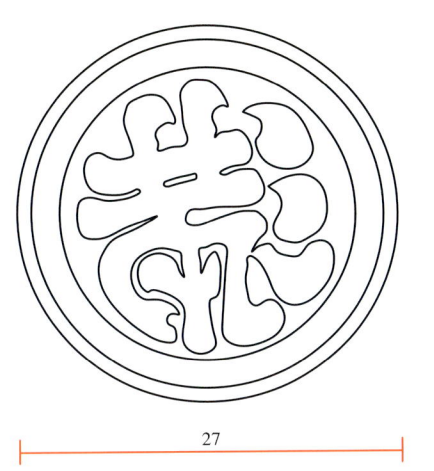 

图二　民国浙南畲族"满"字谷印直径尺寸图(单位:cm)

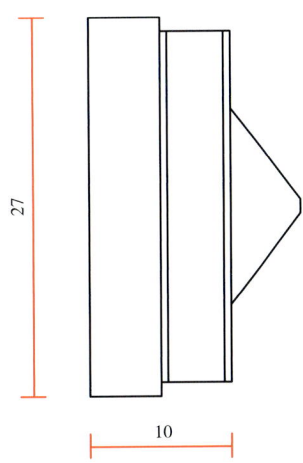

图三　民国浙南畲族"满"字谷印厚度尺寸图(单位:cm)

"满"字阴刻图案

蝙蝠造型把手图案

图四 民国浙南畲族"满"字谷印名称示意图

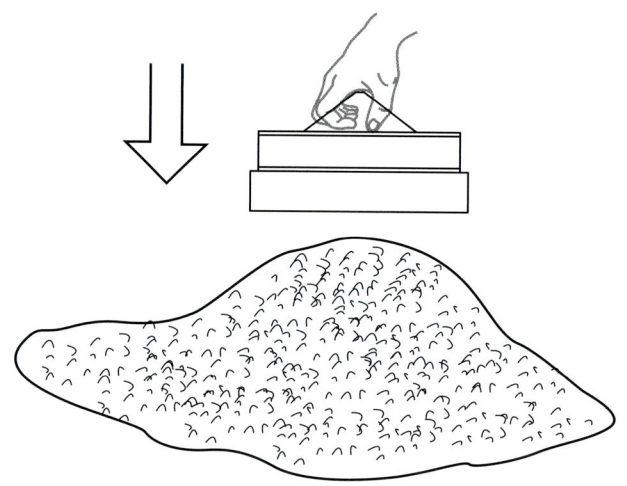

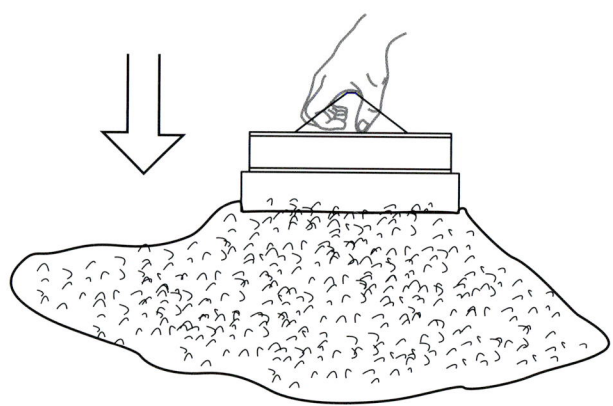

图五 民国浙南畲族"满"字谷印使用气氛图

浙南景宁畲族地区曲辕犁

图一　浙南景宁畲族地区曲辕犁主图

在畲族设计的生产工具系统中，农具数量占首位，而在农具中又以整地农具居多。畲人称作"犁"的农具，主要用于大田作业中耕翻土地（主要是水田）。本案例采集自浙江省景宁畲族自治县中国畲族博物馆，为"曲辕犁"形制，主要由铁质和木质两大类机件构成，通长140厘米，通高95厘米。铁制部分主要包括"犁头"（即犁铧）、犁壁和犁钩；木制部分主要是犁辕、"犁脚"（又称犁底、犁床）、犁箭、犁梢等。犁辕短而弯曲，犁头呈"V"字形，"犁脚"和犁梢合二为一，弯曲成大于直角的造型。

该案例曲辕犁设计精巧，功能性突出。

首先，与畲民使用的原始耕翻土地农具相较，该曲辕犁的设计具有良好的使用功能，既可通过扶犁人用力的大小来控制耕翻水田的深浅，又大大节省了劳动力，劳动效率得到提升。特别是犁铧设计成"V"字形造型，角度缩小到90度以下，尖头锋利，便于入土耕行。犁壁设计成凹弧长条形，与犁铧相接且呈钝角开张，便于水田翻土。其次，用材主要是木材和铁，在畲民生活的山地区域木材随处可取，价格低廉；铁冶炼技术被普遍掌握。第三，在设计上符合人机工程学的要求。主要体现在犁梢的长度符合人机尺寸，扶犁的人不必过于弯身弓腰，减少耕田时的疲劳。最后，该案例成功之处在于尺度的设计。与平原地带中使用的曲辕犁相比，该案例缩短了犁辕的长度、扩大了"犁脚"的曲度、降低了犁箭的高度，便于在梯田里深耕和转弯。由于犁（以及其他农具）在畲族生产中占有重要地位，它也走进了婚俗文化，与"锄头""镰刀"等一道作为陪嫁之物，形成了"农具陪嫁"的普遍习俗。如浙江景宁畲族，嫁具"则耒焉、耜焉、而鎡錤焉，室家于是乎成矣"[1]，福建永春畲族"嫁女以刀斧资送"[2]，安徽宁国条件好的畲族甚至还陪送耕牛。[3]

在传统农业社会，畲族人长期未掌握冶铁技术，也无曲辕犁这样先进的农耕农具。在由"刀耕"进入"犁耕"的过程中，是受到了汉人耕作方式的影响。但畲人并未停留在简单的模仿和引用上，而是因地制宜，对汉人曲辕犁进行了再设计，以适应山地耕作条件下梯田块小窄长的实际。因此，本案例是畲人根据自己特有的山地环境、梯田条件和功能要求，改进设计的一例经典。这对当下欧美设计大举进入国内且占据强势地位的情况，如何处理"模仿"和"创新"不无启发和借鉴的意义。

图片来源
图一、图六　蓝泰华　摄影
图二、图三　刘颖　制图
图四　拍摄于中华畲族宫
图五　陈思　制图

参考文献
[1]周杰.景宁县志12卷风土附畲民.清同治十二年
[2]永春县志卷三风俗.明万历
[3]中国少数民族社会历史调查资料丛刊福建省编辑组.畲族社会历史调查[M].福州：福建人民出版社，1986：248

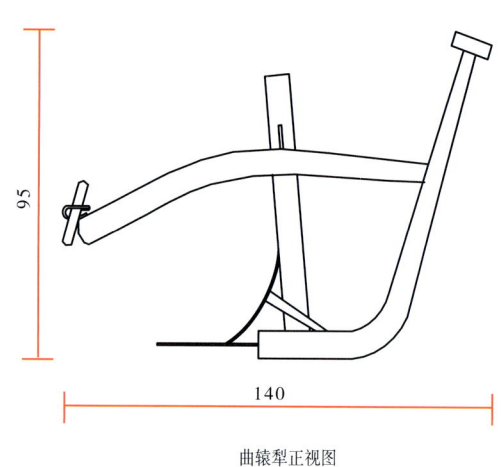

曲辕犁正视图

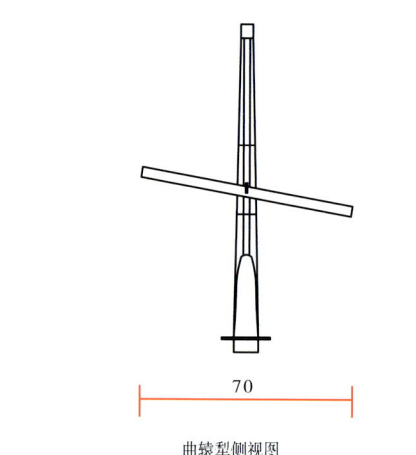

曲辕犁侧视图

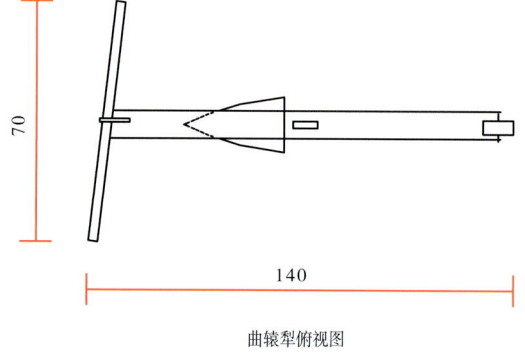

曲辕犁俯视图

图二　浙南景宁畲族地区曲辕犁尺寸图（单位：cm）

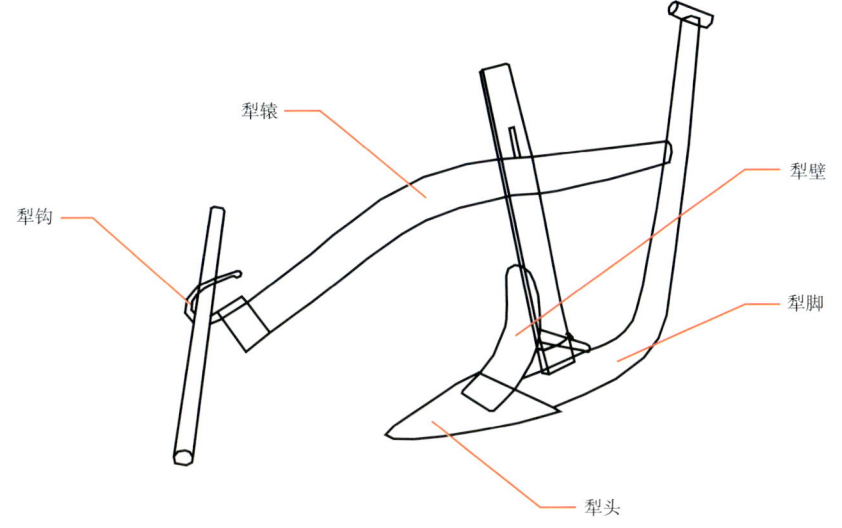

图三　浙南景宁畲族地区曲辕犁结构名称图

图四　浙南景宁畲族地区曲辕犁使用气氛图

图五　浙南景宁畲族地区曲辕犁使用场景图

图六　浙南景宁畲族地区山犁延展图

浙南景宁畲族山田木榾碡

图一　浙南景宁畲族山田木榾碡主图

畲族以"山居农耕"而得名，畲民在生产实践中摸索出一套完备的耕作方法，并就地取材发明出一系列适用于山田的生产器具，山田木榾碡就是其中之一。

山田木榾碡是用于农田表土整理的农用器具，通过人的控制和牛的拉力来使用，体现出畲族的耕作特色。其滚轴为整个器具中的主要功能物件，承受的力最大，损耗也最为严重，所以需要采用材质较好的木料制作。在操作过程中，人两脚一前一后分别站于木榾碡的前梁和后梁之上，两手持缰绳、执鞭驱牛，使之拖拉木榾碡匀速前进，即可实现灭茬、碎土、起浆和平整田地的功能。

本案例的山田木榾碡来自浙江省景宁县包凤村，长116厘米，宽73厘米，高8厘米。通体由硬木制成，整体结构有纵梁、人踏横梁、滚轴、铁丝等部件组成。两边横梁微翘，可以有效减少阻力。人踏前横梁左右两边各有一个铁丝做成的拉环，通过绳子与牛轭相连。另有七片木片平行于地面，垂直于滚轴，在耕作的时候七片木片可以更好地转动，达到碎土、平整田地的作用。

山田木榾碡借用牛的拉力，减轻了畲民的劳动强度，节省了时间与体力。在机械化不发达的年代，山田木榾碡在畲民的农耕上发挥了巨大的作用，是畲族人民智慧的结晶。

图片来源
图一　王雪姣　摄影
图二至图七　王雪姣　制图

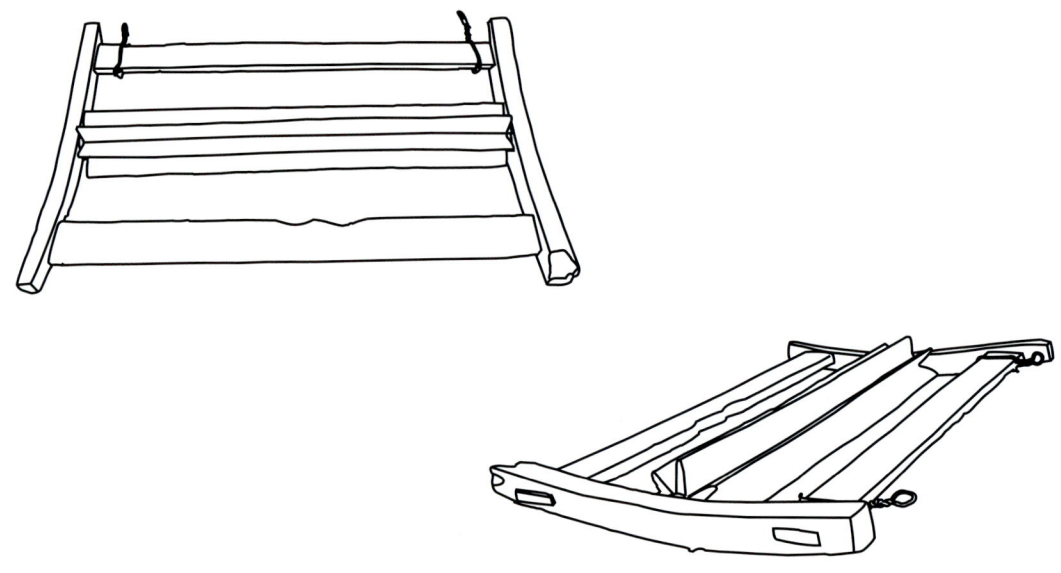

图二　浙南景宁畲族山田木櫑磲线描图

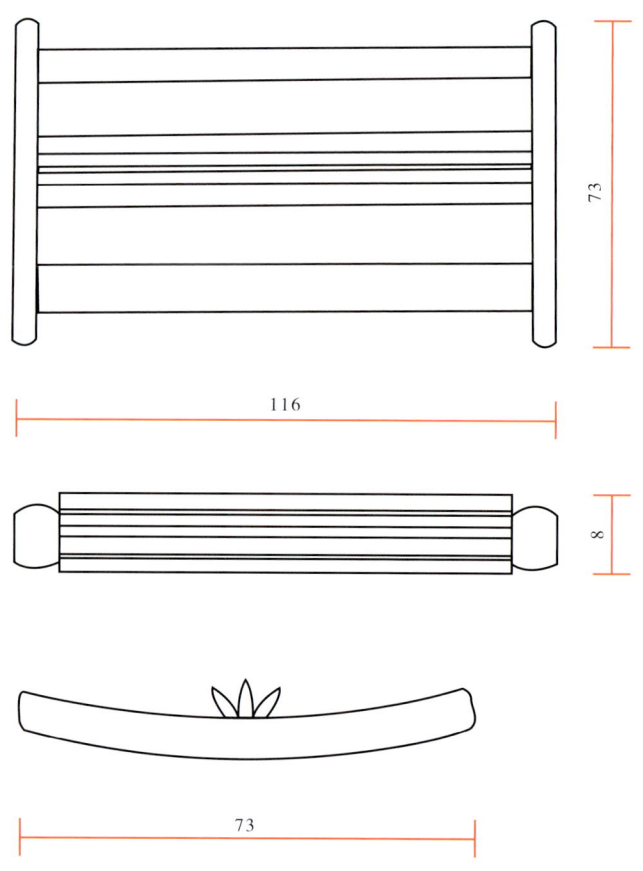

图三　浙南景宁畲族山田木櫑磲尺寸图（单位：cm）

图四　浙南景宁畲族山田木榴磉三视图

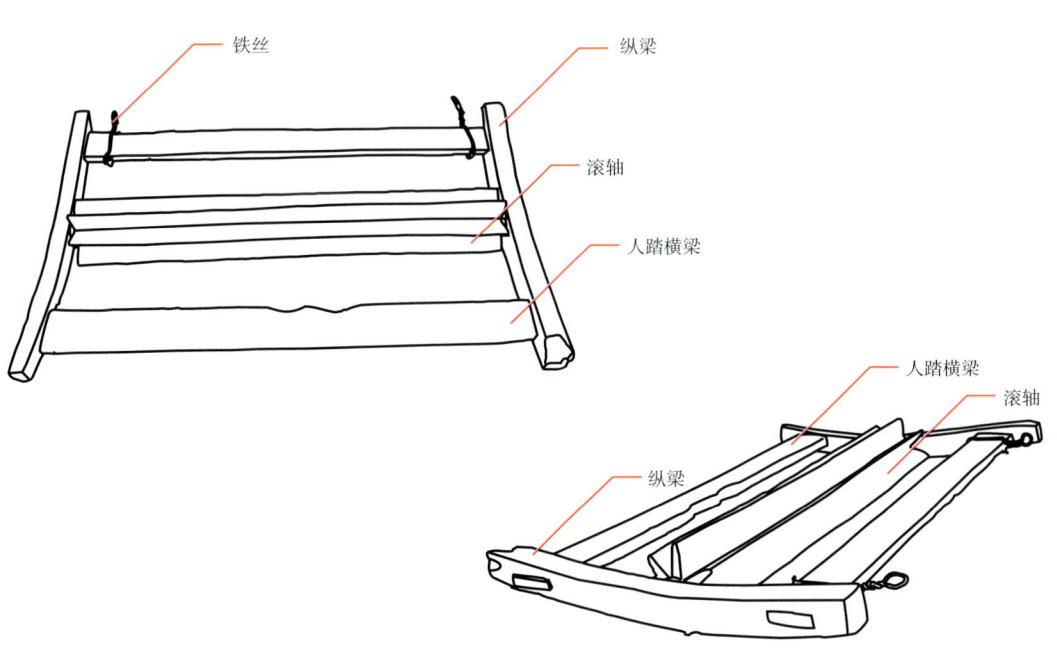

图五　浙南景宁畲族山田木榴磉结构名称图

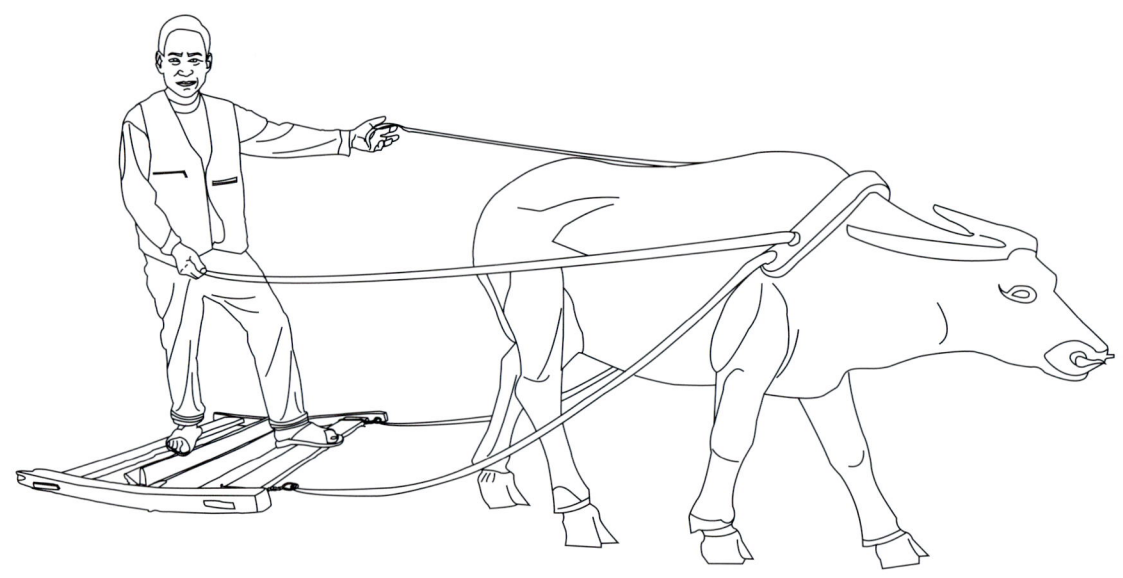

图六　浙南景宁畲族山田木檑砖使用情境图

图七　浙南景宁畲族山田木檑砖细节图

闽东罗源畲族小猪盆

图一　闽东罗源畲族小猪盆主图

小猪盆也称小猪喂食木盆，是畲民专门用来给断奶后的小猪集中喂食的用具。旧时畲民家养的成年猪通常是一猪一栏，一猪一盆，但小猪崽是成群喂养。

小猪盆大多用杉木制成，其工艺方法与木盆制作方法相似，但由两部分构成，即中间的有提把无底木桶和外围的木盆。[1]小猪盆的无底木桶与外围木盆制作方法通常选直径约20厘米左右的原木，根据需要裁成木段，刨成相同的上大下小的木块，一块块地用木钻钻眼，用竹钉连接起来，然后用竹篾或铁丝箍好。小猪盆制作完成后，还需要在水里浸泡一段时间，晾干后再加固，如果盆底出现小缝隙，就用木屑塞紧。为更加耐用，还需要在盆体反复上几遍桐油。[2]

本案例采集自福建省罗源县福湖畲族村，上端直径为22.5厘米，高为25厘米，下底直径为27.5厘米。桶底四周装有四只脚，高为5厘米。盆底直径49厘米，高8厘米，盆面直径54厘米，并在盆底安装有与木桶脚相对称的四个扣子，连接木桶。这种食盆优点很多，容易制造，也容易清洗，提携便利。添食时，食料由木桶口倒入后，就会从桶底均匀流入盆内，这样既不会倒在猪崽身上，猪崽的脚也不会踏入盆内，可保持食料清洁，又能做到只只上盆，小猪崽少因抢食而争斗，四周的小猪崽都可以吃到食物。这种饲盆符合猪崽的群居习性，方便实用。[3]

图片来源

图一　蓝泰华　摄影

图二至图六　詹黎明　制图

参考文献

[1]上海：科学技术出版社．上海畜牧兽医通讯．4：181

[2]李豫闽．中国设计全集用具类编民艺篇卷十七．北京：商务印书馆，2012：18

[3]上海：科学技术出版社．上海畜牧兽医通讯．4：181

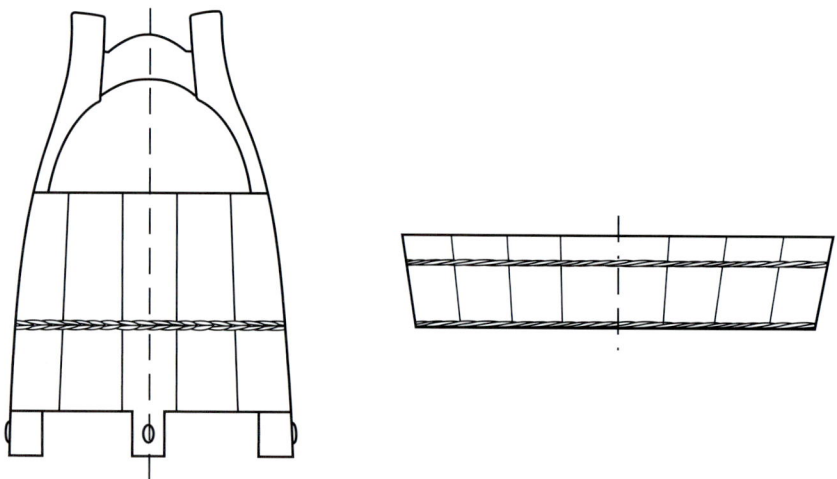

图二　闽东罗源畲族小猪盆线描图

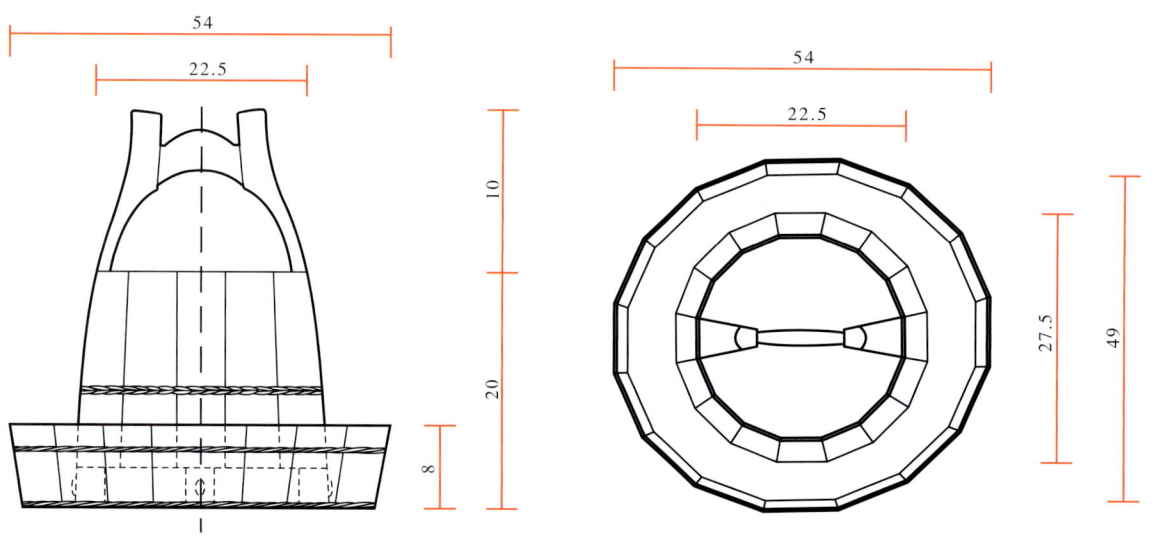

图三　闽东罗源畲族小猪盆尺寸图（单位：cm）

图四　闽东罗源畲族小猪盆三视图

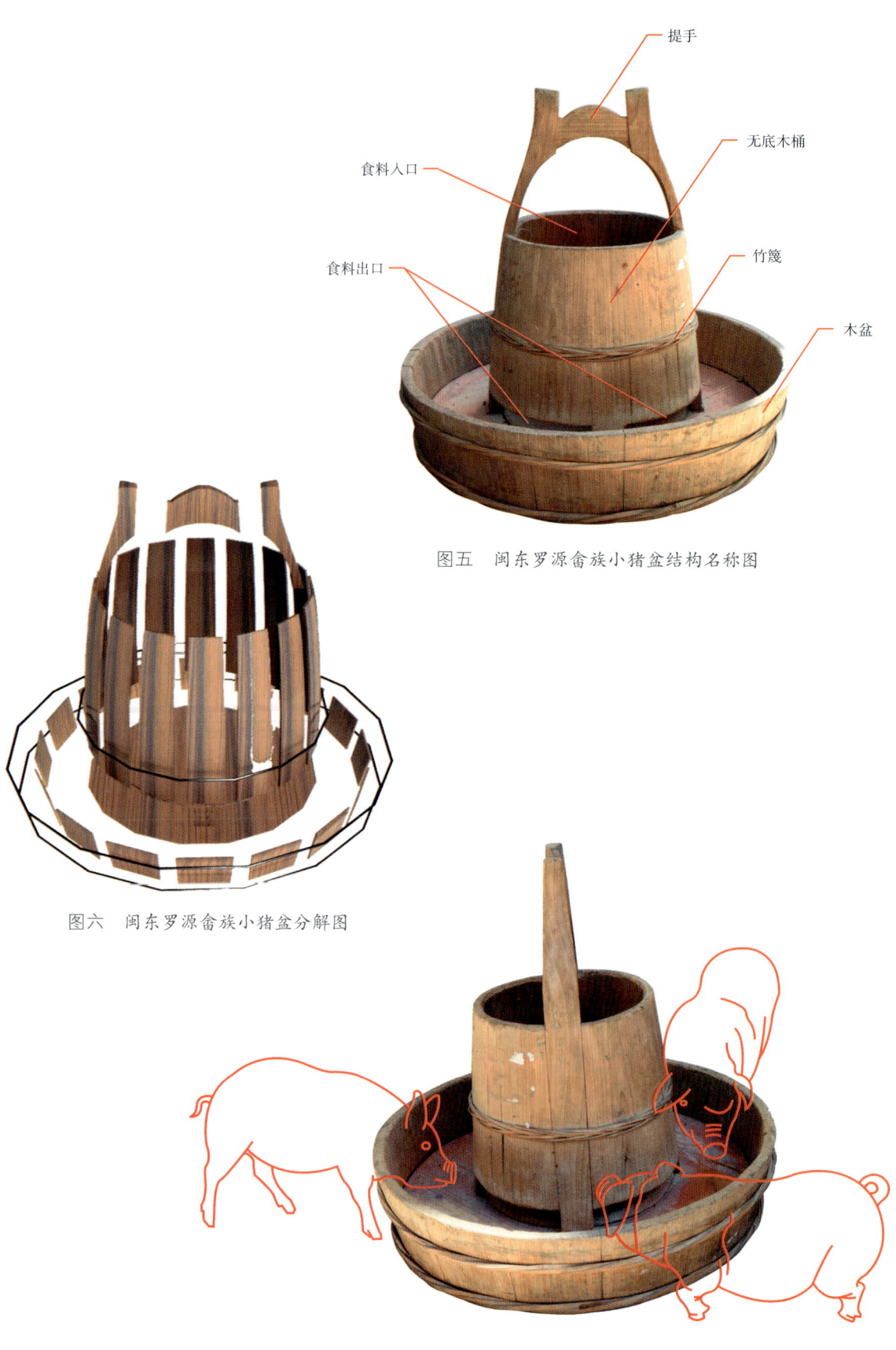

图五　闽东罗源畲族小猪盆结构名称图

图六　闽东罗源畲族小猪盆分解图

图七　闽东罗源畲族小猪盆使用情境图

闽东福鼎畲族火药筒

图一　闽东福鼎畲族火药筒主图

火药筒是畲族一种传统的狩猎工具，其基本功能是用以盛装火药弹粒并与猎枪组合配套使用。畲族早期以农业生产为主，狩猎经济为辅。公元7世纪，畲族先民的生产力水平低下，长期居住在深山丘陵地区，周边以山雉、飞鸟、野鹿、狐、兔、鼠居多，因此畲族民众精通射猎，所猎之物可供食用、招待宾客，而且鹿、狐及鸟类皮毛还可作为商品入城贸易。

本案例采集自福建省福鼎市城关。该筒高23.5厘米，宽13厘米，半月形最厚处为7厘米。筒身正面刻有装饰纹样，以仙鹤、喜鹊、花草等一些吉祥图案为主，寓意延年益寿、欢乐喜庆、狩猎成功、平安归来。其线条稚拙，造型生动，具有简洁、古朴的韵致。装饰图案表面的起伏，也增加了摩擦力，便于握持，不易打滑。

火药筒髹以黑漆，既美观又使筒身不易磨损，背带蓝白相间并编织有"章军车马南北"等文字，整体色彩搭配协调统一，对比和谐。

从造型上看，该火药筒正面呈流线心型，口沿上方有两个孔分别用于放置火药和弹粒，并用圆柱塞子堵住火药孔口，使火药不易溢出。筒耳系有编织的文字彩纹背带，俯看筒身为半月形，弧形在外，背面平整，比较贴身，便于携带，符合人体工程学原理。在火药筒制作过程中，人们先把筒身两边剖开，再将其内部掏空，最后将两部分黏合在一起，另在木筒上方钻出两个直径2厘米的孔，用以装入火药和弹粒。这样制作的火药筒比例合理，装饰大方，造型独具匠心。

通常火药筒多由木材制作而成，还有的使用金属、牛羊角等材料。以牛羊角为材料做出的火药筒形制相对固定，以金属加工制成的火药筒需要更为专业的技能，难度较大，难以普及。而木制火药筒取材容易，便于加工，不需要高深的专业制作技能，其形制容易把握，能够根据使用者的喜爱做出各种不同形状，同时也有轻巧耐用、不易受潮和腐坏等特点，能够对火药起到很好的保护作用。畲族民众能够就地取材，自己动手制作，以满足生活和生产的需要。

本案例火药筒是实用与美观的结合，方便实用，美观大方。历经岁月的侵蚀，依然能够让我们感受到制造者纯熟的技艺，感受到畲族人民的聪明才智和对生活的热爱。

图片来源
图一　毛翔　摄影
图二至图四、图六、图七　叶成闻　制图
图五　王阵　摄影

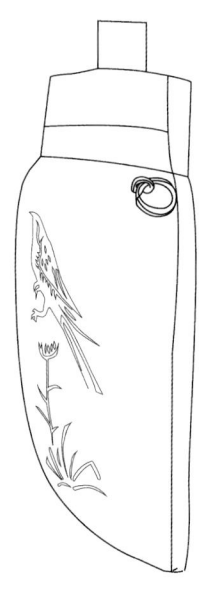

图二　闽东福鼎畲族火药筒线描图

图三　闽东福鼎畲族火药筒三视图、尺寸图（单位：cm）

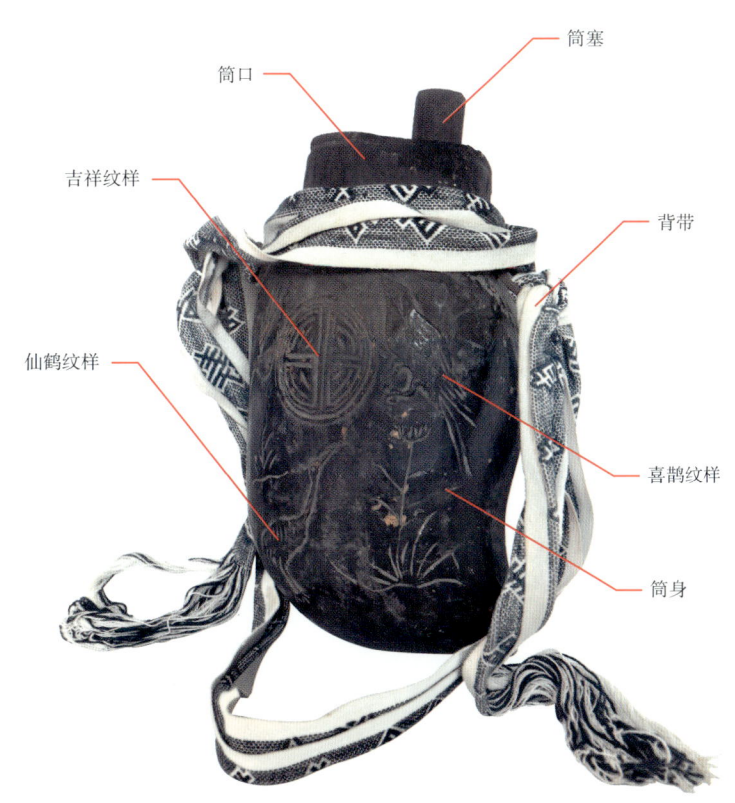

图四　闽东福鼎畲族火药筒结构名称图

第五章　畲族传统生产工具

图五　闽东福鼎畲族火药筒顶部细节图

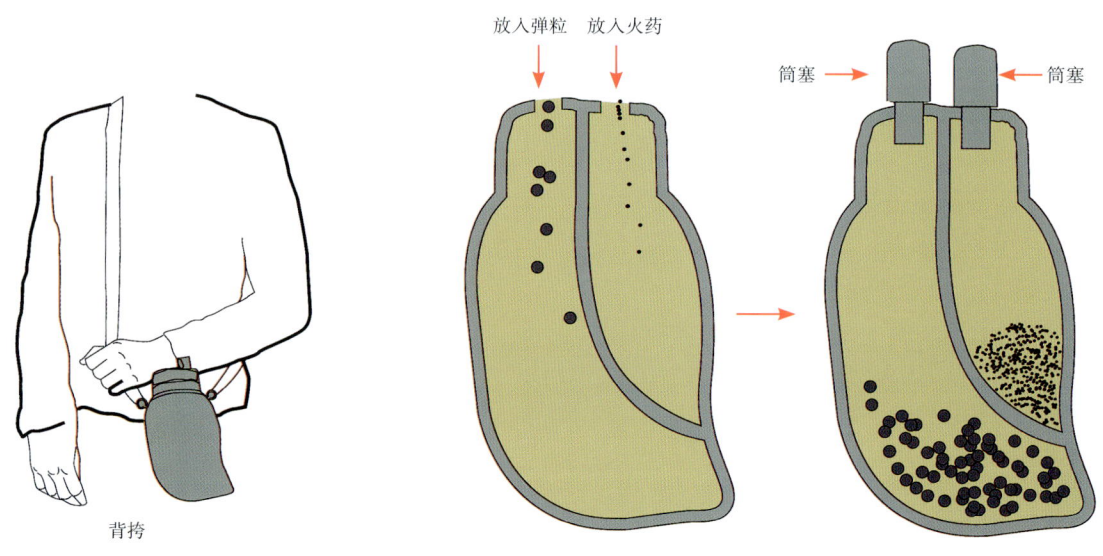

图六　闽东福鼎畲族火药筒使用方法示意图

图七　闽东福鼎畲族火药筒、猎枪、棕袋组合图

闽东福安畲族渔具

图一　闽东福安畲族渔具主图

闽东畲族传统捕鱼用具，主要有泥鳅篓、鱼虾篓、鱼笼等，用于捕捞和盛装鱼虾。畲族是个山居民族，大多居住于丘陵地区，基本上是在山间溪流或河谷地带捕鱼，所以畲族渔具中渔网较少，适合在溪流中使用的围篱、鱼笼居多，能够有效利用溪流的自然条件对鱼虾进行拦截和诱捕。

本案例除泥鳅篓采集自福建省福安市康厝乡凤洋村之外，其他渔具均采集自福建省罗源县福湖畲族村。泥鳅篓，顾名思义是用于盛装捕获而来的泥鳅，由竹篾编织而成，形体大小各异。大的篓口直径约为22厘米，高为27厘米，用于盛装体积较大的泥鳅，小的篓口直径约为8厘米，篓身高19厘米，可把相对较小的泥鳅放入其中。篓颈处皆有一条麻绳用于背挎或系在腰间，方便携带。

鱼篓，其制作工艺和外形结构类似泥鳅篓，长25厘米，最宽处约为20厘米，主要用于盛装鱼类，是畲族渔民捕鱼时的必备物品。虾篓，是畲族渔民常用的捕虾用具附件，有两种类型，一大一小。大虾篓制作时，先用劈好的竹篾编好篓片，再组装而成，分为内外两层，内部采用的竹篾与外部相比要偏细一些。篓身整体呈圆柱形，高约40厘米，篓口直径为16厘米且带有往内延伸的竹篾（倒须），呈倒锥形，防止虾从篓中爬出。虾篓底部用竹篾编成漏空六边形，呈穹顶状，并在篓身下部设一提手，便于把装在篓中的虾从底部倒出。小虾篓长11厘米，宽9厘米，高20厘米，体积较小，便于携带。

鱼笼为畲族渔民诱捕和装养鱼虾的器具，外形呈扁平的圆柱形。有多种样式，形制有大有小，使用的材料多取自竹、藤、麻、柳等。中小型者可挎在腰际，大者可将鱼虾笼养在内。渔民常将诱饵放入鱼笼，而后将其固定安置于溪流岩缝之中，隔天收取。这种捕鱼方式可以减轻渔民捕鱼时的工作量，同时又能够保证一定的收成。

其他捕鱼器具还包括围篱、鱼抄、火篓、鱼缸等。其中围篱也称竹制渔网，是畲族捕鱼用具的重要组成部分之一，由竹篾编成，将其展开后围合于溪流浅水之中，用于拦水，方便抓鱼。鱼抄可说是缩小的网具，多用绳结成网兜，常与围篱配合使用，将围篱拦截到的鱼虾捞起。火篓是畲民捕鱼时的辅助工具，其前端三分之一部分由金属制成并用铁丝编成篓状，在篓内放入可燃物，提在手中，在夜间捕鱼时用于照明。鱼缸体积较大，上半部刻有镂空的装饰花纹，主要用于装养捕获的鱼虾。

捕鱼是畲族民众生活中不可或缺的一部分，同时也对畲族民众生活水平的提高和生产方式的发展起到了重要作用。在不同的捕捞场所使用不同类型的渔具，也体现出畲民在设计捕鱼用具时的过人智慧和娴熟的技艺，简单的渔具表现出畲民适应自然的能力。

图片来源

图一、图五、图七、图十二至图十四　王阵　摄影
图二至图四、图六、图八至图十一　叶成闻　制图

图二　闽东福安畲族泥鳅篓尺寸图（单位：cm）

图三　闽东福安畲族泥鳅篓结构名称图

竹篾制篓身　篓口　麻绳

图四　闽东福安畲族泥鳅篓使用情境图

图五　闽东福安畲族鱼篓

图六　闽东福安畲族鱼篓尺寸图（单位：cm）

图七　闽东福安畲族虾篓

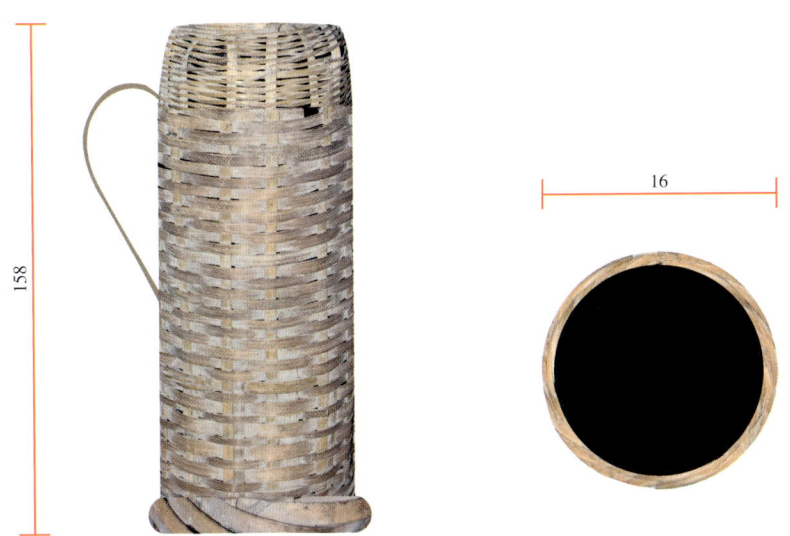

图八　闽东福安畲族虾篓尺寸图（单位：cm）

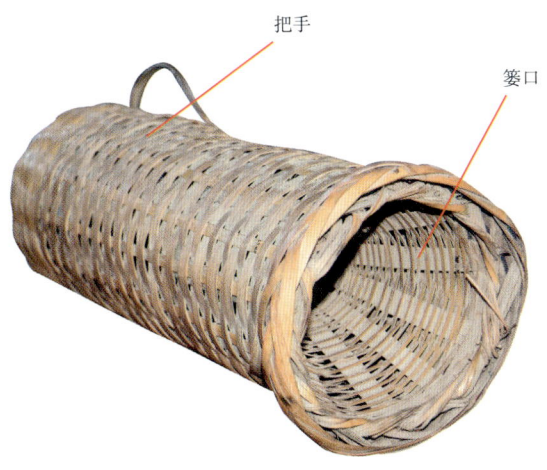

图九　闽东福安畲族虾篓结构名称图

图十　闽东福安畲族虾篓底部细节图

图十二　闽东福安畲族围篦

图十三　闽东福安畲族鱼抄

图十一　闽东福安畲族鱼笼

图十四　闽东福安畲族鱼缸

闽东福安畲族割刀

图一　闽东福安畲族割刀主图

畲族名称源自其刀耕火种、山居农耕的生产生活方式。畲族民众大多散居在人迹罕至的深山之中，这些地区往往山高水冷，土地贫瘠，交通闭塞，环境险恶，生活环境十分艰苦，畲族民众在披荆斩棘、开山拓荒以及收割作物时，主要使用的生产工具就是割刀。

畲族的割刀与北方的镰刀极为相似。相同之处都是由木棒和刀身组成，刀身有一面是刀刃，都是用于农业生产。不同之处是北方的镰刀功能单一，主要用于收割小麦、割草等，刀身偏短偏薄偏小；畲族割刀刀身较厚，主要用于上山割草或上山开路的一种辅助工具，刀身前面钩子较小，用于钩、割，刀身后面较长，用于砍伐，可以说畲族割刀兼有砍刀的功用，相对北方的镰刀，功能上更全。

本例割刀来自福安市坂中乡下林岭村9号，由铁制刀片和木制把手组成。割刀刀片呈月牙弯钩形，刃口在内，通常还配有木鞘，以便携带腰间。割刀全长46厘米，其中金属刀头长26厘米，宽13厘米，木把长20厘米，直径为4厘米。本例割刀还配有一副木制刀鞘，刀鞘长15厘米，高5厘米，宽3厘米。通过钉子使绳子与木鞘两边连接。使用时，可以先把木鞘通过绳子绑于腰间，把割刀插入木鞘，系于腰间，这样能腾出双手劳动，也更加安全。

畲族所处的山区生活环境艰苦，生存环境恶劣，割刀简单实用、通用性强，是简单高效的生产工具。割刀的发明与使用，正是畲族民众世代山居农耕实践经验的总结，适应山区的生产环境，体现出朴实、实用的造物思想。

图片来源
图一、图五　刘慧云　摄影
图二至图四、图六、图七　王雪姣　制图

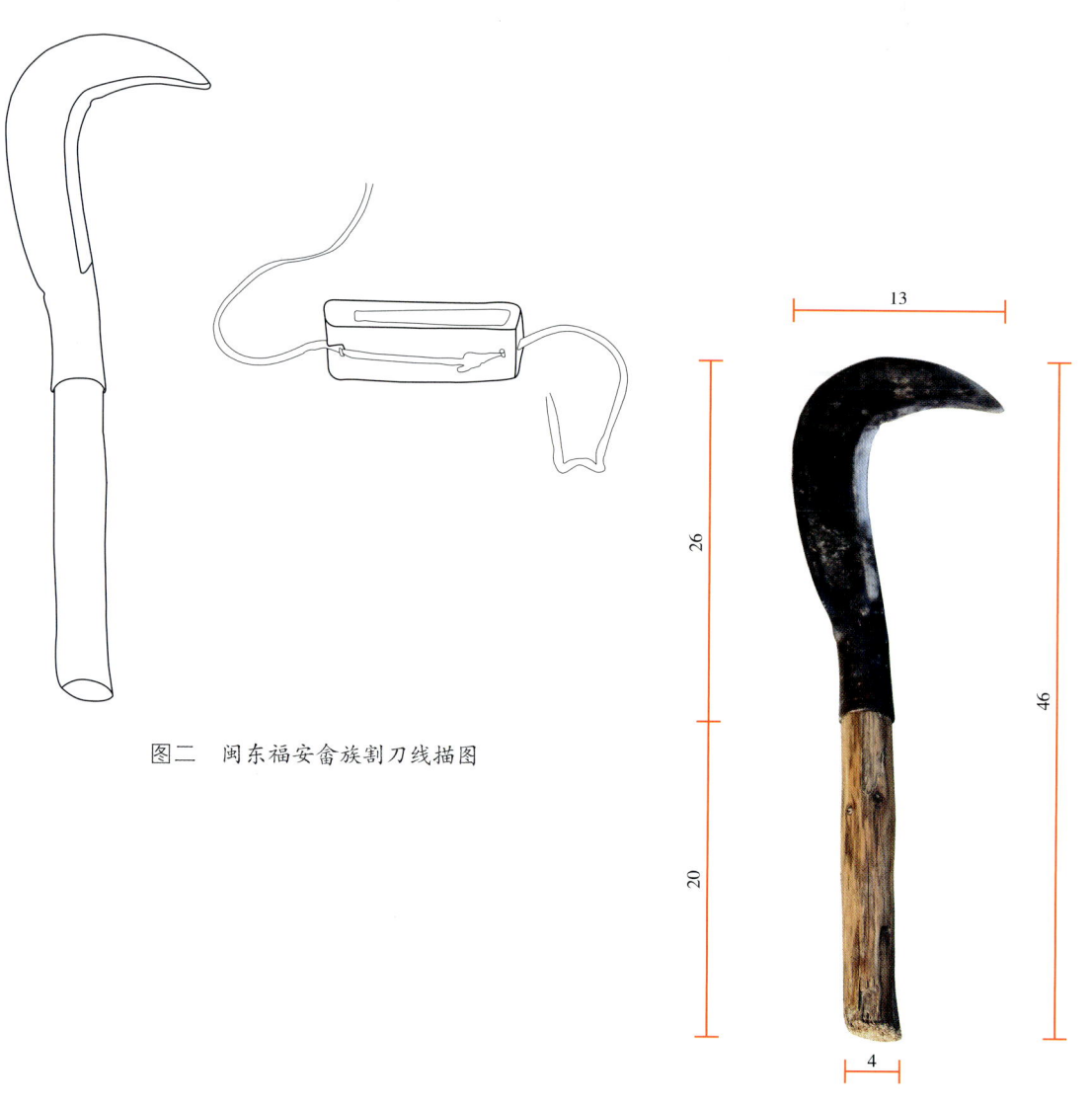

图二　闽东福安畲族割刀线描图

图三　闽东福安畲族割刀尺寸图（单位：cm）

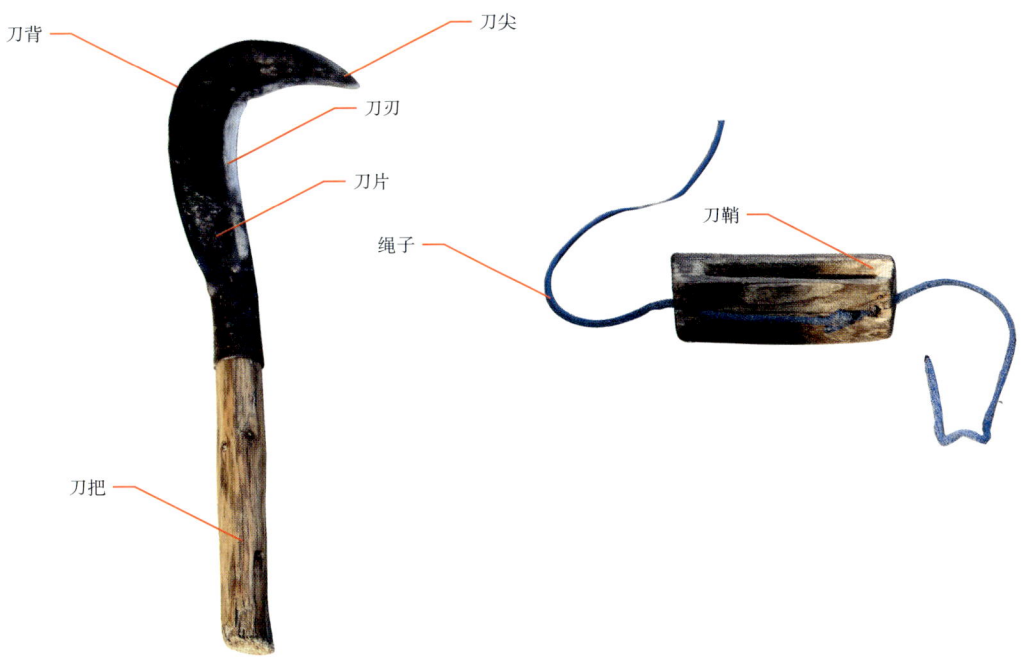

图四　闽东福安畲族割刀结构名称图

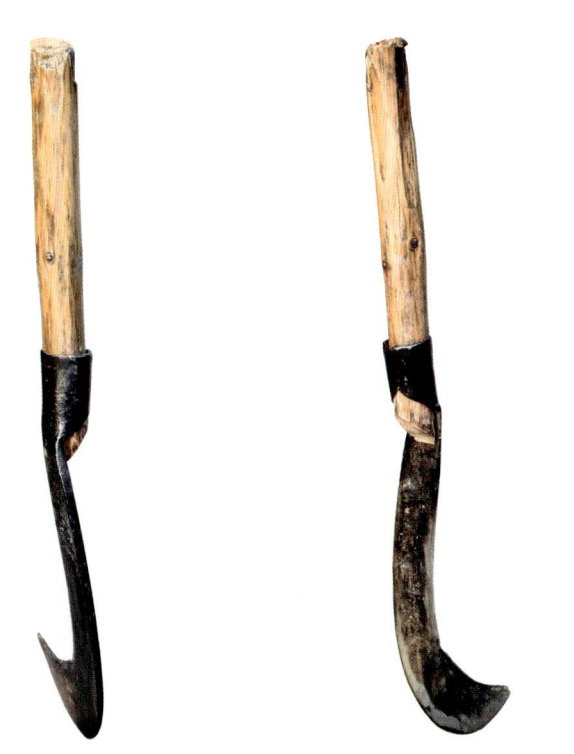

图五　闽东福安畲族割刀侧视图

图六　闽东福安畲族割刀使用方式示意图

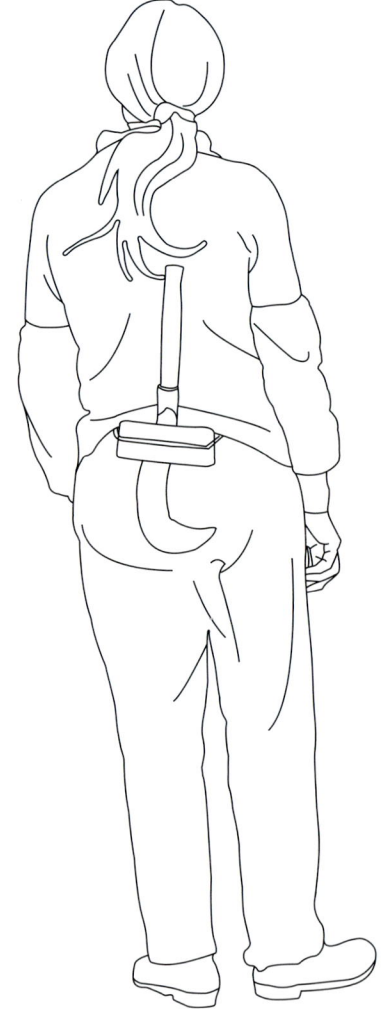

图七　闽东福安畲族割刀背刀场景图

浙南景宁畲族茶篓

图一　浙南景宁畲族茶篓主图

茶叶在畲族经济中占有重要地位。畲族所在的山区适合种茶，畲民喜爱饮茶，也以此作恳亲待客之用，故畲民有"无园不整茶"的说法。浙江景宁所产的"惠明茶"因香醇而闻名遐迩，明清地方政府也曾将其作为贡品。相传这里最早的茶叶是由随惠明和尚迁入浙江景宁的第一批畲民种下的。

畲族地区制茶业的兴盛也带动了采茶工具的发展，摘茶背篓就是畲族传统的采茶用具之一。通常，从茶树新梢上采集茶叶的工作只能人工完成，每到采茶季节，畲民都会斜挎着摘茶背篓上山采茶，每个茶篓能装四五斤左右。它小巧玲珑，篾丝细腻，且携带方便。

本案例采集自浙江省景宁鹤溪镇周湖畲族村，茶篓高为28厘米，口子直径为19厘米，底长15厘米，底宽为13厘米，用竹子编织而成。篓口微椭圆形，扁平状，篓口双侧系以小棕绳，用单肩挎背。篓身采用的是两条竹篾在上、两条竹篾在下的斜纹编织方法。茶篓具有很好的散热功能，可保持茶菁的新鲜度，即使茶菁装满整个茶篓，下方的茶菁也不会闷坏变质。茶篓编织精巧讲究，造型美观，线条流畅，具有很强的实用性，是畲族人智慧的结晶。

图片来源
图一、图五、图七　朱琳　摄影
图二至图四、图六　詹黎明　制图

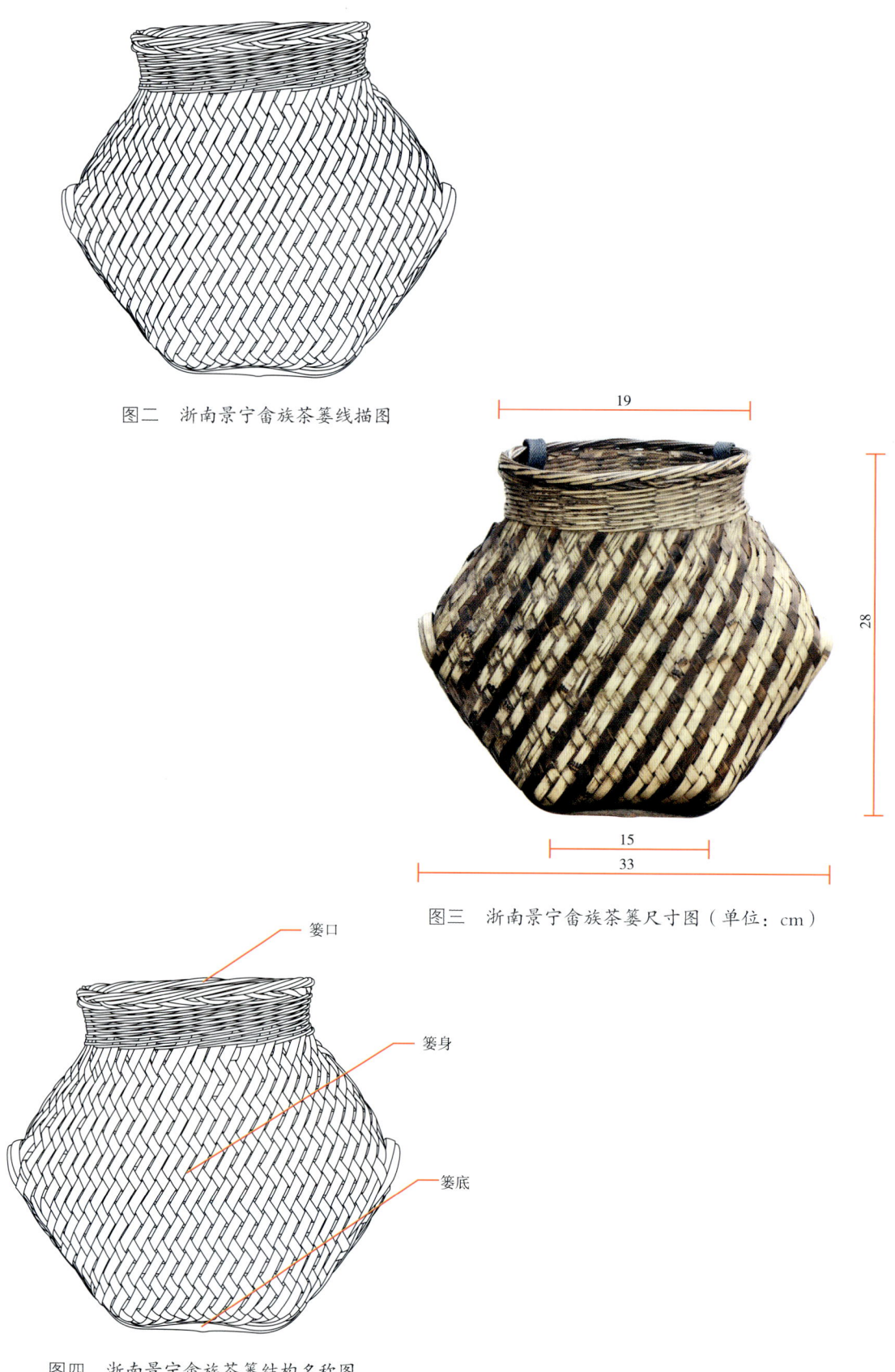

图二 浙南景宁畲族茶篓线描图

图三 浙南景宁畲族茶篓尺寸图（单位：cm）

图四 浙南景宁畲族茶篓结构名称图

图五 浙南景宁畲族茶篓三视图

正视图

顶视图

侧视图

底视图

295

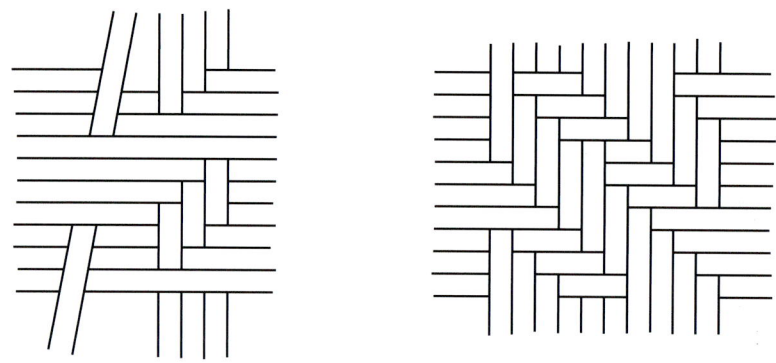

图六　浙南景宁畲族茶篓编制方法示意图

图七　浙南景宁畲族茶篓使用气氛图

浙南景宁畲族畲药加工器具

图一　浙南景宁畲族畲药加工器具主图

畲族生活的山区生活环境艰苦，生存环境恶劣，经过不断探索、积累，代代传承，形成了独具特色的畲族医药。畲族医药理论产生于特定的历史条件和独特的自然环境之中，畲族主要聚居在闽、粤、赣三省交界地带，所处地域多雨潮湿，极易引发疟疾、结核病、丝虫病等，严重影响畲族人民的身体健康，在这样的环境中，形成了放血疗法、刮痧、拔火罐、抓筋疗法、扣压法、时辰疗法、食物疗法等畲医特色疗法。畲医擅长治吐血、关节痛、慢性肝炎、脑充血等。畲族多数居住的地区，气候条件非常适合药用植物生长、发育、繁殖。畲族药用植物有173科，979种。主要有中亚热带喜温的太子参、钩藤、狗脊、黄精、贯众、天冬、覆盆子、骨碎补、乌药、黄栀子、石菖蒲、金银花等。[1]特色药材有败酱、野花生、抱石莲、多岁金栗兰等。这些因素促进了畲医药的发展。

对于畲药的加工制作，产生了一套比较完整的畲药加工器具。

本案例来自景宁大均乡李宝村的雷三妹医生。这一组畲药器具共包括5件，分别为切刀、石云球、竹篾笲、砍柴刀、格筛。

本例畲药器具之一切刀，由带有手柄的铁刀和木质底座组成。通过一段铁支架将铁刀的刀尖固定于底座上，铁刀长28厘米，宽2厘米，高30厘米，刀把长10厘米。木质底座长33厘米，宽30厘米，高4厘米。铡刀是用来铡畲草药的，使用时，一手拿着草药，一手握住刀柄向下用力切割，通过铡刀把草药切碎切块，然后晒干，就可入药。切草药与切草都是运用杠杆原理。刀与底座之间有一个固定点为支点；手握刀柄向下的力为动力，到支点的距离为动力臂；草药对刀刃有阻力作用，这个力到支点的距离为阻力臂。切刀制作材料为木头和铁料，畲族多居住山区，木材丰富，用材简单，制作容易，功能性强。

本例畲药器具之一石云球分为两件，一件为石锤，一件为石臼。石云球制作材料为石头和木材。石锤总长32厘米，石锤宽8厘米，长24厘米，石锤木把长24厘米，直径3厘米。石臼高21厘米，直径27厘米。石臼两旁各有一个方便搬动的耳朵。石云球的使用方法是把草药放入石臼，双手握住石锤木把将石臼里的草药砸成粉末状。此石云球设计敦厚，操作简便，坚实耐用。

本例畲药器具之一竹篾笲，直径57厘米，高3厘米。竹篾笲为竹编圆形畲药器具。竹篾笲整体结构由口沿的支撑框架、竹篾笲体两部分组成。竹篾笲边框用竹子围住，可以防止晒在边缘的草药掉落，底由竹条经纬交错编织而成。竹篾笲用材简单，但是制作工艺非常精致。竹篾主要是用来晒干草药，可以把切好的草药，平铺于竹篾笲上，放置阳光下晾晒。竹篾笲的设计用材简单，取材方便，便于放置，占用空间小，且非常实用。

本例畲药器具之一砍柴刀，由刀片和刀把两部分组成。砍柴刀全长55厘米，木把直径3厘米，长27厘米，金属刀头长18厘米。砍柴刀主要是在采集草药时割草药，也可以用于上山开路。此件畲药器具砍柴刀刀把经久耐用，刀把长期手磨汗浸，十分光滑，手握非常舒适，设计大方简洁，实用性极强。

本例畲药器具之一格筛，直径为13厘米，高4.5厘米，由底和边框两部分组成。格筛的制作材料为竹子和铁丝。格筛的底为极细的铁丝，通过经纬线方法做成均匀的有很小空隙的小正方形，这样才可以达到过滤精细的草药粉末、颗粒的目的。

这组畲医药器具设计简朴大方，经久耐用，实用性强，能分别用于切割、碾压、磨碎、晾晒等多种加工工序，制药工具提高了畲族的医疗水平。

图片来源
图一　王雪姣　韩学红　摄影
图二至图十四　王雪姣　制图
参考文献
[1]蓝运全等.闽东畲族志[M].北京：民族出版社，2000：117

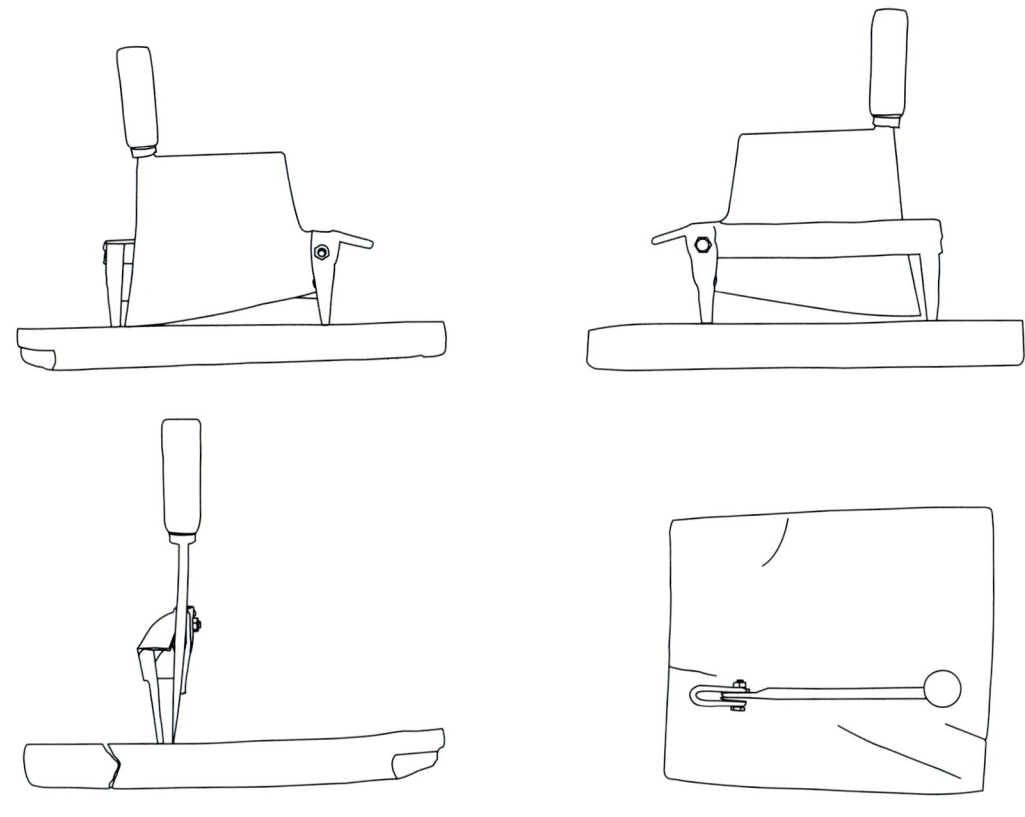

图二 浙南景宁畲族畲药加工器具切刀三视图

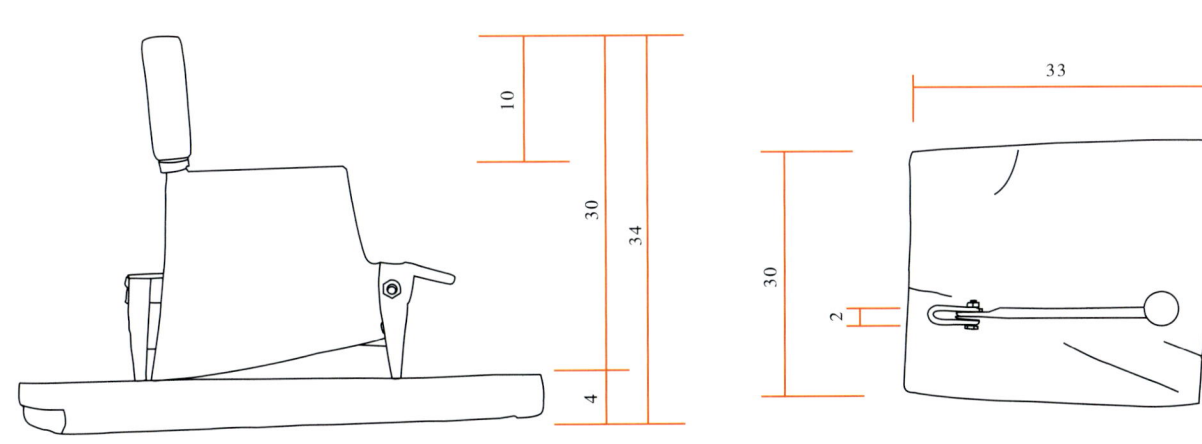

图三 浙南景宁畲族畲药加工器具切刀尺寸图(单位:cm)

图四 浙南景宁畲族畲药加工器具切刀使用方式示意图

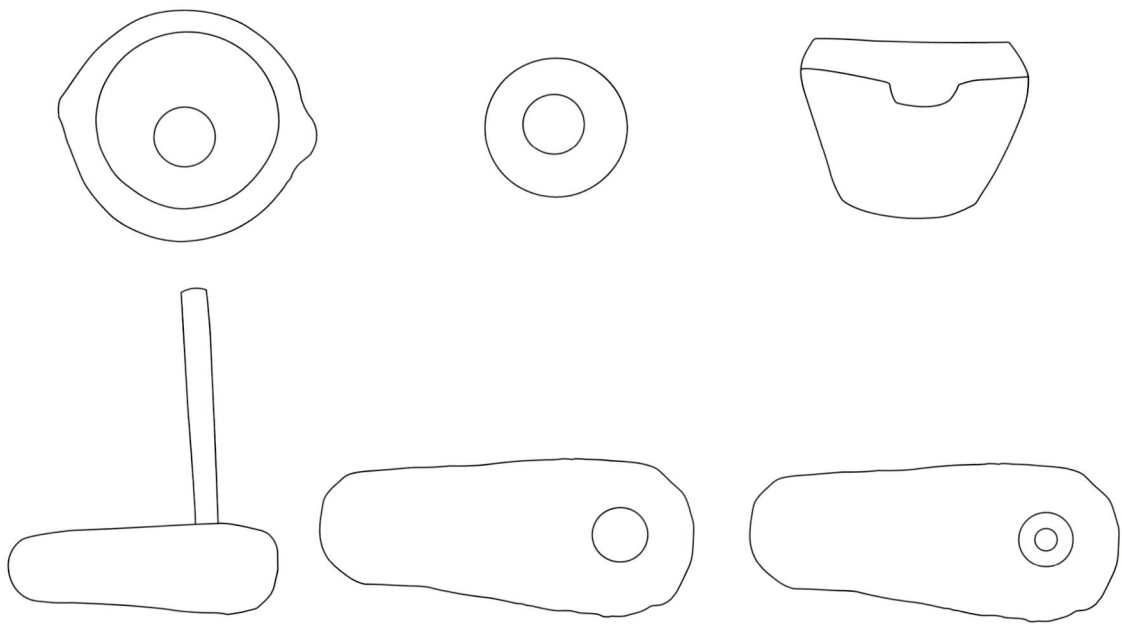

图五 浙南景宁畲族畲药加工器具石云球三视图

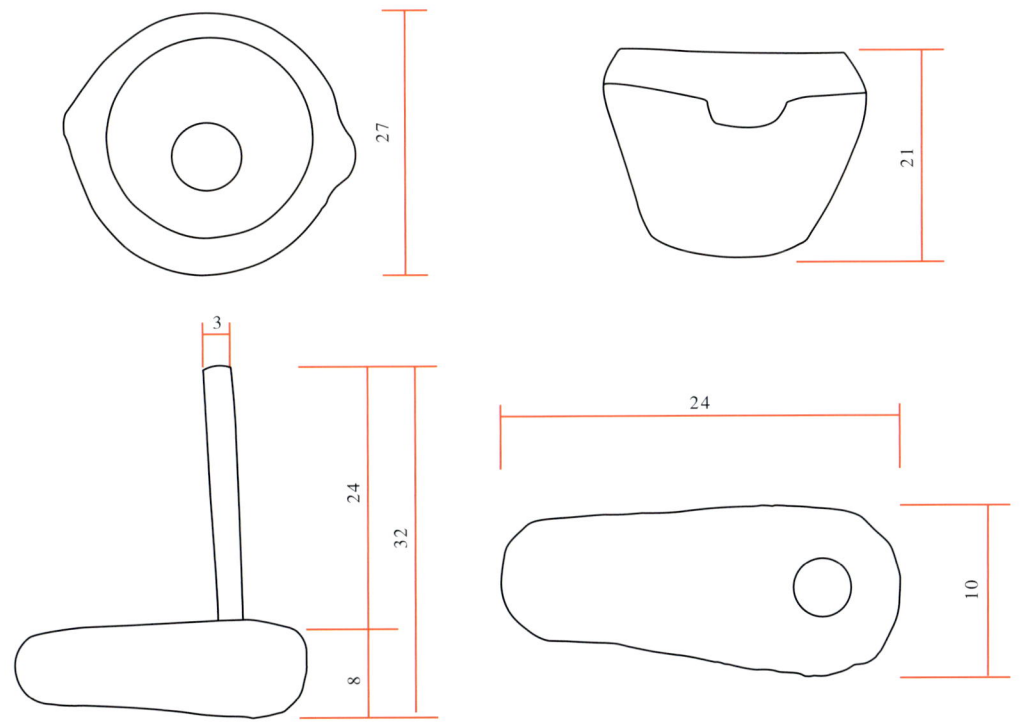

图六 浙南景宁畲族畲药加工器具石云球尺寸图(单位:cm)

图七　浙南景宁畲族畲药加工器具石云球使用情境图

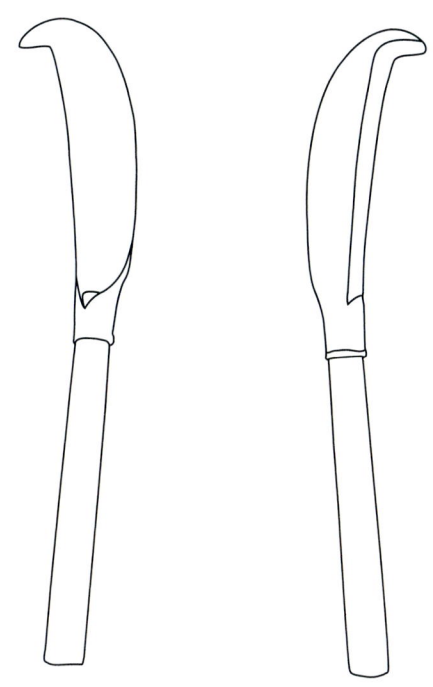

图八 浙南景宁畲族畲药加工器具砍柴刀线描图

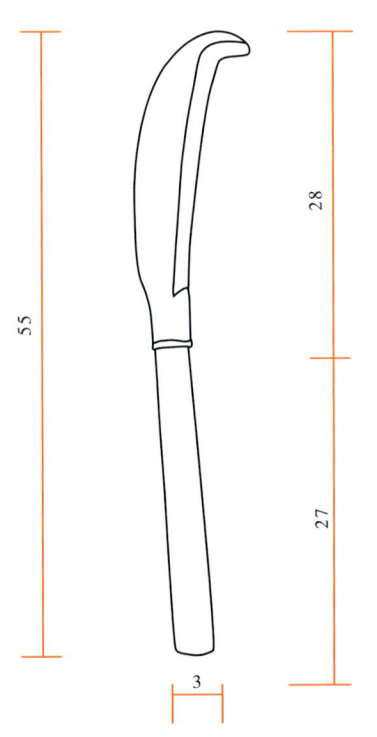

图九 浙南景宁畲族畲药加工器具砍柴刀尺寸图（单位：cm）

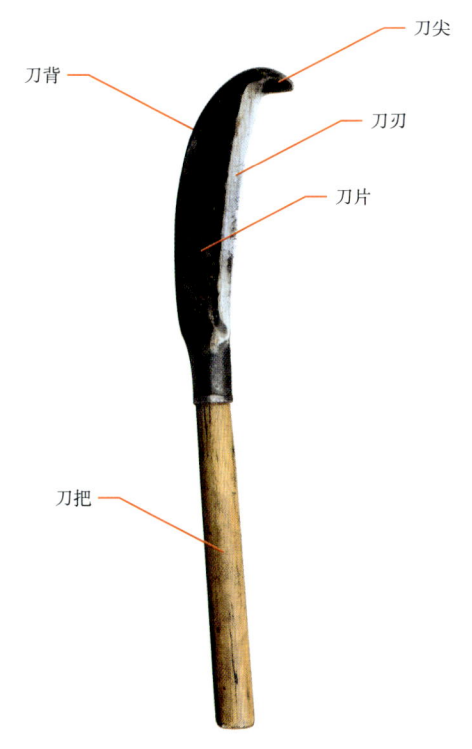

图十 浙南景宁畲族畲药加工器具砍柴刀结构名称图

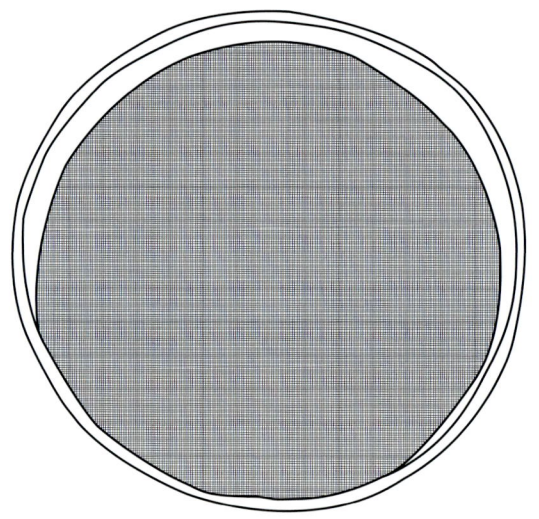

图十一　浙南景宁畲族畲药加工器具格筛线描图

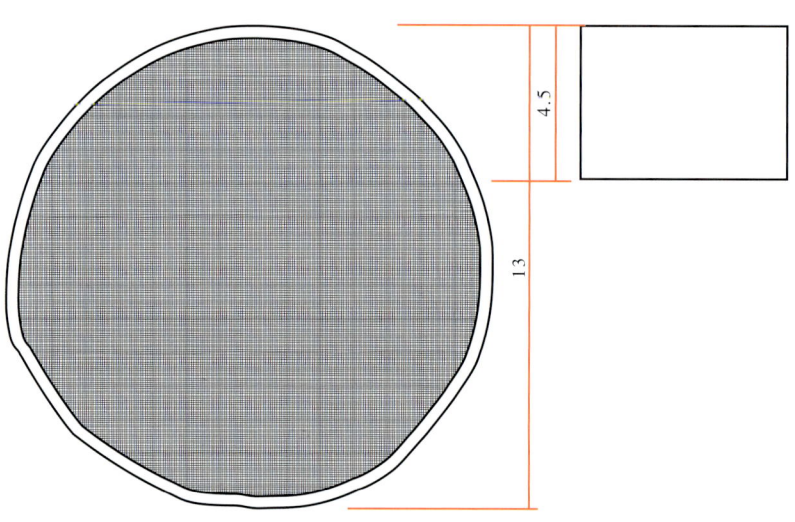

图十二　浙南景宁畲族畲药加工器具格筛尺寸图（单位：cm）

图十三　浙南景宁畲族畲药加工器具格筛使用情境图

图十四　浙南景宁畲族畲药加工器具竹篾箅尺寸图（单位：cm）

浙南畲族织彩带工具

图一　浙南畲族织彩带工具主图

织彩带是传统畲族女性必须掌握的生活技能，被称为畲族文化"活着的文物"。彩带既可镶嵌在上衣的领边、袖口作装饰用，又可用作腰带或背带等生活实用品。

传统编织彩带的材料多用土蚕丝和土棉线，由畲族妇女自捻、自染而成，分为线织和丝织两种。福建畲族材料一般为棉纱；浙江基本上用蚕丝，有的也用棉纱。现如今随着材料的拓展，改用机制的各色丝线，以棉、丝为材质交织的彩带逐渐增加。编织彩带的经线有多种颜色，以红、绿、黄、紫等色为主；纬线则一般用白色，利用中间的黑经线挑织图案和文字。花带尺寸长短不一，长者有百来尺，短者仅尺余；宽者6厘米，窄者仅一厘米。[1]根数随宽窄而定，经线多则宽，经线少则窄。带名由中间黑经线的根数而定，有3双、5双、13行、15行、23行、33行、55行和双随（即双排图案）等，一般以"5双"和"13行"较普遍。[2]

手工编织彩带的工具简单，织彩带没有特制的织带机。通常用一条长约4尺宽约3寸的木板，两头横钉5寸长木条，做成"工"字形的木架，就是"带弓"。多数不用带弓，只用3根小竹竿和1支尖刀形的光滑竹片即可。小竹竿，畲语称"耕带竹"，长度分别为15厘米、20厘米、15厘米，宽为1.2—1.3厘米。大竹片，畲语称为"耕带摆"，长为25厘米，宽为3厘米。[3]三件工具均收入本案例中。只要三条竹片牵好经线提好综，双手轻快地提压带扣和穿梭，一头挂在门环、柱子或树枝上，另一头拴在自己的腰身上就可以开工编织，这样的编织方法与汉代的斜织机座脚踏纺织机有异曲同工之处，虽然没有脚踏织板，但是同样可以把织工的手解放出来，双手配合并线。因此，编织彩带没有固定的场所，在房屋内外任何一个可以固定丝线的地方都可以进行。

畲族织彩带技艺传承全靠口传身授。以前的畲族女孩八九岁起就跟着母亲和姊妹学习编织彩带，彩带做得好不好，成为衡量一个畲族姑娘是否心灵手巧的标准。作为一项畲族女性世代相传的手工技艺，它是畲族妇女勤劳智慧的象征，也表现出浓郁的畲族文化特色。

图片来源
图一至图五　浙江景宁畲族博物馆

参考文献
[1]雷志华、钟尧昌.闽东畲族文化全书·工艺美术卷[M].北京：民族出版社，2009
[2]邱国珍.浙江畲族史[M].杭州：杭州出版社，2010：290
[3]陈栩、陈东生.福建畲族彩带工艺研究[J].福建论坛（人文社会科学版），2011，4：69—72

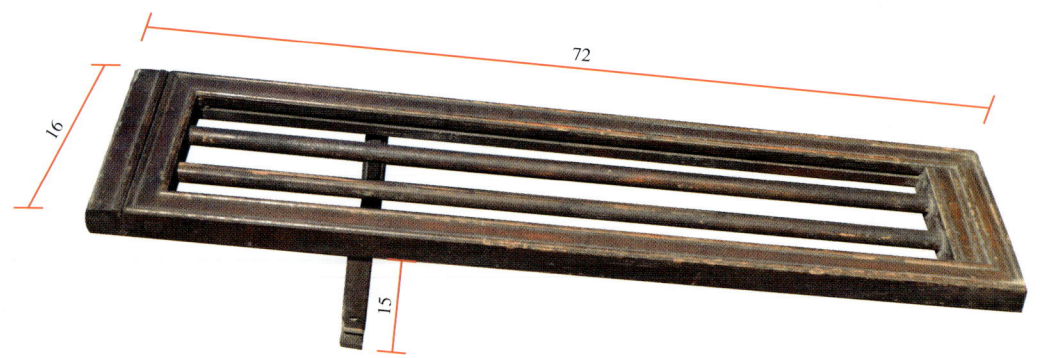

图二　浙南畲族织彩带工具尺寸图（单位：cm）

图三　浙南畲族织彩带编织工具图

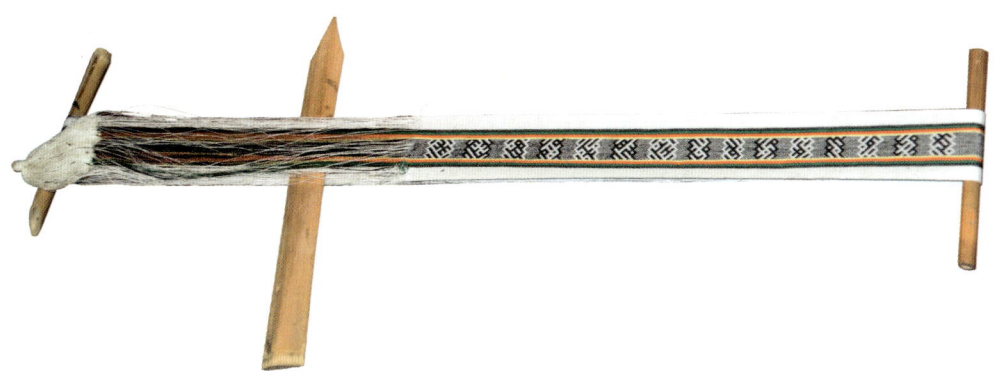

图四 浙南畲族织彩带半成品图

图五 浙南畲族织彩带工具使用示意图

第五章 畲族传统生产工具

第六章 畲族传统手工艺

浙南畲族织彩带

图一 浙南畲族织彩带主图

织彩带是畲族女性勤劳智慧的象征，是她们表达情感的言说方式。彩带是畲族青年男女定情信物、定亲回礼和驱邪祝福的吉祥物，被称为畲族文化"活着的文物"。它既可镶嵌在上衣的领边、袖口作装饰用，又可用作腰带或背带等生活实用品。根据彩带的图案内容可分为"花带"和"字带"；按用途又可分为"合手巾带""花腰带""围裙带"等。

花带色彩丰富艳丽，有蓝底红花、绿底白花、白底黑字等。这类彩带图案清晰，织工精细，上面的纹饰图案也各式各样，显示出畲族工匠高超的编制技艺。字带的图案形式有两种，一种是符号带，以各式各样抽象符号组成彩带纹样；另一种则是文字带，用文字组成彩带纹样。这两种纹样都呈散点式二方连续排列，且斜向排列，将畲民的生产、生活场景以文字或符号形式表现出来。

花带规格多种多样，有"七根花""十三根花""十七根花"和"十九根花"。主要纹样有"十三行""水击花""五字带""铜钱帮""万字花""蜻蜓纹""蝴蝶花""蝙蝠纹"等。

本案例的花带为"合手巾带七根花""合手巾带十三根花""合手巾带十七根花"三款。不论带子宽窄，有的要拉百余根基线，有的仅30余根，"七根花"是指穿梭编织花纹图案仅靠正中7根线，其余的编成平面花边，颜色按各自兴趣选取。花纹图案主要是"田""由""甲""申"等字样，以及双菱形纹和其他几何纹样相结合，这种纹样的花带多做围身裙的裙带；"十三根花"可织纹样有"蝴蝶""蜻蜓""梅花"等花样和"十""井""日"等字样，这种纹样的花带多用以捆衣物和包袱，有吉祥之意，也是传统婚嫁中姑娘定亲的必备品；"十七根花"和"十九根花"编法周密，织工精细，畲民盘在腰间作装饰品用，也称作"山哈带"。[1]

福建彩带的颜色大多为蓝、白、黑色；浙江彩带的颜色鲜艳，有红、绿、黄、黑、白、紫等各种颜色。流行于福建罗源、连江与宁德一带的合手巾带为两种不同形式的腰带，一种用柳条纹组成的二方连续图案花纹的腰带，其配色大方、美观，特别引人注目，通常由深浅不同的几种同类色、同种色组成，色彩明快协调，醒目大方；另一种是染花镂印（也是图案的一种），它和汉族的民间蓝花布一样，蓝底白花，朴素淡雅，除了各种花纹外还绣汉文字。据《畲族风俗志》载，畲族妇女还常把自己织的带子拿到县城的印染铺去镂印汉族的花纹，畲族的彩带工艺吸收了汉族的艺术传统。[2]

彩带以黑、白两色为主来编织中间纹饰部分，简洁朴素，纹饰清晰，对比鲜明，两侧常铺以对称的彩色经线。畲族妇女用如此简单的四根小竹片，织出极富文化内涵的工艺品，这其中包含了一代又一代畲族妇女的智慧和心血。

畲族将文字编织于彩带之中的工艺，在其他民族传统工艺中极其少见，这种独特的"意符文字"是这一民族远古朝代的"原始文字"。这些文字，有假借汉字甲骨文的、有含意的、有几何变形的织纹。它具有浓郁的民族文化特征，寄托了畲族人的美好愿望，承载着远古时代畲族先民的祈福讯号。

图片来源
图一、图二、图四　浙江景宁畲族博物馆
图三　韩学红　制图

参考文献
[1]雷志华、钟尧昌.闽东畲族文化全书·工艺美术卷[M].北京：民族出版社，2009
[2]畲族简史编写组.畲族简史[M].北京：民族出版社，2008

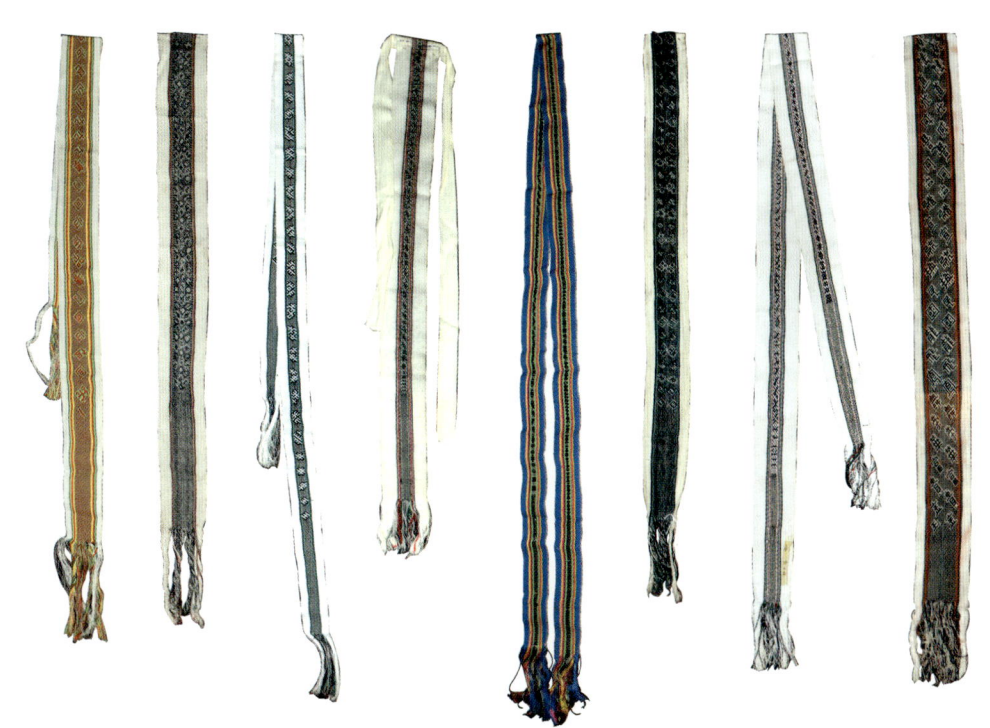

图二　浙南畲族织彩带延展图

①	上（土）	③	麦穗	⑨	丘陵
②	开始开蜒）	④	日	⑩	连山
③	日间共作（日）	⑤	雷	⑪	交流
④	威望高者（巫）	⑥	川	⑫	亲戚
⑤	平顶（壬）	⑦	敬龙	⑬	相邻
⑥	诚心（王）	⑧	怀孕	⑭	合居
⑦	继业（田）	⑨	狩猎	⑮	相对
⑧	水源（井）	⑩	踏臼	⑯	相配
⑨	民族移动	⑪	绢织	⑰	聚会
⑩	融合	⑫	鱼	⑱	祭祀
⑪	成立	⑬	敬日	⑲	尊敬
⑫	伟貌	①	父	⑳	天长地久
⑬	曲折	②	男性	㉑	田野
⑭	掩	③	云彩	㉒	吊
⑮	缺月之时	④	树果	㉓	往来
⑯	（亚）	⑤	收获	㉔	民族繁荣
⑰	（匀）	⑥	世业	㉕	母
①	老鼠牙	⑦	禽	㉖	女性
②	蜘蛛	⑧	动物		

图三　浙南畲族织彩带纹样寓意及文字符号

图四　浙南畲族织彩带编织示意图

图五　浙南畲族织彩带使用情境图

闽东罗源畲族剪纸

图一 闽东罗源畲族剪纸领花主图

中国几千年的农耕文明延续至今,许多古老的习俗传统在民间生生不息地传承着,民间剪纸就是中国传统民俗中最普遍、最原本、最具文化象征的习俗之一。它的可复制性,是各类图形得以传承的重要手段;它与各类图案装饰都有着密切的关联,如剪纸与刺绣的共生关系,纸扎在民俗器具中的运用等。剪纸已经成为逢年过节、红白喜事的装饰品和馈赠佳品。

罗源畲族传统剪纸历史悠久,风格粗犷、淳朴,多以鱼类、花草、吉祥字样为题材,用于结婚喜事等。其剪法,阴阳法结合,繁简并用,先里后外,先密后疏,剪法齐整利索,线条挺劲有力,剪剪合缝,连绵不断。[1]构图完整严谨,形象概括简明,线条规整流畅,色彩单一明快,形成刚柔兼备、节奏和谐、大方朴实的地方特色。[2]其品类有窗花、礼花、鞋花、饼花、喜花;内容有人物、动物、花果、故事以及形式多样的吉祥花。[3]这些剪纸作品都被赋予吉祥美好的含义,如鸳鸯成对和公鸡报喜礼花就是结婚时贴到鸳鸯饼和鸡笼上的。

本案例包括25例剪纸作品,分别为来自罗源霍口福湖兰伙香的6例领花和2例围裙花,来自罗源霍口福湖黄球俤的2例围裙花、4例围身裙下角花、4例鞋花以及4例帽花,来自罗源霍口福湖兰银翠的3例领花,来自罗源白塔贝溪兰曲钗之姐的1例鞋花以及来自罗源飞竹塔贝兰金花的1例鞋花。本例剪纸领花多为长条形状,有采用连续重复的吉祥纹样,喜字与花草植物结合的图样,也有动物与花草的连接图样；鞋花多为动物与喜字结合的纹样，植物与变形的喜字结合，鱼与花果植物的结合，还有单独的植物纹样，鸡与喜字的结合，鸡的纹样是取其吉祥如意的含义；围裙花多用鱼与花草植物的结合，鱼的纹样代表富贵有余；围身裙下角花多为吉祥纹样与花草植物纹样的结合；帽花多为花草花果纹样。剪纸构图上有的采用对称式手法，具有稳定庄重之感，有的不对称，充满动感、韵律感，规则之中又富有变化，增加了剪纸的趣味性。在形态塑造上，剪纸中的鸡、鱼神情生动形象，情趣盎然。

罗源畲族剪纸与汉族剪纸手法相似，有些图案也与汉族图案相类似，但由于畲族是盘瓠崇拜，与崇拜龙凤的汉族有所差别，因此这些剪纸作品具有畲族自身的民族特征。

图片来源
图一至图十　王晓戈　摄影　王雪姣　制图
参考文献
[1]霞浦县畲族志编写组.霞浦县畲族志[M].福州：福建人民出版社，1993：402
[2]霞浦县畲族志编写组.霞浦县畲族志[M].福州：福建人民出版社，1993：402
[3]霞浦文史资料编委会.霞浦民俗风情[M].2010：76

图二　闽东罗源畲族剪纸鞋花

图四 闽东罗源畲族剪纸下角花

图三 闽东罗源畲族剪纸围裙花　　　　　图五 闽东罗源畲族剪纸帽花

图六 闽东罗源畲族剪纸领花尺寸图（单位：cm）

图七 闽东罗源畲族剪纸鞋花尺寸图（单位：cm）

第六章 畲族传统手工艺

319

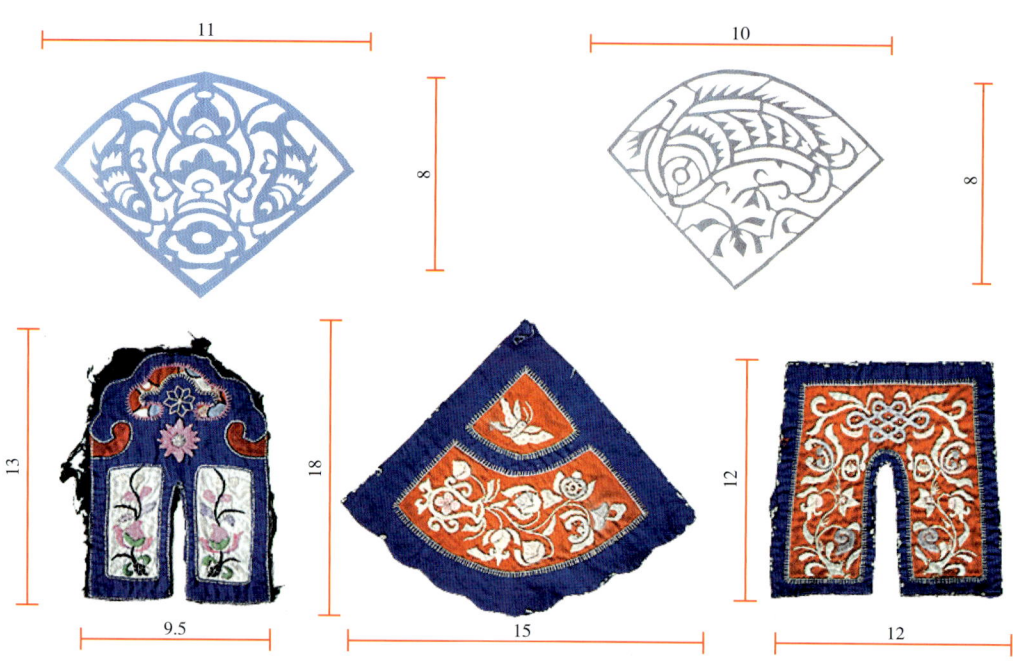

图八　闽东罗源畲族剪纸围裙花尺寸图（单位：cm）

图九　闽东罗源畲族剪纸下角花尺寸图（单位：cm）

图十　闽东罗源畲族剪纸帽花尺寸图（单位：cm）

闽东畲族竹编斗笠

图一　闽东畲族竹编斗笠主图

斗笠，一种古老的挡雨遮阳的器具。畲族的竹编斗笠，传承着一个民族久远的记忆。它和其他普通斗笠外形相似，另配上了色彩艳丽的五色珠子和白色飘带，还系上水红色彩的绸带等装饰品，显得典雅高贵，美观大方。整个斗笠以五彩九重细篾编织而成，色彩艳丽，耀眼夺目。在编织过程中使用了畲村特有的桐油等防漏工艺，既精致轻巧，又滴水不漏，可谓畲族竹编工艺的精品。[1]

斗笠起始于何时，已不可考，但《诗经》里有"何蓑何笠"的句子，说明它很早就为人所用，至迟出现于公元前5世纪初。诗歌"青箬笠，绿蓑衣，春江细雨不须归"[2]说明汉唐时已开始有生产。《说文解字》中提到一个"簦"字，意为竹篾编的有盖有柄的遮阳挡雨的器具，而有盖无柄的则称之为"笠"，又叫笠帽、笠子、箬笠。俗语称之为斗笠，是因其平面如斗大小，故名。

竹编斗笠在畲族山村随处可见，斗笠作为一种既实用又美观的工艺品深受畲乡人们喜欢。当地畲民又称之为"花笠"，传说是"公主顶"（凤冠）演化而来。[3]畲山遍布竹林，为编织斗笠提供了丰富的原材料。竹编斗笠有尖顶和圆顶两种形制。畲族斗笠以尖顶为特色，造型优美，按外缘分有两条边和三条边两种类型。

畲族花斗笠的编织，是一种复杂、精细

的手编工艺。选用的竹子必须是当地特有的一种竹节间距长、材质组织细密、纤维含量多、柔软破篾性能良好,当地俗称"袅(音)竹"的竹子,最适合用来编斗笠。编织一顶花斗笠需要的主材即细竹篾丝都是靠一把镰刀(篾刀)来完成的。斗笠制作时,先把选好的竹材料锯下,每段都不带节;然后剖开,启用其表层,剖成二重青篾,二重囊篾;青篾再剖成二重,用作斗笠面。经过打磨、刮光等精细的工序后,粗大的枝干便被削成一根根细可穿针的细篾丝,其宽度、厚度均在0.1厘米左右;用作里层的囊篾,则比青篾厚一倍。每根竹篾的长度都有统一的规格,约长60厘米,需经多道工序加工而成,每一道工序都有着严格的操作要求,容不得丝毫偷工减料。

编织斗笠是在特制的斗笠木模具上操作的,在斗笠模上编织好第一层斗笠胚。斗笠表层编有花纹,主要有燕顶、四格、三层檐、云斗、燕嘴、虎牙、斗笠星等几种相间的花纹。一顶斗笠由内外两层竹编网眼组成,经条纬条两两交织构成菱形的空花,再与平行的斜条交织构成传统的"六角形空花图案""斗笠星",编完整个面层和里层。面层制作特别精细,每个斗笠星的大小、形状都均匀相同。面层用篾多至240条,一般的达224条,通常面层是内层篾数的两倍。编斗笠从选材到编织,编完一顶大概得花2天左右的时间。另外除了主材,还有辅助材料:油纸(浸涂柿浆、桐油的绵纸)、水藤、白箬等。编好后,两层竹编网眼间铺上两层微薄透明的油纸,其间的正中部位用白箬镶嵌做成四向云头如意状的装饰纹样,既实用又有装饰效果。外层则镶嵌四向都剪成三角尖形的油漆纸。接着用水藤缠压油漆纸,上端制成攒尖亭顶式的"斗笠顶",其下则制成"斗笠燕"。边上安放两道或三道染成红色的"花箍",编缠成"二重檐"或"三重檐"。里圈的花箍上,通常交叉地构成红白相错的"尖牙纹",亦称虎牙。边缘的花箍上,则环扎构成红白相间的"蛇节纹"。[4]笠面上再漆以桐油和彩漆,密不透水,结实耐用。

本案例中的畲族竹编斗笠采集于中国畲族博物馆,直径约38厘米,窝深约8厘米,顶高约3厘米,重量只及普通斗笠的一半或三分之二,面层斗笠星只有0.5—0.7厘米,精致美观。

生产制作畲族竹编斗笠的多是男性艺人,传承主要靠父教子学,一般作为一种家庭副业。竹编斗笠的制作经过选料、破竹、劈篾、拉丝、编织、染色、插花、喷漆等几十道生产工序,其造型精巧,色泽古朴、花纹美观,寄托着对出嫁少女的殷切祝福,是畲族姑娘喜欢的陪嫁品之一。斗笠夹层镶嵌有"虎牙""斗云""舌子"等图案,都是畲族特有的文化符号,富于民族风格和地方特色。

过去,畲族花斗笠主要是畲族妇女外出劳作时遮阳避雨的工具,后来渐渐演变成一种饰物,无论是赶集、赴会,还是走亲访友都要戴着它,成为畲族妇女们最喜爱的装饰品,体现了装饰与实用的高度统一。

图片来源
图一 蓝泰华 摄影
图二、图三、图五、图六 韩学红 制图
图四 蓝泰华 制图
参考文献
[1]钟雷兴.闽东畲族文化全书(工艺美术卷)[M].北京:民族出版社,2009:120
[2](唐)张志和.渔父歌.载乐府诗集
[3]钟雷兴.闽东畲族文化全书(工艺美术卷)[M].北京:民族出版社,2009:121
[4]钟雷兴.闽东畲族文化全书(工艺美术卷)[M].北京:民族出版社,2009:122

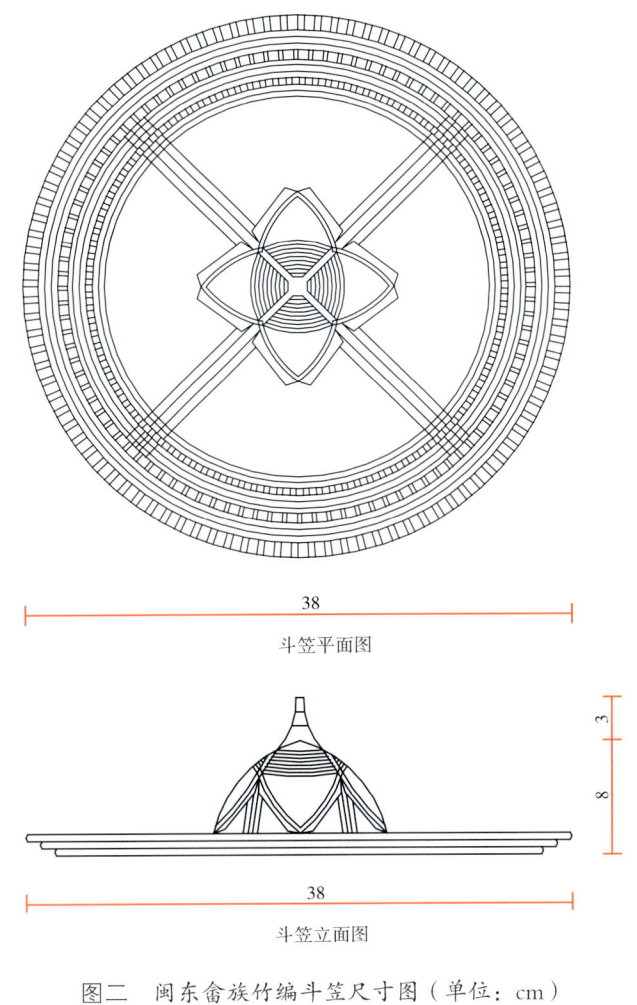

图二　闽东畲族竹编斗笠尺寸图（单位：cm）

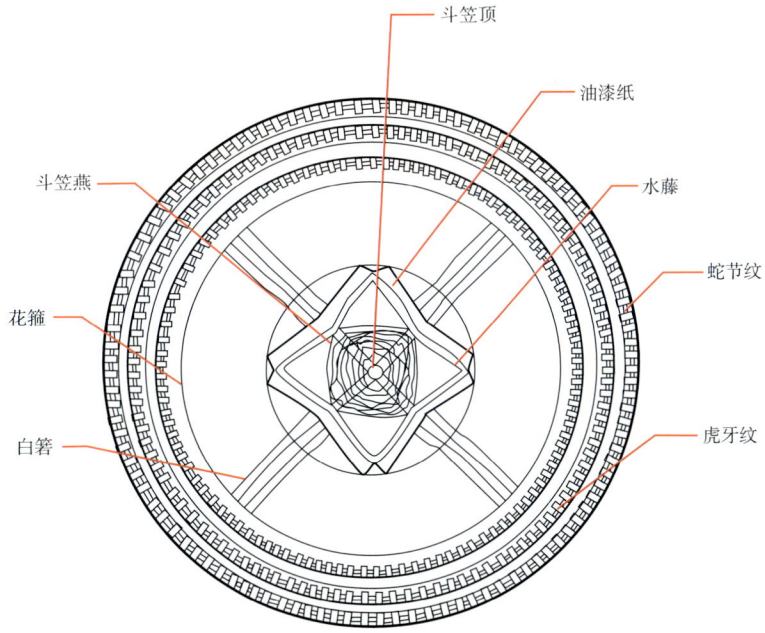

图三　闽东畲族竹编斗笠表面纹样结构示意图

第六章　畲族传统手工艺

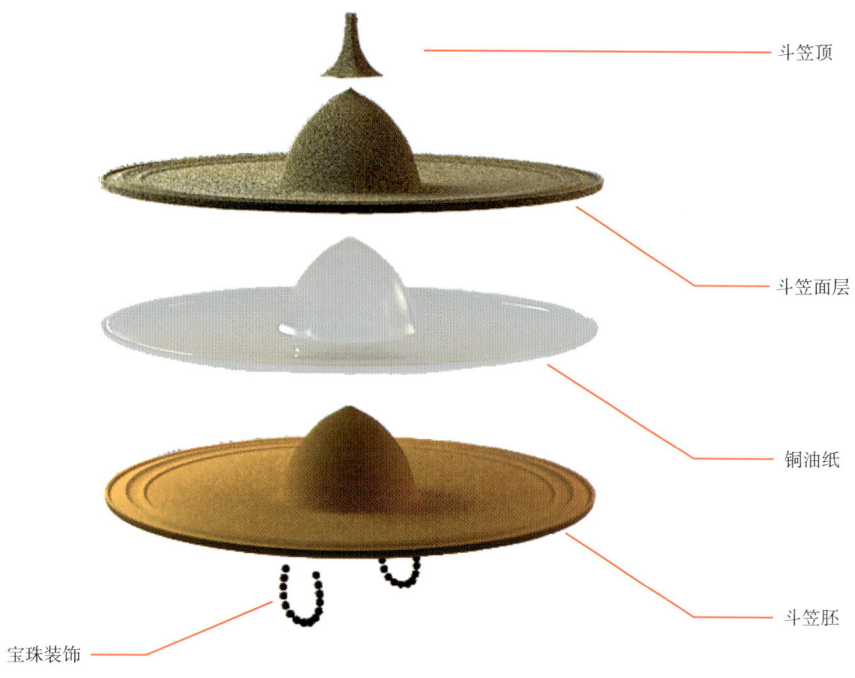

图四 闽东畲族竹编斗笠骨架结构分析示意图

图五 闽东畲族竹编斗笠竹篾镰刀抛光示意图

图六 闽东畲族竹编斗笠编织木模具场景图

浙南景宁畲族锡茶叶罐

图一 浙南景宁畲族锡茶叶罐主图

畲民生活离不开茶。大多数畲区都种植茶叶,茶业在畲族经济中占有重要地位。茶叶对水分、异味的吸附很强,极易吸湿受潮而产生质变,其香气又极易挥发,导致茶叶质量的变化,故古代茶叶在存放时,均有一定的要求,茶叶罐的使用尤为必要。

茶叶罐的制作通常采用竹木、陶瓷、金属材质,其中以锡制茶叶瓶最为常见。锡茶叶瓶密封性好、保鲜功能强,锡制品相对金银器,价格较低,罐身通常比较厚实,耐碰撞,且密封性好、能较好地保存茶叶风味,一直为茶人所重,被视为存放茶叶的首选。

本案例所采集的锡制茶叶瓶来自中国畲族博物馆,器物通高25.3厘米,宽17.8厘米,由盖子、壶身和内盖三部分组成,大约能存放半斤茶叶。罐身共由八块剖面和一个圆形底面组成。瓶身刻有简单的图案纹饰,内盖用于加强密封性,罐顶有狮子形状的钮,便于握持,写实的造型与罐身的简介形成了鲜明的对比。整体上看,此件锡制茶叶罐设计合理,功能实用,造型简练,体现了功能与结构的统一。

图片来源
图一、图五、图六　朱琳　摄影
图二至图四　詹黎明　制图
图五　王晓戈　摄影

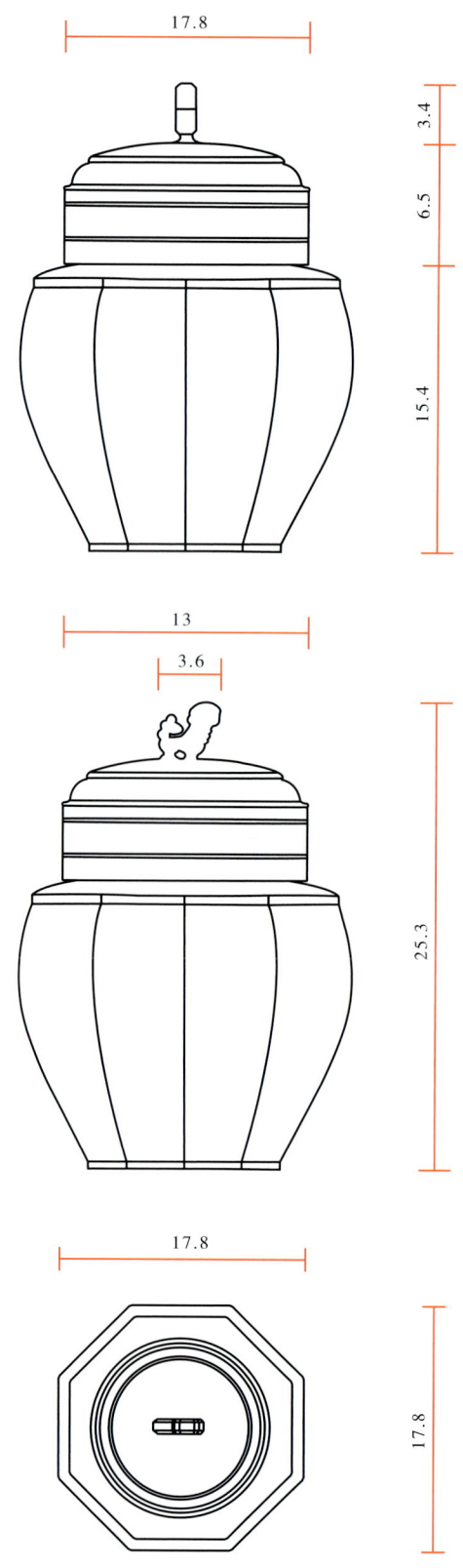

图二　浙南景宁畲族锡茶叶罐三视、尺寸图（单位：cm）

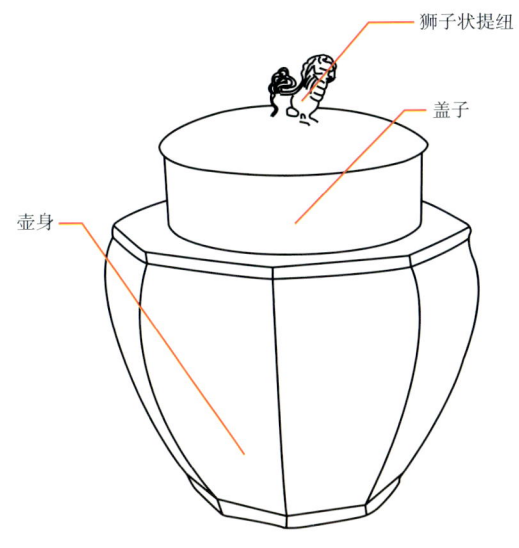
图三 浙南景宁畲族锡茶叶罐结构名称图

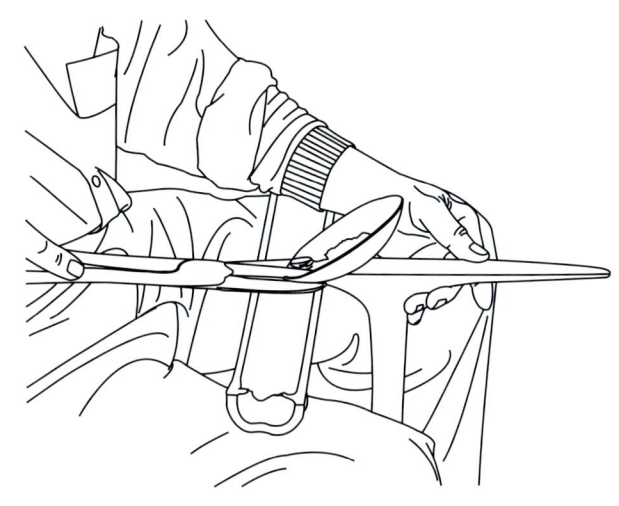
图四 浙南景宁畲族制锡工艺图

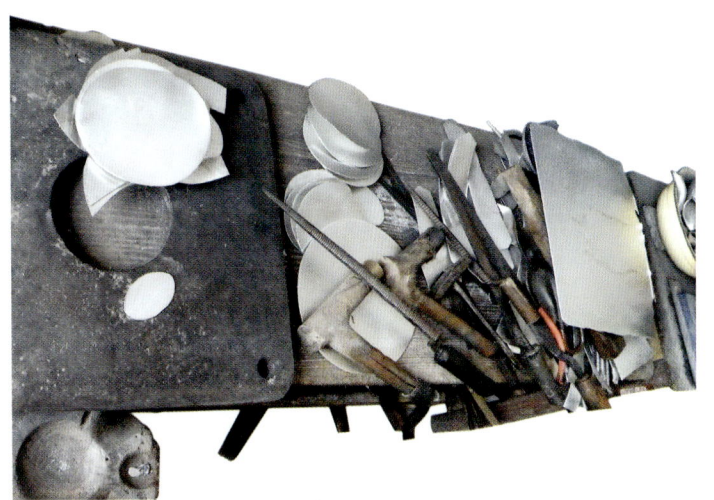
图五 浙南景宁畲族锡茶叶罐的主要工具

锡制茶叶罐

竹制茶叶罐

竹制茶叶罐

图六 浙南景宁畲族锡茶叶罐比较图

闽东福安畲族衣扣石模

图一　闽东福安畲族衣扣石模主图

衣扣石模，是畲民制作金属纽扣的一种模具，多为石制，具有便于操作、利于携带、不易摔碎、传热慢等特点。选作模具的石块，质地要相对细腻，例如白色大理石等。石模由手工石刻而成，极富雕刻工艺价值。样式繁多，雕刻图案款式造型丰富，大多是带有美好寓意的吉祥图案。采用石模制作纽扣的技艺是畲族传统的铸造工艺，具有很高的金属工艺美术价值和审美艺术价值。

本例"衣扣石模"出自福建博物院，为民国福安衣扣石模。材料为石制，分为两种样式。一种为长方形石块，石面上分别刻有两个圆扁形，阴雕有福字纹样、寿字纹样和吉祥结图案，细致精巧、美观大方；在石块的下方配有一个木制的底座，以便于定位，在底座的边上有刻画的痕迹，用于对齐模具。另一种由两个规则的石块组成，在两块石面上分别刻有对称的简单图案，做工讲究、简单大方。

畲族服饰以银饰居多，银质衣扣在现存的传统服饰中较为常见。以银质衣扣制作为例，制作时，第一步熔化银水：将银块、碎银放在坩埚内，用木炭烧到一定温度，银子融化成银水；第二步浇铸毛坯：将银水倒入石制模具中，待银水冷却后制成银毛坯；第三步打磨抛光：把成形的纽扣放在铜制小砧子上，用小榔头轻轻敲打，用钢锉打去毛边，使银质纽扣表面光滑明亮。这种制作纽扣的工艺简单实用，既提高效率又节省时间，表现出畲族传统手工艺高超的工艺技巧和美感。

随着历史的演变，畲族服饰在不断变革，由简至繁、由实用到美观，用来作纽扣的材质也在不断发生变化。而现在，纽扣的材料较少用天然材质，多用化学合成之物，档次也不断提升，用石模铸造纽扣的传统手工艺，已极少看到，但它却包含了畲民的思想感情和丰富的想象力，蕴藏了丰富的畲族民间文化和民间习俗，寄托了畲民热爱生命，追求美好生活的理想和愿望。

图片来源

图一　福建省博物馆藏

图二至图五　韩学红　制图

图六　王晓戈　摄影

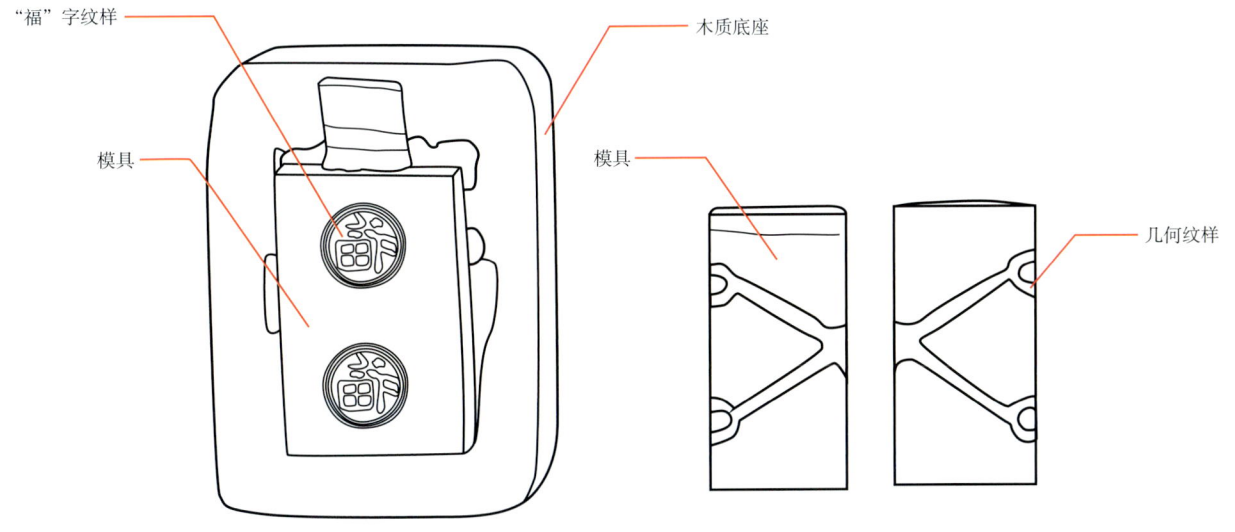

图二　闽东福安畲族衣扣石模结构名称图

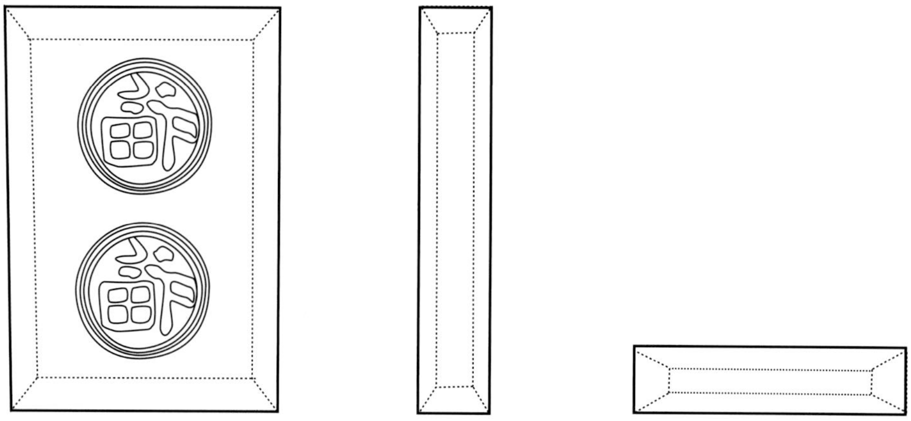

正视图　　　　　　　　　侧视图　　　　　　　　俯视图

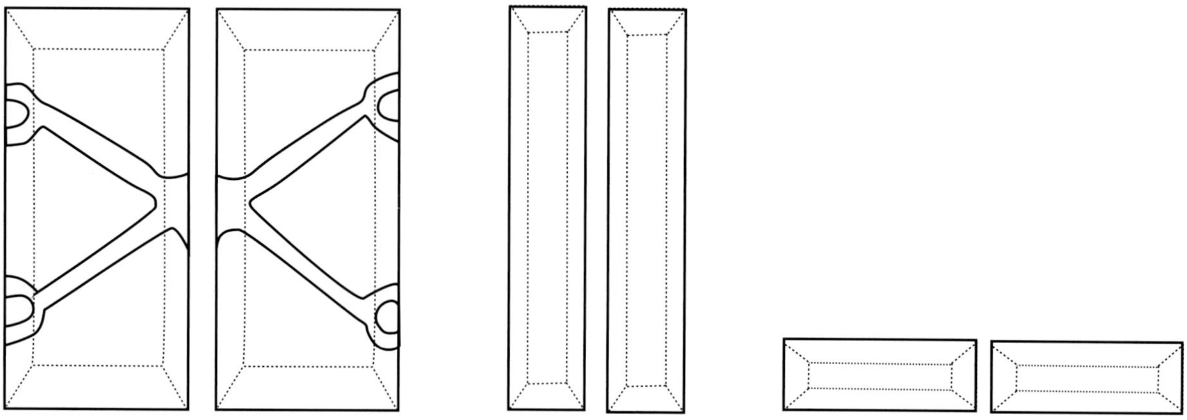

正视图　　　　　　　　　侧视图　　　　　　　　俯视图

图二　闽东福安畲族衣扣石模三视图

盘长纹　　　　　　　　寿字纹　　　　　　　　福字纹

图四　闽东福安畲族衣扣石模纹饰

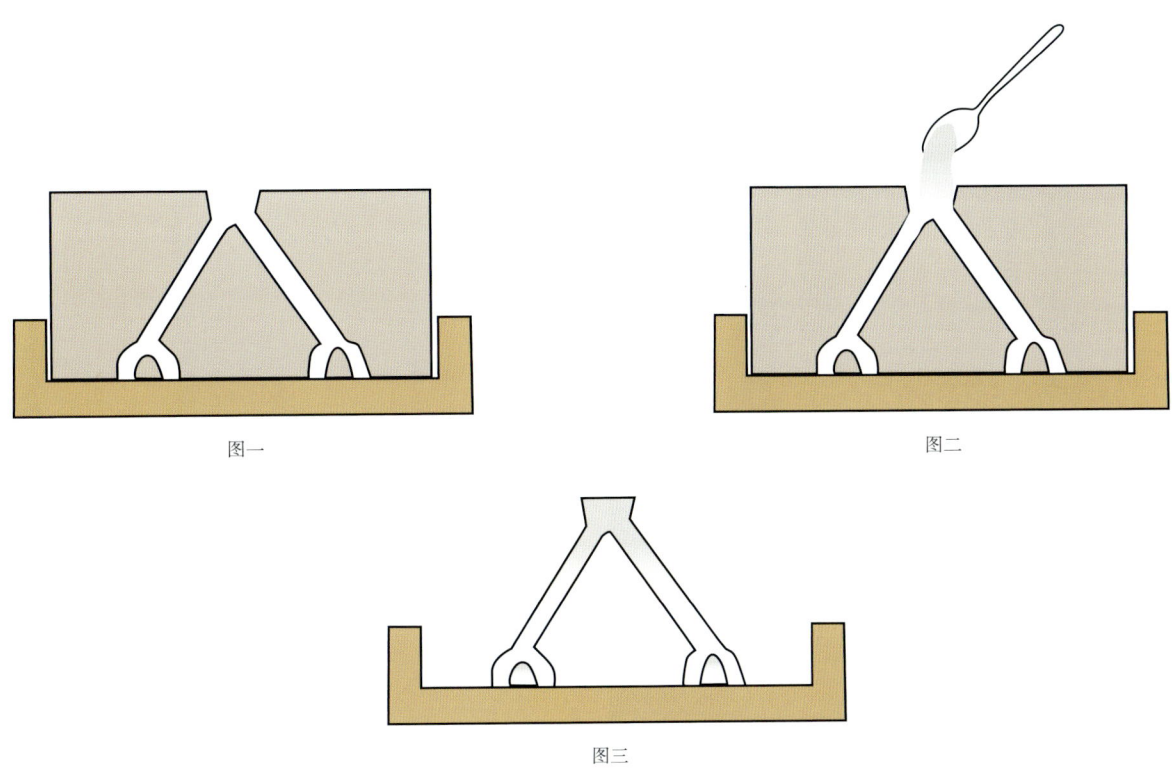

图五 闽东福安畲族衣扣石模工艺图

图六 畲族国民福安衣扣石模

浙南景宁畲族墨斗

图一 浙南景宁畲族墨斗主图

墨斗为传统木作工具之一，与规、尺同属于木作中的取直定准工具，古时又称绳墨。古人有"设规矩，陈绳墨"之说，体现了墨斗对于木作手工业的重要性和特殊性。

木作是畲族类型不多的手工业之一，除了建筑木作，畲族人还制作八仙桌、香火桌、太师椅、四面床、碗柜等家具。在这些木作工艺中，墨斗是必不可少的衡量和弹放印记的工具。畲族木作工艺与汉族并无大的差异，工具的使用方式也大同小异，但墨斗多由木匠自制，故造型和使用方式以及材质的多样性上略有不同。本案例主要涉及木质和牛角两种不同材质墨斗，皆源于景宁中国畲族博物馆馆藏物品。

本例畲族墨斗为木质，与汉族墨斗造型和结构基本相同，由墨仓、墨线（包括线锤）、线轮、墨笔和斗身构成。全长23厘米，高7厘米，墨仓内高5厘米左右。斗身起固定墨仓与线轮的作用，但由于墨斗不同于其他木作工具，多为木匠自制，一部分木匠会在斗身上绘制图案或文字，本案例中就雕刻有"福"字、屋宅、人物、日月、凤凰等图案，预示吉祥幸福之意，比之更为精致的雕刻也多有存在。墨仓与斗身皆用不易变形开裂的干燥老木料制成，线轮的木质相对普通，墨笔以竹篾为材料，墨线多为棉线。使用时将墨线经由线轮穿过墨仓，墨仓中有渍以墨汁的棉花，墨线经过墨汁浸染再由墨仓后面的孔洞中伸出，伸出的线头系固在木制的墨线锤上。弹线时，先将墨仓中倒入一定的墨汁，用墨斗中的墨笔蘸墨点出相关标记点。木匠右手握住墨斗车身，左手将墨线锤卡于木板一端，沿标记点拉引墨线至另一端，以手指卡住墨线出口，并按下墨线，使两端绷紧，然后把墨线向上提起，松手一弹，木料就印上了一条清晰的线条。完成打线之后利用线轮旋转将墨线收回墨斗，最后将墨线锤插入墨仓与线轮的缝隙，方便携带。

而另一例牛角墨斗与木墨斗则大相径庭。虽然汉族墨斗也偶有使用牛角制作的墨斗，但基本都是将线轮内藏于牛角之中，而这款墨斗利用硕大的牛角将墨仓与斗身结合在了一起，线轮独立在外，相当特别。斗身经过多道打磨，涂以红漆，光滑圆润，细节上同样能将墨线锤收纳于墨斗之中，而在墨斗底部更是通过榫接方式加上一块底托，使得斗身车底更为平整，易于拖拉，设计颇为精巧。这款牛角墨斗充分体现了畲族人民在民艺工具设计方面的特殊造物才能，具有鲜明的民族特点。

图片来源
图一、图五　王雪姣　摄影
图二、图三、图六　林蕾　制图
图四、图七　翁东翰　制图

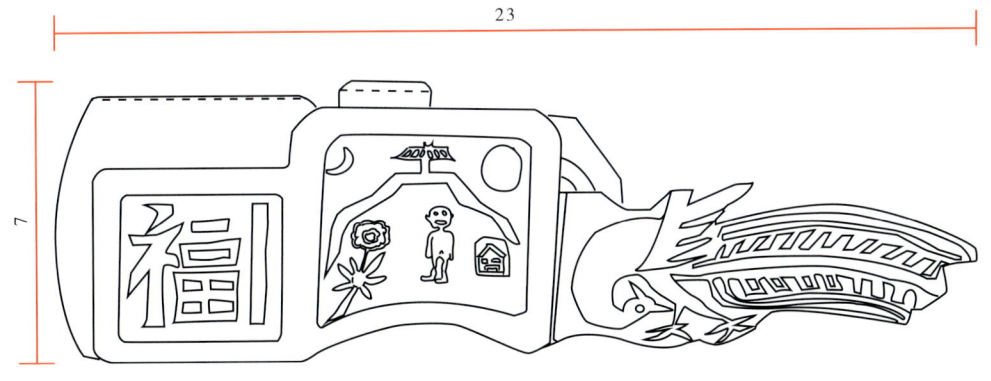

图二　浙南景宁畲族墨斗尺寸图（单位：cm）

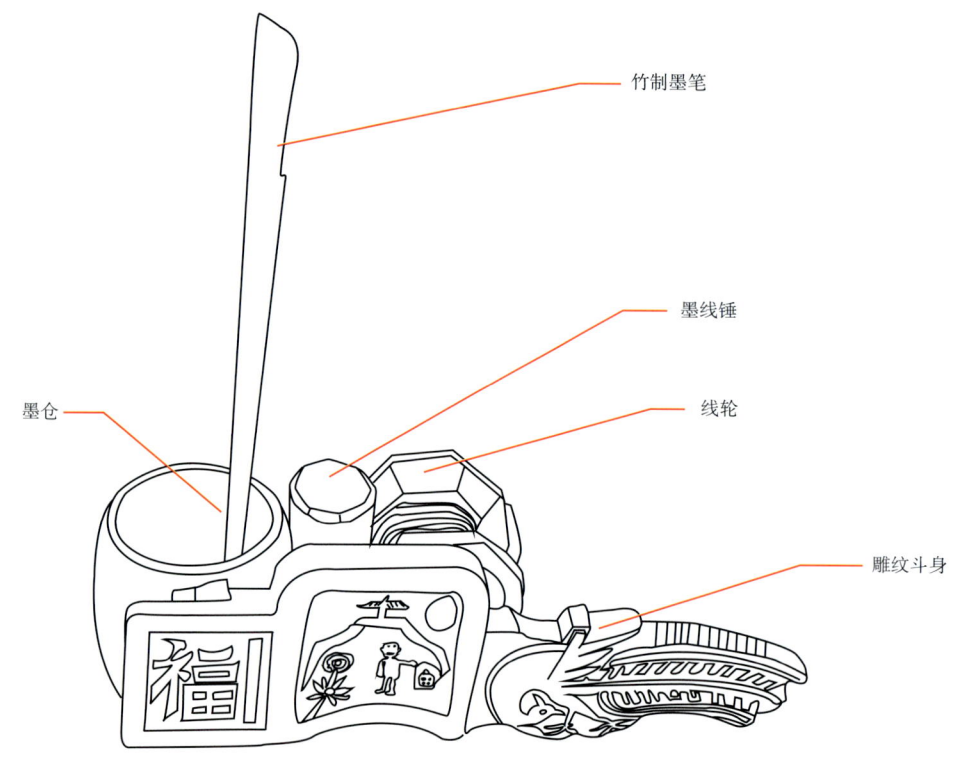

图三 浙南景宁畲族墨斗结构名称图

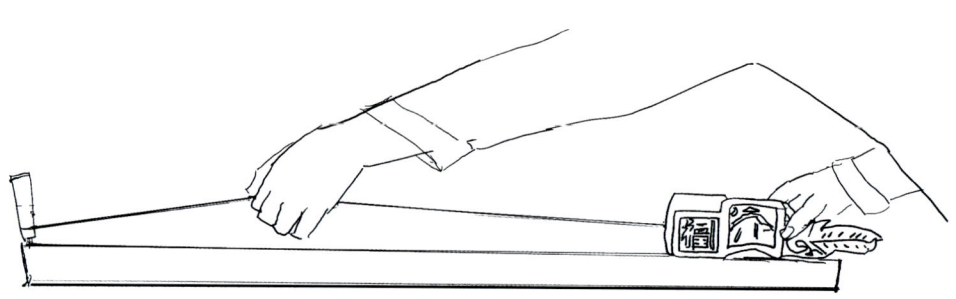

图四 浙南景宁畲族墨斗使用情境图

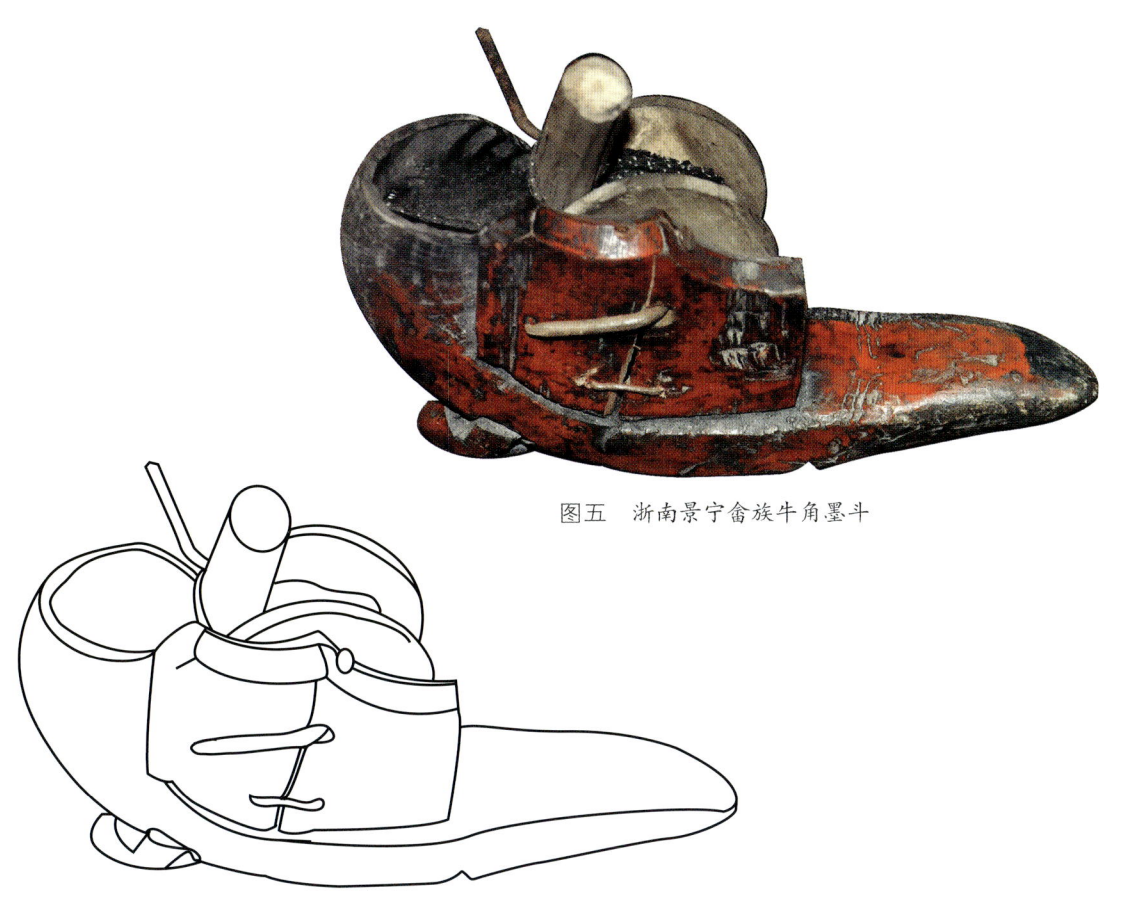

图五　浙南景宁畲族牛角墨斗

图六　浙南景宁畲族牛角墨斗线描图

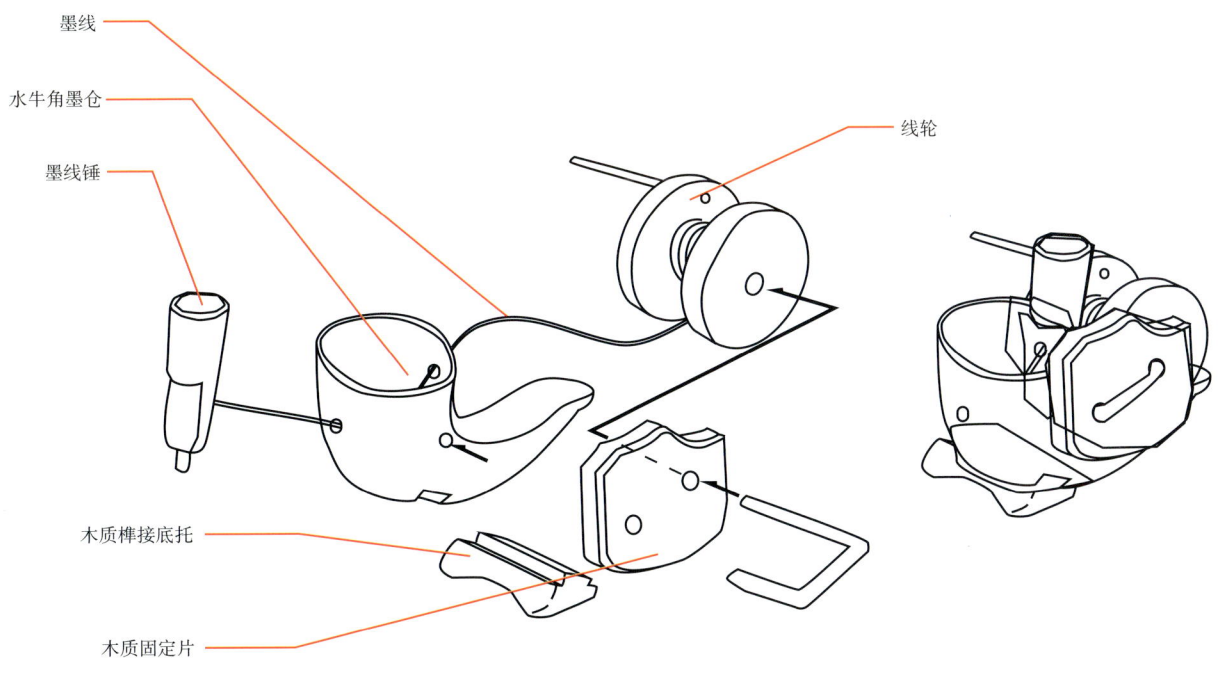

墨线

水牛角墨仓

墨线锤

线轮

木质榫接底托

木质固定片

图七　浙南景宁畲族牛角墨斗分解图

第七章 畲族传统民俗和宗教造像

闽东畲族祖杖

图一　闽东畲族祖杖主图

　　祖杖又称"龙头祖杖""龙首师杖""龙首杖""法杖""师杖"等，是畲族始祖的象征。祖杖通常用连根的树干或树木制成，杖首大多雕刻为一含珠的龙头。祖杖有长短两种形制，短的二尺余，长的四尺多。有的相当于手杖高度，也有与人等高的。祖杖通常是用红布袋包裹，与祖图、祖牌、香炉等祭祀用具一起置于祖箱中，较长的祖杖则收藏在专用的红布袋中。

　　祖杖是畲族盘瓠崇拜的重要象征物，被

畲民视为传世之宝，一般都保存在族长家中，平时秘不示人，亦不得随便挪动，惟逢祭祖或与祭祖有关的祭祀仪式时才展示，并与祖图、祖牌、香炉等祭祀用具配套受祀奉。

畲族极重祭祖，并以此加强族内凝聚力，有"九族推尊缘祭祖"[1]之说。"祭祖时，必将画像悬诸堂上"，夜半，取出祖杖，"置之几上罗拜之。移时，依然世袭珍藏，即所谓祭祖也"。[2]畲族男子成年后举行醮名仪式，也要使用到祖杖。在闽东，醮名也叫"传法入录""奏名传法"；在浙南也叫"传师学师""做聚头"（也有写作"做树头"）等。醮名仪式与道教受箓入道的仪式相似，但有祭祖的环节。"学师"者通过这种"度戒"仪式，取得"法名"，从而象征性地加入盘瓠族群。[3]在仪式礼毕，醮者取得法名后，要将写有法名、祭期的红布条系于祖杖，才算正式"入录"。

祖杖是畲族始祖盘瓠的象征物，盘瓠本为犬形[4]，但祖杖杖首多雕刻龙头，这与明清以来畲民逐渐汉化的历史进程有关。特别是在清朝中后期，畲族民众对盘瓠原有的纯动物形象加以重塑，赋予盘瓠以汉族所熟知的龙形或龙与麒麟的合体形，名为龙期（龙麒），或称其为"高辛氏之子"，将其形象人化。[5]祖杖杖首上的盘瓠形象，从早期"刻盘瓠王颜像"[6]，到后来的"其首似龙非龙"[7]，再发展到在杖首"雕出一个含珠的龙头"[8]的转变过程，正是这段历史变迁的直观反映。祖杖是畲族传统社会中盘瓠崇拜的具体表现，其蕴涵的图腾文化体系正是维系畲族生存发展必不可少的社会文化基础，是形成畲族民族凝聚力的力量源泉。

本例祖杖出自宁德，木制，通体髹红漆，高170厘米，为宁德闽东畲族博物馆藏品。祖杖上端有一只精雕细刻含珠龙头形象，造型挺拔刚劲，刀工细腻。另附短柄祖杖及浙南景宁中国畲族博物馆馆藏人像祖杖各一件。作为一种宗教仪式用具，畲族祖杖在传统畲族民俗生活中具有重要的文化象征意义，其形制的多样性，则是各地畲族民间习俗与仪式差异性的反映。

图片来源
图一、图二　福安闽东畲族博物馆藏
图三、图四　詹黎明　制图
图五　王雪姣　制图
图六（1）　宁德畲族文化收藏馆藏
图六（2）　浙江丽水中国畲族博物馆藏

参考文献
[1]褚成允. 遂昌县志卷一畲民风俗. 清光绪二十二年修
[2]（清）浮云. 畲客风俗. 光绪三十一年（1905年）石印本
[3]郭志超. 畲族文化述论. 北京：中国社会科学出版社，2009：451
[4]《水经注》卷一七《沅水》称："盘瓠者，高辛氏之畜狗也。其毛五色……"晋干宝《搜神记》卷一四载："……俄而顶虫乃化为犬，其文五色，因名'盘瓠'，遂畜之。"
[5]杨正军. 从盘瓠形象变化看畲族文化变迁. 福建省炎黄文化研究会编畲族文化研究（上）. 2003
[6]霞浦樟坑. 汝南蓝氏家谱·龙首杖志. 同治九年修
[7]俞郁田. 霞浦县畲族志·信仰习俗[M].福州：福建人民出版社，1993：157
[8]郭志超. 畲族文化述论[M].北京：中国社会科学出版社，2009：431

图二 闽东畲族祖杖杖首局部图

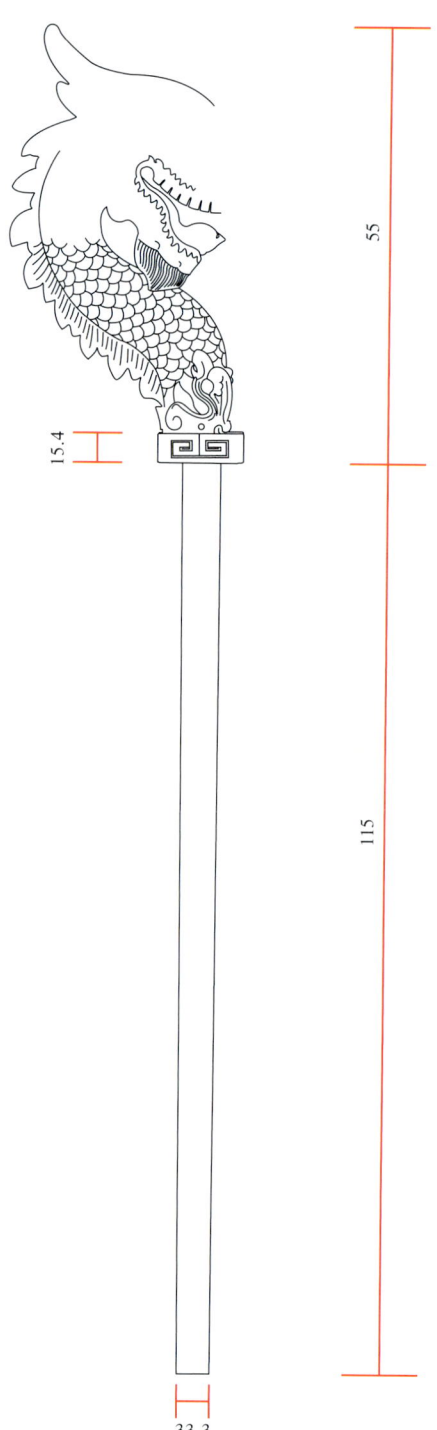

图三 闽东畲族祖杖尺寸图（单位：cm）

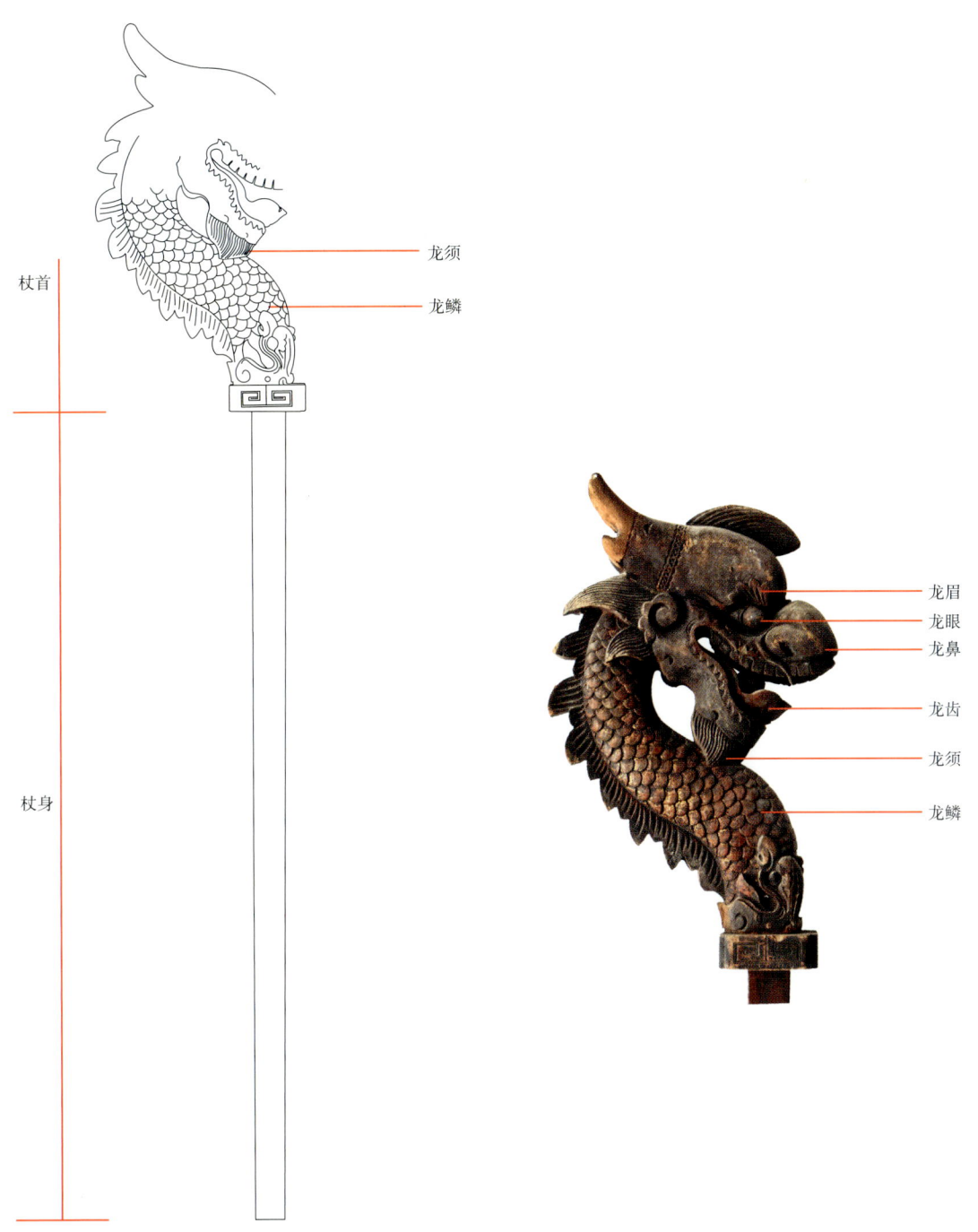

图四　闽东畲族祖杖结构名称图

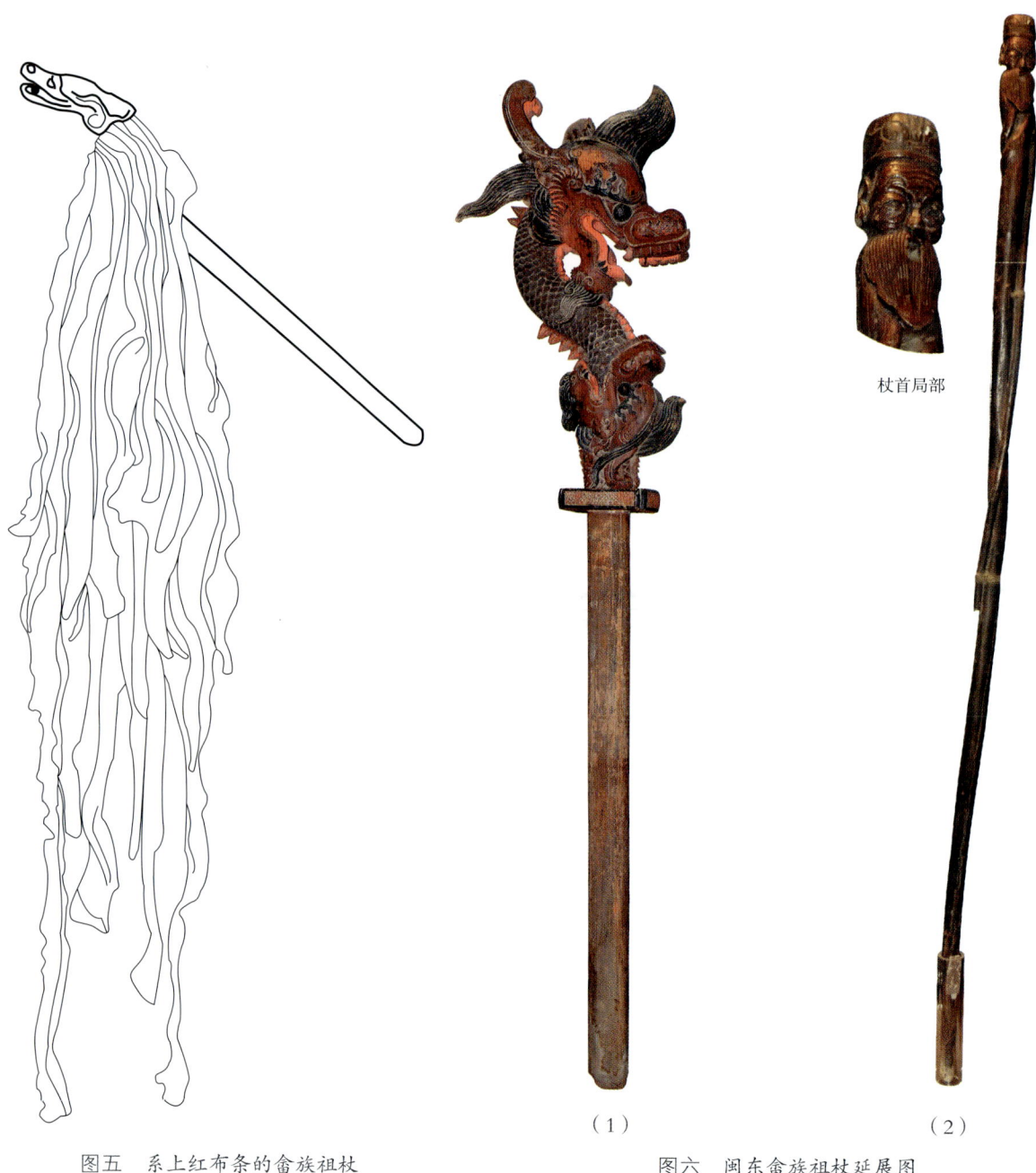

图五 系上红布条的畲族祖杖

杖首局部

（1） （2）

图六 闽东畲族祖杖延展图

闽东霞浦畲族祖图

图一 闽东霞浦畲族祖图主图

祖图又称"盘瓠图""太公图""永远图记""长联""环山轴"等,是关于盘瓠传说和河南传说的实物材料,也是畲族宗教信仰的主要标志之一。顾炎武《天下郡国利病书》载:"(畲民)山中自称盘瓠后,各画其像。"明嘉靖刊本《惠州府志》载:"畲民'自信为盘瓠后,家有画像……岁时祝祭'。"祖图是畲族人祭祖时的重要供品,畲族人民举行祭祖活动都要供奉该图,因此畲族人对祖图非常重视,视为"圣物",平时珍藏于祠堂或由族中长辈收藏,不轻易向世人展示。畲族传统的祭祖异常隆重,程式也非常繁缛,还要十分虔诚地请出祖图供祀。祭祖时全族人集中于祖祠内,祭祖开始,挂上祖图像,像前摆满鸡、鸭、猪头及发糕等贡品,当中摆有香蕉和煮熟了的番薯。随后,长者宣布祭典开始,鸣枪、奏乐,子孙分列两边跪下,向祖图恭拜,接着族长宣读祭文,唱《高皇歌》,仪式场面甚为庄严肃穆。[1]

存世的畲族祖图多为清代物品,以原布色为底,红色为主,兼用黑、绿、蓝、浅白、金等色,用中国画的技巧和手法描绘,内容和形式基本相同。祖图以盘瓠传说为主题依托,展示畲族历史发展、社会生产、文化习俗等。畲族祖图按式样可分为两类。一为卷轴式,在长达数十米、宽约数十公分的土麻布织物上,绘有数十节始祖盘瓠生平事

第七章 畲族传统民俗和宗教造像

迹的图画。二为画布式，在几平方米的织布上，描绘盘瓠传说，由皇帝出榜、狗扯榜、两军对垒、狗头人身、结婚、打猎、丧礼、坟墓等题材组成。画布式的祖图年代较早，内容较简单，而卷轴式的祖图年代较迟，内容较繁复。

本例"祖图"出自福建省霞浦半月里村，全称《帝誉高辛皇帝敕赐忠勇王开山公据祖图卷》，卷轴式，共四幅，以麻布、土布为底，平图勾勒，浓墨重彩。画面配有文字说明，图文并茂地讲述了盘瓠出世、拆榜征番、金钟变身、封忠勇王、招为驸马、开荒自耕、辛帝赐姓、永免差役等畲族先祖的故事。

《清代遂昌地区畲族始祖宗教绘画》出自遂昌大柘，与祖图相配套。共为两幅大小一样的布质长轴，每卷长910厘米，宽35厘米。画中用连环画的形式讲述了畲族的起源和来历。整个画作线条流畅优美，色彩鲜艳丰富，构图巧妙，造型生动，此畲族祖图保存完整，整幅画作描绘细致古朴，历史年代久远，与清代人物画有着相似之处，衣褶线条非常流畅，人物神态生动，色彩繁复丰富，相对于文字更好地描述了畲族的神话历史故事。

图中表现的内容虽然源自神话，有许多虚构的成分。但这些故事是畲族古代神话的遗存，具有独特的历史文化价值。同时，作为一个重要的宗教神图，祖图是畲民直接崇拜的对象。祭拜祖图，说明了畲民敬重始祖、祷求祖灵的庇护的民族情感，及希冀借祭祖仪式来凝聚族群的美好愿望。

图片来源
图一　申思　摄影
图二、图三　韩学红　制图
图四　出自遂昌大柘
图五、图六　韩学红
图七　王晓戈　摄影

参考文献
[1]邱国珍、姚周辉、赖施虬. 畲族民间文化[M]. 北京：商务印书馆，2006

图二　闽东霞浦畲族祖图尺寸图（单位：cm）

图三 闽东霞浦畲族祖图局部图

图四 畲族清代遂昌地区始祖宗教绘画局部图

1.太医医国母耳疾，挖出一条虫，高辛帝看耳内挖出虫

2.燕王兴兵犯界，高辛帝坐朝出榜龙猛收榜见万岁

3.燕王酒醉金龙要撕番王首级

4.献番王首级

5.帝赐三女配金龙

6.龙王携眷赴高堂

7.赴高堂大会七贤洞瓠王养三男一女

8.高辛帝赐姓，钟、蓝、雷

9.盘瓠王同三子游山打猎盘瓠王丧身，三子找寻

10.合家眷蜀送瓠王灵柩归山

11.抱主回家

12.一家朝奉团圆

图五　闽东霞浦畲族造型分析图

图六　闽东霞浦畲族祭祖悬挂祖图示意图

图七　闽东霞浦畲族祖图

闽东霞浦畲族祖牌

图一　闽东霞浦畲族祖牌主图

祖牌又称宗牌，通常为木制，供奉于祠堂或厅堂上，是畲族先祖的灵位所居，在畲族人心目中占有崇高的神圣地位，是畲族各类祭祀活动中必不可少的器具。

据民国年间哈·史图博（Hans stubel）对浙江敕木山畲村的调查："家户皆无祖牌，惟有在楼下厅堂或楼上隔板上贴一红纸上书：'本家奉祀香火汝南郡历代宗亲位。'"[1]浙江《建德县志》载："畲客之祠以竹箱为之，内贮祖牌及香炉。"[2]祖箱是畲民流动的祠堂，主要用于畲民家族的祭祀，尤其是畲民醮明祭。祖箱中除了祖牌、香炉外，还有祖图、祖杖等器物。[3]现在畲家祭祖在宗祠或祖厝、公厅内进行，祭祀时需将祖宗牌位、祖图、祖杖等摆好，并供奉香烛牲醴，由族长或房长读祭文，所有族人一同拜祭。通常在畲族民居里，进门的两侧分别是祖先与神灵的神位，这充分体现出畲族人敬天法祖的思想。

本例"祖牌"来自福建省霞浦半月里村雷氏宗祠，总高62厘米，宽33厘米，木制，分牌首、牌面、基座三部分，涂有红色油漆，并雕刻有漆金装饰的图案。牌首为浮雕，刻有龙头像，神态威严，造型栩栩如生。牌中央自上而下阳刻"敕封本先生雷志茂雍正二年地理名师香位"18个大字，制作精细，字及龙首贴有金箔。牌身两边分别透雕漆金盘龙，生动形象，两侧装饰木刻花纹，座沿置透雕花卉护栏，浮雕花草。基座束腰呈"工"字形。平时放置于祠堂正中神龛内，作为祀奉礼拜的对象。

雷氏宗祠，清雍正八年由雷家四兄弟合资兴建，传说在未建祠时，雷志茂为选埕基费了一番心机，久选无法定局，偶然间发现自家放养的一群牛，归牛栏后总是跑到一处空埕，此埕冬暖夏凉，精通风水学的雷志茂，认为此地背靠状元顶（形状如帽），前为笔架山围玉兔，是嫦娥奔月地，最后确定此地建祠。该祠坐北朝南，建筑面积136.9平方米，不包括外祠埕，为硬山顶砖木结构，大门为牌楼式，规模不大，但古雅可观。祠内梁架错彩描金，祭台前九幅工笔上彩画，线条清晰神形毕现。

图片来源
  图一、图五 蓝泰华 摄影
  图二至图四 韩学红 制图
  图六 景宁畲族博物馆馆藏

参考文献
[1]（德）史图博，李化民译. 浙江景宁敕木山畲民调查记. 中南民族学院民族研究所，1984年
[2]王韧. 建德县志卷三风俗志，民国八年刊本

图二 闽东霞浦畲族祖牌线描图

图三 闽东霞浦畲族祖牌尺寸图（单位：cm）

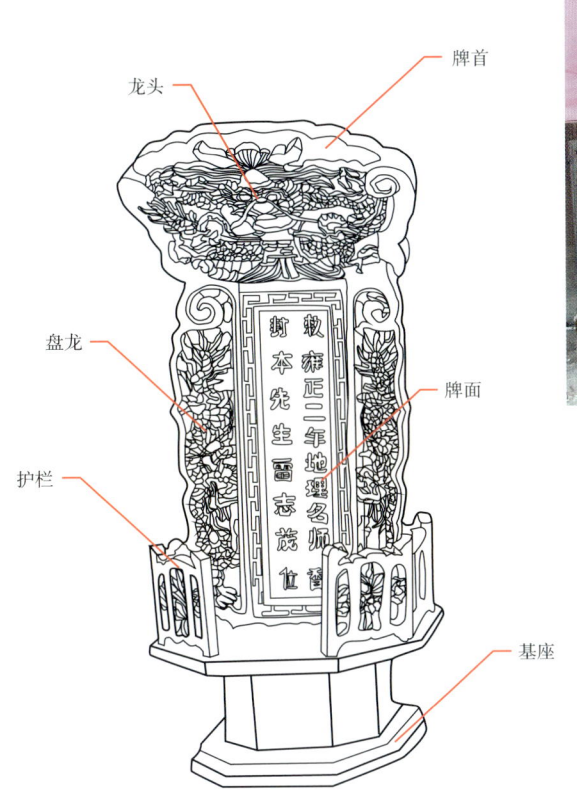

图四　闽东霞浦畲族祖牌结构名称图

图五　闽东霞浦畲族祖牌使用气氛图

图六　闽东霞浦畲族祖牌延展图

第七章　畲族传统民俗和宗教造像

351

浙南丽水畲族祖担

图一 浙南丽水畲族祖担主图

畲族除了建有屋宇的祠堂外，尚有被称为"一堂祖"的特别祠堂。这个属于一个宗房支系的"祖祠"，就是两只竹篾编制的箱笼，亦称为祖担，畲族各姓氏宗房支系视"祖担"为传代珍宝。[1]清代浮云《畲客风俗》中曾说："客之祠堂，以竹箱为之。"明·顾炎武《天下郡国利病书》中也说："（畲民）家有画像，……岁时祭之。"《龙游县志》载："畲民祠堂一置香炉红布袋，一置画像。"这些古籍志书中所说的"竹箱""画像""香炉红布袋"，即为畲族的"一堂祖担"，亦称"行祖担"或"游祖祠"。

畲族"一堂祖"的祖担，都存放在本宗房的族人家中，若族房中某户要"做阳"（"传师学师"）或"做阴"（做功德）需动用祖图和祖杖的，就要请一位已传师学师过的"仙师"（师公）陪同，备上鸡、肉、酒等礼物，去存藏祖担人的家中（存藏者必是先前做过"传师学师"的人）祭祖担、致谢礼；然后，接请祖担归家。待仪式结束后，祖担就存在这户人家中，往后有其他人家需用，仍需备上祭谢礼，由师公陪着，到这户人家中接请。

本案例采集自浙江省丽水市博物馆。祖担长73厘米，宽38厘米，高40厘米。由长方形竹篾编制，竹片框架，箱口两边有铁质提环，可配锁。祖担为畲族游祠堂主要组成部分，它内装畲族游祠堂l的所有物品：祖图、龙角、祖杖、笏板、祖簿（族谱）、铃刀、铃钟、法号、神鞭、香炉、令牌、祖宗牌位、筊盃、老君印、王母印、祖师像、猎神像、乌蓝、赤衫等法器。祖图上绘有"三清"（上清、玉清、太清）、十殿阎王（同汉族相似）、射猎祖师、本姓始祖、左门神、右门神、金鸡、玉兔等画像，其中特别珍贵的是叙述畲族始祖盘瓠忠勇王龙麒身世事迹的长轴画卷。

祖担是一座可移动的"祖祠"，它装载的每一样器具都有重要的象征意义与民俗功用，是畲民在游耕时代宗族文化与宗族情感的载体。它所呈现的系统化、集成化、便携化的设计理念，是畲族游耕山猎的生产方式和生活方式所造就的。

图片来源
图一　范珮玲主编《山哈风韵——浙江畲族文物特展》，中国书店，2012.9
图二至图四　詹黎明　制图

参考文献
[1]范珮玲主编. 山哈风韵——浙江畲族文物特展[M]. 北京：中国书店，2012：54

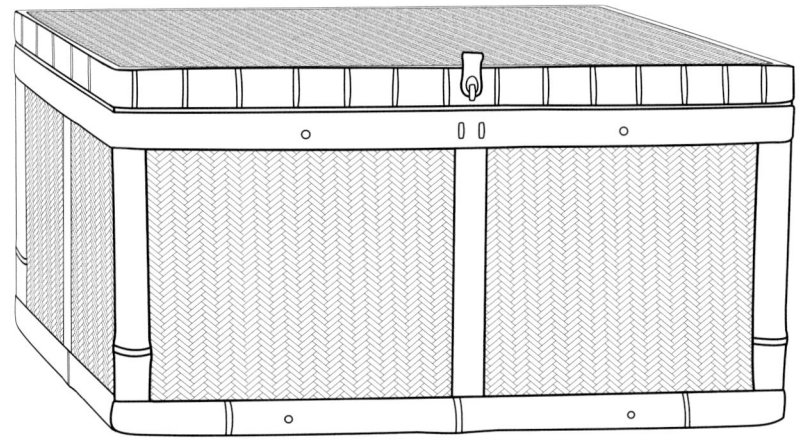

图二　浙南丽水畲族祖担线描图

图三　浙南丽水畲族祖担尺寸图（单位：cm）

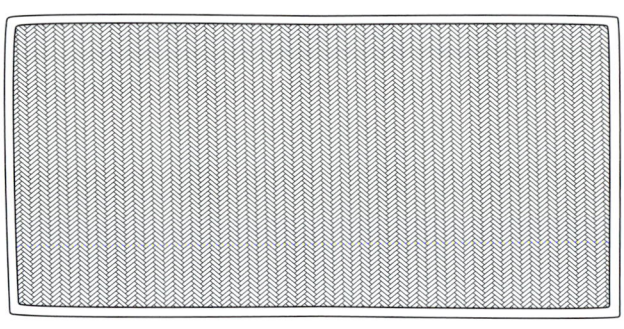

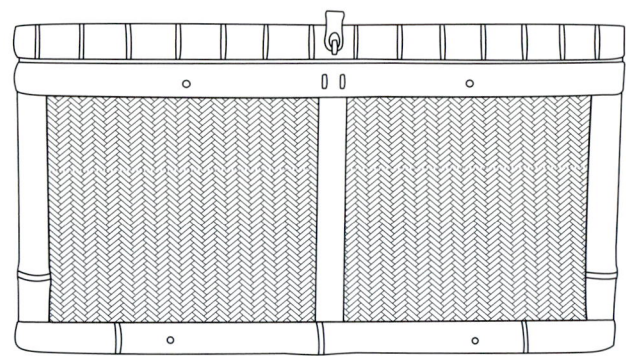
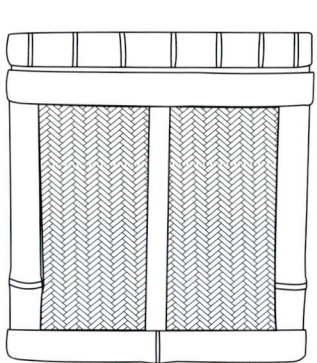

图四　浙南丽水畲族祖担三视图

浙南平阳畲族《汝南蓝氏宗谱》

图一 浙南平阳畲族《汝南蓝氏宗谱》主图

宗谱,又称祖谱、族谱、谱牒、家谱、家乘、世谱、世牒、支谱、房谱等,是家族里记载本族世系和相关重要事迹的书,以表谱的形式,记载一个以血缘关系为主体的宗族世系繁衍和重要人物事迹的特殊图书体裁,也是一个宗族的生命史。它不仅记录着该宗族的来源和迁徙轨迹,还记录有家族中各种重要的人物与事件,包括族规、家约等重要的历史文献。

畲族尊祖敬宗的传统世代相传,祭祖、建祠与修谱被列为族中的三件大事,其中修谱又被称为族中第一件大事。畲民的传统观念认为:"三世不修谱,谓之不孝","五世不修谱,谓之有罪"。畲族族谱的体例跟汉族族谱基本相同,基本内容包括序言、凡例、源流、世系、人物、规范、文献、祠墓等,但每一卷宗谱在具体的编排上幽会有所差异,比如族谱中关于始祖盘瓠神话传说的记载,畲民祖先谱名的特色和取名的方式等等。

本案例"民国《汝南蓝氏宗谱》"出自温州市平阳县桥墩门,现藏于浙江省博物馆。长30厘米、宽18厘米。蓝灰色封面封底,橘黄题签,印有"汝南蓝氏宗谱"。木刻水印宋体,白色宣纸线装。内芯侧面均题"平昌蓝氏宗谱"。宗谱内容包括"源流序、重建宗祠记、五福正宗图、传序、重建散堂志、创修宗谱序、重建宗祠记、坟图、像赞、远系总图、本家世系图"等。

畲族在历史上是一个刀耕火种、迁徙不定的民族。明清以来,虽然畲族族谱在格式与内容上都效仿汉族族谱,但仍然传承着本民族的独特传统与历史信息。正是这些谱牒，使我们找到了探寻畲族历史与生活真相的门径。畲族宗谱流淌着畲族人民割舍不断的血缘关系，承载着民族凝聚力，积淀着民俗文化，是畲族的历史传承和文化积淀，也是畲民根脉相连、生生不息的历史见证。

图片来源

图一　浙江景宁畲族博物馆馆藏

图二至图五　韩学红　制图

图二　浙南平阳畲族《汝南蓝氏宗谱》名称结构图

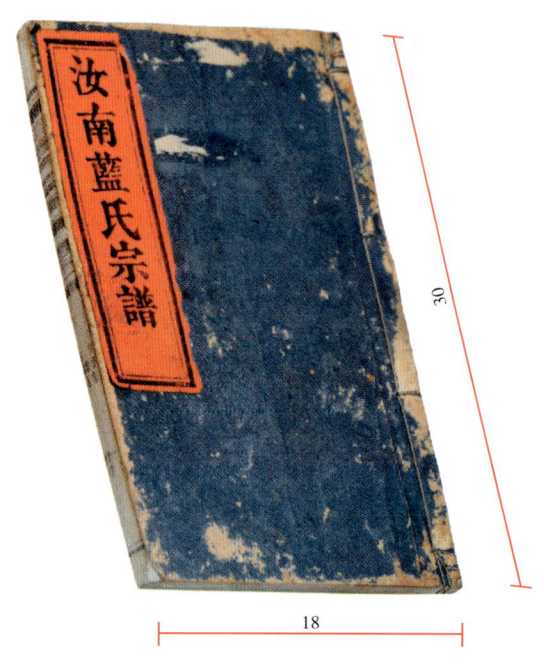

图三　浙南平阳畲族《汝南蓝氏宗谱》尺寸图（单位：cm）

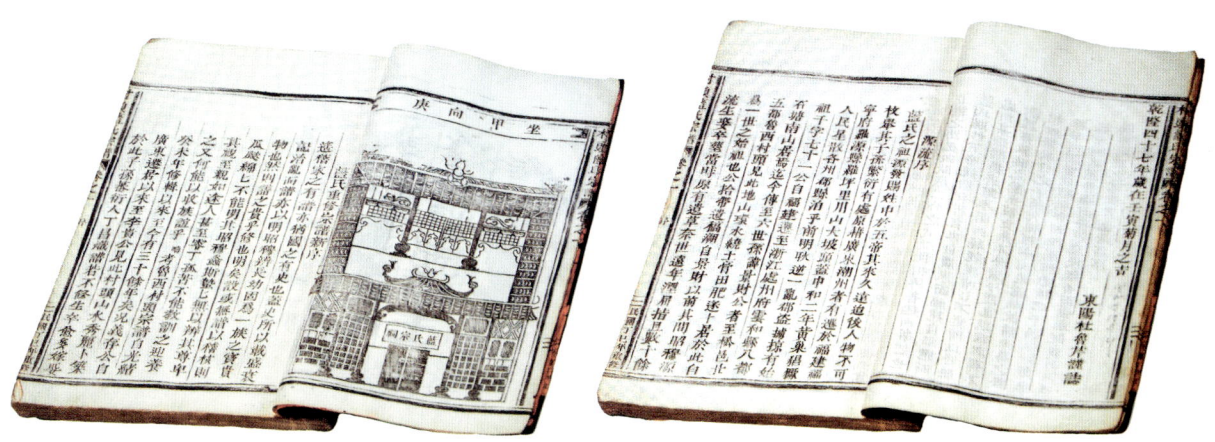

图四 浙南平阳畲族《汝南蓝氏宗谱》内页图

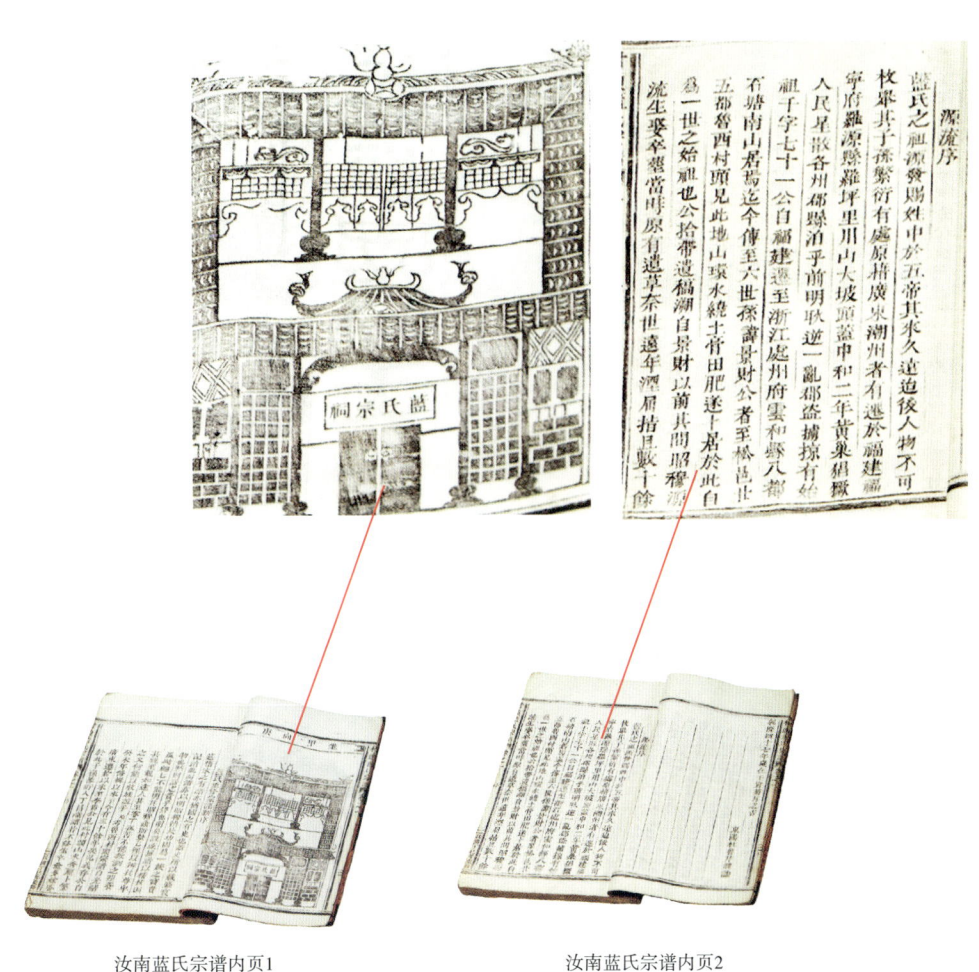

汝南蓝氏宗谱内页1　　　　　汝南蓝氏宗谱内页2

图五 浙南平阳畲族《汝南蓝氏宗谱》内页细节图

浙南景宁畲族"左营右营"兵马图

图一 浙南景宁畲族"左营右营"兵马图主图

兵马图是畲族道教闾山派当中非常重要的神图。神图中的兵马是闾山法主的兵将，分为左营军与右营军，常被法师调遣出来去驱赶邪鬼。神图所绘的场面正中这些兵将与邪鬼的战斗。

本案例清畲族"左营、右营"兵马图采集自景宁红星公社，现藏于浙江省博物馆。总长137厘米、宽67厘米。式样为卷轴式，共两卷。以原布色为底，构图饱满均衡。红色为主，兼用蓝、白、黄等色，采用中国画的技巧和手法工笔重彩描绘了畲族左、右营军马与敌人战斗的场面。画中人物姿态优美，衣冠富丽，线条流畅，画面各种人物个性都刻画得较为生动。

"左营、右营"兵马图体现了畲族画师较高的绘画水平，其绘画手法与明清以来汉族地区道教绘画作品的手法类似，对研究畲族宗教崇拜偶像的独特性和历史渊源等具有重要的历史价值。它生动地反映了历史上畲族原始宗教与汉族道教、民间信仰的互动和交融。

图片来源
图一 浙江景宁畲族博物馆馆藏
图二至图五 韩学红 制图

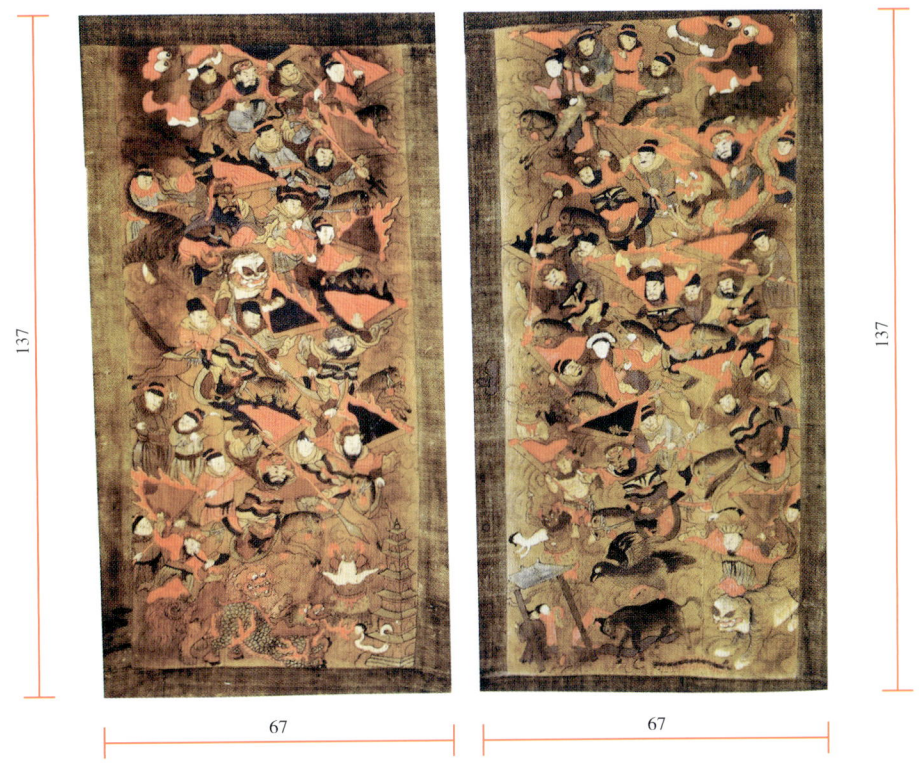

图二　浙南景宁畲族"左营右营"兵马图尺寸图（单位：cm）

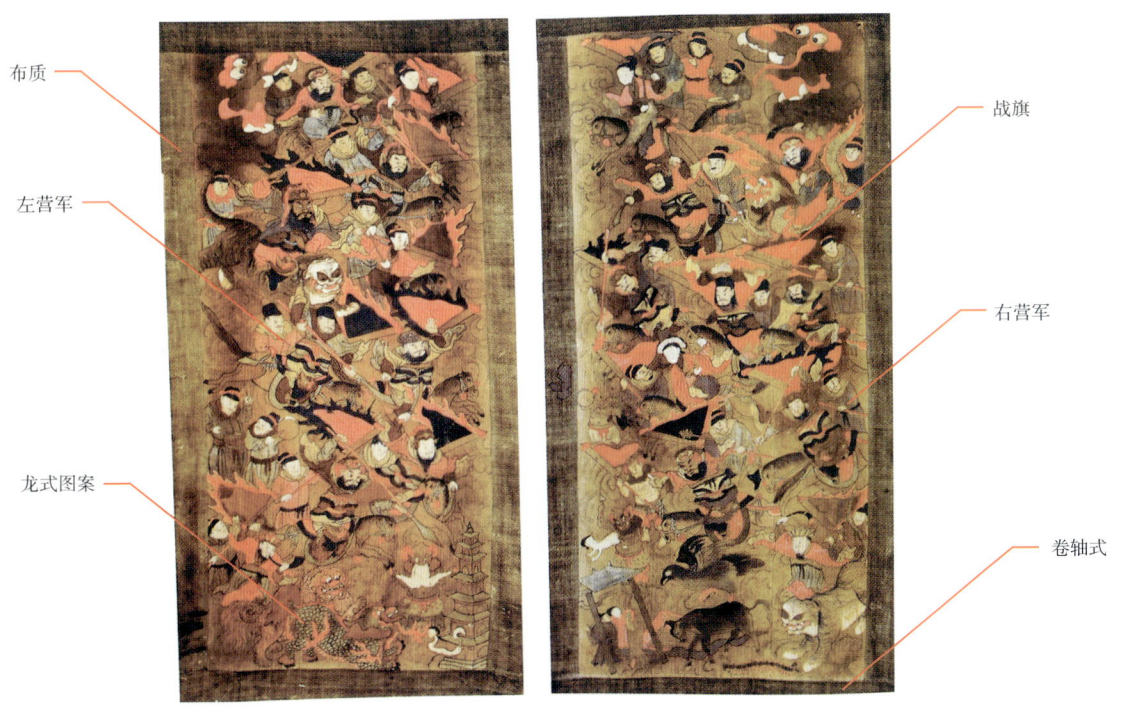

图三　浙南景宁畲族"左营右营"兵马图结构名称图

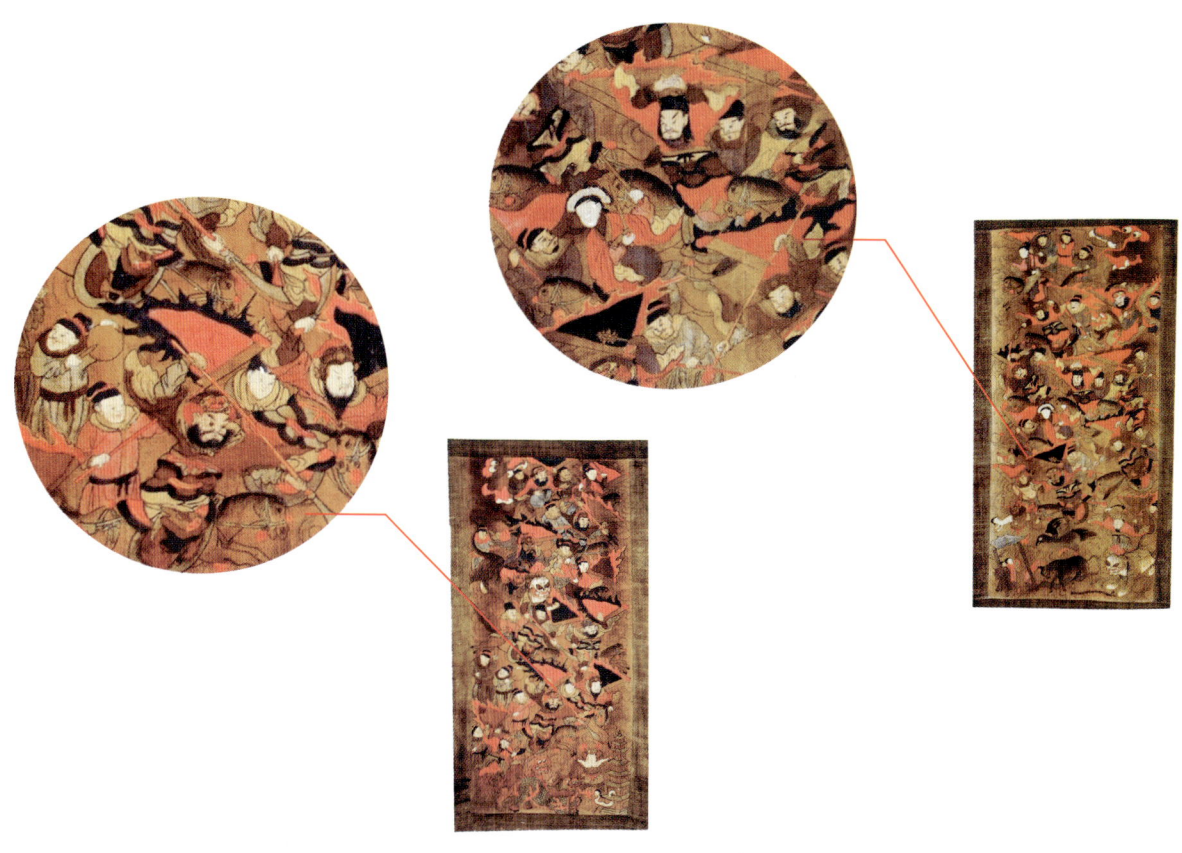

图四 浙南景宁畲族"左营右营"兵马图局部图

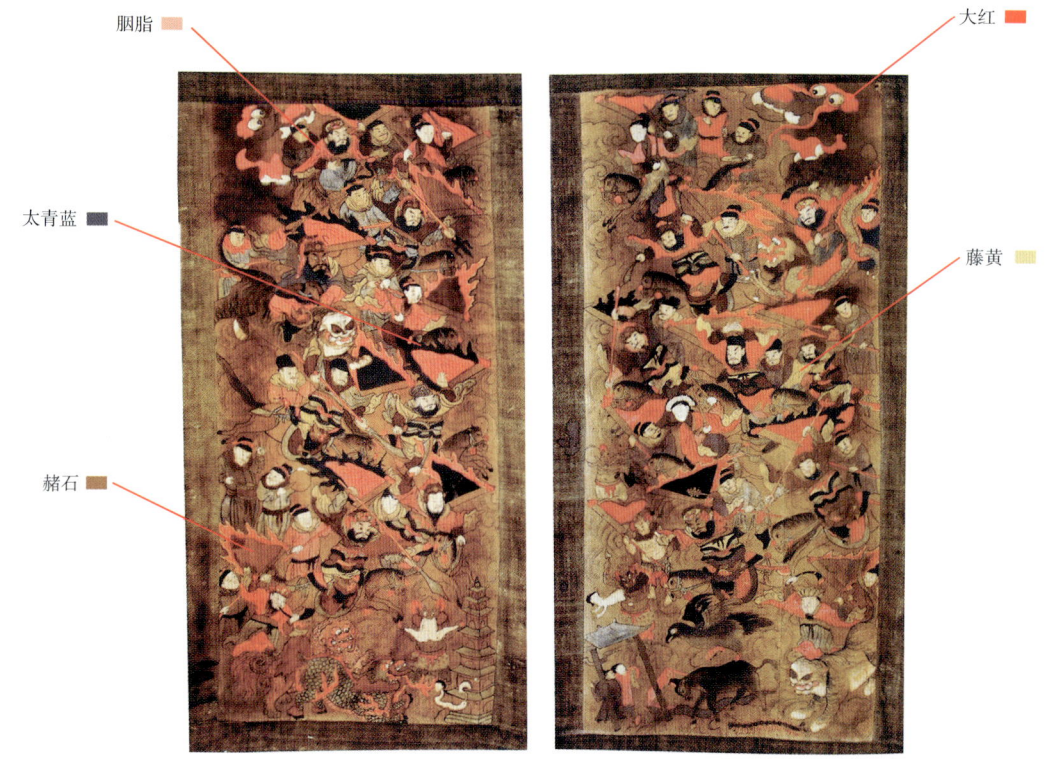

图五 浙南景宁畲族"左营右营"兵马图画面设色分析图

17世纪浙南畲族祖先像

图一　十七世纪浙南畲族祖先像主图

畲族人非常重视祭祖，在畲族的节俗中祭祀祖先的节日较多，且把"敬祖宗"列为族规条例的首要内容，并相信祖宗有灵，能庇佑福荫子孙。

不同地区畲族祭祖的时间各有不同，通常除逢年过节、农猎活动、婚嫁喜庆祭祖外，大部分畲民还会在每年的七月十五、八月十五、冬至、除夕等日子在祖厝或厅堂"敬公妈"，对先辈进行祭祀。福建福鼎地区的畲族民众以农历十二月十五作为当地最大祭祖节。另外还有独特的"三月三"染乌米饭祭祀祖先活动。祭祖仪式时全家均要参拜祖先像。

祖先像也称太公像、官人像、高祖像

等。畲民的祖先像在每年祭祀祖先的时候挂出来，用完即刻收回，妥善保管。畲族将自己的祖先敬奉为神，为畲族本族的祖宗绘制画像。这个画像的作用和汉族的祖宗像相似，祭祀的代数一般为三代。

本案例为畲族祖先图像，采集自浙江省博物馆，尺寸均在长130厘米~150厘米，宽65厘米~105厘米之间，共有四幅：一幅画有双人，一幅画有十二人（六代），另外两幅画有六人（三代），均为男左女右排列，以放有牌位、香炉和一对花插的供桌为背景。其中两幅画中男子身着清代官服，头戴官帽，服饰华贵，表情庄重肃穆。

在畲族宗教信仰中，将其祖宗上升为氏族护神的地位，所以是从人到神的中间类型，与"传师学师"的仪式有关。这些畲族的世袭祖先像体现了畲族的祖先崇拜，包含了畲族的宗教信仰，具有重要的民族学意义。而畲族祖先身着汉族官服，也表明汉族文化对畲族文化的影响，也是明清以来畲汉经济文化交融的反映。

图片来源

图一至图四　范珮玲主编《山哈风韵——浙江畲族文物特展》，中国书店，2012.9

图二　十七世纪浙南畲族祖先像

图三 十七世纪浙南畲族祖先像

图四 十七世纪浙南畲族祖先像

17世纪浙南泰顺畲族三天师像

图一　17世纪浙南泰顺畲族三天师像主图

清畲族道教三天师像，是畲族道师在行持道坛科法时所挂。历来众多道教名士在江西龙虎山、太姥山等深山修炼，留下许多道教名胜，与畲族生活区相邻或与之重合，相传畲族先祖盘瓠也曾到闾山、茅山学习法术，因此，畲族民俗信仰深受道教影响。

本案例清畲族道教三天师像采集自泰顺县仕阳公社，现收藏于浙江省博物馆。布质组图，长120厘米，宽60厘米。图像中所绘的三天师分别是张天师、李天师和梁天师，在畲族道教闾山派中占有重要的地位。三天师长袍的颜色红蓝相间，具有畲族服饰的特点。此三天师像下方区域画着道教闾山派畲族道师行持科法时骁勇善战的场景，包括闾山派道师、陈林李三夫人等等口吹龙角、手持利刃的形象。

三天师像深受畲族民众的敬仰与崇拜，是各类畲族宗教仪式中不可或缺的宗教神图，一方面具有民俗研究、宗教研究的价值；另一方面作为绘画作品，又具有较高的艺术研究价值。

本例三天师像是畲族造型艺术与审美偏好的具体展现。一方面畲民所信奉的原始崇拜，也是我国道教本土发展的早期形式；另一方面，汉族道教相对完整的宗教仪轨，丰富了畲族原有民俗宗教的内容。从绘画上看，此件三天师像绘画水平较高，采用的工笔绘画的技艺基本与汉族地区常见工笔画类同。这其中既表现出对汉族造型技艺的吸收，也展现了畲族工匠的聪明才智与绘画才能。

图片来源
　　图一　范珮玲主编《山哈风韵——浙江畲族文物特展》，中国书店，2012.9
　　图二至图五　叶成闻　制图

图二　清道教张李梁三天师像面部线描图

图三　17世纪浙南泰顺畲族三天师像尺寸图（单位：cm）

| 李天师 | 张天师 | 梁天师 |

图四　17世纪浙南泰顺畲族三天师像名称图

图五　17世纪浙南泰顺畲族三天师像细节图

浙南景宁畲族猎神像

图一　浙南景宁畲族猎神像主图

畲族自古以来"射猎其业，耕山而食"。[1]清初的广东畲族"男女皆椎髻，持挟枪弩，岁纳皮张，不供赋。"[2]《汀州府志》载：闽西畲民"善射猎，以毒药敷弩矢，中兽立毙。"[3]由于狩猎在畲民传统生活中占有突出的地位，猎神崇拜便成为各地畲族民众重要的民间信仰之一。

畲族猎神原为山神，后逐渐发展出若干象征形式：或在村口建低矮的石室为庙，以庙内神牌或香炉为象征（粤东）；或以村口一块较大岩石或垒石成堆为标志（赣南、闽西）；或在香炉插三根山鸡尾毛，或塑成人格化神像（闽东、浙南）。[4]各地猎神称谓不一，在粤东称"打猎大王""游山仙子""射猎先师""猎爷""猎娘"，在闽西称"射猎先师""护猎娘娘"，在赣南称"打猎祖师"；在闽东、浙南畲族崇拜的猎神已主要包括"车山公""陈六""陈七""陈八""元帅爷"等人格化神灵形象，有的畲区猎神无专指，只是泛称"射猎师爷"。

猎神通常是以"香火榜"[5]的形式加以供奉。猎神塑像多见于浙南与闽东地区，神像旁常以猎狗塑像陪祀。猎神祭拜仪式通常在行猎前举行，猎手们焚香祷告，祈求多打野物，获猎后以猎物祭谢。畲族猎神通常没有固定的节日，但也有例外："粤东九连山区连平、和平县畲族在二月春分日大祭猎神。"[6]闽东福安松罗一带的畲民，每逢九月初九会抬猎神"九帅爷"神像游村，祈求平安；霞浦畲族于七月半"祖宗节"前后，有结伴上山打猎之俗，称"秋社"或"秋猎"。[7]历史上畲族曾普遍供奉猎神，近年来，随着狩猎活动的衰落，猎神祭祀也逐渐式微。

本案例彩绘泥塑猎神"陈八大王"出自浙南，为浙江景宁中国畲族博物馆藏品。泥塑高约35厘米，猎神完全是即将出发打猎的猎人形象，他浓眉大眼、短发，头顶尖帽，身着黄衣蓝裤，腿上打白色绑腿，一手叉腰，一手扛长枪，身上和腰间挂三把小刀，抬眼远眺，神采奕奕。猎神身前有一座香炉，香炉两侧分别侍立一只黄狗，猎神身上及香炉上均贴有写着"打□（字残，疑为"猎"）师父陈八大王"字样的纸条。此尊塑像从使用枪支、未留辫子、眼珠采用玻璃珠、纸条上的繁体文字等情况综合考察，其制作年代大约在民国时期。整个雕像结构紧凑，造型简练，稚拙生动，充满生活趣味。

图片来源
图一、图四　浙江景宁中国畲族博物馆藏
图二　詹黎明　制图
图三　王雪姣　制图

参考文献
[1]许兼善.永春县志卷三风俗.明万历四年刊本
[2]（清）屈大均.广东新语卷七人语·举人.北京：中华书局，1985：243
[3]李绂.汀州府志卷四五丛谈附，清乾隆十七年修，清同治六年重刊本
[4]郭志超.客家猎神的发现与寻根[J].民俗研究，2000．3
[5]"香火榜"是指书写有神祇名号的红纸，作为神灵象征物，通常张贴于神龛或厅堂正中隔板墙上。
[6]广东省志·少数民族志[M].广州：广东人民出版社，2000：287
[7]俞郁田.霞浦县畲族志[M].福州：福建人民出版社，1993：153

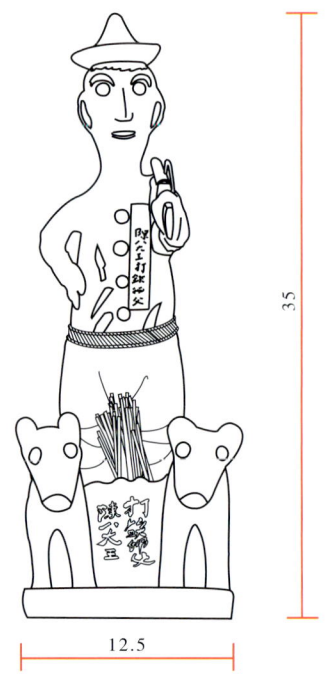

图二　浙南景宁畲族猎神像尺寸图（单位：cm）

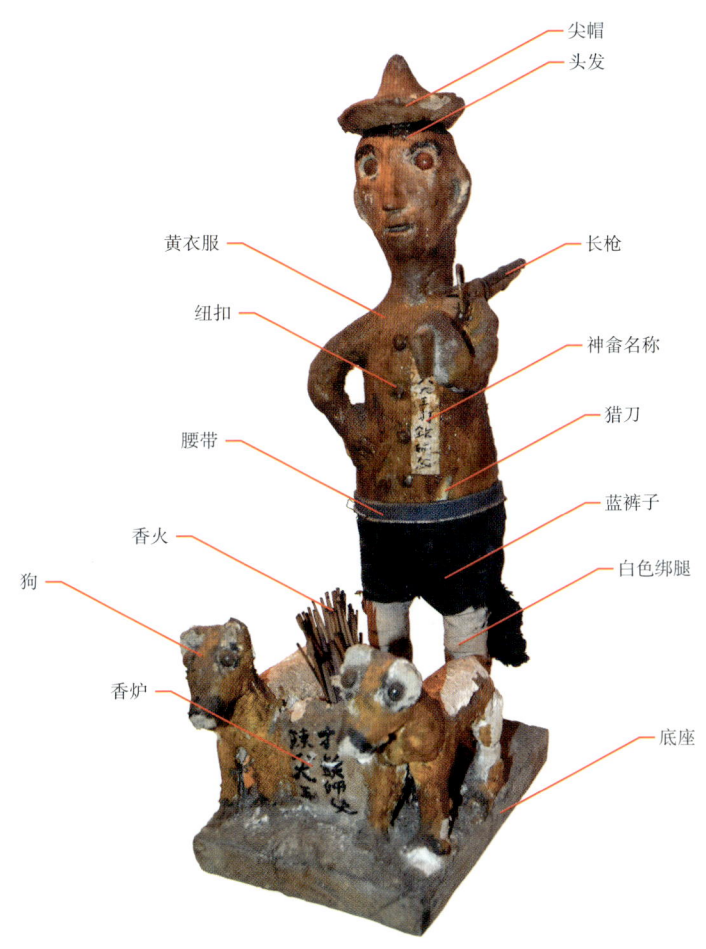

图三 浙南景宁畲族猎神像结构名称图

图四　浙南景宁畲族猎神像延展图

闽东福安畲族门头装饰

图一　闽东福安畲族门头装饰主图

闽东畲族传统居民门头装饰，安置于门楣处，用意为辟邪消灾与祈安求福。畲族民众在建房时，较为重视大门的辟邪与防煞，以祈求天道和谐、家居平安、万事顺心。因此畲族门头装饰文化是畲族文化的一个重要组成部分，和畲族人民的生活息息相关，紧密相连。

闽东福安地区的门头装饰由米筛、剪刀、元宝、八卦等器物组合而成，俗称"米筛镜"，旨在保佑家居平安，事事顺利，在畲族门头上随处可见，既是民俗的焦点，也赋予畲族精神上的寄托。

本案例畲族民居门头装饰采集自福建省福安市康厝乡凤洋村和福安市坂中乡下林村。畲族居民相当重视大门的辟邪和防煞，故在安门时，常在门楣中部放置一个竹篾编成的米筛，并以朱砂纸为底，内置剪刀、元宝、八卦、铜镜、芦荟、杆秤、斧头、历书继成堂、红尺等辟邪物品用以"制煞"，避鬼狐入房。米筛中的每件物品均有象征意义：剪刀是生活中常见的器具，非常锋利，可以裁剪物品，畲族民众信仰剪刀的锋利特性，认为可以以此辟除灾祸、驱除邪秽；元宝是古代的一种流通货币，放置其中含有招财进宝、财源广进的寓意，同时也体现出畲族人民对富裕美满生活的向往；八卦象征世界的变化与循环，世间万物皆可分类归于八卦之中，也是最常用的辟邪物，将其安置于正中以祈求净化邪气、对道生财、合家平安；铜镜俗称"照妖镜"，古时人们常将八卦贴于铜镜之上，以此拦挡外面的煞气，故亦称"挡煞"；芦荟本身带刺、肉汁多、耐干旱，将其植于门楣处以祈盼辟除火灾、风调雨顺；杆秤是生活中交易买卖的常用器具，用以祈求年年五谷丰登好收成；斧头与其他器物相比，其锐利的锋刃闪着银光，可使鬼怪却步，不得逾越入宅；历书继成堂意在祝愿人文荟萃、文化昌明。畲族人以这些门头装饰来祈望家宅平安、合家幸福，高置门头，充分发挥其把关扼要和祈安求福的功能。

从门头装饰的形式上看，畲族民众在米筛中摆放器物时遵循一定的规律，以八卦为中心，左右分别放置剪刀和历书继成堂，下方则放置杆秤与芦荟，元宝和红尺放置在上方。这种排列组合的方式既含有驱除鬼魔、平安吉庆的寓意，也是畲族地域文化与民众审美习惯的共同展现。

图片来源
  图一、图六 王晓戈 摄影
  图二至图五 叶成闻 制图

图二 闽东福安畲族门头装饰尺寸图（单位：cm）

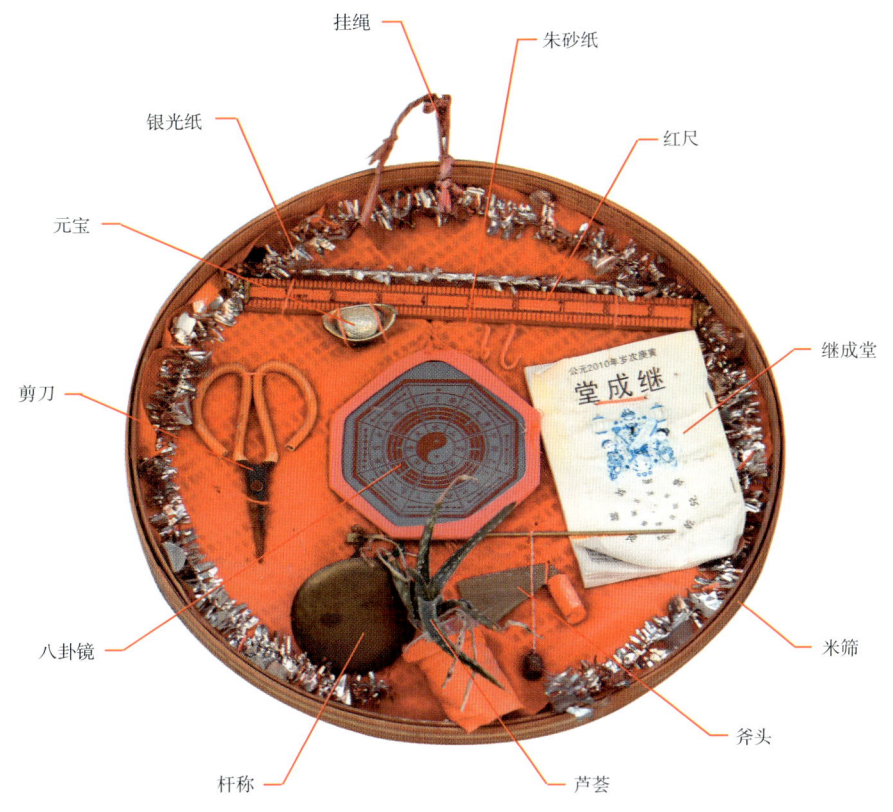

图三　闽东福安畲族门头装饰结构名称图

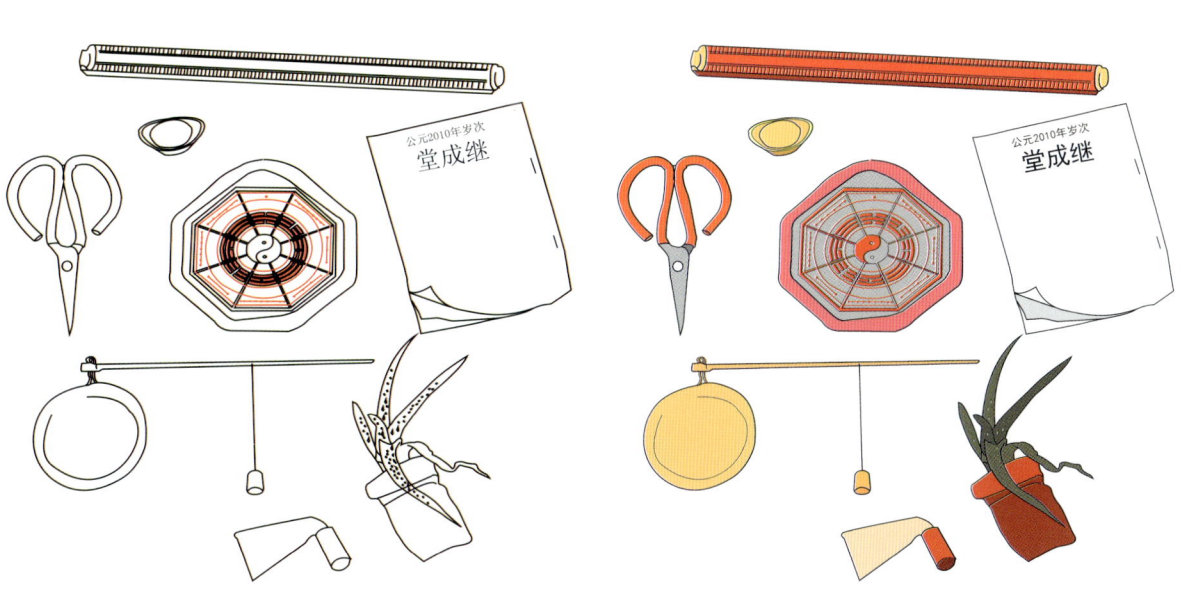

图四　闽东福安畲族门头装饰内部器物图

图五　闽东福安畲族门头装饰使用气氛图

图六　闽东福安畲族门头装饰延展图

闽东福安畲族石香炉

图一　闽东福安畲族石香炉主图

畲族有浓厚的鬼神信仰习俗，所以畲民经常点烛焚香、烧纸祭祀，需要用到焚香的香炉。香炉有圆形、方形等形状，质地有铜、铁、石等，供信徒点香、插香之用，是各宫庙寺院不可或缺之物。除此之外，一些民居中也有香炉摆设，如闽台民间常见的"三界公炉"。[1]

畲族聚居地区多山，石香炉制作取材便利。畲民基本上家家户户都有一个象征历代祖先的香炉。畲族祠堂的陈设有自己的特点，一般而言，畲民有六件镇祠之宝：族谱、香炉、祖图、族杖、祖牌、楹联。[2]《龙泉县志》载："畲民祠堂极可笑，仅以竹箱两只，一置香炉红布袋，一置画像，即呼为祠堂也。"在流离迁徙的过程中，其他生活用品能丢，唯有以上六件镇祠之宝要保存下来。定居时，要在住房中堂照壁设香龛安放祖先香炉，称香火桌，中贴壁联，称香火榜，榜词常见的是"本家虔奉堂上高辛皇氏敕封忠勇王××郡（蓝姓写汝南郡，雷姓写凤翔郡，钟姓写颍川郡）长生香火祖师历代合炉祖宗之位"。不仅过年过节要祭祀祖宗，凡家有嫁娶、出生、寿辰等喜事亦备祭礼祭祀，每逢农历初一、十五要在香炉敬香，表示不忘祖先。人死后做功德，要请历代祖先接受祭祀。功德仪式后，就把死者香炉并入祖先总香炉，接受下辈祭祀。[3]

　　本例石香炉来自福安市坂中乡林岭村，采用当地的出产的石料制作而成。香炉上部分为梯形状，上长下短，最长处22厘米，最短处18厘米，宽12厘米，高14厘米。香炉底部为三只脚支撑，俯视为掏空的长方体，里面盛放沙土等，用以插香。虽然没有什么复杂华丽的装饰，但它以简练厚重、朴实大方的造型取胜，不失为一件独具特色的畲族工艺品。

图片来源

图一　王晓戈　摄影
图二至图五　王雪姣　制图

参考文献

[1]邱国珍、姚周辉、赖施虬.畲族民间文化[M].北京：商务印书馆，2006：119
[2]林蔚文.闽台民间传统器具[M].福州：福建人民出版社．2009：182
[3]邱国珍、姚周辉、赖施虬.畲族民间文化[M].北京：商务印书馆，2006：223

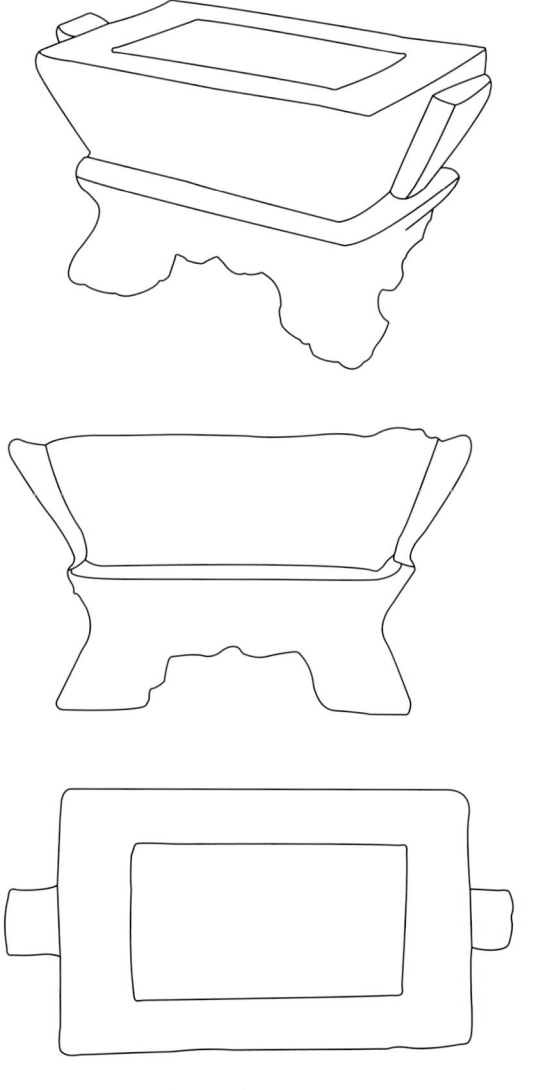

图二　闽东福安畲族石香炉线描图

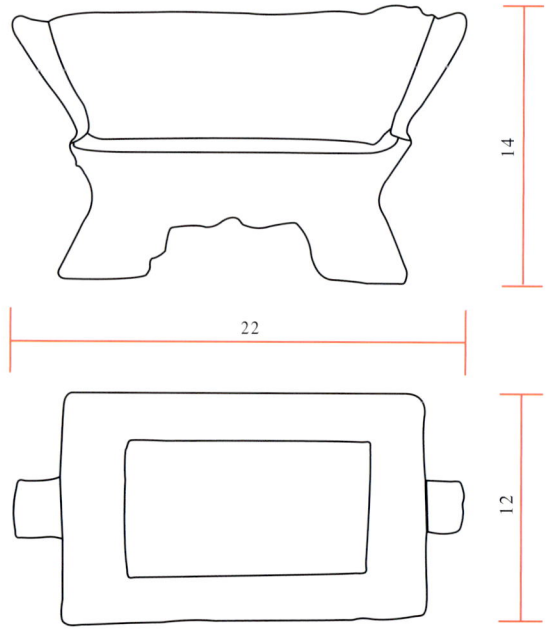

图三　闽东福安畲族石香炉尺寸图（单位：cm）

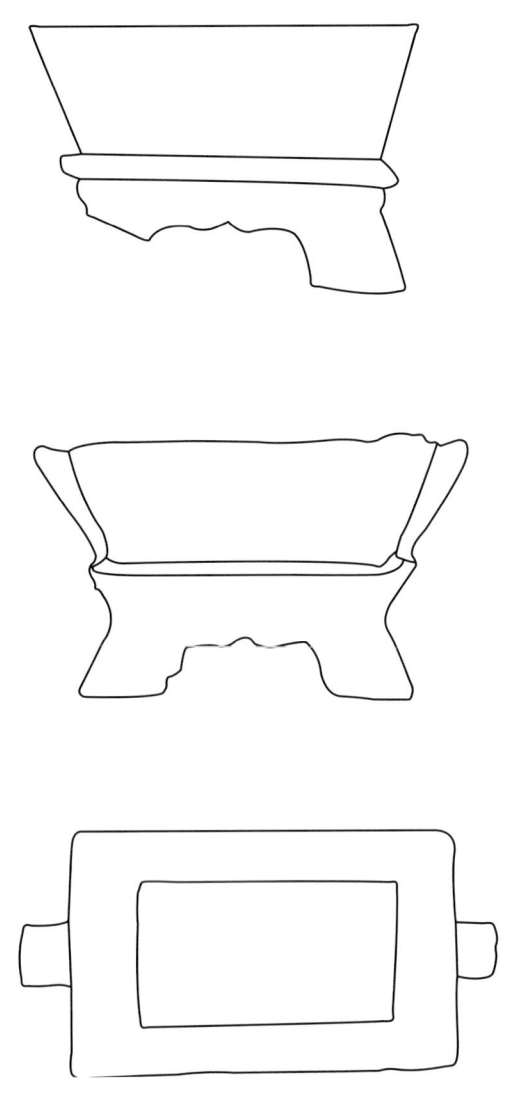

图四 闽东福安畲族石香炉三视图

图五 闽东福安畲族石香炉其他角度图

第七章 畲族传统民俗和宗教造像

闽东畲族求雨罐

图一 闽东畲族求雨罐主图

在古代农耕社会,农业生产对气候条件的依赖性较高,风调雨顺才能五谷丰登。一旦出现连续干旱天气,农作物就不能正常生长,往往会导致农业歉收,严重的还会出现饥荒。在这种情况下,祈雨是古代农耕社会中的一个重要宗教仪式。

祈雨是一种古老的神事活动,畲族的祈雨仪式,往往由村中的"头哥"牵头,请做尪巫师来施法祈求上天降雨。因其祈求对象的不同,又可分为以下几类。一、请龙。祈求的对象是龙神,有象地龙、七步龙、官井龙等。二、请仙。祈求的对象是神仙,通常到仙宫去祈请,如到白云山请缪仙翁(传说福安穆阳人缪从纯到白云山看仙人下棋,吃了仙桃得道成仙)等。三、请奶娘。做法与请龙求仙同,全村老幼斋戒食素三天后,法师与头哥一道前往古田县大桥镇临水宫祖殿,请陈靖姑真身前来祈雨。[1]

本案例来自上金贝畲族文化收藏馆。求雨罐高30厘米,口径4厘米,腹围13厘米,底径10厘米。釉呈黄褐色。敛口，鼓腹，底收。罐子腹部是一些规律的圆形纹装饰，还有一个祠堂样的装饰，里面词牌上面写着"林公大王"四个字，两边各有一个有镂空装饰的圆形，肩上有两条浮雕的龙，两条龙中间有个星星状图案，星星状图案下有八卦图案，罐颈有"溪口坑"字样，其上是一个八卦图案，周围有三朵花围绕。

林公大王是畲族供奉的民间俗神之一，历史上确有其人，姓林名亘（一说名叫子芹），南宋庆元年间（1196）生，是闽东家喻户晓的打虎英雄。清乾隆四十六年（1781），张君宾主纂的《宁德县志》中有简要记载："相传神为宋时邑杉洋人，善搏虎。没后能御虎灾，故祀之。"[2]林公大王是闽东的地方保护神，是一位打虎英雄。畲族生活的地方偏远多山，经常会遇到野兽出没，虎患很多。除了打虎，林公还上山采药，帮助畲民战胜瘟疫。打虎降妖，行医济世，这正契合畲民的精神需求。

畲族还有关于汤夫人求雨习俗的传说。畲族耕作水田，但是自然条件差，水田怕旱，阳光不足。某年大旱，田里干旱缺水，汤夫人发明"闷杆"，把水引到干旱的梯田，解决了干旱问题。后来汤夫人成为当地的保护神，每逢大旱，人们就会举行祈雨仪式。

闽东福安富达乡祈雨活动非常出名，可以说是家喻户晓。祈雨用的瓶是特制的，瓶口用蜡密封。龙井深七八丈，用细绳把瓶绑好，瓶与疏同时放入龙井里，长老与道士诵经作法；祈雨的人跪在井边呼救，浮在水面的疏与瓶能竖直沉入水中六七丈深。把瓶提上来时，如果瓶中的水是浑的说明雨急，而且大；如瓶中水清，则说明雨可能慢。[3]

由于古代人缺乏科学知识，祈雨仪式成为农耕文化重要的组成部分。畲族人生存的地区多山，自然条件恶劣，生产生活条件艰苦，所以他们会寻找心理上的寄托。为了达到理想的、丰衣足食的生活，他们只能寄希望于自己的信仰和祭祀仪式，这些都是畲族人民祖先崇拜、自然神崇拜在生产生活中的反映。

图片来源
图一　王晓戈　摄影
图二至图四　王雪姣　制图

参考文献
[1]钟雷兴.闽东畲族文化全书·民间信仰卷[M].北京：民族出版社，2009：244
[2]钟雷兴.闽东畲族文化全书·民间信仰卷[M].北京：民族出版社，2009：29
[3]钟雷兴.闽东畲族文化全书·民间信仰卷[M].北京：民族出版社，2009：253

图二 闽东畲族求雨罐尺寸图（单位：cm）

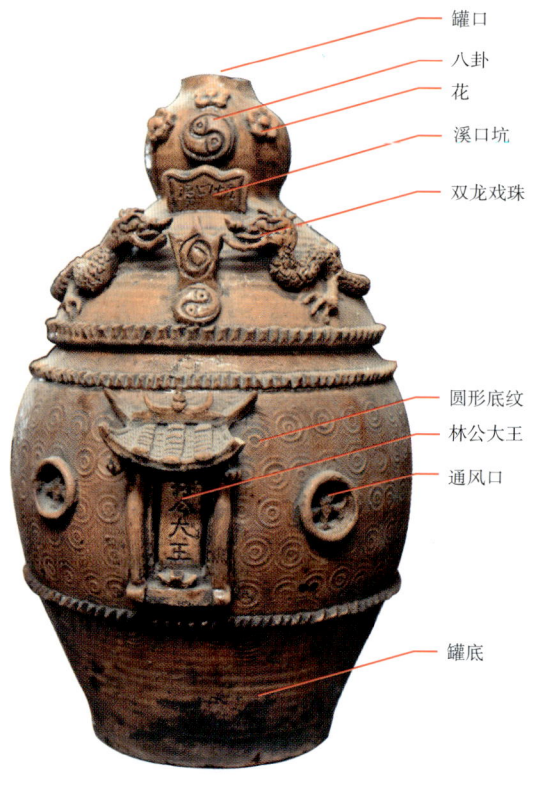

图三 闽东畲族求雨罐结构名称图

图四　闽东畲族求雨罐细节图

闽东畲族龙凤形木鱼

图一　闽东畲族龙凤形木鱼主图

木鱼，亦称木鱼鼓、鱼板，是宗教法器和民间乐器，供诵读经文或演奏时敲打之用，流行于宗教音乐和民间音乐中。本案例采集自福建省宁德市蕉城区上金贝畲家寨"上金贝畲族博物馆"（筹建中），木制，正面圆直径约27厘米，整体呈"凹"字形，由木鱼与木鱼槌组合而成。该木鱼中空，腹部侧置横穴，顶部雕有龙头凤首，相向而对，凤喙粗壮且向内弯曲，与张开的龙嘴相接。凤眼舒展，冠端向上，有沉静温恭之感；龙须飞动，双眼圆睁，有灵异之性而又不失亲近感。

据文献资料，在木鱼造物设计中，出现了鱼形木鱼、龙形木鱼两大类型。鱼形木鱼可分两式，即直鱼式、团鱼式。前者又称"梆木鱼"，是古代大寺庙召集僧众进餐用的乐器，唐代或五代前的木鱼造型皆为此种。抄本《清寺规戒》中有其图样。[1]清末民国时，美国传教士曾在杭州昭庆律寺拍摄到此物件。团鱼式木鱼的确切造型最早可追溯到明代，最早图例见于《三才图会》。至清代以后，最早也不过明代末期，木鱼由鱼形演变为龙形。[2]呈二龙合体、一身二头、龙首相对、两口相接状，为现今常见。畲族文化圈中的龙凤形木鱼，应为演变成龙形后的木鱼造型。但与汉文化圈中的龙形木鱼相较，龙凤形木鱼的设计，突出地表现在图腾的雕刻上。龙、凤崇拜在畲族文化中渊源有自。其祖杖、祖牌设计成龙头状，开道旗上印染有凤凰图案，服饰装束上的凤髻、凤冠设计均为尊龙崇凤文化的造物。该案例中，汉文化中典型的二龙龙首相对、两口相接的造型，被置换为龙头凤首相对、两口相接状，形式的借鉴，表现出了适度的创新。另外在工艺设计上，龙凤形木鱼的制作分木作、雕刻和髹漆工艺。首先，雕出木鱼的大致形状，再凿空内腔、细雕首尾和鳞甲，最后髹漆。髹漆时，先遍涂朱漆，再罩以黑、金二色，点睛画鳞。

在畲族传统造物设计中，以龙凤崇拜为核心的民族文化所化生的器物，当是最典型的一类。本案例以及祖杖、凤冠的设计，是具有畲族鲜明文化特质的造物。

图片来源
图一　王晓戈　摄影
图二、图三　韩学红　制图
图四（1）　《三才图会》
图四（2）　抄本《清寺规戒》
图四（3）　王雪姣　制图
图五　王雪姣　摄影

参考文献
[1]柳羽.漫谈木鱼[J].乐器.1986.2
[2]黄兆汉.木鱼考[J].世界宗教研究.1987.1

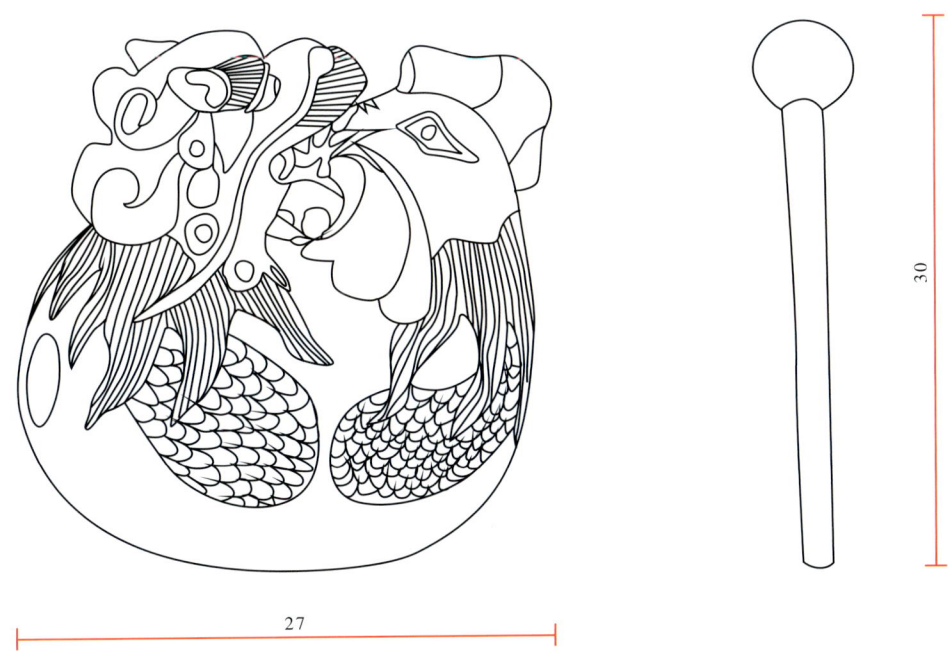

图二　闽东畲族龙凤形木鱼尺寸图（单位：cm）

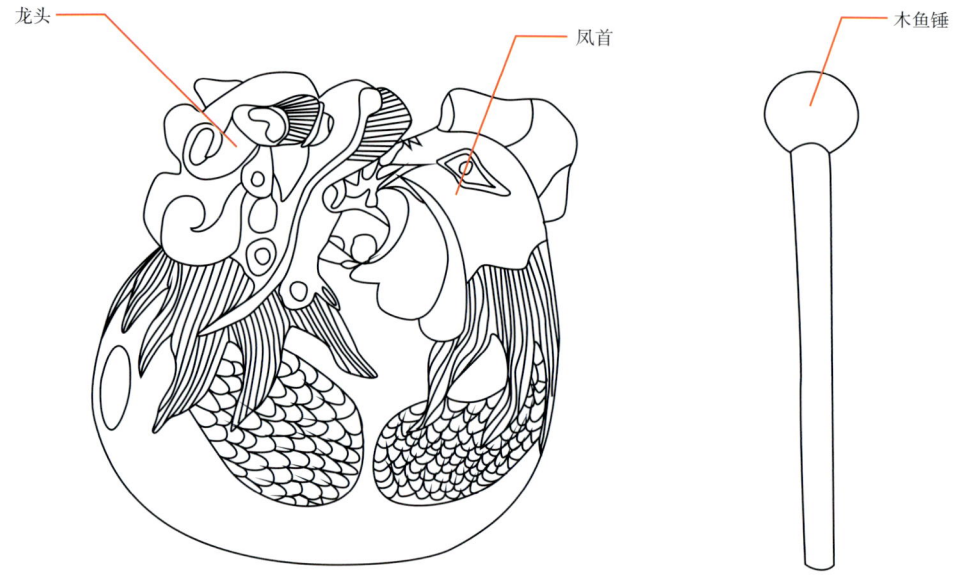

图三　闽东畲族龙凤形木鱼结构名称图

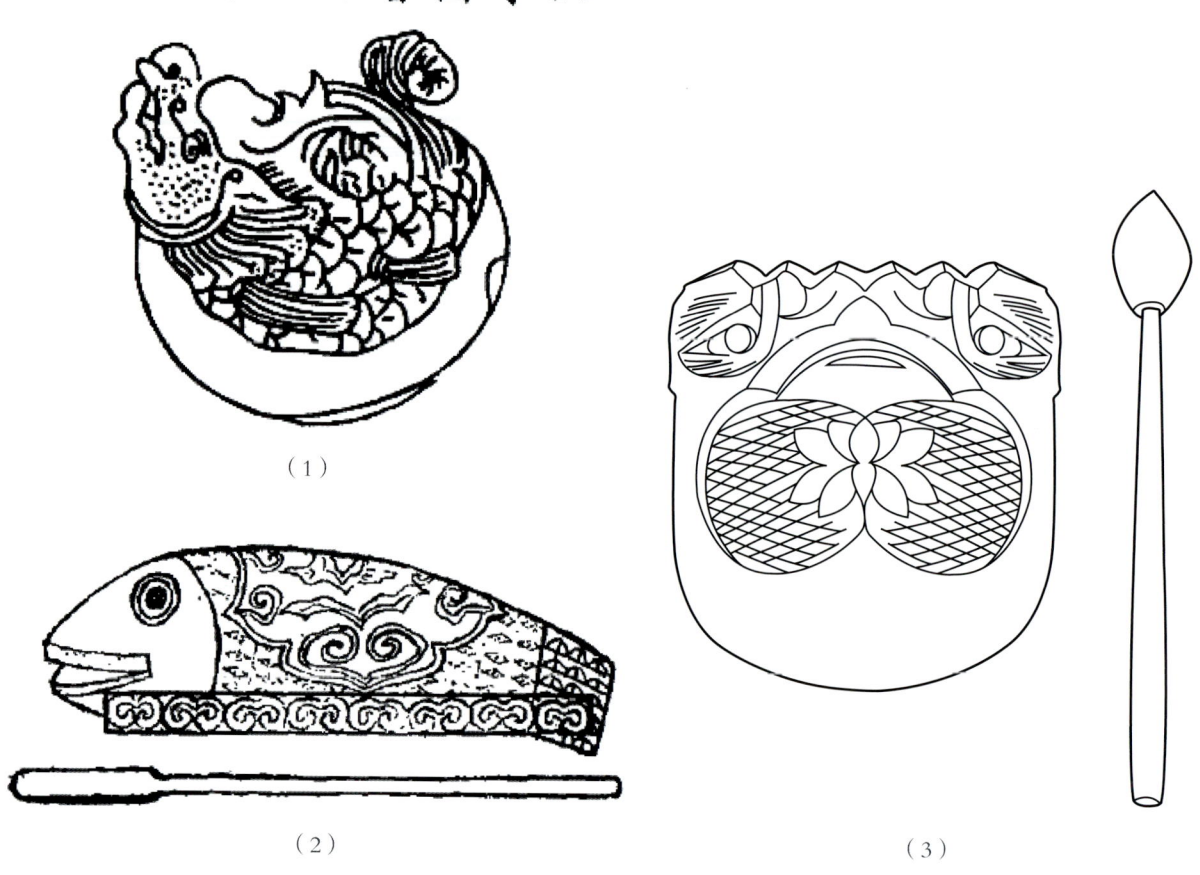

（1）　　　　　　　　　　　　　　　　　　　　

（2）　　　　　　　　　　（3）

图四　闽东畲族其他木鱼样式图

图五　闽东畲族龙凤形木鱼使用场景图

民国浙南畲族雕花八卦

图一　民国浙南畲族雕花八卦主图

金漆木雕又称为"潮州木雕",是我国的一种木雕流派,精雕细刻后刷上金箔,配以红漆而得名。它的主要产地在粤东和闽南地区,所用的木材主要是樟木和杉木。传统的雕刻技法包括沉雕、浮雕、圆雕和透雕,特点是构图饱满,布局匀称,刀法繁而不乱。创作题材多取自戏曲故事、神话传说、吉祥花鸟等。

本案例中的这件民国雕花八卦近似金漆木雕,采集于浙江省云和县岩下村,现藏于浙江省景宁畲族博物馆。其材质为硬木镂空雕刻,整体外形近似正八边形,尺寸为直径25厘米,厚1厘米,雕刻精美,纹饰繁复,主要分为四层:最中间一层的小圆里雕刻着阴阳鱼,一条红鲤鱼代表"阳",一条黑鲤鱼代表"阴",一上一下,构成了一幅旋转不息的太极图,双鱼造型把古老的"太极图"表现得更加形象化,体现了阴阳相生、阴阳平衡的太极义理;再往外一层是八卦符号,即"乾、坎、艮、震、巽、离、坤、兑"八个卦的统称,由阳爻和阴爻按不同的组合规律,以三个爻为一组分别组成八种符号排列,具有丰富的含义,运用在中国传统文化的方方面面;第三层以传统陶器纹样之一的折线纹巧妙分割；第四层分为八等分开光，透雕以道家"暗八仙"图案，"暗八仙"又称为"道家八宝"，指八仙所持的渔鼓、宝剑、花篮、荷花、葫芦、扇子、阴阳板、横笛八种法器，用其代表八仙，不直接出现仙人，故称暗八仙，既有吉祥寓意，也代表万能的法术。主体纹饰部分饰以金漆，边框配以红漆并钻小孔用以悬挂。

这件民国雕花八卦一般是挂在传统雕花大床的床额处以避鬼驱邪，和民间八卦镜的功用相似。八卦符号作为畲族的装饰纹样，同时也在汉族地区广泛使用，是畲族与汉族文化之间相互交流与影响的表现。本例民国雕花八卦雕刻精美，纹饰繁复，寓意深刻，用途广泛，整体的雕刻设计体现了一定的工艺技巧和美感，为研究畲汉文化交融和畲族民间工艺美术提供了有用的参考。

图片来源
图一　王晓戈　摄影
图二至图四　刘颖　制图

图二　民国浙南畲族雕花八卦尺寸图（单位：cm）

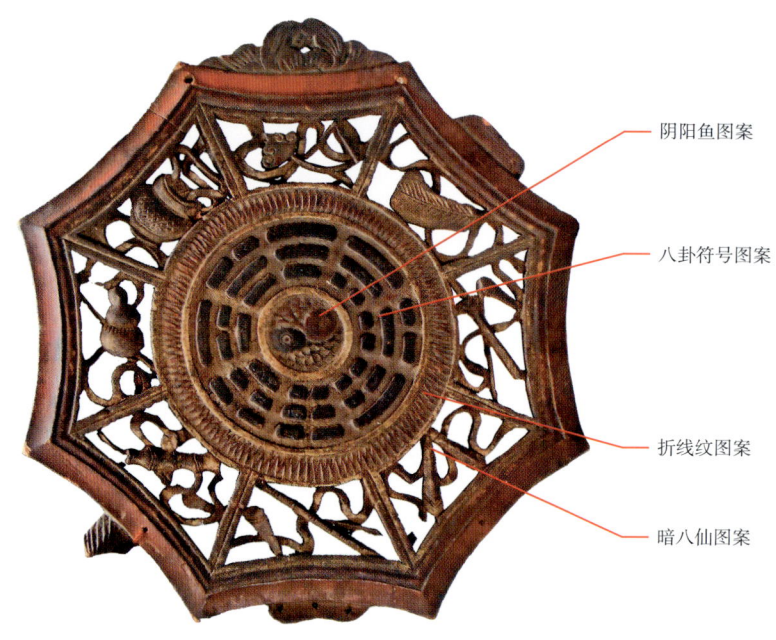

图三 民国浙南畲族雕花八卦图案结构名称图

— 阴阳鱼图案
— 八卦符号图案
— 折线纹图案
— 暗八仙图案

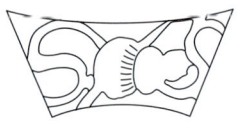			
葫芦（铁拐李）	团扇（汉钟离）	鱼鼓（张果老）	宝剑（吕洞宾）

荷花（何仙姑）	花篮（蓝采和）	横笛（韩湘子）	阴阳板（曹国舅）

图四 民国浙南畲族雕花八卦"暗八仙"局部图案结构名称图

闽东罗源畲族田公元帅像

田公元帅，亦称田元帅、田都元帅，福建民间信仰中的一位重要神灵。它是福建省戏曲界、武术界所崇拜的行业祖师爷，也是福建各地民间广泛祀奉的道教俗神或地方保护神。福建一些地方的畲族也把田公元帅作为自己的族神加以崇拜，可见其信仰之深。

本案例田公元帅像来自罗源县松山镇竹里村畲民兰曲钗家中。元帅像身高35厘米，加头顶两条鸡羽共高约80厘米，为彩绘木质塑像。常见的汉族田公元帅有文身和武身之别，武身为立式，红脸红袍，头顶打两条辫子，嘴上画一只螃蟹，两旁有风火二童，一佩弓，一执鹰，且前有"灵牙将军"，狗头人身，手执令旗。文身则为坐式，金面金身，头戴"金圣冠"。本案例中的田公元帅像塑造的即是一个武身神像，呈立式，头顶打两条鸡羽，红脸红袍，且红袍外穿有青蓝色盔甲。不同的是，该元帅像是额头画有一只螃蟹，两手执有红布令旗，其中一手高举过头顶，一边脚底踩一红球。整个塑像面容清楚，姿态威严，表现出一个威风凛然的红脸少年武将的武身形象。田公元帅像被安放在兰曲钗家中后厅壁板前的一张供桌上，置正中间，且供桌上还摆放香火、烛灯等，以此来祈求家中平安多福。

田公元帅信仰源远流长，影响广泛，不仅汉族信仰，而且畲族也普遍信仰。所不同的是，田公元帅的来源传说各地说法不一，最为普遍的说法是唐朝乐工雷海青。畲族传统姓氏为盘、蓝、雷、钟，而雷海青姓雷，故畲族视其为自己的祖先加以崇拜，这和汉

图一　闽东罗源畲族田公元帅像主图

第七章　畲族传统民俗和宗教造像

族作为行业神崇拜的性质是不同的。同时，这种民间崇拜客观上也促进了畲汉民族文化的相互认同。此外，福州北峰一带的畲民，更是将田公元帅的神诞日——农历八月廿三作为当地公共节日，家家设宴会亲敬神，形成少有的汉畲民族欢乐共庆神诞的习俗。这不仅体现了畲汉民俗文化之间的相互渗透和交融，同时也是少数民族文化随时代变化发展的有力例证。

图片来源

图一、图四至图六　刘颖　摄影

图二、图三　刘颖　制图

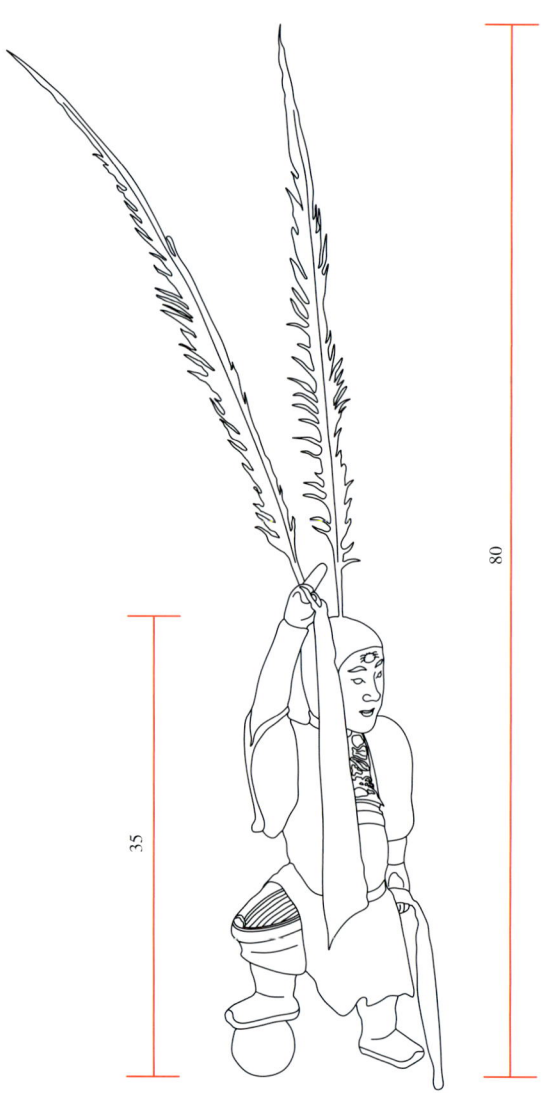

图二　闽东罗源畲族田公元帅像尺寸图（单位：cm）

图三　闽东罗源畲族田公元帅像结构名称图

图四 闽东罗源畲族田公元帅像尊奉场景图

图五 罗源霍口畲族田公元帅像其他形制图

图六 福州畲族元帅庙祖殿田公元帅像尊奉场景图

浙南丽水畲族法师间门帘

图一 浙南丽水畲族法师间门帘主图

法师间门帘，是畲族做仪式时所使用的门帘。本案例法师间门帘出自丽水市博物馆，长164厘米，宽87.5厘米。白布质地，彩色绘制。竖式画幅，绘龙凤戏珠，衬以祥云烈火。法师间门帘，畲族百姓用它来做阴阳功德、做"聚头"（传师学师）。祭祖时，在中堂法堂的右侧布置一间法师间，挂在门口的门帘，是挡着除法师以外其他人进入的标志。同时，具有阻挡、隔绝的作用，在这里龙凤图腾是畲族人身份和地位的标识，有较为明显的民俗文化、崇拜宗教文化等含义。

畲族法师间门帘中所绘的龙凤，是畲族的图腾，具有吉祥、守护的寓意。汉族龙凤崇拜和畲族传统的犬崇拜、凤凰崇拜有一定的区别。汉族"龙"的传说，是从古代蛇图腾演绎而来的，同时集合了马头、鹿角、鹰爪、虎掌、牛耳等多种元素，最后成为华夏民族共有的图腾符号。畲族崇拜的图腾主要为称"盘瓠"，而盘瓠实际就是狗的尊称，因帮助高辛帝打败犬戎入寇，立了大功，与高辛皇帝公主结婚，生下一大群子孙，是为瑶、畲等族祖先。东汉应劭《风俗通义》以及稍后的范晔《后汉书·南蛮传》最早记载这个故事。后畲族吸收了汉族龙图腾的部分因素，发展出"龙麒"这一形象，部分地区以龙的图腾来取代原有的盘瓠、龙麒形象。畲族龙凤图腾崇拜尤其特殊的发展历程，最终成为畲族一个重要的文化符号化缺一不可的组成部分。

畲族传世的绘画作品不多，本案例是一

件典型的畲族传统宗教用具，同时也是一件精美的绘画艺术品。虽然使用于传统的畲族宗教活动中，但纹饰上已经深受汉族文化同化影响。这是畲汉文化相互融合、相互影响的结果，更多地体现出汉族绘画艺术对畲族文化的渗透。就这件作品来看，畲族绘画艺术细致精巧，生动活泼，富有神秘性，蕴含着丰富的畲族历史信息与民族特色。

图片来源

图一　范珮玲主编《山哈风韵——浙江畲族文物特展》，中国书店，2012.9

图二至图四　郑婷婷　制图

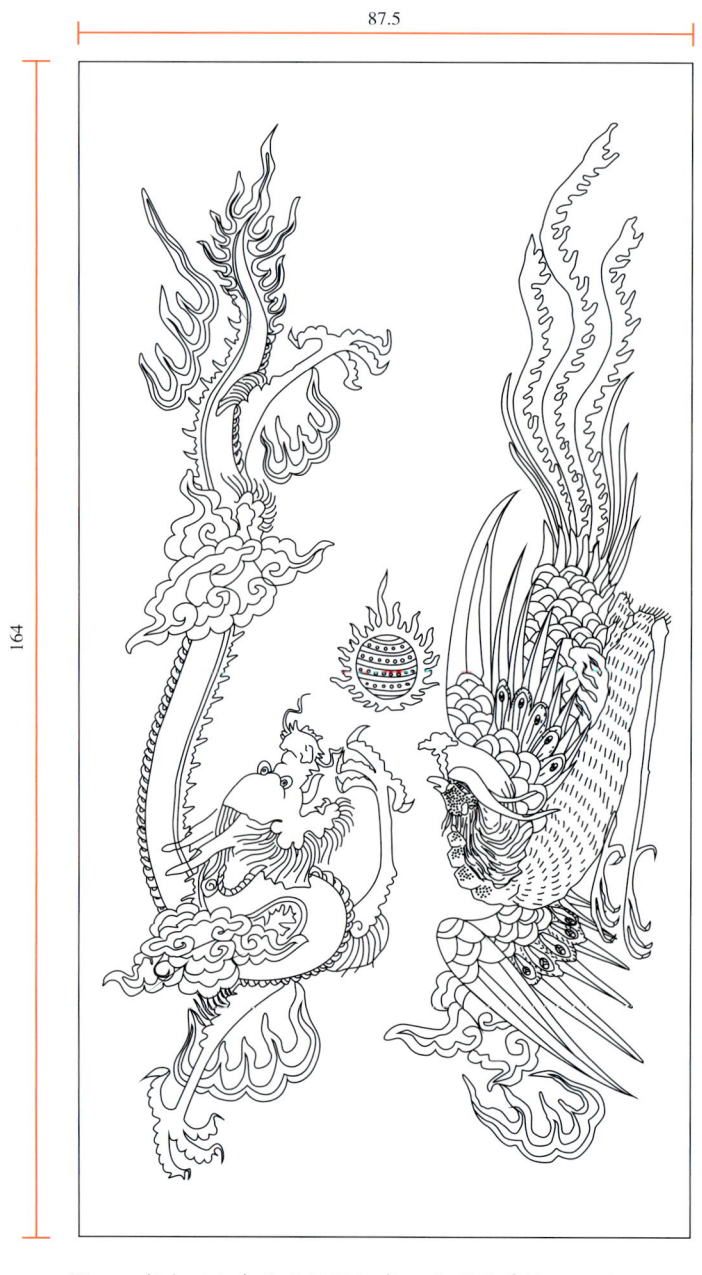

图二　浙南丽水畲族法师间门帘尺寸图（单位：cm）

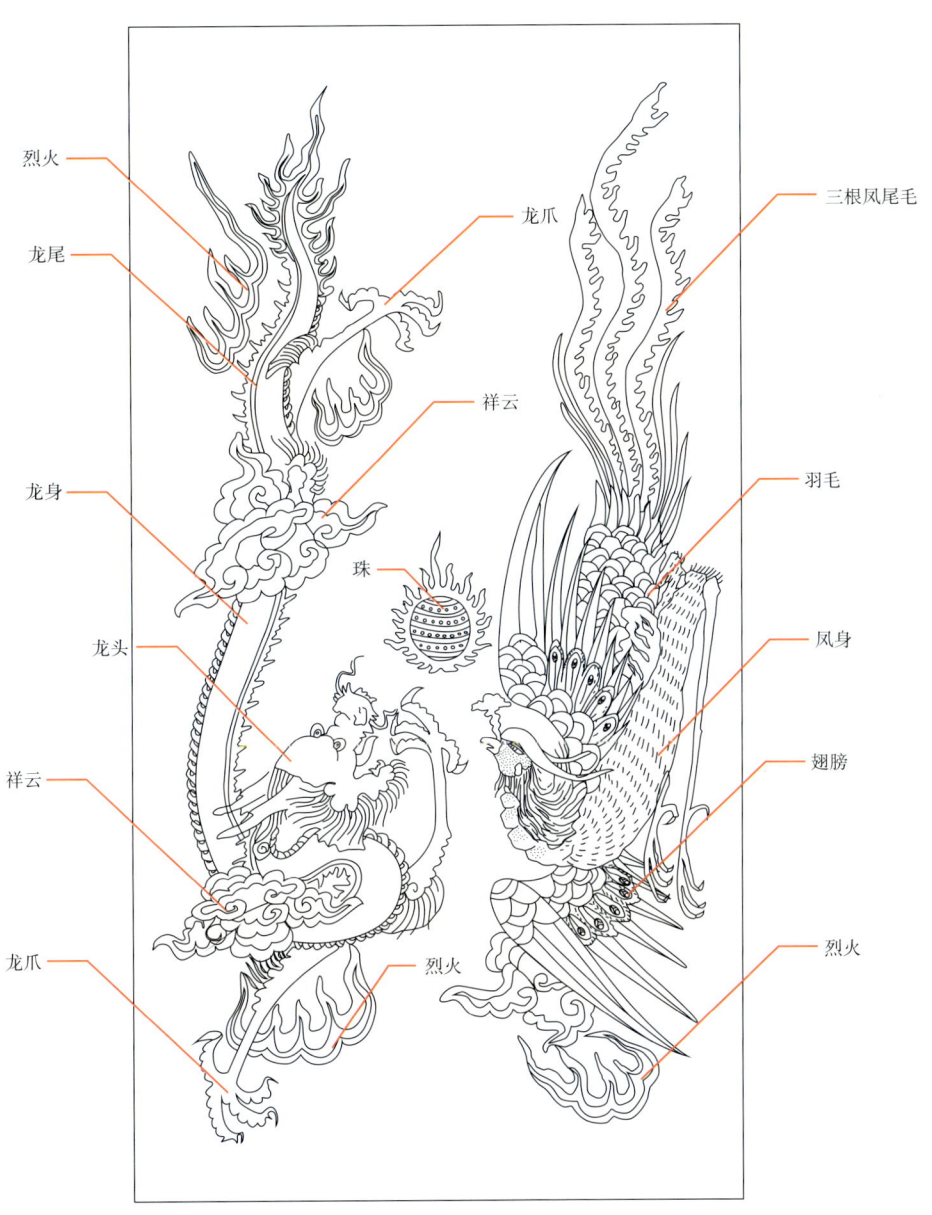

图三 浙南丽水畲族法师间门帘画面形象分析图

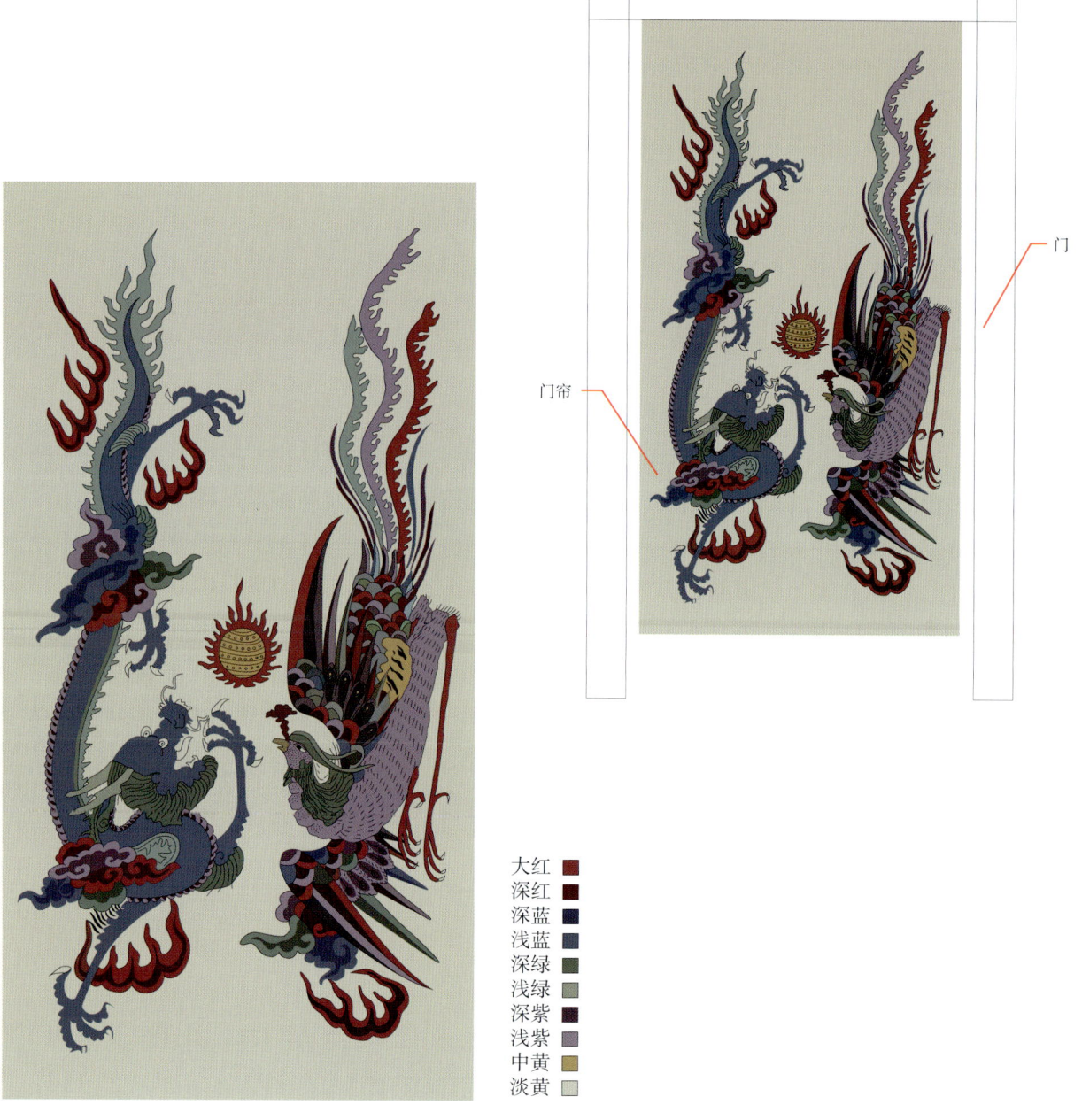

图四　浙南丽水畲族法师间门帘画面设色分析图

17世纪浙南景宁畲族十殿图

图一　17世纪浙南景宁畲族十殿图主图

十殿图又称"十殿阎王图"。十殿阎王是中国佛教所说的十个主管地狱的阎王，作为阴间的主宰，掌管地狱轮回，约在南北朝时传入中国，总称十殿，分别为秦广王蒋、楚江王历、宋帝王余、五官王吕、阎罗王包、卞城王毕、泰山王董、都市王黄、平等王陆、转轮王薛。古代传说，人死后都要到阴间去报道，去接受阎王的审判，生前行善者，可升天堂，享受荣华富贵；生前作恶者，会受惩罚，下地狱，用人生轮回、因果报应劝世人从善。

本案例为清代畲族祖图《十殿图》，征集于景宁红星公社，收藏于浙江省博物馆，长165厘米，宽44厘米，畲族人在做功德（即丧礼）时作为布景悬挂，渲染宗教氛围。该图以白粗布质，彩色绘制。竖式画幅，蓝色布接首尾，杂木杆为首尾卷轴。十殿阎王端坐正中，两旁侍立着左右判官，下部为处罚鬼魂的场景。此幅画作，从构图上看表述较为直白、明了，人物平行排列，并没有太多复杂的故事情节。从整体上看，每殿人物各有特色，而更多地表现为形式上的装饰性和仪式上的肃穆感。从绘画手法上看，较为生动形象，精致细腻，有一定的绘画功底。

图中故事内容源自神话，纯属虚构，但它们蕴含着丰富的畲族历史文化积淀，凝结着畲族人民独特的文化心理。同时，十殿图作为"做功德"仪式宗教礼法的工具，具有一定的历史性、民族性和地缘性，也是畲民民族意识和思想情感的集中体现。

图片来源

图一　范珮玲主编《山哈风韵——浙江畲族文物特展》，中国书店，2012.9

图二至图四　郑婷婷　制图

图二　17世纪浙南景宁畲族十殿图尺寸图（单位：cm）

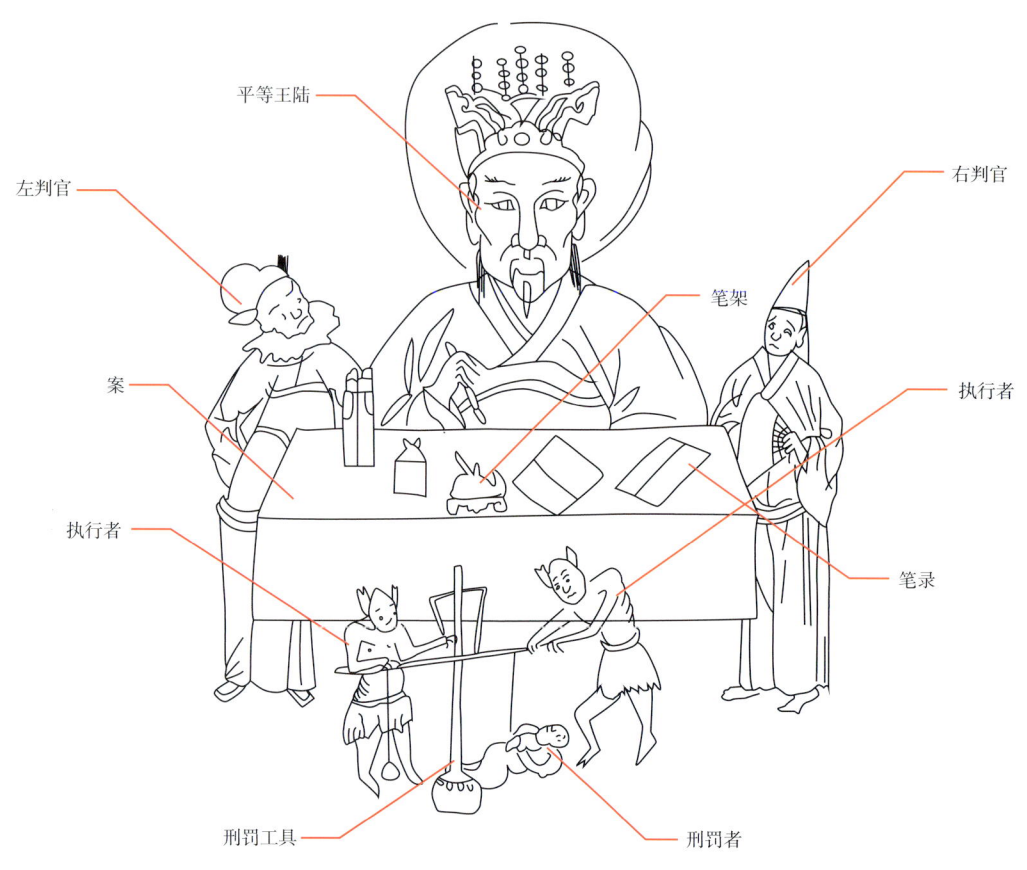

图三　17世纪浙南景宁畲族十殿图局部画面形象分析图

图四　17世纪浙南景宁畲族十殿图局部画面设色分析图

■ 栗色
■ 紫檀
□ 鱼肚白
■ 苍黄
■ 浅绿
■ 黎
■ 昏黄
■ 乌金
■ 老银

第七章　畲族传统民俗和宗教造像

17世纪浙江景宁畲族阴阳洞图

图一　17世纪浙江景宁畲族阴阳洞图主图

　　阴阳洞，属于畲族祖图的一种，俗称长联，以图像形式演绎畲族口耳相传的图腾故事，主要宣扬因果报应，是畲族百姓举行"学师"祭祖和"做功德"等宗教仪式时必备的绘画系列之一，在举行宗教仪式时悬挂，各有各的功用。

　　本案例阴阳洞征集于景宁红星公社，收藏于浙江省博物馆，为清畲族祖图《阴阳洞》，长125厘米、宽46厘米。白粗布质，彩色绘制。竖式画幅，蓝色布天地，杂木杆为天地轴。图像自上而下连绘九阴九阳18个头像，男女相错，男像一律双目圆睁，口衔宝剑，女像则无。最上端绘日、月图形，表示阴阳两界。最下端绘10柄剑，另有4只野兽正在扑咬3个人。

本阴阳洞在"做功德"丧仪中挂于"师爷间"正上方之左侧，与"地藏王"相对。畲族原始宗教认为在阴司有掌管阳世间人之善恶的18阴阳神，他们是在人归阴时分别予以报应的审判官。

阴阳洞中人物像描绘技法生动细腻、简练豪放、严谨工致，基本上以简单的勾勒填色为主，线条细劲流畅，赋色华丽典雅，面部五官细致，生动自然，精致工细，衣物有晕染的效果，简洁优雅。整个长卷以暖红色调味统领，整体和谐，用色大胆爽快，兼带蓝色为互补，画面统一而不失之单调，是艺术性较好的民间艺术绘画作品，具有一定的艺术研究与宗教研究价值。

图片来源

图一 范珮玲主编《山哈风韵——浙江畲族文物特展》，中国书店，2012.9

图二至图四 郑婷婷 制图

图二 17世纪浙江景宁畲族阴阳洞图尺寸图（单位：cm）

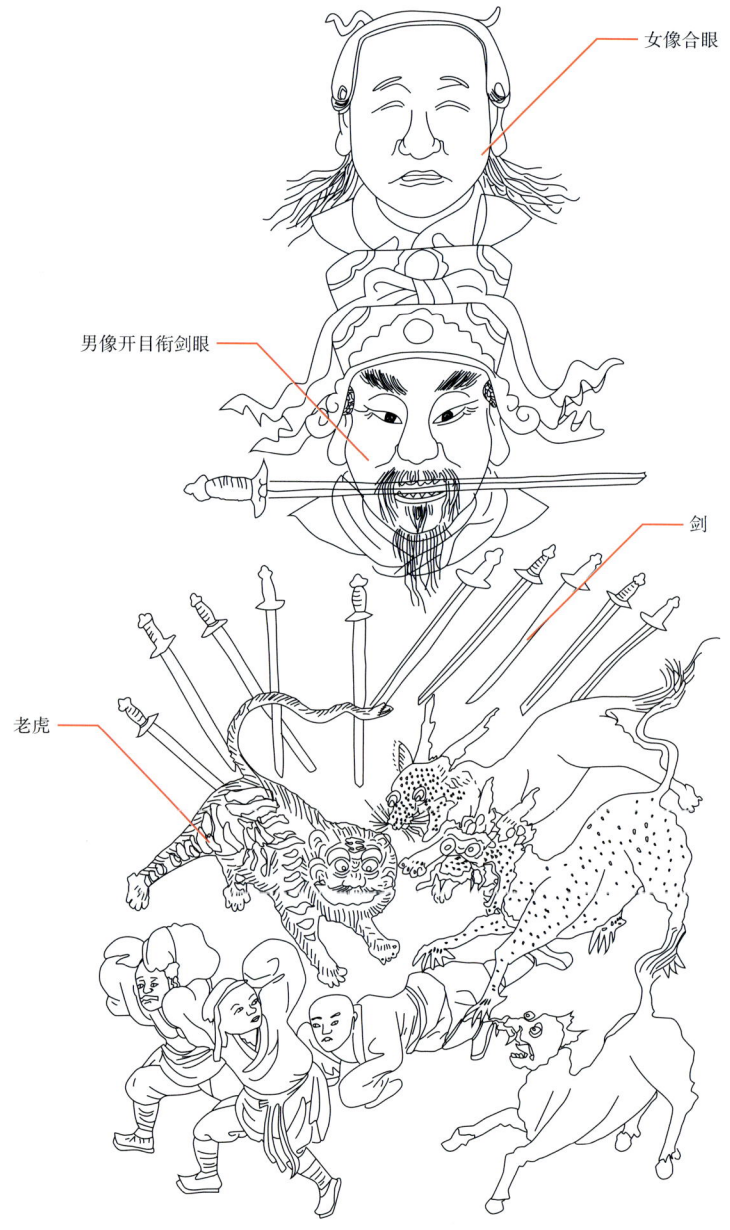

图三　17世纪浙江景宁畲族阴阳洞图局部画面形象分析图

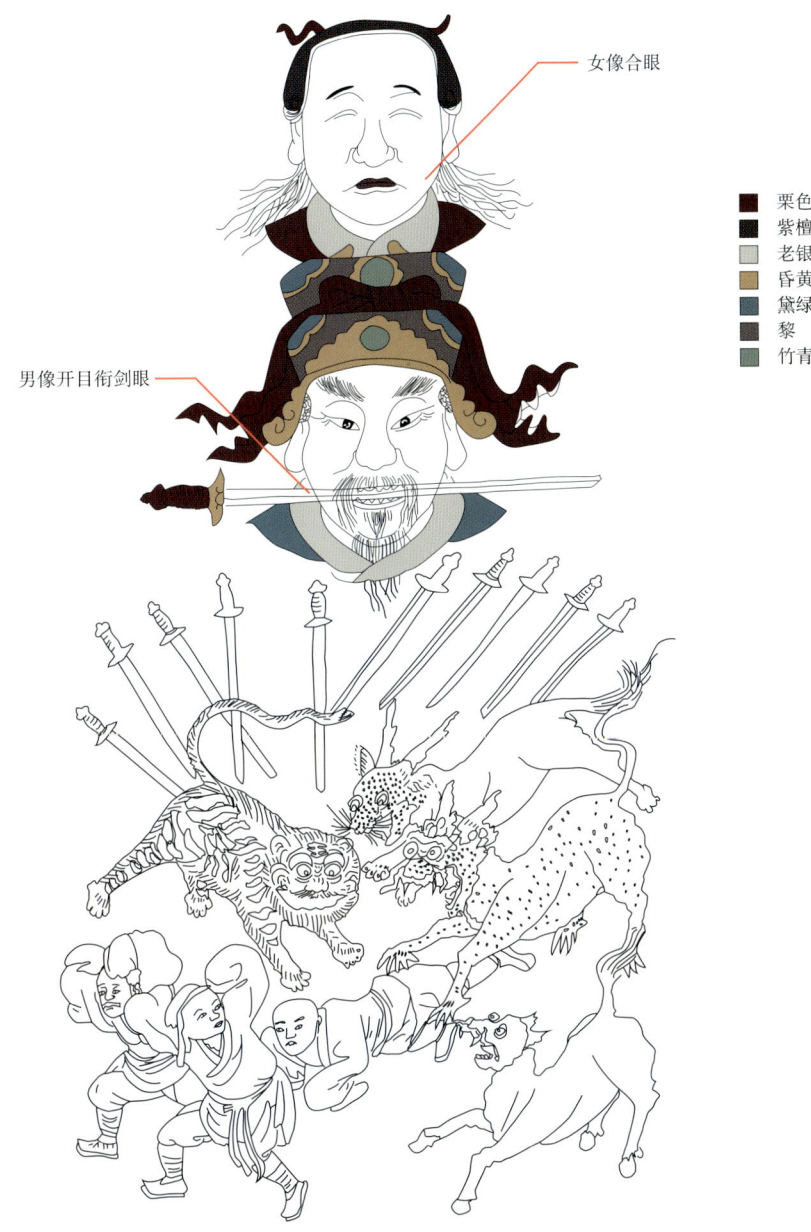

图四 17世纪浙江景宁畲族阴阳洞图局部画面设色分析图

浙南丽水畲族丧俗器具

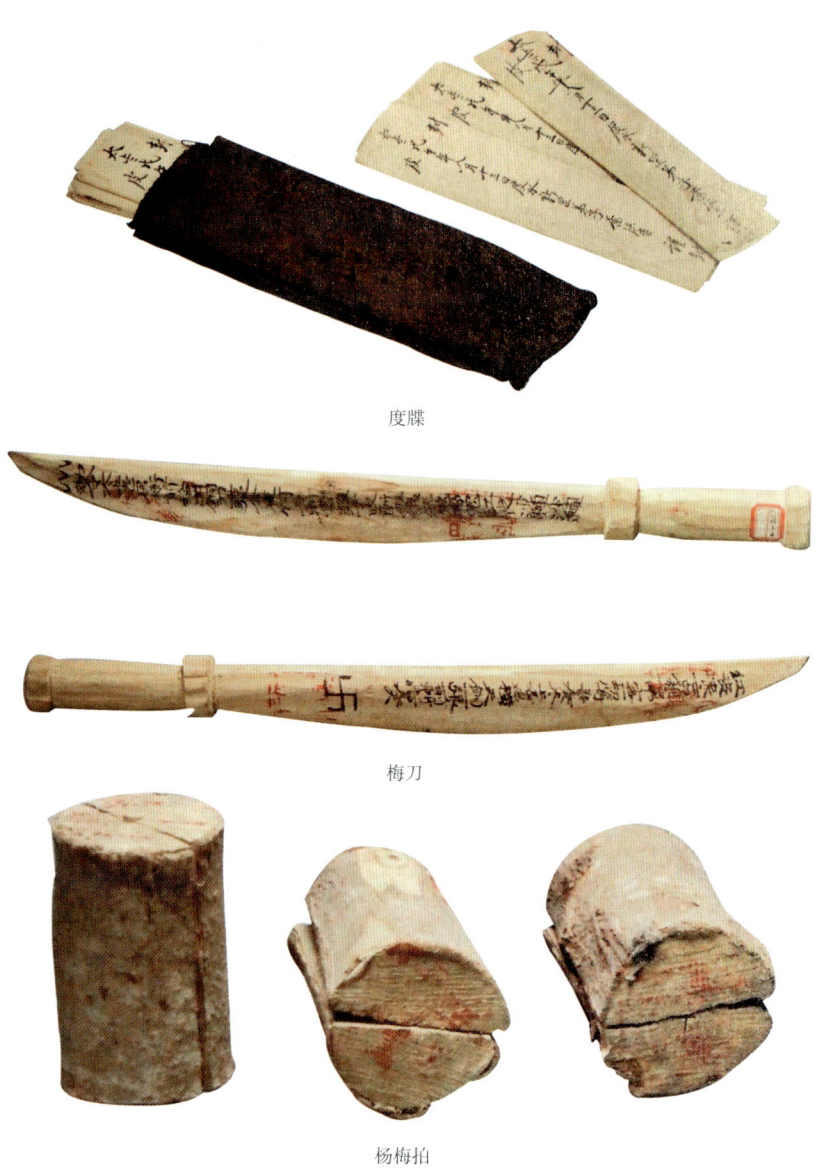

度牒

梅刀

杨梅拍

图一　浙南丽水畲族丧俗器具主图

畲族丧俗器具是畲族民众葬礼时法师为亡者超度、做功德时所使用的道具。

本案例介绍杨梅刀、杨梅拍、畲族度牒等主要畲族丧俗用品。其中杨梅刀与杨梅拍征集自丽水市畲族村寨，清代畲族度牒征集自老族丽新乡黄弄村，三者现皆收藏于丽水市博物馆。杨梅刀，长57厘米、宽5.5厘米，由木材制作而成，做法简单，制作便捷。刀身长43厘米，正面墨书"勒令太上老君"等字样，背面墨书"红丧"等字样，正反面各有2处红色印章。祭祀时，法师手持杨梅刀，边舞边唱，气氛悲壮，节奏强烈明快，仪式结束后法师将其烧毁。杨梅拍，高11厘米、直径8厘米，整体成圆柱形，由杨梅原木整段劈成两半制作而成，两端皆有红色印痕。杨梅拍是做丧事功德中用于拍打的器具，与杨梅刀相同，在祭祀仪式结束后烧毁。清代畲族度牒，长29.5厘米、宽7.5厘米，内：长29.7厘米、宽68厘米，内页，纸制，色黄，外有纸质封皮，上书"太岁戊午年……谨封"，21字，横书"封皮"二字，内页上有"请进教圣牒引朝一道……"外有布套，色黑黄。度牒，为丧事功德中亡灵通关的阴间通行文书，其中包含有过阴间山、水、桥涵，各处阴间审查关卡，各鬼衙、审判司、阎王殿等处的通关文书共十余道。祭亡灵时功德师一边念咒一边焚烧度牒，以利亡灵往阴间一路畅行无阻。

畲族传统丧葬仪式与"传师学师"仪式的关系非常密切。从某种程度上讲，甚至可以将其看成是"传师学师"仪式的延续。为了引渡死者亡魂"升天"，学过师"赤身"的人亡故，要做三天三夜的仪式，主要以歌舞的形式完成，动作刚劲而敏捷；没学师称"白身"，则做一天一夜，规模较小；非正常亡故，要先进行"拔伤"程序，驱赶附在死者身上的邪鬼，然后再把亡魂传度升天。如果村寨没有能做丧葬仪式的法师，就简化为"做圣科"。要请风水先生选择墓地，得福地则福荫子孙，人财两旺。发丧前，再请法师念经。埋葬时，法师高立墓顶，向墓坪扬撒麦粒和谷物，让子孙争抢，回家藏于谷仓，认为可使五谷丰登。

畲族传统丧仪是畲族独特的世界观与原始宗教遗存的综合反映，与汉族地区的丧俗有着较大区别。到清末民初之后，受汉族佛教功德道场的影响，畲族传统丧葬仪式中的佛教科仪逐渐增多，并有了死者亡魂进入"天堂"的概念，其仪式也被称为"做功德"。这种对汉族文化的汲取和改造，是少数民族民俗文化自身发展过程中，与社会主流文化的发展同步演变的，这种动态发展的过程正是少数民族民俗文化活力的反映。

图片来源
图一 范珮玲主编《山哈风韵——浙江畲族文物特展》，中国书店，2012.9
图二至图七 叶成闻 制图

图二　浙南丽水畲族丧俗器具·度牒尺寸图（单位：cm）

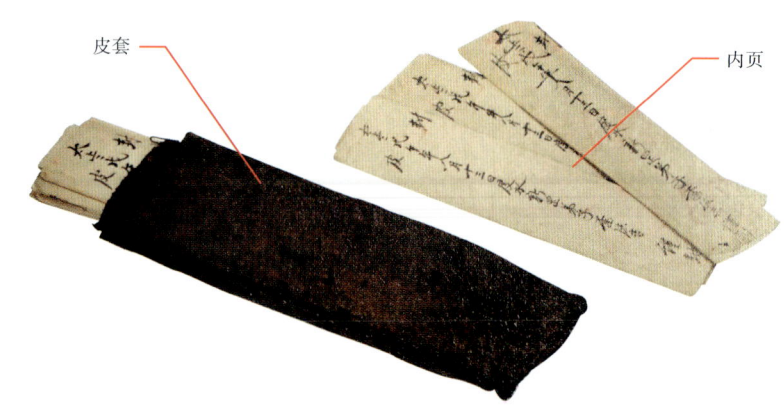

图三　浙南丽水畲族丧俗器具·度牒结构名称图

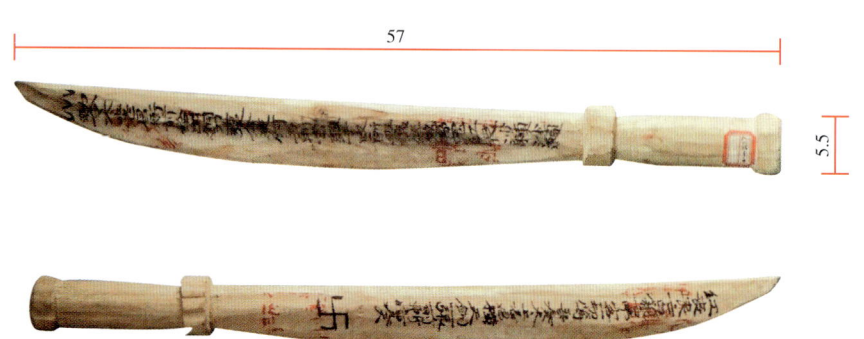

图四　浙南丽水畲族丧俗器具·梅刀尺寸图（单位：cm）

图五　浙南丽水畲族丧俗器具·梅刀结构名称图

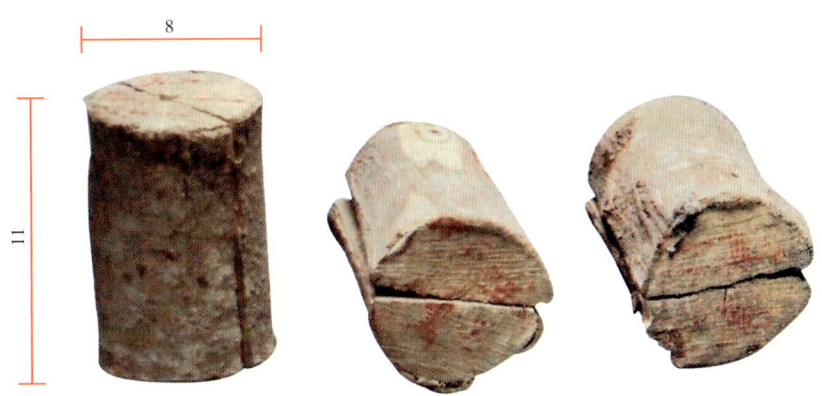

图六　浙南丽水畲族丧俗器具·杨梅拍尺寸图（单位：cm）

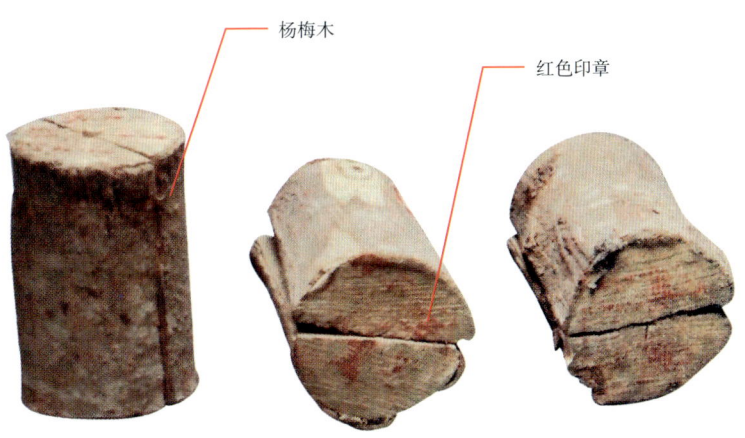

图七　浙南丽水畲族丧俗器具·杨梅拍结构名称图

闽东畲族信俗器具

铃刀

龙角

宝剑

神针

图一　闽东畲族信俗器具主图

　　畲族传统巫师器具是畲族祭祀仪式上不可或缺的道具，主要运用于畲族舞蹈中，祈祷平安，消灾解难，祈盼天、地、人、神的交流得以实现。畲族巫舞的很大一部分题材源自战争。自古以来，人类的战争是不可避免的，上古时代，不管是部落与部落之间，还是部落内部发生的战争，都会用到武器，武器往往是力量和权力的象征，在古代的巫觋仪式中得到广泛运用，畲族传统巫师器具中的这类武器，即是此类古俗遗存。

本案例中所展示的铃刀、宝剑、神针等法器是畲族巫师作法时所用。本案例的铃刀总长36.4厘米，尾部一个铁环。串有五片大两片小的金属片，前为柳叶形道森，表面饰以黄漆，中间为手握部分，缠有红布条。使用时，法师手执铃刀，做出各种动作，铃刀上的金属片会相互敲击，发出带有节奏的声音。畲族仪式中所用的宝剑与传统的中国式宝剑外形上看大同小异，常用于畲族祭祀仪式和畲族舞蹈。宝剑分为三个部分，剑身、剑柄和剑鞘。剑身是用钢铁打造而成，长68厘米，宽4厘米，刃锋；木质剑柄，铜制剑格和剑首，剑格处饰有龙纹，将龙尾刻于剑首；剑鞘也为木制，鞘身顶端横束铁錽（jiǎn，将金银丝嵌入铸造成型后的铁之上的工艺）金箍一道，剑鞘两面分别饰有凤凰纹样和云龙纹，外形精致美观。宝剑在舞者的手中刚柔相济，吞吐自如，以驱妖辟邪，祈安求福。

畲族神针外形类似飞镖，头呈尖扁状，是通过掷射攻击敌人的法器，前端由铁打制而成，长11厘米，尾端插有山鸡的羽毛，长27厘米，山鸡羽毛起到装饰效果，同时也加强了法器在投掷过程中的稳定性。神针不仅具有攻击性，还具有其他的用途。在畲族"爬洪楼"仪式中，法师需要将桌子一层一层往上叠加，巫师在堆叠的过程中自己也要随着桌子数量的增加不断攀爬，直至十几米的高度。在攀爬堆叠之前巫师会将神针插于第一张红桌的底面，[1]以祈求神台稳固、攀爬顺利。

图片来源
图一　王晓戈　摄影
图二至图十二　叶成闻　制图

参考文献
[1]肖端、林捷珊.铃刀在畲族巫舞中的重要作用[J].艺苑，2009.3

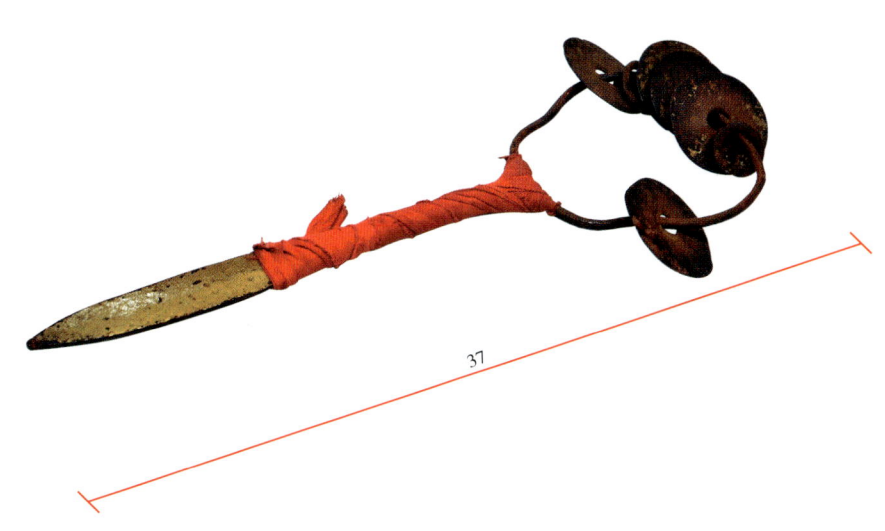

图二　闽东畲族信俗器具·铃刀尺寸图（单位：cm）

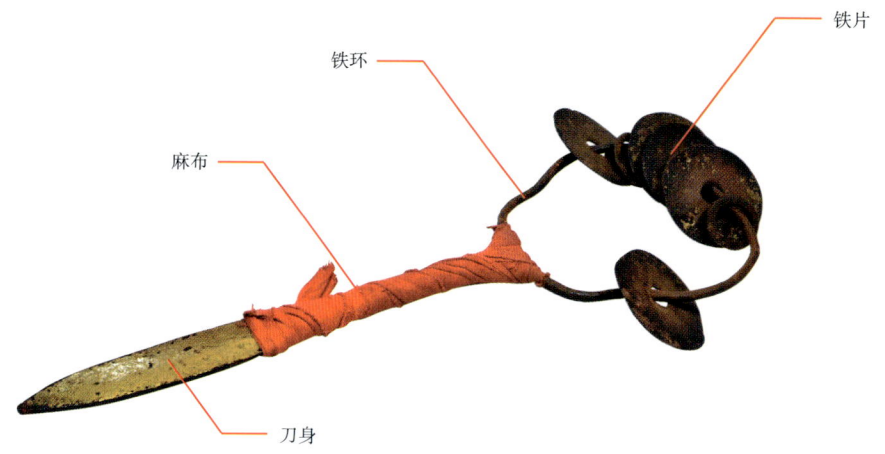

图三　闽东畲族信俗器具·铃刀结构名称图

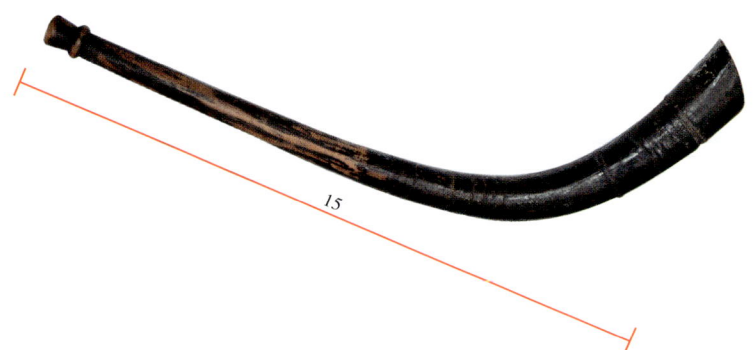

图四　闽东畲族信俗器具·龙角尺寸图（单位：cm）

图五　闽东畲族信俗器具·龙角结构名称图

图六　闽东畲族信俗器具·铃刀、龙角使用气氛图

图七　闽东畲族信俗器具·铃刀、龙角使用图线稿

第七章　畲族传统民俗和宗教造像

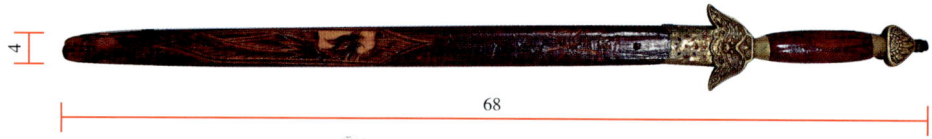

图八　闽东畲族信俗器具·宝剑尺寸图（单位：cm）

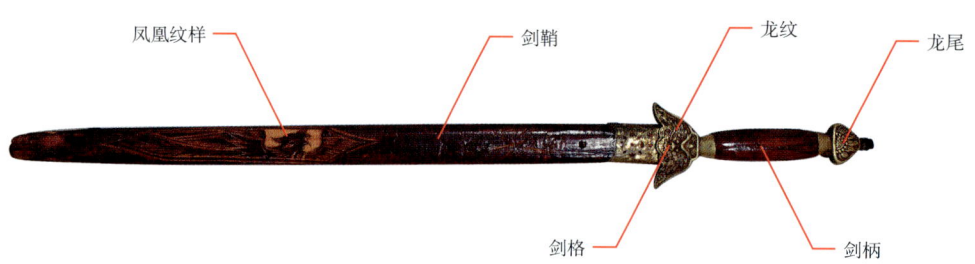

图九　闽东畲族信俗器具·宝剑结构名称图

图十　闽东畲族信俗器具·宝剑细节图

图十一　闽东畲族信俗器具·神针尺寸图（单位：cm）

图十二　闽东畲族信俗器具·神针结构名称图

闽东畲族乐器

图一　闽东畲族乐器主图

本案例由一套现藏于中国畲族博物馆的钹、鼓、金铃、锣、木鱼、三音、奏板等畲族巫师器具组成，为畲族道师在行持道坛科法时所用的器具，也用于畲族巫术舞蹈的道具。

本案例的这副钹由黄铜制成，略带锈斑，其中一面边缘微有残损，直径25厘米、握径7厘米、厚度3厘米，圆形、宽沿、中间凸的帽状小握，帽上系有红布条便于双手持握，两面钹尺寸相同，相击后发音，音色清亮，余音袅袅，为畲族巫舞仪式中的伴奏乐器。

本案例中的鼓由鼓皮和鼓身两部分组成。双面蒙有鼓皮，鼓皮均以牛皮制成，彩绘以太阳纹，边上有四道符咒。鼓身呈圆筒状，中腰略比两端粗，木制，高13厘米，面径23厘米，皮膜和鼓身连接处安装有两排铆钉，鼓身外的浮雕已模糊不清。鼓身两侧装有一对铜质衔环，在演奏时起固定作用。在法事活动中，配置的乐器是锣鼓、琴（二胡、板胡）、箫、鼓板等，法师们在布置好的厅堂内边念咒诵词，配以铃刀、龙角、扁鼓、铃钟等道具的吹、摇、碰、击声，在念、诵、唱、讲中边歌边舞。人们在香烟缭绕、烛光闪烁的祭祀环境中，时而伴随着法师的虔诚沉入肃穆，时而又与音乐的节奏产生共鸣，融入诸神罩佑下的仙人境界。[1]

本案例中的金铃由黄铜制成，铃高7厘米，手柄长13厘米，柄端为三叉形，口沿外圈饰有精美花纹。腔内以彩色棉线缚有一根铜舌，演奏时，手握手柄做上下前后摇动，使铜舌撞击铃壁发出有节奏的清脆声响。畲族金铃是畲族法事活动中不可或缺的道具之一，在接神和念经咒击拍时使用，常和铃刀配合伴奏。

龙角是一种弯刀形吹号，即唇振气鸣乐器，一般长约60厘米左右，是畲族原始宗教活动中的重要法器，多用于宗教法事活动，具有召唤神兵、阴兵的法力，做阳事功德、阴事功德中均要使用。

本案例中的龙角体呈弯曲长弧，弧长60厘米，由甲片制成，整体呈"L"型，号角前端向上翘起，吹嘴至喇叭口由小渐大，吹嘴如漏斗状，口部齐平，卷边为唇，外侧圆弧，向内减收成锐角。吹奏时，左手持管身，嘴对吹口端吹送入气流，发音响亮、无按音孔，也无固定音高，依靠口型变化和气息控制，可以吹奏出不同的音高，声音浑厚、沉闷，能渲染环境气氛。

本案例中的锣属于手提式的小型单面平型锣，黄铜质，有光泽。面径24.5厘米，侧壁高1.2厘米，圆形如筛，锣面平，侧壁相距约7厘米处有两个小孔，穿有一条墨绿色尼龙绳供抓握。用于敲打锣面的木槌通过一根红绳与尼龙绳连接，圆形木柄磨制得十分光滑，槌端以红白相间的细条纹布包裹。

本案例的木鱼，呈团鱼形，腹部中空，头部正中开口，尾部盘绕，其状昂首缩尾，背部（敲击部位）呈斜坡形，两侧三角形，正面刻有双鱼造型，面径10厘米。木制槌插于头部，槌头呈橄榄形，槌头槌柄共计22厘米。

图片来源
图一 王晓戈 摄影
图二至图十一 叶成闻 制图

参考文献
[1]罗俊毅. 畲族丧葬仪式的音声研究[J]. 音乐研究. 2012. 2

图二　闽东畲族乐器·鼓尺寸图（单位：cm）

图三　闽东畲族乐器·鼓名称图

图四 闽东畲族乐器·钹尺寸图（单位：cm）

图五 闽东畲族乐器·钹名称图

第七章 畲族传统民俗和宗教造像

417

图六 闽东畲族乐器·锣尺寸图（单位：cm）

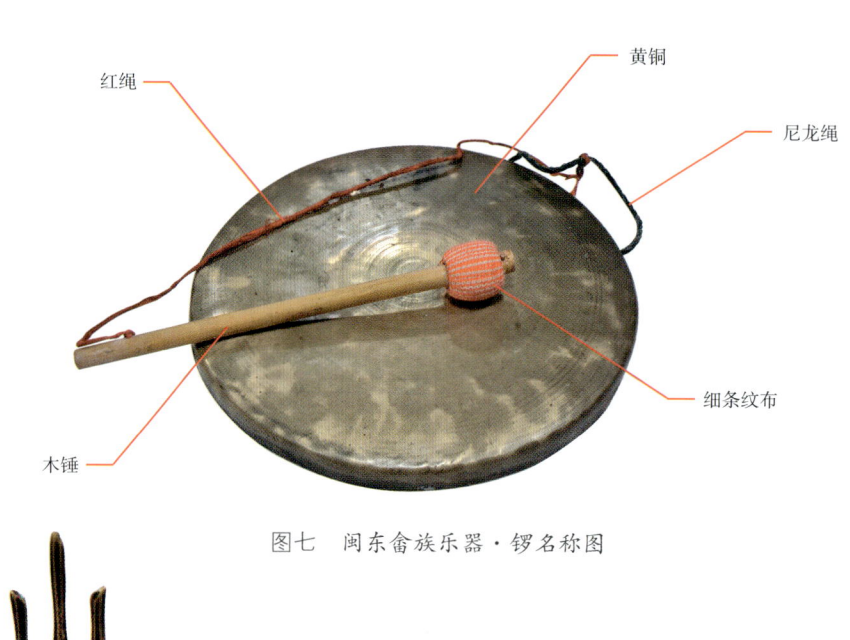

图七 闽东畲族乐器·锣名称图

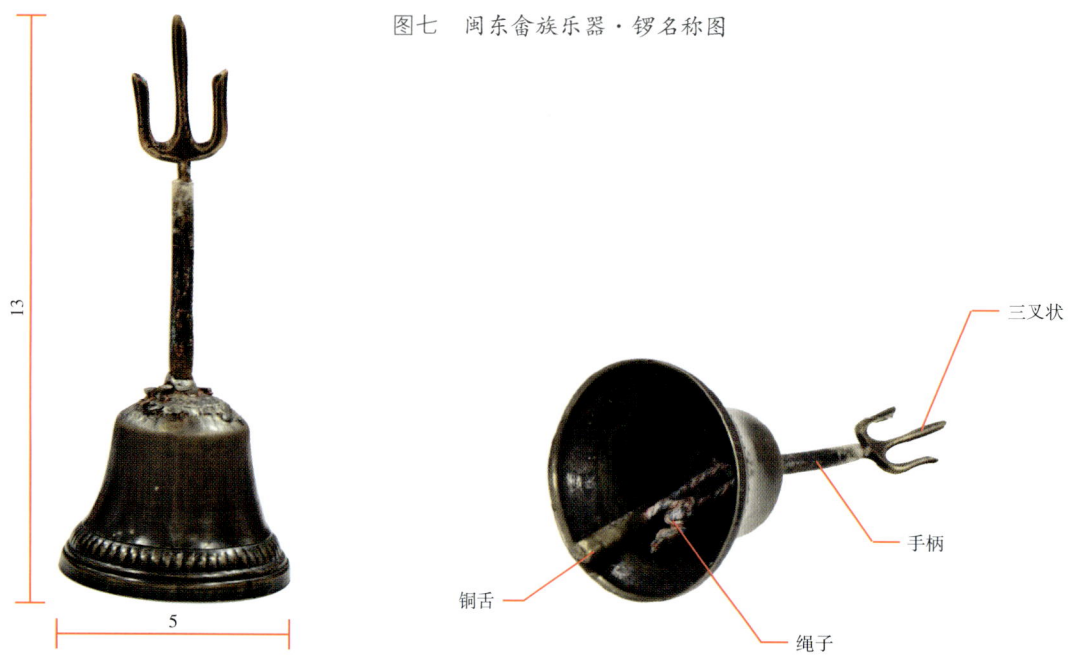

图八 闽东畲族乐器·金铃尺寸图（单位：cm）　　　　图九 闽东畲族乐器·金铃名称图

图十　闽东畲族乐器·木鱼尺寸图（单位：cm）

图十一　闽东畲族乐器·木鱼名称图

第七章　畲族传统民俗和宗教造像

浙南景宁畲族竞技游戏抄杠

图一　浙南景宁畲族竞技游戏抄杠主图

抄杠是流传于浙南畲族民间的一项传统竞技项目。过去，浙南畲族青壮年男子在田间休息之际或茶余饭后，以此来比技巧、决毅力。抄杠活动只要有木棍或竹竿即可开展，不受场地和人员的限制，形式简单，对抗性强，能有效锻炼腰腹、腿臂力量和平衡能力，具有较好的娱乐性与观赏性，深得民众喜爱。

抄杠的形式较为多样，主要有"两人抄杠""四人抄杠"两种形式。两人抄杠分为单手抄杠与双手抄杠，通常使用一根或两根长150~200厘米长的木棍，选手单手或双手各持木棍一端。比赛时在站立方法上又分为"金鸡独立"和"蹬腿步"两种："金鸡独立抄杠"是由比赛双方各持杠的一端，分别以单腿站立在同一条宽25厘米，高35厘米的条形长凳两端，当裁判下令后，双方开始使力，通过顶、拉、推、拧等动作，设法将对方推或拉下凳为胜。"蹬腿步抄杠"方法和"金鸡独立抄杠"基本相同，只是抄杠时双方须两腿一前一后，可以做连续的蹬腿步。站在长凳上，既对选手的平衡能力提出了要求，也使比赛更加惊险，比赛选手站得高则比较醒目，便于观赏与胜负的评判。

四人比赛需要采用"十字抄杠"，由两根杠捆扎成十字形。比赛时四个选手每人持"十"字形杠的一端，站好，身后放置一个小圈，当裁判下令后，四人各自挺身向后使力，力争将身后的小圈捡起。"十字抄杠"还衍生出另外一种"腹抄杠"（又称腹顶杠），与十字抄杠玩法相反，比赛的四人站在圆圈边缘，要在比赛开始后，选手各自前冲发力，去争抢圆圈中心的小圈。

过去，畲族作为一个散居深山的少数民族，生存环境相对恶劣，并时常遭遇毒蛇猛兽的袭扰，由于长期处于社会的边缘地带，畲族先民很早就意识到，只有拥有了强健的体魄才能应对这样严酷的自然环境与社会环境，免受欺凌。为此，他们在生产之余，使用扁担、棍棒等日常生产工具作为游戏工具，以游戏娱乐的方式，对身体力量与灵活性进行锻炼，增强身体素质与自卫能力，久而久之，这种活动便演化为一种畲族民族喜闻乐见的传统体育项目。另有一种说法，抄杠可能是从民间道教法师做法时的"抄罡"动作演化而来。[1]

本例抄杠道具出自浙江景宁中国畲族博物馆，为一根长150厘米，直径3.5厘米的木制圆棍，棍体中段表面缠绕有彩带装饰，两端用红色标明手部握持位置，使用时，可以一根单独使用，也可以两根组合使用，方式较为灵活。

抄杠运动动作简单易学，形式多样，不需要太大场地，适合不同年龄、性别的人群，是一项优秀的值得推广的娱乐和竞技项目。

图片来源
图一、图四　王晓戈　摄影
图二　詹黎明　制图
图三、图五、图六　韩学红　摄影

参考文献
[1]浙江省丽水地区畲族志编纂委员会．丽水地区畲族[M]．北京：电子工业出版社，1992：139页。转引自郭志超．畲族文化述论[M]．北京：中国社会科学出版社，2009：416

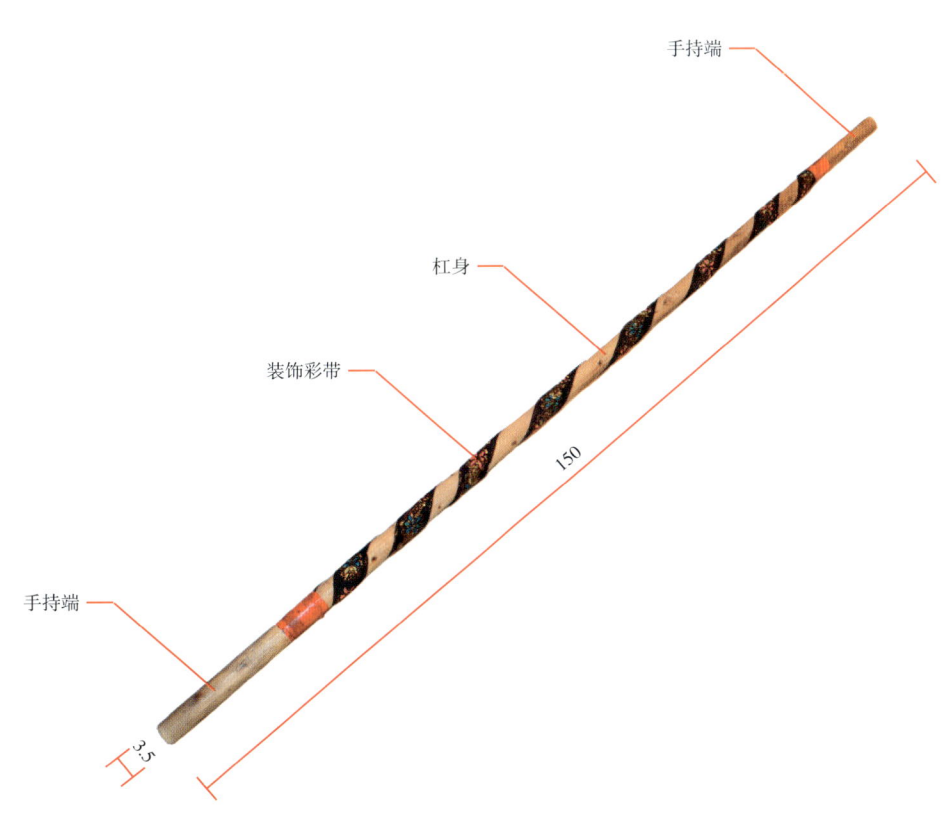

图二　浙南景宁畲族竞技游戏抄杠尺寸图、结构名称图

图三　浙南景宁畲族竞技游戏抄杠使用方法示意图之双人单手抄杠

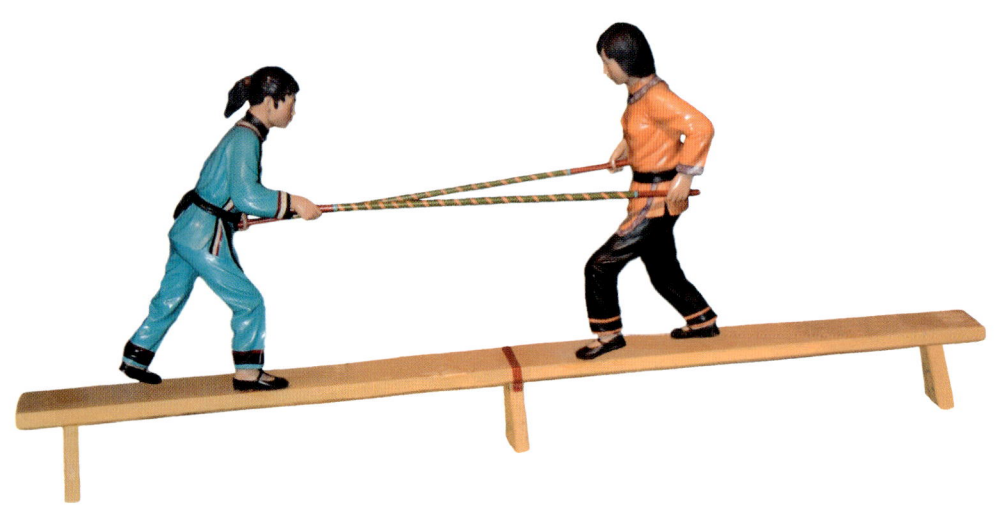

图四　浙南景宁畲族竞技游戏抄杠使用方法示意图之双人双手

图五　浙南景宁畲族竞技游戏抄杠使用方法示意图之十字抄杠

图六　浙南景宁畲族竞技游戏抄杠使用方法示意图之十字抄杠

浙南畲族"龙蛇洞、虎鹿洞"图

图一　浙南畲族"龙蛇洞、虎鹿洞"主图

畲族的历史是以始祖神话传说为中心，敕谕文书以及祖图、谱牒等共同构建的。畲族祖图，畲族人称为"长联"，通常是在纸、绢或麻布上以连环画的形式再现畲族起源及历史的各种传说故事、民族图腾等，供每年祭祀祖先和做功德之时悬挂。作为祖先的象征，畲族祖图被畲家视为族中珍宝。

畲族对盘瓠和历代祖先礼奉虔诚。畲族史诗《高皇歌》记载，相传盘瓠因帮助高辛皇平息了外患而娶得公主，婚后迁居深山，生下三男一女，长子姓盘，次子姓蓝，三子姓雷，女婿姓钟，由此繁衍成畲族。因此畲族人民无论散居何地，都以宗教活动形式祭祀盘瓠，时间多在阴历正月初一。这一天，全村男女均携三牲、香宝往"公厅"（祠堂）献祭，祭祀时把盘瓠图置放于公厅中，供人们叩拜。[1]

本案例的《龙蛇洞》《虎鹿洞》来自莲城镇胡椒坑畲族村原蓝氏所藏。《龙蛇洞》长300厘米、宽31厘米，《虎鹿洞》长296厘米、宽32厘米。两幅图均为白粗布质，彩色绘制，横式画幅，蓝色布天地，杂木杆为天地轴。《龙蛇洞》描绘的是两长龙蛟缠交的场景，左下方有三法师踩火轮的形象，长蛇下有十二人代表众兵将，两个被杀的人像代表敌方。它是一幅龙蛇神兵图，象征着左营兵马，神兵在灵蛇蛟龙的参与下，不断前进，战无不胜。《虎鹿洞》画面描绘五人骑虎、六人骑鹿状，头戴鹿帽虎帽的鹿兵虎兵手执法器（兵器），追击敌人。《虎鹿洞》是一幅虎鹿神兵图，象征着右营兵马，神兵在虎鹿的参与下，乘胜追击。因此有人认为畲族的图腾信仰是受龙蛇图腾的伏羲部落和受虎鹿图腾的女娲部落影响同化的结果，这幅组图也是畲族源于东夷太皞小皞部族的重要物证之一。

祖图中描绘的内容虽然是神话传说，但这种传说已经不是一般的寓言或神话，而是畲族人民的图腾信仰，在畲民中家喻户晓、口口相传。现在这种民族的共同信仰已经被作为民族的一种记忆,维持着民族的共同心理,巩固着畲民族的团结。

图片来源

图一至图三 范珮玲主编《山哈风韵——浙江畲族文物特展》,中国书店,2012.9

参考文献

[1]中国少数民族社会历史调查资料丛刊福建省编写组.畲族社会历史调查[M].北京:民族出版社,2009:48

图二 浙南畲族祖图龙蛇洞细节图

图三　浙南畲族祖图虎鹿洞细节图

浙南畲族乌蓝祖师木雕像

图一 浙南畲族乌蓝祖师木雕像主图

畲族宗教信仰富有民族特色。畲族有着本民族的巫师，俗称"师公"，他们祈福攘灾，起着天地人"三界使者"的作用。在畲族中，学过师又传过师者称为"乌蓝"，在畲族山寨享有崇高的威望。"乌蓝祖师"即是畲族巫师行业的始祖神灵。

本案例畲族乌蓝祖师像采集于丽水畲族山区，现收藏于丽水市博物馆。乌蓝祖师像身高30厘米，采用木质手工雕刻而成，为畲族着"乌蓝"装祖师爷神像，坐在披虎纹的椅子上。人物头戴道士冠，身穿"乌蓝"道服，下着白色道裙，系红腰带，穿红色道靴。左手神叉，右手持法号，面容清秀端庄，为畲族传师达三位以上的祖师爷的形象。从乌蓝祖师像的穿着可以看出，畲族带原始宗教遗存的民间信仰与汉族道教间的互动和交融，同时也可以看出畲族传统服饰的民族特色。这尊畲族乌蓝祖师的木质手工雕刻，表情传神、动作生动，可谓畲族不可多得的艺术珍品，对后人了解畲族的民间信仰起到积极的作用。

图片来源

图一 范珮玲主编《山哈风韵——浙江畲族文物特展》，中国书店，2012.9

图二至图五 毛翔 制图

图二　浙南畲族乌蓝祖师木雕像尺寸图（单位：cm）

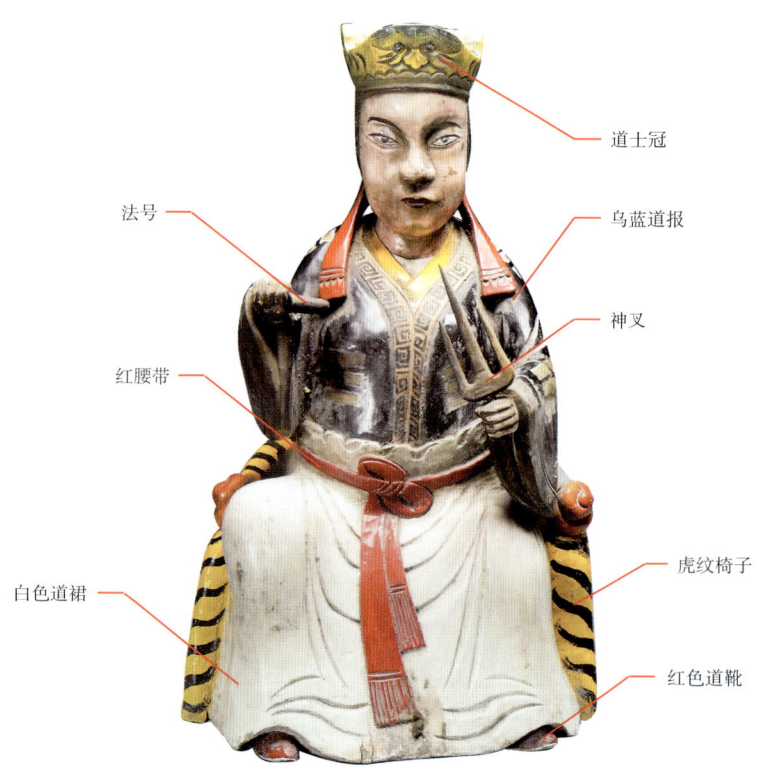

图三　浙南畲族乌蓝祖师木雕像结构名称图

图四　浙南畲族乌蓝祖师木雕像线描图

秋香黄
赤
牙色
鸦青
驼色
绾
青
白

图五　浙南畲族乌蓝祖师木雕像古色彩分析图

第七章　畲族传统民俗和宗教造像

429

声　明

　　本书编写时收入的个别图片，因条件所限，未能同相关著作权人取得联系，获得授权，敬请谅解。请相关著作权人及时与编者联系，以便奉上稿酬。谢谢！